die 55 wichtigsten Fälle zum Schuldrecht AT

Hemmer/Wüst

Juni 2013

Hemmer/Wüst Verlagsgesellschaft

Hemmer/Wüst, die 55 wichtigsten Fälle zum Schuldrecht AT

ISBN 978-3-86193-241-3

8. Auflage, Juni 2013

gedruckt auf chlorfrei gebleichtem Papier
von Schleunungdruck GmbH, Marktheidenfeld

Inhaltsverzeichnis:

VORWORT

Die vorliegende Fallsammlung ist für **Studenten in den ersten Semestern** gedacht. Gerade in dieser Phase ist es wichtig, bei der Auswahl der Lernmaterialien den richtigen Weg einzuschlagen. **Auch in den späteren Semestern und im Referendariat** sollte man in den grundsätzlichen Problemfeldern sicher sein. Die essentials sollte jeder kennen.

Die Gefahr zu Beginn des Studiums liegt darin, den Stoff zu abstrakt zu erarbeiten. Nur ein **problemorientiertes Lernen**, d.h. ein Lernen am konkreten Fall, führt zum Erfolg. Das gilt für die kleinen Scheine / die Zwischenprüfung genauso wie für das Examen. In juristischen Klausuren wird nicht ein möglichst breites Wissen abgeprüft. In juristischen Klausuren steht der Umgang mit konkreten Problemen im Vordergrund. Nur wer gelernt hat, sich die Probleme des Falles aus dem Sachverhalt zu erschließen, schreibt die gute Klausur. Es geht darum, Probleme zu erkennen und zu lösen. Abstraktes anwendungsunspezifisches Wissen, sog. „Träges Wissen", täuscht Sicherheit vor, schadet aber letztlich.

Bei der Anwendung dieser Lernmethode sind wir Marktführer. Profitieren Sie von der über 35-jährigen Erfahrung des **Juristischen Repetitoriums hemmer** im Umgang mit Examensklausuren. Diese Erfahrung fließt in sämtliche Skripten des Verlages ein. Das Repetitorium beschäftigt **ausschließlich Spitzenjuristen**, teilweise Landesbeste ihres Examenstermins. Die so erreichte Qualität in Unterricht und Skripten werden Sie anderswo vergeblich suchen. Lernen Sie mit den Profis!

Ihre Aufgabe als Jurist wird es einmal sein, konkrete Fälle zu lösen. Diese Fähigkeit zu erwerben ist das Ziel einer guten juristischen Ausbildung. Nutzen Sie die Chance, diese Fähigkeit bereits zu Beginn Ihres Studiums zu trainieren. Erarbeiten Sie sich das notwendige Handwerkszeug anhand unserer Fälle. Sie werden feststellen: Wer Jura richtig lernt, dem macht es auch Spaß. Je mehr Sie verstehen, desto mehr Freude werden Sie haben, sich neue Probleme durch eigenständiges Denken zu erarbeiten. Wir bieten Ihnen mit unserer **juristischen Kompetenz** die notwendige Hilfestellung.

Fallsammlungen gibt es viele. Die Auswahl des richtigen Lernmaterials ist jedoch der entscheidende Aspekt. Vertrauen Sie auf unsere Erfahrungen im Umgang mit Prüfungsklausuren. Unser Beruf ist es, **alle klausurrelevanten Inhalte** zusammenzutragen und verständlich aufzubereiten. Prüfungsinhalte wiederholen sich. Wir vermitteln Ihnen das, worauf es in der Prüfung ankommt – verständlich – knapp – präzise.

Achten Sie dabei insbesondere auf die richtige Formulierung. Jura ist eine Kunstsprache, die es zu beherrschen gilt. Abstrakte Floskeln, ausgedehnte Meinungsstreitigkeiten sollten vermieden werden. Wir haben die Fälle daher bewusst kurz gehalten. Der Blick für das Wesentlich darf bei der Bearbeitung von Fällen nie verloren gehen.

Wir hoffen, Ihnen den Einstieg in das juristische Denken mit der vorliegenden Fallsammlung zu erleichtern und würden uns freuen, Sie auf Ihrem Weg in der Ausbildung auch weiterhin begleiten zu dürfen.

Karl-Edmund Hemmer & Achim Wüst

Kapitel I: Das Schuldverhältnis
- Begriff, Entstehung und Inhalt
Fall 1:　Einführungsfall
- Begriff des Schuldverhältnisses

Sachverhalt:

A kauft bei Bäcker B zehn Sonntagsbrötchen.

Skizzieren Sie kurz Entstehung und Wirkung der rechtlichen Beziehung zwischen A und B.

I. Einordnung

Dieser Fall dient der Einführung in das Recht der Schuldverhältnisse. Er soll Ihnen verdeutlichen, was unter einem Schuldverhältnis zu verstehen ist und welche grundlegenden Pflichten die Parteien in einem jeden Schuldverhältnis treffen. Schließlich werden die Möglichkeiten der Entstehung eines Schuldverhältnisses angesprochen.

Es handelt sich dabei keinesfalls um einen geeigneten Examens- oder Klausurfall. Sie sollen aber das Grundverständnis entwickeln, damit Sie im Ernstfall auch unbekannte Konstellationen lösen können.

II. Gliederung

1.	**Abschluss eines Kaufvertrages**
2.	**Begriff des Schuldverhältnisses**
a)	Schuldverhältnis im engeren Sinne: rechtliche Sonderverbindung zwischen mehreren
b)	Schuldverhältnis im weiteren Sinne: Gesamtheit von Rechtsbeziehungen zwischen Gläubiger und Schuldner

3.	**Primäre Pflichten im Schuldverhältnis**
a)	Hauptleistungspflichten
b)	Nebenleistungspflichten
c)	Verhaltenspflichten

III. Lösung

1. Abschluss eines Kaufvertrages

Durch Angebot und Annahme einigten sich A und B über den Kauf von zehn Brötchen. Dadurch schlossen sie einen Kaufvertrag, § 433 BGB.

Anmerkung: Das Zustandekommen eines Vertrages und die dazu gehörenden Probleme von Angebot und Annahme werden eingehend im Skript „Fallsammlung BGB-AT" behandelt.

Der Kaufvertrag ist ein im achten Abschnitt des zweiten Buches des BGB vertypter Schuldvertrag. Dieses zweite Buch nennt das Gesetz „Recht der *Schuldverhältnisse*".

Aus dem Kaufvertrag entstehen gegenseitige Leistungspflichten.

In unserem Fall ist B (Verkäufer) verpflichtet, dem A zehn Sonntagsbrötchen zu übergeben und das Eigentum an ihnen zu übertragen, § 433 I 1 BGB. A (Käufer) ist verpflichtet, den vereinbarten Kaufpreis zu zahlen und die Brötchen abzunehmen, § 433 II BGB.

Anmerkung: Durch diesen Vertrag ist das Eigentum an den Brötchen noch nicht übergegangen! Dazu bedarf es vielmehr eines vom Kaufvertrag getrennten dinglichen Rechtsgeschäfts, das gem. § 929 S. 1 BGB aus der dinglichen Einigung und der tatsächlichen Übergabe besteht. Dieser dingliche Vertrag ist dabei in seiner Wirksamkeit vom zugrunde liegenden Kaufvertrag rechtlich unabhängig (= abstrakt). Die Trennung (= Trennungsprinzip) und die rechtliche Unabhängigkeit der beiden Rechtsgeschäfte (= Abstraktionsprinzip) sind die wohl klausurrelevantesten Prinzipien des Zivilrechts.

2. Begriff des Schuldverhältnisses

§ 241 I S. 1 BGB erwähnt den Begriff des "Schuldverhältnisses" und beschäftigt sich mit seinem Inhalt. Er definiert das Schuldverhältnis jedoch nicht.

a) Schuldverhältnis im engeren Sinne

Ein Schuldverhältnis i.e.S. ist die _rechtliche Sonderverbindung_ zwischen mehreren, d.h. mindestens zwei Personen. Entscheidend an dieser Definition sind zwei Kriterien: Zum einen muss es sich um eine _rechtliche_ und eben nicht nur um eine rein tatsächliche Verbindung handeln.

Zum anderen muss eine _Sonderverbindung_ vorliegen. Das bedeutet z.b., dass das allgemeine Ge- und Verbot, keine fremden Sachen zu beschädigen, noch kein Schuldverhältnis begründet, da es gegenüber jedermann gilt. Erst wenn eine Eigentumsverletzung stattgefunden hat, besteht zwischen dem Schädiger und Geschädigtem eine rechtliche Sonderverbindung, mithin ein Schuldverhältnis.

Kraft dieser Sonderverbindung ist eine Person (Gläubiger) berechtigt, von einer anderen Person (Schuldner) eine Leistung zu fordern.

b) Schuldverhältnis im weiteren Sinne

Der Begriff des Schuldverhältnisses wird auch i.w.S. verwendet, nämlich als Gesamtheit von Rechtsbeziehungen zwischen Gläubiger und Schuldner (so zum Beispiel in §§ 273 I, 292 I, 425 BGB und in den Überschriften zu §§ 241 und 433 BGB).

Aus dem Schuldverhältnis i.w.S. können sich eine Reihe von Leistungs- und Verhaltenspflichten ergeben und Gestaltungsrechte hervorgehen.

Entstehungstatbestände von Schuldverhältnissen

1.   Rechtsgeschäftliche Begründung

Schuldverhältnisse entstehen häufig durch Rechtsgeschäft. Dabei kann nochmals zwischen Schuldverhältnissen, die durch _einseitiges Rechtsgeschäft_ begründet werden (so insbesondere durch Auslobung, § 657 BGB) und solchen, die durch _Vertrag_ begründet werden, unterschieden werden.

2. Durch Vertragsverhandlungen u.Ä.

Ein Schuldverhältnis entsteht auch durch die Aufnahme von Vertragsverhandlungen, Anbahnung eines Vertrages oder ähnliche geschäftliche Kontakte, § 311 II BGB.

3. gesetzliche Begründung

Schuldverhältnisse können auch kraft Gesetzes entstehen. Die praktisch wichtigsten gesetzlichen Schuldverhältnisse sind die unerlaubte Handlung (§§ 823 ff. BGB), ungerechtfertigte Bereicherung (§§ 812 ff. BGB) und Geschäftsführung ohne Auftrag (§§ 677 ff. BGB).

Das Schuldverhältnis wird durch die Verwirklichung des gesetzlichen Tatbestands begründet, woran der Eintritt von Rechtsfolgen geknüpft ist. Diese treten beim gesetzlichen Schuldverhältnis unabhängig vom Willen der Beteiligten ein. Bei vertraglichen Schuldverhältnissen hingegen treten die Rechtsfolgen ein, weil sie von den Beteiligten gewollt sind.

Mit Abschluss des Vertrags wurde zwischen A und B ein vertragliches Schuldverhältnis begründet. Die sich aus dem Kaufvertrag ergebenden Rechtsfolgen entsprechen dem Willen von A und B: B erhält einen Anspruch auf Zahlung des Kaufpreises (§ 433 II BGB), A einen Anspruch auf Übergabe und Übereignung der Brötchen (§ 433 I 1 BGB).

Noch deutlicher wird dieser willentliche Eintritt von Rechtsfolgen, wenn man den Grund für ihr Eintreten genauer untersucht:

Genau genommen resultieren die Ansprüche von A und B nicht aus § 433 BGB, sondern aus der vertraglichen Abrede zwischen A und B, eben weil beide diese Rechtsfolge herbeiführen wollen. § 433 BGB ist lediglich eine Qualifikationsnorm, mit der sich die Absprache der beiden als Kaufvertrag einordnen lässt, insbesondere wenn über strittige Fragen keine Regelung getroffen wurde und deshalb auf das Gesetzesrecht zurückgegriffen werden muss.

3. Die (primären) Pflichten im Schuldverhältnis

a) Hauptleistungspflichten

Die meisten Schuldverhältnisse enthalten zumindest eine *primäre Leistungsverpflichtung*. Im praktisch häufigsten Fall des gegenseitigen Vertrags verspricht sogar jede Partei der jeweils anderen eine Leistung (gegenseitige oder synallagmatische Hauptleistungspflichten). Diese Hauptleistungspflichten prägen die Eigenart des Schuldverhältnisses und sind für seine Einordnung unter die verschiedenen Gesetzestypen maßgeblich (Miete, Kauf, Tausch, Werkvertrag, Reisevertrag).

Die Hauptpflichten von A und B im Ausgangsfall lassen sich § 433 I und II BGB entnehmen: B ist zu Übergabe und Eigentumsverschaffung der Brötchen verpflichtet, § 433 I 1 BGB, A muss den vereinbarten Kaufpreis entrichten, § 433 II BGB.

b) Nebenleistungspflichten

Nebenleistungspflichten sichern die ordnungsgemäße Erbringung der Hauptleistung. Sie sind auf die Herbeiführung des Leistungserfolgs bezogen und ergänzen die Hauptleistungspflichten. Art und Umfang sind stark einzelfallabhängig.

So ist B z.B. verpflichtet, dem A die Brötchen in einer Tüte verpackt auszuhändigen, anstatt sie einzeln auf den Verkaufstresen zu legen.

Anmerkung: Für die Anwendbarkeit der §§ 280 ff. BGB ist die Differenzierung zwischen Haupt- und Neben*leistungs*pflicht entbehrlich.

c) Verhaltenspflichten, insb. Schutzpflichten

Während die Pflichten zu 1) und 2) leistungsbezogen sind, geht es bei den sonstigen Verhaltenspflichten in erster Linie um das Integritätsinteresse des anderen Teils. Schutzgegenstand ist der beiderseitige personen- und vermögensrechtliche Status quo. § 241 II BGB in deutet an, welche einzelnen Schutzpflichten bestehen können. Im konkreten Einzelfall hängen Umfang und Inhalt der Schutzpflichten jedoch von dem jeweiligen Vertragszweck, der Verkehrssitte und den Anforderungen des redlichen Geschäftsverkehrs ab.

Unter den sonstigen Verhaltenspflichten haben die Schutzpflichten zentrale Bedeutung. Schutzpflichten entstehen bereits mit Anbahnung von Vertragsverhandlungen (vgl. § 311 II i.V.m. § 241 II BGB), können noch nach Beendigung des Schuldverhältnisses (i.e.S.) fortwirken (sog. culpa post contractum finitum) und entfalten in bestimmten Fällen sogar Wirkung zugunsten dritter Personen.

A und B haben sich also so zu verhalten, dass keine Rechte, Rechtsgüter oder andere rechtlich geschützte Interessen des anderen Teils verletzt werden. Für B führt dies z.B. zu der Verpflichtung, seine Geschäftsräume sauber und frei von Gefahrenquellen zu halten.

Eine entsprechende umfassende Sorgfaltspflicht zur Rücksichtnahme auf die Rechtsgüter des B obliegt selbstverständlich auch A.

Merken Sie sich schon an dieser Stelle: Die Unterscheidung zwischen Leistungs- (egal, ob Haupt- oder Neben-) und Nebenpflichten ist maßgeblich insbesondere für die Sanktionierung bei deren Verletzung.

Nur die Leistungspflichten sind einklagbar, bei ihrer Verletzung kann es daher einen Anspruch auf Schadensersatz statt der Leistung geben, §§ 280 I, III, 281, 283 bzw. § 311a II BGB. Nebenpflichten sind nicht einklagbar. Hier kann es als Reaktion auf deren Verletzung in der Regel nur einen Anspruch auf Schadensersatz neben der Leistung geben, § 280 I BGB (Ausnahme: § 282 BGB).

IV. Zusammenfassung

Sound: Die Pflichten der Parteien können sich nur aus einem Schuldverhältnis ergeben, vgl. § 241 BGB.

In der Klausur müssen Sie für jeden Anspruch zunächst eine Anspruchsgrundlage finden.

Das wird oft das dem Sachverhalt zugrunde liegende Schuldverhältnis sein. Zitieren Sie diese Anspruchsgrundlage im Obersatz möglichst exakt, z. B. „A könnte einen Anspruch auf Übergabe und Übereignung von 10 Sonntagsbrötchen aus § 433 I 1 BGB haben."

Beachten Sie, dass für die primäre Leistungspflicht i.d.R. eine genaue Qualifizierung des Schuldverhältnisses nicht notwendig ist, da sich der Erfüllungsanspruch bereits aus §§ 311 I, 241 I BGB ergibt.

Begeben Sie sich dagegen nach dem gescheiterten Primäranspruch auf die Sekundärebene (Mängelrechte, Schadensersatz), so müssen Sie - angesichts unterschiedlicher Anspruchsgrundlagen - das ursprüngliche Schuldverhältnis qualifizieren können.

hemmer-Methode: Die Lehre von den Schutzpflichten ist von Rspr. und Lehre seit langem allgemein anerkannt. Der mit dem Gesetz zur Schuldrechtsreform zum 01.01.2002 ins Gesetz eingefügte § 241 II BGB bringt keine inhaltlichen Neuerungen, sondern stellt nur die schon bis dahin geltende Rechtslage ausdrücklich fest.

Fall 2:   Relativität der Schuldverhältnisse

Sachverhalt:

V ist Eigentümer eines großen Baugrundstücks. Da er für den Hausbau Geld braucht, lässt er das Grundstück zunächst ordnungsgemäß teilen, um anschließend die eine Hälfte an K zu verkaufen und zu übereignen. Im notariell beurkundeten Kaufvertrag sagt K zu, nur ein eingeschossiges Gebäude auf seiner Grundstückshälfte zu errichten. K veräußert das Grundstück jedoch schon nach kurzer Zeit an D, der nun (in Einklang mit öffentlich-rechtlichen Bestimmungen) ein mehrstöckiges Mietshaus errichten will.

Frage: Welche Rechte hat V gegen D? Was hätten Sie V geraten, um sich abzusichern?

I. Einordnung

Der Grundsatz der Relativität der Schuldverhältnisse gehört zu den Grundlagen des Schuldrechts und muss von Ihnen unbedingt beherrscht werden.

Überlegen Sie, **wer woraus welche Rechte gegen wen** durchsetzten kann. Die Relativität im Schuldrecht besagt, **dass aus einem Vertrag grundsätzlich nur gegen den Vertragspartner vorgegangen werden kann.**

II. Gliederung

I.	**Ansprüche des V gegen D**
1.	Vertraglicher Unterlassungsanspruch
	Vorauss.: wirksamer KV mit vertraglich vereinbarter Unterlassungspflicht
a)	wirksamer KV, § 433 BGB (+)
b)	vertraglich vereinbarte Unterlassungspflicht (+)
	Aber: Schuldrechtliche Verträge wirken nur gegenüber den Vertragsparteien

⇨ Relativität der Schuldverhältnisse: Schuldrechtliche Verträge berechtigen und verpflichten generell nur die unmittelbar am Schuldverhältnis Beteiligten

⇨ Kein Unterlassungsanspruch gegen D aus dem KV mit K

2.	Unterlassungsanspruch aus § 1004 I S. 2 BGB

Absolut, gegen jedermann wirkender Anspruch

Vorauss:

a)	Anspruchsteller ist Eigentümer
b)	Beeinträchtigung des Eigentums.
	Hier: (-), da keine Beeinträchtigung des Eigentums des V vorliegt

II.	**Sicherungsmöglichkeit für V**

⇨ Bestellung einer Grunddienstbarkeit / einer beschränkt persönlichen Dienstbarkeit

III. Lösung

I. Ansprüche des V gegen D

1. Vertraglicher Unterlassungsanspruch

V könnte gegen D einen Unterlassungsanspruch aus Vertrag haben.

Wie § 241 I 2 BGB zeigt, kann ein Anspruch aus einem Schuldverhältnis auch auf ein Unterlassen gerichtet sein.

Ein solches Schuldverhältnis könnte durch den zwischen V und K geschlossenen Kaufvertrag begründet worden sein, vgl. § 311 I BGB.

Voraussetzung dafür wäre allerdings, dass dieser Vertrag auch zwischen V und D wirkt. Das erscheint hier problematisch, denn nur K und V haben den KV (wirksam, § 311b I S. 1 BGB) abgeschlossen und die Klausel, nicht höher als eingeschossig zu bauen, vereinbart.

Schuldrechtliche Verträge berechtigen und verpflichten - wie alle Schuldverhältnisse - generell nur die unmittelbar am Schuldverhältnis Beteiligten.

Ein vertraglicher Anspruch wirkt als *relatives* Recht nur gegenüber dem jeweiligen Schuldner. Eine allgemeine Rechtsnachfolge findet nicht statt.

Daher wirkt der Vertrag nicht gegenüber D.

Anmerkung: Gegenstück der relativen Rechte sind die *absoluten* Rechte, auch die *Herrschaftsrechte* genannt. Ihre Haupterscheinungsform sind die dinglichen Rechte. Sie gelten gegenüber jedermann (z.B. Eigentum, § 985 BGB).

Ergebnis: V hat keine Möglichkeit den Bau eines Mietshauses auf dem Nachbargrundstück durch D zu verhindern.

2. Unterlassungsanspruch aus § 1004 I 2 BGB

V könnte aber einen gesetzlichen Unterlassungsanspruch aus § 1004 I 2 BGB gegen D haben.

Bei diesem Anspruch handelt es sich um einen dinglichen, absolut wirkenden Anspruch.

Er steht jedem Eigentümer gegenüber jedermann zu, der ihn in Ausübung seines Eigentums stört.

Dieser Anspruch basiert also nicht auf Vertrag, sondern auf der Verwirklichung eines gesetzlichen Schuldverhältnisses.

V ist hier nur Eigentümer der Grundstückshälfte, die er nicht gem. §§ 873 I, 925 I 1 BGB übereignet hat. Der beabsichtigte Bau eines mehrstöckigen Hauses auf dem Nachbargrundstück stellt jedoch keine Beeinträchtigung des anderen Grundstücks i.S.d. § 1004 BGB dar. Der „freie Blick" auf ein Grundstück ist i.R.v. § 1004 BGB nicht geschützt.

Ein Anspruch aus § 1004 I 2 BGB gegen D scheidet daher aus.

II. Sicherungsmöglichkeit für V

Ein dem Dritten D gegenüber wirkender Unterlassungsanspruch kann sich nur aus einem absoluten Recht des V ergeben. Zu diesem Zweck stellt das Sachenrecht des BGB die sog. dinglichen Rechte zur Verfügung. Praktikabel wäre im vorliegenden Fall die Bestellung einer Grunddienstbarkeit gemäß § 1018 BGB oder einer beschränkten persönlichen Dienstbarkeit nach § 1090 BGB gewesen. In beiden Fällen wäre die Belastung direkt mit dem Grundstück verbunden und würde daher auch den Rechtsnachfolger D betreffen. Unter den beiden Sicherungsmöglichkeiten wird insgesamt die Grunddienstbarkeit die günstigere sein, da bei ihr die Berechtigung im Falle einer Übereignung des Grundstücks durch V auf den Erwerber übergehen würde.

IV. Zusammenfassung

Sound: Schuldrechtliche Vereinbarungen betreffen (regelmäßig, vgl. nachfolgende hemmer-Methode) nur die Parteien des Vertrages! Sofern eine Wirkung auch gegenüber dem Rechtsnachfolger des jetzigen Rechtsnachfolgers erzielt werden soll, kann dies nur über bestimmte dingliche und damit gegenüber jedermann wirkende Rechte geschehen.

Die Relativität der Schuldverhältnisse beschränkt die Verteidigungsmöglichkeiten des Schuldners. Da die Rechte aus einem Schuldverhältnis nur gegenüber den Beteiligten wirken, hat der Schuldner einem Dritten gegenüber grds. keine Einreden und Einwendungen aus dem Rechtsverhältnis. Beachten Sie jedoch wichtige Ausnahmen vor allem im Bereich des Bürgschaftsrechts, §§ 768, 770 BGB, und bei der Gesellschafterhaftung für Verbindlichkeiten der Gesellschaft, § 129 HGB.

hemmer-Methode: Die Beschränkung der Schuldverhältnisse auf die beteiligten Parteien wird durch praktisch wichtige Ausnahmen aufgelockert:

a) Durch einen Vertrag zugunsten Dritter (§§ 328 ff. BGB) kann für den Dritten ein Forderungsrecht begründet werden. Es gibt aber keinen Vertrag zu Lasten Dritter. Daher können auch keine Rechte aus einem Vertrag gegen (!) jemanden hergeleitet werden, der am Vertragsschluss nicht beteiligt ist.

b) Durch einen Vertrag mit Schutzwirkung für Dritte wird der schutzwürdige Dritte in den Schutzbereich des Vertrages einbezogen, sodass ihm Schadensersatzansprüche zustehen.

c) Nach § 267 BGB ist unter Umständen ein Dritter befugt, anstelle des Schuldners zu leisten.

d) Die aus dem Schuldverhältnis entstandene Forderung kann auf einen Dritten übertragen werden (Abtretung, § 398 ff. BGB).

e) Die Schuld kann von einem Dritten übernommen werden (§§ 414 ff. BGB).

f) Schließlich kann in bestimmten Fällen das Schuldverhältnis im Ganzen auf einen Dritten übergehen, §§ 566, 613a, 1922 BGB.

g) Abgeleitetes Besitzrecht gem. § 986 BGB. Bsp.: Vermieter erlaubt Mieter die Untervermietung der Mietsache. Der Untermieter kann dann aus dem Hauptmietvertrag ein Recht zum Besitz gegen den Eigentümer herleiten.

V. Zur Vertiefung

- Hemmer/Wüst, Sachenrecht I, Rn. 5 ff.
- Hemmer/ Wüst, Sachenrecht III, Rn. 250, 258 ff.

Fall 3: Vertrag zugunsten Dritter

Sachverhalt:

Die Eltern (E) der kleinen Tina legten bei der Bank (B) ein Sparkonto auf den Namen ihrer Tochter (T) an und zahlten in den darauf folgenden Jahren regelmäßig beträchtliche Summen ein. Man war sich zwar einig, dass „irgendwann einmal" T frei über das Geld verfügen solle, doch behielten die Eltern das Sparbuch zunächst in ihrem Besitz. Als Tina 18 Jahre alt geworden ist, möchte sie sich einen Sportwagen kaufen und möchte dazu auf das von den Eltern angesparte Geld zurückgreifen.

Als sie – mit dem Sparbuch, das sie heimlich an sich genommen hat - bei der Bank vorstellig wird, um eine Summe von € 35.000 abzuheben, weigert sich der zuständige Bankangestellte. Er meint, dass nur T´s Eltern über das Konto verfügungsbefugt seien.

Frage: *Wie ist die Rechtslage?*

I. Einordnung

Zweck des Vertrages zugunsten Dritter ist vielfach, die Versorgung des Dritten sicherzustellen oder zu ihr beizutragen.

Zweck kann aber auch sein, durch eine direkte Leistung des Versprechenden an den Dritten den Leistungsweg zu verkürzen. Die doppelte Leistung (Versprechender an Versprechungsempfänger, dieser an einen Dritten) soll durch direkte Leistung des Versprechenden an den Dritten ersetzt werden.

Der echte Vertrag zugunsten Dritter ist in den §§ 328 ff. BGB geregelt. Der unechte bedarf keiner besonderen Regelung. Er wird in den §§ 328 ff. BGB nur angesprochen, soweit es um die Abgrenzung zum echten Vertrag zugunsten Dritter geht, vgl. § 328 II, 329, 330 BGB.

II. Gliederung

1. **Auszahlungsanspruch der T gegen B aus Vertrag**

a) **T als Vertragspartnerin der B**

aa) Vertretung der T durch ihre Eltern, §§ 1629 I S. 1, 164 I BGB (-) mangels Offenkundigkeit

bb) Übertragung der Empfangszuständigkeit auf T, §§ 362 II, 185 BGB

⇨ begründet keine eigene Vertragsposition

b) **Vertrag zugunsten Dritter**

aa) **unechter VzD**: Leistungspflicht des Versprechenden an den Dritten, ohne ein eigenes Forderungsrecht des Dritten

bb) **echter VzD**: eigenes Forderungsrecht des Dritten

⇨ Abzugrenzen von Empfangsermächtigung (§§ 362 II, 185 I) und ermächtigendem VzD

⇨ Maßgeblich: Vertragszweck, § 328 II

⇨ **Indizien**: Kontoeröffnungsantrag, Verfügungsgewalt hinsichtlich des Sparbuchs

Eltern wollten sich endgültige Entscheidung, ob und wann T das Geld zukommen sollte, noch vorbehalten

2. **Ergebnis**
Kein Forderungsrecht der T

III. Lösung

1. Anspruch der T gegen B aus §§ 700, 488 I 2 BGB

T könnte gegen die B einen Anspruch auf Auszahlung der 35.000 € aus §§ 700, 488 I 2 BGB haben.

Bei einem Sparvertrag überlässt der Sparer der Bank einen Geldbetrag für eine unbestimmte Zeit und erhält hierfür den vereinbarten Zins, wobei er sein Geld jederzeit (u.U. unter Inkaufnahme eines Zinsverlustes) zurückverlangen kann. Es handelt sich daher um eine Art der Verwahrung, die Gemeinsamkeiten mit dem Darlehen aufweist: Der Überlassende (= der Sparer) gibt sein Eigentum am Geld auf und kann (nur) Gleichartiges (= Geld) zurückverlangen. Im Gegensatz zum Darlehen dient diese Verwahrung aber nicht dem (vorrangigen) Interesse des Empfängers (= der Bank), sondern dem des Hinterlegers (= des Sparers). Diesen Vertrag, der in § 700 BGB geregelt ist, nennt man unregelmäßige Verwahrung. Wichtigster Fall ist das Sparbuch. Dabei gelten die Darlehensvorschriften, abgesehen von Ort und Zeit der Rückgabe. Hierfür gilt im Zweifel Verwahrungsrecht, insb. also das Recht der jederzeitigen Rückforderung.

Ein Rückzahlungsanspruch wäre unproblematisch dann gegeben, wenn T Vertragspartnerin der Bank wäre.

Dies erscheint jedoch im vorliegenden Fall zweifelhaft.

Anmerkung: An dieser Stelle ist ein kleiner Exkurs ins Wertpapierrecht notwendig. Beim Sparbuch handelt es sich um ein sog. qualifiziertes Legitimationspapier, § 808 BGB. Hätte T das Sparbuch nicht in ihren Händen, so könnte der Bankangestellte bereits deswegen die Leistung verweigern, § 808 II 1 BGB. Es gehört zum Wesen jedes Wertpapiers, dass zur Geltendmachung der Forderung das Innehaben des Papiers erforderlich ist.
Allerdings heißt das nicht umgekehrt, dass jeder, der das Sparbuch in den Händen hält, auch als Berechtigter hinsichtlich der Forderung angesehen wird. Man sagt, das Sparbuch hat – anders als andere Wertpapiere, wie zum Beispiel der Wechsel - keine Legitimationswirkung. Das ergibt sich aus § 808 I 2 BGB. Allerdings könnte der Bankangestellte (wenn er gutgläubig ist) mit befreiender Wirkung für die Bank an den Inhaber des Wertpapiers leisten, auch wenn der Inhaber nicht der wahre Gläubiger ist, § 808 I 1 BGB. Diese Wirkung bezeichnet man als Liberationswirkung.
Vergleichen Sie zur Anwendung des § 808 BGB auf Eintrittskarten (hier: WM-Tickets) auch AG Frankfurt, Life&Law 2006, 373 ff.

a) T als Vertragspartnerin der B

Die T wäre nur dann selbst Vertragspartnerin geworden, wenn die Eltern als ihre Vertreter gehandelt haben.

Wirksame Stellvertretung setzt gem. § 164 I 1 BGB voraus, dass die Eltern eine eigene Willenserklärung im Namen der T mit Vertretungsmacht abgegeben haben. Zwar haben die Eltern gesetzliche Vertretungsmacht gem. § 1629 I 1 BGB. Es fehlen jedoch Anhaltspunkte dafür, dass sie erkennbar in fremdem Namen gehandelt haben.

Die Tatsache, dass das Konto auf Namen der T eingerichtet wurde, berechtigt alleine noch nicht zur Annahme der Offenkundigkeit.

Damit haben die Eltern der T nicht als ihre Vertreter gehandelt. T ist nicht über § 164 I BGB die Vertragspartnerin der B geworden.

Anmerkung: Die Stellvertretung wird ausführlich in der Fallsammlung BGB-AT behandelt.

b) §§ 362 II, 185 BGB - Übertragung der Empfangszuständigkeit auf T

Der Gläubiger kann die Empfangszuständigkeit für eine Forderung auf einen Dritten übertragen. Die Leistung des Schuldners an einen Dritten hat dann befreiende Wirkung, wenn der Gläubiger dem Dritten vorher eine entsprechende Einwilligung erteilt hat, § 185 I BGB, oder später einer der Tatbestände des § 185 II BGB eintritt. Jedoch stellt die Annahme der Leistung durch den Dritten keine Verfügung über die Forderung dar. Der Dritte soll nur Zahlstelle des Gläubigers sein. Demnach kann auch § 362 II BGB keine Parteistellung der T begründen.

c) Vertrag zugunsten Dritter (VzD)

Ein Anspruch der T könnte sich aus der Figur des Vertrages zugunsten Dritter ergeben.

Durch die Verträge zugunsten Dritter werden am Vertragsschluss nicht unmittelbar beteiligte Personen in den Vertrag mit einbezogen.

Dabei ist zwischen dem gesetzlich in §§ 328 ff. BGB geregelten echten Vertrag zugunsten Dritter und dem nicht normierten unechten Vertrag zugunsten Dritter zu unterscheiden.

Maßgeblich ist die Unterscheidung für die Frage, ob dem Dritten ein eigenständiges Forderungsrecht zusteht, vgl. § 328 II BGB.

aa) Unechter (ermächtigender) VzD

Bei einem unechten Vertrag zugunsten Dritter ist der Schuldner (Versprechende) auf Grund der Vereinbarung mit dem Gläubiger (Versprechensempfänger) zwar verpflichtet, an den Dritten zu leisten, doch steht dem Dritten kein eigenes Forderungsrecht zu.

Der Gläubiger behält sich dieses Recht selbst vor.

bb) Echter (berechtigender) VzD

Ein echter Vertrag zugunsten Dritter ist ein Vertrag zwischen dem Versprechenden und Versprechensempfänger, der einem bestimmten (oder zumindest bestimmbaren) Dritten, zu dessen Gunsten eine bestimmte Leistung zu erbringen ist, ein eigenes Forderungsrecht gegenüber dem Versprechenden einräumt. Der Dritte hat einen eigenen Anspruch gegen den Schuldner, tritt allerdings nicht in die Rechtsposition des Versprechensempfängers ein. Der Versprechensempfänger behält vielmehr grundsätzlich weiterhin den Leistungsanspruch, § 335 BGB; er bleibt der Vertragspartner.

cc) Bewertung der Vereinbarung zwischen der Bank und den Eltern

Welche dieser Gestaltungen im Fall einschlägig ist, ist durch Auslegung der Abrede zwischen der Bank und den Eltern zu ermitteln, §§ 133, 157 BGB.

Besondere Bedeutung hat insbesondere der von den Vertragsschließenden verfolgte Zweck, vgl. § 328 II BGB.

Ein echter VzD ist insbesondere dann anzunehmen, wenn die vertragliche Leistung erkennbar dem Dritten zugutekommen soll, der Vertragsschluss ein Akt der Fürsorge für den Dritten war oder aus sonstigen Gründen ausschließlich im Interesse des Dritten kontrahiert wurde. Es ist danach zu fragen, wer in tatsächlicher Hinsicht Kontoinhaber werden sollte. Indizien dafür liefert z.B. der Kontoeröffnungsantrag oder auch die Verfügungsgewalt über das Sparbuch.

Die Eltern legten das Sparkonto zwar auf T´s Namen an, doch behielten sie die Sparurkunde während der ganzen Jahre im Besitz. Dabei zahlten sie erhebliche Summen ein – ebenfalls eine Tatsache, die dafür spricht, dass sie sich die endgültige Entscheidung, ob und wann T das Geld zukommen sollte, noch vorbehalten wollten.

Es spricht somit viel dafür, nur einen ermächtigenden (unechten) Vertrag zugunsten Dritter anzunehmen, der T kein eigenes Forderungsrecht gewährt

2. Ergebnis

Die Bank ist nicht verpflichtet, auf T´s Aufforderung hin zu leisten.

IV. Zusammenfassung

Sound: Beim echten Vertrag zugunsten Dritter erwirbt der Dritte einen eigenen Anspruch gegen den Schuldner.

Beim unechten Vertrag zugunsten Dritter ist der Schuldner ermächtigt, mit befreiender Wirkung an den Dritten zu leisten.

Das Recht, die Leistung an den Dritten zu verlangen, steht aber allein dem Gläubiger zu.

hemmer-Methode: Der Vertrag zugunsten Dritter ist ein Dreipersonenverhältnis. Es sind drei Rechtsbeziehungen zu unterscheiden:

a) Das Deckungsverhältnis zwischen dem Versprechenden (Schuldner, hier die Bank) und Versprechensempfänger (Gläubiger, hier die Eltern). Es bestimmt die zu erbringende Leistung und die Person des Dritten (hier T), und ist das die Rechtsbeziehungen prägende Grundverhältnis. Es wird als Deckungsverhältnis bezeichnet, weil der Schuldner aus ihm Deckung, das heißt den Gegenwert für seine Leistung erhält.

b) Das Valutaverhältnis zwischen Versprechensempfänger (Gläubiger) und dem Dritten. Aus dieser Rechtsbeziehung (z.B. Schenkungsvertrag, § 516 BGB) ergibt sich der Grund für die Zuwendung an den Dritten

c) Das <u>Vollzugs-</u> oder <u>Drittverhältnis</u> zwischen Versprechendem (Schuldner) und dem Dritten. Es ist kein vertragliches Verhältnis. Für den Dritten besteht lediglich ein aus dem Vertrag zugunsten Dritter abgespaltenes Forderungsrecht und für den Schuldner eine damit korrespondierende Pflicht.

Den Schuldner treffen dieselben Nebenpflichten wie im Verhältnis zum Gläubiger selbst. Umgekehrt obliegen dem Dritten auf Grund seiner Rechtsstellung die vertraglichen Nebenpflichten eines Gläubigers.

Das Auseinanderhalten dieser Beziehungen der Beteiligten zueinander ist auch für das Bereicherungsrecht von immenser Bedeutung. Es stellt sich nämlich die Frage, wer von wem etwas zurückverlangen kann, wenn ein Vertragsverhältnis unwirksam ist.

V. Zur Vertiefung

- Hemmer/Wüst, BGB-AT I, Rn. 362 ff.
- Hemmer/Wüst, Life&Law, 2002, S. 3 ff. (Bürgschaft zugunsten Dritter).
- Hemmer/Wüst, Basics Zivilrecht, Bd. 1, Rn. 368.

Fall 4: Vertrag mit Schutzwirkung zugunsten Dritter

Sachverhalt:

Der allein erziehende M wohnt mit seiner 12-jährigen Tochter T im Haus des V zur Miete. Seit kurzem gab es Probleme mit der Elektrik, die auf die schlechte Wartung der Elektroanlagen im Haus zurückzuführen waren. V beauftragte deshalb seinen umsichtigen, mit Elektroarbeiten bestens vertrauten Hausverwalter H, sich endlich um die Angelegenheit zu kümmern. Als T eines Morgens den Kühlschrank öffnen wollte, erhielt sie einen starken Stromschlag, der Verbrennungen zweiten Grades an ihrer rechten Hand verursachte. Wie sich später herausstellte, hatte H die Angelegenheit trotz mehrmaliger Erinnerung seitens des V einfach vergessen.

Bearbeitervermerk: Prüfen Sie die Ansprüche der T. Die sachgemäße Nachbehandlung der Brandwunden wird ca. 25.000 € kosten. H ist nicht haftpflichtversichert und nahezu vermögenslos.

I. Einordnung

Eine weitere wichtige Ausnahme vom Grundsatz der Relativität der schuldrechtlichen Verträge bildet der Vertrag mit Schutzwirkung zugunsten Dritter. In diesem Fall entfaltet der Vertrag ausnahmsweise Drittwirkung in Bezug auf Personen, die nicht Vertragspartner sind.

Drei-Personen-Konstellationen sind ein beliebtes Thema für Klausuren, sowohl in der Zwischenprüfung als auch im Examen. Deswegen sollten Sie die Voraussetzungen dieser Rechtsfigur sowie die dahinter stehenden Wertungen verstanden haben.

Trainieren Sie von Beginn an die richtige Einordnung der Drei-Personen-Konstellationen: Beim Vertrag mit Schutzwirkung wird der (Schadensersatz-)Anspruch zum Schaden gezogen und kann vom Geschädigten selbst geltend gemacht werden. Bei der sog. Drittschadensliquidation hingegen wird der Schaden zum Anspruch gezogen.

Der Anspruchsinhaber liquidiert einen „fremden" Schaden und hat dann regelmäßig den Anspruch an den Dritten abzutreten bzw. das Erlangte herauszugeben. Beim Vertrag zugunsten Dritter hingegen entsteht bereits ein primäres Forderungsrecht für den Dritten, § 328 BGB. Eine Verlagerung von Anspruch oder Schaden ist nicht erforderlich.

Der Vertrag mit Schutzwirkung zugunsten Dritter dient als Grundlage eines vertraglichen Schadensersatzanspruchs eines Dritten. Machen Sie aber nicht den Fehler, allgemein „einen Anspruch aus Vertrag mit Schutzwirkung zugunsten Dritter" zu prüfen, dies ist nicht nur ungenau, sondern *falsch*! Die Grundsätze des Vertrages mit Schutzwirkung zugunsten Dritter bilden nur die Zurechnungsbasis für einen Anspruch auf Schadensersatz. Hinzukommen muss immer noch die Verletzung einer vertraglichen Pflicht aus einem bestehenden Schuldverhältnis an dem der Dritte zwar nicht direkt beteiligt ist, aber von dessen Schutz er eben profitieren soll.

II. Gliederung

I.   Ansprüche der T gegen H
1.   Vertragliche Ansprüche (-)

⇨ da zw. T und H kein Vertrag
bestand

**2.   Anspruch auf Schadensersatz
aus § 823 I BGB**

Tatbestand (+)

Umfang: Behandlungskosten und
Schmerzensgeld, §§ 249, 253 II
BGB

3.   §§ 823 II i.V.m. 229 StGB

(+), insbesondere ist § 229 StGB
ein Schutzgesetz

(P): Ansprüche gegen H wirtschaftlich
wertlos, da H vermögenslos

II.   Ansprüche der T gegen V
**1.   Anspruch aus § 536a I BGB
i.V.m. Vertrag mit Schutzwirkung zugunsten Dritter**

a) Wirksamer Mietvertrag, § 535
BGB (+)

b) Anwendbarkeit des § 536a BGB

c) **Einbeziehung T in den Schutz-
bereich des Vertrages zwischen
M und V:**
Vor.:

aa) Leistungsnähe

bb) Personenrechtlicher Einschlag /
Gläubigernähe

cc) Erkennbarkeit von a und b

dd) Schutzbedürftigkeit
keine eigenen gleichwertigen (=
vertraglichen) Ansprüche (gleich
gegenüber wem)

⇨ deliktische Ansprüche gegenüber H wertlos; darüber hinaus:
deliktische Ansprüche nicht
gleichwertig mit vertraglichen Ansprüchen

⇨ Schwäche des Deliktsrechts!

ee) Folge der Einbeziehung: Der Anspruch wird zum Schaden gezo-
gen. Welcher Anspruch? § 536a I
Alt.2 BGB

d) Vorliegen eines Mangels und
Überlassung i.S.d. § 536 BGB,
vgl. § 536a I BGB

e) Vertretenmüssen

f) Ergebnis und Umfang des Schadensersatzanspruchs aus
§ 536a I BGB erfasst auch Mangelfolgeschäden und Begleitschäden: Kosten der Heilbehandlung,
über § 253 II BGB auch angemessenes Schmerzensgeld.

2.   Anspruch aus § 823 I BGB

(-) da jedenfalls kein Verschulden

3.   Anspruch aus § 831 BGB

(-) wegen Exkulpation, § 831 I 2
BGB

III. Lösung

I. Ansprüche der T gegen H

1. Vertragliche Ansprüche

Zwischen T und H bestand kein Vertrag, sodass keine vertraglichen Ansprüche der T gegen H ersichtlich sind.

**2. Anspruch der T gegen H auf
    Schadensersatz aus § 823 I BGB**

T könnte aber einen Anspruch gegen V
auf Schadensersatz wegen einer unerlaubten Handlung aus § 823 I BGB haben.

Prüfungsschema § 823 I BGB

1. Anwendbarkeit
(nur wenn problematisch): Grds. Vorrang der §§ 987 ff. BGB (Arg. § 993 I 2.Hs., vgl. aber § 992 BGB)

2. Rechtsgutverletzung

a) Leben,

b) Körper,

c) Gesundheit,

d) Freiheit (nur körperliche Fortbewegungsfreiheit),

e) Eigentum oder ein sonstiges (absolutes = eigentumsähnliches = von jedermann zu beachtendes) Recht

3. Verletzungshandlung

a) Tun

b) Unterlassen; Vor.: Handlungspflicht

4. Haftungsbegründende Kausalität
zwischen Verletzungshandlung und der Rechtgutverletzung

5. Rechtswidrigkeit
Tatbestandsmäßigkeit indiziert grds. die Rwkt. (Lehre vom Erfolgsunrecht); bei Fahrlässigkeit Indizierung teilweise umstritten (s. Lehre von Handlungsunrecht)

6. Verschulden:
Vorsatz oder Fahrlässigkeit, § 276 II BGB

Achtung: § 278 BGB findet keine Anwendung bei Entstehung der deliktischen Haftung, da keine Sonderverbindung besteht! Anders jedoch, wenn während des Schadensabwicklung ein Erfüllungsgehilfe einen weiteren deliktischen Schaden verursacht, dann § 278 BGB (+) (denn dann liegt erforderliche Sonderverbindung vor).

7. Schaden, §§ 249 ff. BGB
Beachte § 253 II BGB für Schmerzensgeld

8. Haftungsausfüllende Kausalität
zwischen Rechtsgutverletzung und Schaden

9. Evtl. Mitverschulden, § 254 BGB

10. Verjährung, § 195 BGB

a) Rechtsgutverletzung

Dazu müsste eine Rechtsgutverletzung vorliegen. Zu den geschützten Rechtsgütern i.R.v. § 823 I BGB gehören u.a. die Gesundheit und die körperliche Unversehrtheit. Hier erlitt T erhebliche Verbrennungen an ihrer rechten Hand. Damit ist sie an ihrem Körper verletzt und in ihrer Gesundheit beeinträchtigt. Eine Rechtsgutverletzung besteht.

b) Verletzungshandlung

Die maßgebliche Verletzungshandlung lag hier in dem Unterlassen des H, der die Elektrik in dem Haus nicht reparierte, obwohl er aufgrund des Auftrages des M zum Tätigwerden verpflichtet war (Handlungspflicht).

c) haftungsbegründende Kausalität

Der Stromschlag wurde erst durch die mangelhafte Wartung ermöglicht, sodass ein Ursachenzusammenhang zwischen der Verletzungshandlung und der Rechtsgutverletzung besteht, sog. haftungsbegründende Kausalität.

d) Rechtswidrigkeit

Die Verletzung der Rechtsgüter der T war nicht durch einen Rechtfertigungsgrund gerechtfertigt.

Mit der Lehre vom Erfolgsunrecht ist daher von einer Rechtswidrigkeit_des Verhaltens des H auszugehen.

e) Verschulden

H hatte den Auftrag des V vergessen und damit die erforderliche Sorgfalt nicht beachtet. Er handelte daher fahrlässig im Sinne von §§ 823 I, 276 II BGB.

f) Schaden / haftungsausfüllende Kausalität

Die Verbrennungen zweiten Grades, die T erlitten hat, mussten ärztlich behandelt werden. Es entstanden Behandlungskosten in Höhe von 25.000 €. Dieser Schaden war gerade durch die Verbrennungen verursacht. Damit ist die haftungsausfüllende Kausalität gewahrt.

Ergebnis: T hat gegen H einen Anspruch auf Schadensersatz in Höhe von 25.000 €.

3. Anspruch der T gegen H aus § 823 II BGB i.V.m. § 229 StGB

Ein gleichgerichteter im Verhältnis zu § 823 I BGB allerdings selbstständiger Anspruch könnte sich aus § 823 II i.V.m. § 229 StGB ergeben. § 229 StGB dient dem Schutz der körperlichen Unversehrtheit des Verletzten und damit seinen Individualinteressen. Daher ist § 229 StGB ein Schutzgesetz im Sinne von § 823 II BGB. Der Tatbestand der fahrlässigen Körperverletzung ist vorliegend auch verwirklicht. Damit besteht ein Anspruch auf Schadensersatz aus § 823 II BGB i.V.m. § 229 StGB.

Anmerkung: Beachten Sie, dass auch dann, wenn das Schutzgesetz kein Verschulden voraussetzt, dieses nicht entbehrlich ist, § 823 II S. 2 BGB. Zu den Grundsätzen unseres Schadensersatzrechts gehört nämlich das Verschuldensprinzip.

Ergebnis: T kann Ersatz der Behandlungskosten (sowie ein angemessenes Schmerzensgeld) verlangen.

Anmerkung: Im Zuge der Reform des Schadensersatzrechts im Juli 2002 wurde § 847 BGB gestrichen und die Regelung über das Schmerzensgeld in § 253 BGB als dessen Abs. 2 aufgenommen. Dies hat zur Folge, dass der Schmerzensgeldanspruch nicht nur, wie bisher, beim Delikt zugesprochen wird, sondern bei jedem (auch vertraglichen) Schadensersatzanspruch möglich ist, soweit die Voraussetzungen des § 253 II BGB erfüllt sind. Diese Erweiterung hat der Gesetzgeber erreicht, indem er die entsprechende Regelung aus dem Besonderen Teil des Schuldrechts in den Allgemeinen Teil des Schuldrechts gleichsam „vor die Klammer" gezogen hat. Ein schönes Beispiel für die Systematik des BGB!

Nach dem Bearbeitervermerk sind die Ansprüche gegen H jedoch wirtschaftlich nahezu wertlos. Es wäre daher günstig, wenn T auch gegen V vorgehen könnte.

hemmer-Methode: Der Bearbeitervermerk macht deutlich, dass Schwerpunkt der Ausführungen die Ansprüche der T gegen V sein *müssen*. Versuchen Sie den Gedankengang des Klausurerstellers nachzuvollziehen! Denken Sie sich in seine Situation hinein! Nur so schöpfen Sie den Fall vollständig aus.

II. Schadensersatzansprüche der T gegen V

1. Schadensersatz gem. § 536a I Alt.2 BGB i.V.m. den Grundsätzen des Vertrags mit Schutzwirkung zugunsten Dritter

T könnte gegen V einen Anspruch auf Schadensersatz aus § 536a I BGB i.V.m. den Grundsätzen des Vertrags mit Schutzwirkung zugunsten Dritter haben.

a) Wirksamer Mietvertrag

Dies setzt zunächst voraus, dass ein wirksamer Mietvertrag besteht. Nur ein Mietvertrag kommt als Grundlage eines vertraglichen Schadensersatzanspruches in Betracht. Mangels entgegenstehender Anhaltspunkte ist davon auszugehen, dass der Mietvertrag wirksam geschlossen wurde.

b) Anwendbarkeit des § 536a BGB

Bei § 536a BGB müsste es sich zudem um die einschlägige Anspruchsgrundlage handeln. Der geltend gemachte Schaden aus einer Schutzpflichtverletzung müsste gerade von § 536a BGB mitumfasst sein. Es handelt sich bei den Schäden infolge der Verbrennungen um sog. Mangelfolgeschäden, also um Schäden, die nicht selbst am Vertragsgegenstand entstanden sind. Gerade bei einem Mietvertrag müssen aber Schäden an den Rechtsgütern des Mieters in den Anwendungsbereich des § 536a I BGB mit einbezogen sein. Auch der BGH geht in seiner ständigen Rechtsprechung hiervon aus und greift nicht auf die allgemeine Schadensersatzhaftung aus § 280 I BGB zurück. Da § 536a BGB diese Schäden vielmehr mitumfasst, sind die allgemeinen

Vorschriften der §§ 280 ff. BGB hier sogar ausgeschlossen.

c) Einbeziehung T in den Schutzbereich des Mietvertrages zwischen M und V

T selbst ist allerdings nicht Vertragspartei. Auf Grund der Relativität der Schuldverhältnisse hat der Dritte grds. keine Ansprüche aus dem Vertrag. Allerdings gibt es hiervon Ausnahmen, wie z.B. die §§ 328 ff. BGB zeigen. Rspr. und Lit. haben in Anlehnung an diese Vorschriften schon früh die Grundsätze des Vertrags mit Schutzwirkung zugunsten Dritter (VSD) entwickelt, die heute als gewohnheitsrechtliches Rechtsinstitut anerkannt sind.

Anmerkung: Die Rechtsgrundlage des Vertrags mit Schutzwirkung zugunsten Dritter ist umstritten. Teilweise wird die Drittwirkung mit ergänzender Vertragsauslegung gem. §§ 133, 157 BGB begründet.
Andererseits wird er auf eine Rechtsfortbildung gem. § 242 BGB gestützt.
Seit der Schuldrechtsreform wird auch § 311 III BGB (allerdings zu Unrecht) als Rechtsgrundlage herangezogen. Jedenfalls ist der Vertrag mit Schutzwirkung zugunsten Dritter heute gewohnheitsrechtlich anerkannt.

hemmer-Methode: Verlieren Sie in Ihrer Klausur nicht zu viele Worte zu der Rechtsgrundlage des Vertrages mit Schutzwirkung zugunsten Dritter. Da seine Voraussetzungen weitestgehend geklärt sind, ist die dogmatische Ableitung für die Klausur nicht von Bedeutung. Die Frage nach der Rechtsgrundlage kann aber durchaus in der mündlichen Prüfung gestellt werden.

Folgende Tatbestandsmerkmale müssen erfüllt sein, damit ein Dritter in den Schutzbereich eines Vertrages einbezogen wird und daraus auf der Sekundärebene Schadensersatzansprüche ableiten kann:

aa) Leistungsnähe

Der Dritte ist schutzwürdig, wenn er bestimmungsgemäß mit der aus dem betreffenden Rechtsverhältnis geschuldeten Leistung in Berührung kommt und folglich den Gefahren einer Pflichtverletzung ebenso ausgesetzt ist wie der Gläubiger selbst.

Die Gewährleistung der einwandfrei funktionierenden Elektrik gehörte zu der geschuldeten Leistung des V, der während der Mietzeit den Gebrauch der Wohnung (also auch der Haushaltsgegenstände) zu ermöglichen hatte, vgl. § 535 I 1 BGB. Mit dieser Leistung kam auch die T bestimmungsgemäß in Berührung, da auch sie die Wohnung und die Haushaltsgegenstände benutzte. Durch den Defekt der Elektrik war sie genauso gefährdet wie ihr Vater.

bb) Personenrechtlicher Einschlag / Gläubigernähe

Des Weiteren muss ein schutzwürdiges Interesse des Gläubigers an der Einbeziehung des Dritten vorliegen.

Früher ermittelte man dieses Gläubigerinteresse mit Hilfe der sog. „Wohl-und-Wehe-Formel". Danach musste der Gläubiger für das Wohlergehen des Dritten rechtlich verantwortlich sein. Besonders familienrechtliche Verhältnisse fielen unter diese Umschreibung, doch konnte auch ein Arbeitsverhältnis anspruchsbegründend sein (sog. *personenrechtlicher Einschlag*).

Inzwischen wurde die Gläubigernähe auf weitere Personen erweitert.

Eine Schutzwirkung wird immer dann angenommen, wenn sich ein *besonderes Interesse* des Gläubigers am Schutz des Dritten (objektiv) ermitteln lässt. Ein solches Interesse kann sich insbesondere daraus ergeben, dass die Leistung des Schuldners bestimmungsgemäß auch einem Dritten zugutekommen soll.

Vorliegend ergibt sich der Drittschutz bereits aus dem personenrechtlichen Einschlag. Der Vater M der T ist gem. § 1626 I BGB zur Personensorge über die T verpflichtet. Ihn treffen besondere Schutzpflichten, er ist für ihr „Wohl und Wehe" verantwortlich

cc) Erkennbarkeit für den Schuldner

Da durch die Grundsätze des VSD das Haftungsrisiko des Schuldners vergrößert wird, müssen für ihn wenigstens die Leistungsnähe des Dritten sowie der personenrechtliche Einschlag erkennbar sein.

Auch dieses Erfordernis ist vorliegend erfüllt. Dem V war bekannt oder musste bekannt sein, dass auch minderjährige Familienmitglieder des M, für die dieser Sorge trug, die Einrichtungsgegenstände nutzten und durch eine Störung der Elektrik gefährdet waren.

dd) Schutzbedürftigkeit

Schließlich erfordert der VSD, dass der Dritte schutzbedürftig ist.

Schutzbedürftig ist derjenige, der keine eigenen inhaltlich gleichwertigen (!) Ansprüche gleich gegenüber wem hat.

Vorliegend hat T Ansprüche gegen H, sodass an ihrer Schutzbedürftigkeit gezweifelt werden könnte.

Zu beachten ist aber, dass die Schutzbedürftigkeit nicht im Falle eines jeden Anspruches ausscheidet, sondern nur dann, wenn ein eigener gleichwertiger und damit vertraglicher Anspruch gegeben ist. Deliktische Ansprüche sind den vertraglichen aber nicht gleichwertig. Denn die deliktische Haftung gewährt dem Geschädigten nur einen unvollkommenen Schutz.

Anmerkung: Wir haben den Aufbau hier bewusst so gewählt, um die Bedeutung des Instituts deutlich zu machen. In der Klausur sollten Sie die Ansprüche in Verbindung mit den Grundsätzen des Vertrags mit Schutzwirkung zugunsten Dritter vor den deliktischen Ansprüchen prüfen. Sie müssen bei der Schutzbedürftigkeit dann auch nicht die deliktischen Ansprüche inzident prüfen, weil selbst bei deren Bestehen die Schutzbedürftigkeit nicht entfiele (s.o.).

hemmer-Methode: Es geht hier um ein sehr wichtiges Thema: Die *Schwäche des Deliktsrechts*. Dieses Stichwort sollten Sie sich merken und wissen, was damit gemeint ist:
1. I.R.d. Delikts besteht eine **Haftung für Dritte** nur i.R.d. § 831 BGB. Dieser sieht aber in § 831 I 2 BGB eine Exkulpationsmöglichkeit vor, an der der Anspruch häufig scheitert. Bei einem vertraglichen Schadensersatzanspruch ist eine Entlastungsmöglichkeit hingegen nicht gegeben, § 278 BGB.
2. Bei **Vermögensschäden** bestehen regelmäßig keine deliktischen Schadensersatzansprüche, es sei denn, die Voraussetzungen der §§ 823 II, 824, 826 BGB liegen ausnahmsweise vor.
Dagegen ersetzt das vertragliche Schadensersatzrecht auch reine Vermögensschäden.

3. Eine **Beweislastumkehr** hinsichtlich des Vertretenmüssens gibt nur § 280 I 2 BGB. Dagegen ist im Deliktsrecht der Geschädigte für das Verschulden des Schädigers darlegungs- und beweispflichtig.

T bleibt deswegen trotz der deliktischen Ansprüche gegen H schutzbedürftig.

ee) Folge der Einbeziehung

Beim Vertrag mit Schutzwirkung zugunsten Dritter wird der Anspruch zum Schaden gezogen.
Damit kann T eigene vertragliche Schadensersatzansprüche gegen V geltend machen.

d) Weitere Voraussetzungen des § 536a I BGB: Vorliegen eines Mangels und Vertretenmüssen des V

Eine nicht ordnungsgemäße Elektrik stellt unzweifelhaft einen Mangel der gemieteten Wohnung i.S.d. § 536 BGB dar. Da der Mangel erst nach dem Einzug des M entstanden ist, bedarf es für die Haftung des V seines Vertretenmüssens, § 536a I 2. Alt. BGB.

Anmerkung: Für Mängel, die bereits bei Vertragsschluss vorhanden sind, haftet der Vermieter verschuldensunabhängig, § 536a I Alt.1 BGB.

Dieses kann hier bejaht werden, da die Probleme mit der Elektrik auf die nicht ausreichende Wartung der Elektroanlage im Haus zurückzuführen sind, für deren ordnungsgemäße Funktionsweise der Vermieter die Verantwortung trägt.
Zwar beruhte die mangelhafte Wartung der Anlage auf einem Versehen des H.

H sollte jedoch mit Wissen und Wollen des V in Erfüllung der Pflichten aus dem Mietvertrag tätig werden. Er ist sog. Erfüllungsgehilfe. Gemäß § 278 BGB muss sich V auch das Verschulden des Erfüllungsgehilfen H zurechnen lassen.

Er hat es wie ein eigenes Verschulden zu vertreten.

e) Ergebnis

V ist T damit nach § 536a I BGB i.V.m. den Grundsätzen des VSD zum Ersatz der Behandlungskosten verpflichtet. Des Weiteren kann T ein Schmerzensgeld nach § 253 II BGB in angemessener Höhe verlangen.

2. Anspruch der T gegen V aus § 823 I BGB

Voraussetzung für einen Schadensersatzanspruch aus § 823 I ist, dass V durch sein schuldhaftes und rechtswidriges Verhalten die Körperverletzung der T verursacht hat.
Fraglich ist hier schon, an welches Verhalten angeknüpft werden soll.

a) Verletzungshandlung

Ein aktives Tun des V, durch das die T verletzt wurde liegt ersichtlich nicht vor. In Betracht kommt eine Verletzung durch Unterlassen. Soll aber ein Unterlassen einen Anspruch nach § 823 I begründen, muss eine Pflicht zum Tätigwerden bestehen.
Diese Pflicht könnte darin gelegen haben, den Grund der Störung der Hauselektrik gegebenenfalls selbst bzw. unter zu Hilfenahme von Fachleuten zu ermitteln und zu beheben. Ob er diese Pflicht verletzt hat, erscheint hier zweifelhaft, da er den mit Elektrik vertrauten H mit der Behebung des Mangels beauftragt hat.

Jedenfalls fehlt es an Verschulden des V, da er einen Hausverwalter eingestellt hat, der mit elektrischen Arbeiten gut vertraut war. Diesen beauftragte er ausdrücklich damit, die Hauselektrik zu reparieren, und erinnerte ihn sogar noch mehrmals daran.

Damit kam er den Pflichten eines sorgfältigen und gewissenhaften Vermieters nach. Ein Schuldvorwurf ist ihm nicht zu machen und ein Anspruch der T aus § 823 I entfällt.

3. Anspruch aus § 831 I BGB

Aufbauschema § 831 BGB

1. **Verrichtungsgehilfe**:
   Wer mit Wissen und Wollen des Geschäftsherrn in dessen Interesse tätig wird und dabei dessen Weisungen unterworfen ist. (Unterschied zum Erfüllungsgehilfen:
   Weisungsgebundenheit;
   Unterschied zum Arbeitnehmer: keine soziale Abhängigkeit erforderlich)

2. **Tatbestandsmäßige und rechtswidrige Handlung** des Verrichtungsgehilfen i.S.d. §§ 823 ff. BGB
   Beachte: Verschulden des Verrichtungsgehilfen ist nicht erforderlich

3. **In Ausführung der Verrichtung** (und nicht nur bei Gelegenheit)

4. **Keine Exkulpation** nach § 831 I 2 BGB

H ist Verrichtungsgehilfe des V: Er nimmt eine ihm von V übertragene Tätigkeit wahr und ist dabei weisungsgebunden. Dabei muss das Weisungsrecht nicht ins Einzelne gehen.

Ausreichend ist, dass der Geschäftsherr die Tätigkeit jederzeit untersagen, beschränken oder nach Zeit und Umfang bestimmen kann.

In Ausübung seiner für V ausgeübten Tätigkeiten verletzte er die T widerrechtlich. Doch war H sonst sehr zuverlässig gewesen. Er war auch mit elektrischen Arbeiten vertraut, und V erinnerte ihn mehrmals an die Angelegenheit.

V kann sich deshalb darauf berufen, H sorgfältig ausgesucht zu haben und auch die zu seiner Überwachung gebotenen Maßnahmen ergriffen zu haben, § 831 I 2 BGB.

Damit stehen der T keine deliktischen Ansprüche gegen V zu.

Wird über den Vertrag mit Schutzwirkung **zugunsten Dritter** ein Schadensersatzanspruch begründet, so ist auch i.R.d. Mitverschuldens bei der Anwendung der §§ 254 II 2, 278 BGB eine Sonderverbindung anzunehmen.

Das Mitverschulden eines Erfüllungsgehilfen des Dritten wird dem Dritten deshalb zugerechnet.

IV. Zusammenfassung

Sound: Beim Vertrag mit Schutzwirkung zugunsten Dritter wird der Anspruch zum Schaden gezogen.

hemmer-Methode: Problematisch beim Vertrag mit Schutzwirkung **zugunsten Dritter** ist, dass durch die Erweiterung des Schutzes auf weitere Personen durch das Kriterium des objektiven Interesses des Gläubigers an der Einbeziehung das Haftungsrisiko des Schuldners wesentlich erweitert wird. Um die Grenzen zwischen deliktischer und vertraglicher Haftung nicht zu stark zu verwischen, ist die Gläubigernähe eng auszulegen (vgl. dagegen aber die Rechtsprechung des BGH zu den Gutachterfällen, Fundstelle s.u.). Das besondere Interesse am Schutz des Dritten muss deshalb ausführlich begründet werden.

V. Zur Vertiefung

- Hemmer/Wüst, BGB-AT I, Rn. 365.
- Hemmer/Wüst, Life&Law 2003, S.67 ff.
  (Gutachtervertrag als Vertrag mit Schutzwirkung zugunsten Dritter, Gläubigernähe).
- Hemmer/Wüst, KK Basics Zivilrecht, Karteikarte Nr.90.
- Hemmer/Wüst, Basics Zivilrecht, Bd. 1, Rn. 371 ff.

Kapitel II: Schadensersatz neben der Leistung

Fall 5:   Der unachtsame Lehrling, Schutzpflichtverletzung beim Werkvertrag

Sachverhalt:

B beauftragt den Fensterputzer F mit der Reinigung einer Hochhausfassade. Während der Reinigungsarbeiten lässt der sonst sehr zuverlässige Lehrling L sein Reinigungsgerät fallen und trifft den am Boden stehenden B am Kopf. B erleidet eine tiefe Risswunde und eine Gehirnerschütterung.

Frage: *Muss F für die Behandlungskosten aufkommen?*

I. Einordnung

Seit der *Reform des Schuldrechts* ist § 280 I BGB die zentrale Norm für Ansprüche auf Schadensersatz, wenn der Schuldner eine Pflicht aus dem Schuldverhältnis verletzt und diese Pflichtverletzung zu vertreten hat.

Sie bildet den Grundtatbestand für alle Formen von Pflichtverletzungen in Schuldverhältnissen.

Die Norm greift unmittelbar und <u>allein</u> ein, wenn es um die Haftung auf *Schadensersatz neben der Leistung* (sog. Begleitschäden) wegen der Verletzung einer Pflicht aus dem Schuldverhältnis geht.

Macht der Gläubiger aber Schadensersatz geltend, weil der Schuldner <u>zu spät</u> geleistet hat, so stellt § 280 II i.V.m. § 286 BGB zusätzliche Voraussetzungen auf. Dogmatisch handelt sich dabei um eine Konstellation des Schadensersatzes neben der Leistung.

Besonderheiten gelten auch für den sog. *Schadensersatz statt der Leistung*, vgl. § 280 III BGB.

Dieser kann anders als der einfache Begleitschaden nur verlangt werden, wenn je nach Art der einschlägigen Pflichtverletzung außerdem einer der Tatbestände aus §§ 281 – 283 BGB erfüllt ist.

Das folgende Kapitel beschäftigt sich mit dem ersten der erwähnten Schadensersatzansprüche, <u>dem Schadensersatz neben der Leistung</u>.

Das bedeutet, dass die primäre Leistungspflicht des Schuldners durch das Schadensersatzverlangen nicht beseitigt wird, sondern Schadensersatz vielmehr neben der Erfüllung verlangt wird (im Beispiel will B weiterhin, dass seine Hochhausfassade gereinigt wird). Oft bezieht sich dieser Anspruch auf Schäden, die nicht an der geschuldeten Sache selbst aufgetreten sind. Dazu gehören typischerweise Verletzungen des Gläubigers während der Ausführungshandlung sowie Schäden an anderen Sachen des Gläubigers.

II. Gliederung

> **I. Anspruch des B gegen F auf Schadensersatz aus §§ 280 I, 631 I, 241 II BGB**
>
> **1. Schuldverhältnis**
> Werkvertrag, § 631 BGB (+)
>
> **2.** Pflichtverletzung **des Schuldners** F selbst (-)
> L (+) Verletzung der Schutzpflicht ggü. B
>
> **(P):** Zurechnung der Pflichtverletzung des L an F
> ⇨ L ist Erfüllungsgehilfe
> ⇨ **§ 278 BGB** gilt auch für Zurechnung der Pflichtverletzung, da eine Trennung zwischen Verschulden und Pflichtverletzung nicht möglich ist, einheitliche Betrachtung
>
> **3. Vertretenmüssen**
> Fahrlässigkeit des L (+), Zurechnung an F gem. § 278 BGB
>
> **4. Schaden**
> Kosten der Heilbehandlung, § 249 II 1 BGB
>
> **5. Ergebnis**
> Anspruch des B gegen F auf Schadensersatz (+)
>
> **II. Schadensersatz des B gegen F aus § 831 I BGB**
>
> (-) wegen Exkulpationsmöglichkeit nach § 831 I 2 BGB, da der Lehrling zuverlässig war

III. Lösung

I. Anspruch des B gegen F auf Schadensersatz aus §§ 280 I, 631 I, 241 II BGB

Dem B könnte ein Schadensersatzanspruch in Höhe seiner Arztkosten nach § 280 I BGB zustehen.

Dann müsste F eine Pflicht aus einem Schuldverhältnis verletzt haben.

> **Voraussetzungen des § 280 I BGB**
>
> **1. Vorliegen eines** gesetzlichen oder vertraglichen **Schuldverhältnisses**
>
> **2. Pflichtverletzung**
> Verletzung einer Leistungs-, Nebenleistungs- oder nicht leistungsbezogenen Nebenpflicht, die sich aus dem Schuldverhältnis ergibt
>
> **3. Vertretenmüssen**
> ⇨ § 280 I 2 BGB; i.Ü. § 278 BGB
>
> **4. Rechtsfolge**
>
> **5. Schadensersatz, §§ 249 ff. BGB** (insb. § 253 II BGB)

1. Schuldverhältnis

Es müsste ein Schuldverhältnis zwischen F und B bestehen. B beauftragte F damit, die Hausfassade zu reinigen. Mit der Reinigung der Fassade schuldet F dem B einen rechtlichen Erfolg. Deswegen ist der Vertrag als Werkvertrag im Sinne von § 631 BGB zu qualifizieren.

2. Pflichtverletzung des Schuldners

F müsste eine Pflicht aus dem Schuldverhältnis (hier Werkvertrag) haben.

Als Pflichtverletzung kommt hier die Verletzung von Leistungs-, Nebenleistungs- oder nicht leistungsbezogenen Nebenpflichten in Betracht.

F selbst hat die Arbeiten jedoch selbst nicht ausgeführt, sondern bediente sich seines Lehrlings L.

Möglicherweise kann ihm ein Fehlverhalten seines Lehrlings nach § 278 S. 1 BGB zugerechnet werden.

Voraussetzung für die Zurechnung gem. § 278 S. 1 BGB ist das Vorliegen einer Sonderverbindung zwischen F und B sowie die Pflichtverletzung eines Erfüllungsgehilfen.

a) Anwendbarkeit des § 278 BGB auf die Zurechnung von Pflichtverletzungen

Zunächst ist jedoch fraglich, ob § 278 BGB auf die Zurechnung von Pflichtverletzungen anwendbar ist.

Das erscheint angesichts des klaren Wortlauts, der lediglich vom „Verschulden" des Erfüllungsgehilfen spricht, zweifelhaft.

Ein Verschulden (i.S.v. Vorsatz oder Fahrlässigkeit) ist jedoch begrifflich ohne eine objektive Pflichtverletzung gar nicht denkbar, weil es ja "Wissen und Wollen" bzw. "Vorhersehbarkeit und Vermeidbarkeit" *der rechtswidrigen Pflichtverletzung* bedeutet. Damit wird § 278 BGB analog auf die Zurechnung von Pflichtverletzungen angewendet.

b) L als Erfüllungsgehilfe

L müsste zudem Erfüllungsgehilfe des F gewesen sein. Erfüllungsgehilfe ist, wer mit Wissen und Wollen des Geschäftsherrn in dessen Pflichtenkreis, also in Erfüllung der Verbindlichkeit aus dem Schuldverhältnis, tätig wird.

F hat hier bewusst L mit den Reinigungsarbeiten betraut.

L war daher Erfüllungsgehilfe.

Anmerkung: § 278 BGB betrifft nicht nur die Zurechnung des Verhaltens der Erfüllungsgehilfen, sondern auch der gesetzlichen Vertreter.

c) Pflichtverletzung

Pflicht aus einem Schuldverhältnis i.S.v. § 280 I BGB meint zunächst die echten Leistungspflichten, die das Erfüllungsinteresse des Gläubigers zum Ziel haben.

Erfasst sind aber auch bloße Schutzpflichten, d.h. nicht leistungsbezogene Nebenpflichten, die der Bewahrung der sonstigen Rechte und Güter des Gläubigers vor Schäden dienen, vgl. § 241 II BGB.

Die verletzte Pflicht könnte hier eine Schutzpflicht i.S.v. § 241 II BGB sein. Danach *kann* jeder Teil eines Schuldverhältnisses zur Rücksicht auf Rechte, Rechtsgüter und Interessen des anderen Teils verpflichtet sein. Der Wortlaut des § 241 II BGB suggeriert den Ausnahmecharakter, tatsächlich aber ist die Begründung vertraglicher Schutzpflichten die Regel. Gläubiger und Schuldner haben sich durch Wahrung der gebotenen Sorgfalt grundsätzlich so zu verhalten, dass Person, Eigentum und andere Rechte, Rechtsgüter oder Interessen nicht verletzt werden.

Ob eine Pflichtverletzung vorliegt, ist rein objektiv zu ermitteln: Entscheidend ist allein, ob der Schuldner hinter dem ihm obliegenden Pflichtenprogramm zurückgeblieben ist. L verstieß gegen die allgemeine Pflicht, Beeinträchtigungen der Rechte und Rechtsgüter des B zu vermeiden.

d) Zwischenergebnis

Eine Pflichtverletzung, die dem F zugerechnet werden kann, liegt also vor.

3. Vertretenmüssen

Die Schadensersatzpflicht tritt nicht ein, wenn der Schuldner die Pflichtverletzung nicht zu vertreten hat, § 280 I 2 BGB. Das Gesetz definiert diese Tatbestandvoraussetzung negativ („nicht zu vertreten hat").

Das Vertretenmüssen des Schuldners wird also widerlegbar vermutet.

Gibt der Sachverhalt keine Anhaltspunkte für ein fehlendes Vertretenmüssen, so ist das Vertretenmüssen zu bejahen.

Vorliegend ist von dem Vertretenmüssen des F auszugehen. Es sind keine Anhaltspunkte im Sachverhalt ersichtlich, die diese Vermutung widerlegen könnten.

Im Übrigen liegen die Voraussetzungen des § 278 BGB unproblematisch vor, s.o. Daher kann das Vertretenmüssen hier auch positiv festgestellt werden.

Anmerkung: Beachten Sie bitte in diesem Zusammenhang zwei Aspekte: Prozesstechnisch handelt es bei § 280 I 2 BGB um eine Beweislastumkehr. Grundsätzlich muss jeder die ihm günstigen Tatsachen beweisen. Danach müsste eigentlich derjenige, der Schadensersatz aus § 280 I BGB verlangt, das Vertretenmüssen beweisen. Da dies aber oft aufgrund mangelnder Kenntnis eine nicht überwindbare Beweisschwierigkeit darstellt und § 280 BGB damit quasi leer liefe, hat der Gesetzgeber die Beweislast für das Vertretenmüssen umgekehrt. Bringt der Schuldner keine ihn entlastenden Tatsachen hinsichtlich seines Nicht-Vertretenmüssens vor, so hat das Gericht das Vertretenmüssen anzunehmen.
Vermeiden Sie es, die Begriffe „Vertretenmüssen" und „Verschulden" gleichzusetzen. Verschulden umfasst Vorsatz

und Fahrlässigkeit, § 276 I 1 BGB. Der Schuldner kann aber, je nach Art der gesetzlichen Haftung oder aus dem Inhalt des vereinbarten Schuldverhältnisses, mehr zu vertreten haben: insbesondere bei Übernahme einer Garantie oder eines Beschaffungsrisikos.

4. Ersatzfähiger Schaden

Durch diese schuldhafte Pflichtverletzung ist B ein Schaden in Form der Behandlungskosten entstanden. Je nachdem, ob die Behandlung bereits durchgeführt worden ist, oder nicht, ist für Art und Umfang des Schadensersatzes § 249 I BGB (im ersten Fall) oder § 249 II 1 BGB (im zweiten Fall) einschlägig.

5. Ergebnis

B hat gegen F einen Anspruch auf Ersatz dieses Schadens aus § 280 I, 631, 241 II BGB.

Anmerkung: Da es sich um eine nicht leistungsbezogene Nebenpflichtverletzung handelt (das Werk, die Reinigung selbst, ist nicht mangelhaft), dürfen Sie nicht § 634 Nr.4 BGB mitzitieren. § 634 Nr.4 BGB gilt nur bei durch einen Mangel verursachten Schäden, sog. Mangelfolgeschäden.

II. Schadensersatzanspruch des B gegen F aus § 831 I BGB

Ein deliktischer Ersatzanspruch aus § 831 I scheidet hingegen aus, da F sich hinsichtlich Auswahl und Überwachung des L exkulpieren kann, § 831 I S. 2 BGB.

Anmerkung: Beachten Sie, dass B einen deliktischen Anspruch aus § 823 I BGB wegen Verletzung des Köpers sowie aus § 823 II i.V.m. § 229 StGB gegen den Lehrling L hat. Danach wurde in dem Fall nicht gefragt.

IV. Zusammenfassung

Sound: Verletzt der Schuldner eine Pflicht aus dem Schuldverhältnis, ist er dem Gläubiger zum Ersatz des hieraus entstandenen Schadens verpflichtet, es sei denn, er hat die Pflichtverletzung nicht zu vertreten.

V. Zur Vertiefung

- Hemmer/Wüst, Schuldrecht AT, Rn. 188-193.
- Hemmer/Wüst, KK Basics Zivilrecht, Karteikarte Nr.40.
- Hemmer/Wüst, Basics Zivilrecht Bd. 1, Rn. 151.
- Zur Abgrenzung Schadensersatz statt und neben der Leistung vgl. exemplarisch BGH, Life&Law 2012, 255 ff.

Fall 6:   Die Probefahrt - Verletzung von Schutzpflichten bei Vertragsverhandlungen

Sachverhalt:

V will K seinen gebrauchten Pkw verkaufen. Obwohl er kurzsichtig ist und seine Brille zu Hause vergessen hat, besteht K – nachdem die kleineren Unstimmigkeiten über den Kaufpreis schon fast beseitigt waren - darauf, vor der endgültigen Kaufentscheidung eine Probefahrt zu machen. Schon kurz nach Fahrtantritt stößt er an einen – eigentlich unübersehbaren – Betonpoller. Die Frontpartie des Pkw wird schwer beschädigt, und der V, der auf dem Beifahrersitz Platz genommen hat, erleidet ein HWS-Trauma.

V begehrt Ersatz für die ihm entstandenen Schäden.

I. Einordnung

Eine Vorschrift mit weitreichenden Folgen für den Anwendungsbereich des § 280 I 1 BGB findet sich in § 311 II BGB. Danach kann ein Schuldverhältnis mit den Schutzpflichten aus § 241 II BGB auch im vorvertraglichen Bereich, d.h. vor dem eigentlichen Vertragsschluss, entstehen.

Der in dieser Vorschrift normierte Rechtsgedanke war schon früher anerkannt und wurde als Rechtsfigur der culpa in contrahendo (c.i.c.) zur Begründung der Schadensersatzpflicht herangezogen.

Mit der Schuldrechtsreform wurde das gewohnheitsrechtlich anerkannte Institut zum geschriebenen Recht.

II. Gliederung

I.   Schadensersatz wegen Verletzung einer vorvertraglichen (Schutz-) Pflicht aus §§ 280 I, 311 II Nr.1, 241 II BGB

1.   Schuldverhältnis

a)   Kaufvertrag, § 433 BGB
    (-) da noch kein Vertrag geschlossen

b)   Vorvertragliches Vertrauensverhältnis als Schuldverhältnis i.S.v. § 280 I BGB möglich, hier: § 311 II Nr.1 BGB

2.   Pflichtverletzung
    Verletzung von Schutzpflichten ggü. V

3.   Vertretenmüssen, § 280 I 2 BGB
    wird vermutet, der Sachverhalt bekräftigt diese Vermutung

4.   Zurechenbarer Schaden
    Sachschaden am Fahrzeug, Verletzung des V, §§ 249 ff. BGB

5.   Ergebnis
    Anspruch auf Schadensersatz (+)

II.   Anspruch des V gegen K auf Schadensersatz aus § 823 I BGB (+)

III. Lösung

I. Schadensersatz wegen Verletzung einer vorvertraglichen (Schutz-) Pflicht aus §§ 280 I, 311 II Nr.1, 241 II BGB

V könnte gegen K einen Schadensersatzanspruch aus §§ 280 I, 241 II, 311 II BGB haben.

Dann müsste K eine Pflicht aus einem Schuldverhältnis verletzt haben.

1. Schuldverhältnis

a) Kaufvertrag, § 433 BGB

K wollte den Wagen des V kaufen. Nahe liegend wäre es, als Schuldverhältnis i.S.v. § 280 I 1 BGB an einen Kaufvertrag, § 433 BGB, zu denken. Laut Sachverhalt hatte sich K die definitive Entscheidung über den Kauf des Pkw aber noch vorbehalten. Zum Zeitpunkt des schädigenden Ereignisses bestand also noch kein Vertrag.

b) Vorvertragliches Vertrauensverhältnis

Gemäß § 311 II BGB entsteht ein Schuldverhältnis aber auch durch die Aufnahme von Vertragsverhandlungen (Nr.1), die Anbahnung eines Vertrages (Nr. 2) und ähnliche vorvertragliche, geschäftliche Kontakte (Nr.3).

Anmerkung: § 311 II Nr.1 BGB entsteht mit Beginn der Vertragsverhandlungen. Es genügen bereits einseitige Maßnahmen eines Vertragsteils, die den anderen zum Vertragsschluss veranlassen sollen. Daher können auch irreführende Werbemaßnahmen oder unrichtige Prospekte eine Haftung aus „c.i.c." begründen. Aber nur zu Lasten desjenigen, der diese einseitigen Maßnahmen vornimmt. § 311 II Nr.2 BGB betrifft die Phase vor Beginn der Vertragsverhandlungen. Er erfasst vor allem die Fälle, in denen ein potenzieller Kunde das Geschäftslokal eines Unternehmers aufsucht. Der Schutz beginnt mit Erreichen des Eingangsbereichs der Verkaufsräume.

Er setzt voraus, dass der Kunde die Räume zur Anbahnung geschäftlicher Kontakte betritt (nicht erfüllt, wenn ein Dieb das Geschäft betritt oder wenn sich der Kunde ohne Kaufabsicht lediglich vor dem Regen in den Laden zurückzieht. Anders dagegen wenn er bei dieser Gelegenheit das Warenangebot des Verkäufers wahrnimmt: anschaut, probiert, begutachtet). § 311 II Nr.3 BGB stellt klar, dass auch Kontakte, die nicht auf Abschluss eines Vertrages abzielen, eine Haftung wegen c.i.c. begründen können. So wird auch in Gefälligkeitsverhältnissen mit rechtsgeschäftlichem Einschlag aus c.i.c. gehaftet. Lediglich soziale Kontakte sind jedoch nicht ausreichend.

V und K standen in konkreten Vertragsverhandlungen. Der definitive Vertragsschluss war nur noch von der Probefahrt abhängig.

Mithin bestand zwischen beiden ein vorvertragliches Schuldverhältnis nach § 311 II Nr.1 BGB.

Anmerkung: Achten Sie auf eine genaue Subsumtion des Sachverhalts: Gehen keine konkreten Vertragsverhandlungen voraus, so fällt die Probefahrt grundsätzlich in den Anwendungsbereich von § 311 II Nr.2 BGB. § 311 II BGB ist in einer Art Stufenfolge vom speziellen Tatbestand „Vertragsverhandlungen" (Nr. 1) zum Auffangtatbestand „ähnliche geschäftliche Kontakte" (Nr. 3) aufgebaut. Prüfen Sie der Gesetzessystematik folgend der Reihe nach zuerst die Spezialtatbestände!

2. Pflichtverletzung, § 280 I 1 BGB

In seinen drei Alternativen begründet § 311 II BGB zwar keine primären Leistungspflichten, aber solche i.S.v. § 241 II BGB, die zum Schutz, zur Rücksichtnahme, Fürsorge und Loyalität verpflichten.

§ 241 II BGB fordert von der potenziellen Vertragspartei, sich so zu verhalten, dass Rechte, Rechtsgüter und sonstige rechtlich geschützte Interessen der Gegenseite nicht beeinträchtigt werden. Durch den Zusammenstoß mit dem Betonpoller beschädigte K das Eigentum des V und verletzte damit eine ihm obliegende Schutzpflicht.

3. Vertretenmüssen, § 280 I 2 BGB

Soweit nichts anderes bestimmt ist, hat der Schuldner Vorsatz und Fahrlässigkeit zu vertreten. Fahrlässigkeit versteht man als Außerachtlassen der im Verkehr objektiv erforderlichen Sorgfalt, § 276 II BGB. Jedem Autofahrer muss klar sein, dass er nur mit ausreichendem Sehvermögen ein Fahrzeug sicher führen kann. K hätte ohne seine Sehhilfe keine Probefahrt unternehmen dürfen. Indem er dies dennoch tat, handelte er (grob) fahrlässig. Entgegenstehende Gesichtspunkte, die das Vertretenmüssen des K ausschließen würden, sind nicht ersichtlich, § 280 I S. 2 BGB.

> **Anmerkung:** Beachten Sie, dass in diesem Fall K die Entlastungsmomente für sein fehlendes Verschulden darlegen und beweisen müsste (Beweislastumkehr des § 280 I 2 BGB). Angesichts des klaren Sachverhaltes wird ihm das wohl nicht gelingen.

4. Zurechenbarer Schaden

Ob ein ersatzfähiger Schaden vorliegt, bestimmt sich nach den §§ 249 ff. BGB. Regelmäßig ist dabei i.R.d. sog. Differenzhypothese ein Vergleich zwischen zwei Güterlagen anzustellen: Zwischen der tatsächlichen aktuellen Vermögenssituation und derjenigen, die ohne das schädigende Ereignis bestünde.

Hätte K nicht sorgfaltswidrig das Fahrzeug ohne Sehhilfe bewegt, so wäre weder die Frontpartie des Pkw beschädigt worden noch hätte V das HWS-Trauma erlitten. Die Kosten für die Wiederherstellung stellen in beiden Angelegenheiten einen nach §§ 249 ff. BGB ersatzfähigen Schaden dar. Daneben steht V ein Schmerzensgeldanspruch gem. § 253 II BGB zu.

5. Ergebnis

V hat gegen K einen Anspruch auf Ersatz der Kosten für die Reparatur seines Pkw, für alle durch die Behandlung seines HWS-Traumas hervorgerufenen Ausgaben und einen Schmerzensgeldanspruch.

II. Anspruch des V gegen K auf Schadensersatz aus § 823 I BGB

K verletzte rechtswidrig das Eigentum und die körperliche Integrität von V.

Er handelte fahrlässig i.S.v. § 276 II BGB und verursachte dabei einen Schaden, der sich summenmäßig aus den Kosten für die Reparatur des PKW und denen für eine sachgemäße Heilbehandlung seines HWS-Traumas zusammensetzt. Daneben kann V Schmerzensgeld verlangen, § 253 II BGB.

V hat deshalb auch einen Schadensersatzanspruch aus § 823 I BGB gegen K.

Anmerkung: Da vorliegend das Hauptaugenmerk auf vorvertraglichen Schuldverhältnis liegt und § 823 I BGB bereits in Fall 4 ausführlich behandelt wurde, erfolgte die Prüfung des § 823 I BGB verkürzt.

IV. Zusammenfassung

Sound: Ein Schuldverhältnis i.S.d. § 280 I 1 BGB wird auch durch Aufnahme von Vertragsverhandlungen oder andere ähnliche geschäftliche Kontakte begründet, sog vorvertragliches Schuldverhältnis, § 311 II BGB.

Die Auslegung des § 311 II Nr.1 BGB, „Vertragsverhandlungen", ist unproblematisch. Anzumerken bleibt noch, dass es nicht darauf ankommt, ob später ein entsprechender Vertrag tatsächlich geschlossen wird.

§ 311 II Nr.2 BGB erfasst solche Fälle, in denen Vertragsverhandlungen zwar nicht aufgenommen wurden, eine Partei aber zur Anbahnung des Vertrages im Hinblick auf einen späteren Vertragsschluss der anderen Partei die Möglichkeit zur Einwirkung auf ihre Rechte, Rechtsgüter oder Interessen gewährt, vgl. dazu mehr Fall 7.

§ 311 II Nr.3 BGB erfordert ähnliche geschäftliche Kontakte. Gemeint sind damit vor allem Fälle geschlossener, aber unwirksamer Verträge, sowie Gefälligkeitsverhältnisse mit rechtsgeschäftlichem Einschlag.

hemmer-Methode: § 311 II BGB kodifiziert das bisher gewohnheitsrechtlich anerkannte Rechtsinstitut der c.i.c. Während die Existenz bestimmter Schutzpflichten seit langem unumstritten war, begnügte sich der alte § 241 BGB damit, die Leistungspflicht des Schuldners im Gesetz festzuschreiben. Das *SchuldrechtsmodernisierungsG* hat dieser Norm einen zweiten Absatz hinzugefügt, der diesem Versäumnis abhilft und nun auch die Schutzpflichten normiert. Machen Sie sich die Funktion der Normen klar:

a) § 241 II BGB stellt allgemein und für jedes Schuldverhältnis fest, dass neben den reinen Leistungspflichten auch Schutz- und andere Nebenpflichten existieren.

b) § 311 II BGB erweitert den Anwendungsbereich von § 241 II BGB auf vorvertragliche Vertrauensverhältnisse, indem er diesen den Charakter eines echten Schuldverhältnisses zuspricht.

c) § 280 I BGB ist dann die Anspruchsgrundlage für Schadensersatz wegen Verletzung einer Pflicht nach §§ 241 II, 311 II BGB.

Die zu zitierende Paragraphenkette für einen Anspruch aus c.i.c. ist damit §§ 280 I, 241 II, 311 II BGB.

V. Zur Vertiefung

- Hemmer/Wüst, Schuldrecht AT, Rn. 194 ff.
- Hemmer/Wüst, Basics Zivilrecht, Bd. 1, Rn. 172 ff.

Fall 7:   Salatblattfall, culpa in contrahendo und Beweislastumkehr

Sachverhalt:

Frau A kauft im Supermarkt des B ein. Auf einem im Eingangsbereich am Boden liegenden Salatblatt rutscht sie aus und stürzt. Dabei geht die eben gekaufte Glasvase, die Frau A in ihrer Tasche trug, zu Bruch. Sie verlangt von B Geldersatz.

Frage: *Zu Recht?*

Anmerkung: *Es lässt sich nicht klären, ob B seine Räumlichkeiten regelmäßig reinigte und auch nicht, ob das Salatblatt eben erst von der Salattheke herunterfiel oder schon lange Zeit am Boden lag. Deliktische Ansprüche sind nicht zu prüfen.*

I. Einordnung

§ 311 II Nr.2 BGB bereitet Schwierigkeiten, insbesondere in der Abgrenzung zu anderen Fällen des § 311 II BGB. Eine saubere Abgrenzung ist insoweit aber erforderlich, da alle drei Fälle des § 311 II BGB unterschiedliche vorvertragliche Situationen regeln. Sie sollten für eine gute Klausur oder Hausarbeit die Abgrenzung nicht offen lassen und sich bereits in der Überschrift für eine der drei Alternativen festlegen.

Der vorliegende Fall soll die Problematik um § 311 II BGB nochmals verdeutlichen.

II. Gliederung

Anspruch auf Schadensersatz aus §§ 280 I, 241 II, 311 II Nr.2 BGB

1. **Schuldverhältnis**
   ⇨ § 311 II Nr.2 BGB (+)

2. **Pflichtverletzung, § 280 I 1 BGB**
   Verletzung der Schutzpflichten (+)

3. **Vertretenmüssen des B**
   wird vermutet gem. § 280 I 2 BGB

4. **Ersatzfähiger Schaden**
   Geldersatz für zerbrochene Vase,
   § 249 II S. 1 BGB

5. **Ergebnis**
   Schadensersatzanspruch (+)

III. Lösung

Anspruch auf Schadensersatz aus §§ 280 I, 241 II, 311 II Nr.2 BGB

A könnte gegen B einen Ersatzanspruch für die zerstörte Glasvase aus §§ 280 I, 241 II, 311 II Nr.2 BGB haben.

1. Schuldverhältnis, § 311 II Nr.2 BGB

Dann müsste B eine Pflicht aus einem Schuldverhältnis verletzt haben.

Zwischen A und B könnte ein Schuldverhältnis mit Pflichten nach §§ 241 II, 311 II BGB bestanden haben.

Vertragsverhandlungen i.S.v. § 311 II Nr.1 BGB haben (noch) nicht stattgefunden.

Möglicherweise ist aber § 311 II Nr.2 BGB einschlägig. § 311 II Nr.2 BGB erfasst Konstellationen, in denen zwar keine Vertragsverhandlungen stattgefunden haben, die Parteien aber geschäftlicher Interessen wegen ein Näheverhältnis eingegangen sind, bei dem besondere Gefahren für die eigenen Rechte, Rechtsgüter und Interessen entstehen können. Es geht also um die Fälle einer potenziellen rechtsgeschäftlichen Beziehung. Typisch ist die Eröffnung eines Geschäftslokals für den Kundenverkehr.

Nachdem Frau A das Geschäft des B zum Einkaufen betreten hatte, bestanden zu ihren Gunsten Schutzpflichten des B nach §§ 311 II Nr.2, 241 II BGB.

2. Pflichtverletzung, § 280 I 1 BGB

Die Pflichtverletzung ist als objektiv nicht dem Schuldverhältnis entsprechendes Verhalten definiert. Bei der Verletzung von Schutzpflichtverletzungen i.S.v. § 241 II BGB ist positiv festzustellen, worin die Pflichtverletzung an sich besteht.

Da es sich um ein Merkmal des anspruchsbegründenden Tatbestands handelt, liegt die Beweislast *hierfür* beim Anspruchsteller. Im Laden des B lag zum fraglichen Zeitpunkt besagtes Salatblatt. Auf diesem rutschte Frau A aus. Dies ist unstrittig und reicht aus, um eine Pflichtverletzung durch B zu bejahen: Er hat dafür zu sorgen, dass seine Kunden vor Gefahren aus seinem Machtbereich geschützt sind. Dem kam er nicht ausreichend nach.

3. Vertretenmüssen des B

Die Haftung aus § 280 I 1 BGB tritt nach § 280 I 2 BGB aber nicht ein, wenn der Schuldner die Pflichtverletzung <u>nicht</u> zu vertreten hat.

Grundsätzlich ist der Schuldner für Vorsatz und Fahrlässigkeit verantwortlich, § 276 I BGB.

Fahrlässigkeit versteht das BGB als Außerachtlassen der im Verkehr erforderlichen Sorgfalt, § 276 II BGB.

Es ist also danach zu fragen, welche Anforderungen an einen gewissenhaften, sorgfältigen Ladeninhaber hinsichtlich seiner Reinigungspflichten zu stellen sind. In einem gewöhnlichen Supermarkt reicht es wohl aus, die Geschäftsräume vor der Öffnung und nach Geschäftsschluss gründlich zu reinigen und während der Öffnungszeiten die Sauberkeit und Sicherheit der Einrichtung zu überprüfen und ggf. nachzubessern. Laut Sachverhalt lässt sich aber nicht mehr klären, wie häufig bzw. ob B seine Räumlichkeiten überhaupt regelmäßig gereinigt hat.

Es ist möglich, dass das Salatblatt eben erst von der Theke herab fiel, also auch von einem äußerst gewissenhaften Inhaber (noch) nicht hätte entfernt werden können, aber ebenso gut kann es sein, dass es schon seit Tagen am Boden lag.

Nach den allgemeinen Beweislastregeln müsste A das Vertretenmüssen des B beweisen. Sie muss nämlich als Anspruchstellerin alle für sie günstigen Tatsachen vorbringen und im Falle des Bestreitens beweisen. Daran würde hier der Schadensersatzanspruch der A scheitern, da sie das Vertretenmüssen des B nicht beweisen kann.

Allerdings ist vorliegend § 280 I 2 BGB zu beachten. Die Norm stellt eine widerlegbare Vermutungsregel hinsichtlich des Vertretenmüssens des Schuldners auf. Soweit B keine ihn entlastenden Umstände vorträgt, wird sein Vertretenmüssen unterstellt.

Anmerkung: Anhand dieses Falles und obiger Ausführungen sehen Sie, welche Rolle die Verschuldensvermutung spielt. Sie kehrt die Beweislast um und bringt hier den Ladeninhaber in eine Beweisnot. Da er sich nicht entlasten kann, wird das Verschulden bejaht.

4. Ersatzfähiger Schaden

Durch den Fall ging die Glasvase der A zu Bruch, es entstand ihr ein adäquat kausaler Schaden an ihrem Eigentum. Für diesen ist ihr B gem. § 249 II S. 1 BGB zum Ersatz verpflichtet. § 251 I BGB ist nicht anwendbar, weil nach h.M. die Beschaffung einer gleichwertigen Ersatzsache eine Form der Naturalrestitution darstellt.

5. Ergebnis

A hat damit einen Schadensersatzanspruch gegen B.

IV. Zusammenfassung

Sound: Ein vorvertragliches Schuldverhältnis mit Schutzpflichten kommt durch Anbahnung eines Vertrages zustande.

An diesem kurzen Fall erkennen Sie, wie wichtig es ist, zwischen der Pflichtverletzung an sich und dem Vertretenmüssen zu unterscheiden.

Eine Beweislastumkehr zu Lasten des Schuldners nimmt § 280 I 2 BGB nur hinsichtlich des Vertretenmüssens vor, in Bezug auf die Pflichtverletzung bleibt es bei den allgemeinen Regeln. Es zeigt sich, dass selbst in „einfachsten" Fällen das exakte Herausarbeiten der Tatbestandsmerkmale und eine exakte Subsumtion essenziell für den Klausurerfolg ist.

hemmer-Methode: Beachten Sie bitte, dass das Betreten eines Kaufhauses mit Kaufabsicht ausreicht, auch wenn sich der Kunde nur umsehen will, da ein späterer Kaufvertrag keine Voraussetzung des § 311 II Nr.2 BGB ist. Nicht ausreichend ist aber das Betreten eines Kaufhauses um sich z.B. bei einem Platzregen kurz unterzustellen. Ebenso wenig entsteht zwischen einem Dieb und dem Geschäftsführer ein vorvertragliches Schuldverhältnis i.S.d. § 311 II Nr.2 BGB.

V. Zur Vertiefung

- Hemmer/Wüst, Schuldrecht AT, Rn. 199.
- Hemmer/Wüst, Basics Zivilrecht, Bd. 1, Rn. 178.

Fall 8:   Missglückter Regress -
Beweislastumkehr und § 619a BGB

Sachverhalt:

Sachverhalt wie Fall 7: Frau B stürzt über das Salatblatt, verletzt sich und erhält von A Schadensersatz i.H.v. 100 €. A hatte zuvor seine Angestellte C mit der regelmäßigen Reinigung des Fußbodens betraut. Ob sie dieser Aufgabe angemessen nachkam, lässt sich nicht klären. Weitere Aufgaben hatte C im fraglichen Zeitraum nicht zu verrichten.

Frage: *Kann A für die 100 € bei C Rückgriff nehmen? Aspekte des innerbetrieblichen Schadensausgleichs sowie des Delikts sind außer Betracht zu lassen.*

I. Einordnung

Der Sinn und Zweck des § 280 I S. 2 BGB ist es, den Anspruchssteller vor kaum überwindbaren Beweisschwierigkeiten zu bewahren, in die er sonst geraten würde, wenn er die Beweislast für das Vertretenmüssen hätte. Denn er hat von den Hintergründen, warum der Schuldner eine Pflicht verletzt hat, regelmäßig keine Kenntnis.

Dieser Sinn und Zweck läuft aber in den Bereichen leer, in denen der Anspruchsteller auf Grund seiner Stellung und Befugnisse einen Einblick in Organisation und Arbeitsweise des Schuldners hat. In solchen Fällen ist die Beweislastumkehr nicht mehr gerechtfertigt, sodass es bei der allgemeinen Regel bleiben muss. Der Anspruchsteller muss das Vertretenmüssen des Schuldners beweisen.

2. Pflichtverletzung
a) Verletzung der Schutzpflichten, § 241 II BGB, (+) aber zugleich:
b) Verletzung der Leistungspflicht, (+) da die Schutzpflicht (regelmäßige Reinigung) zur Hauptleistungspflicht der C erhoben wurde
3. Vertretenmüssen
a) Grundsatz: gesetzliche Vermutung des § 280 I 2 BGB
    C müsste den Beweis des fehlenden Vertretenmüssens vorbringen
b) Ausnahme: § 619a BGB für *Arbeitsverträge*
    ⇨ Nachweispflicht beim Arbeitgeber A
    ⇨ kein Vertretenmüssen nachweisbar
4. Ergebnis
    Kein Schadensersatz des A gegen C

II. Gliederung

Anspruch des A gegen C auf
Schadensersatz aus §§ 280 I, 611 BGB
1. **Schuldverhältnis**
Arbeitsvertrag, § 611 BGB

III. Lösung

Anspruch auf Schadensersatz aus §§ 280 I, 611 BGB

Ein Anspruch der A gegen C könnte wegen einer Pflichtverletzung des Arbeitsvertrages bestehen.

1. Schuldverhältnis: Arbeitsvertrag

C ist Angestellte des Geschäftsinhabers A. Zwischen A und C besteht somit ein Arbeitsvertrag, dessen rechtliche Behandlung sich grundsätzlich nach den §§ 611 ff. BGB richtet. Dieser Arbeitsvertrag bildet ein vertragliches Schuldverhältnis.

2. Pflichtverletzung

Frau C müsste eine Pflicht aus diesem Arbeitsvertrag verletzt haben.

a) Schutzpflichtverletzung i.S.v. § 241 II BGB?

In Betracht kommt die Verletzung einer Schutzpflicht. In jedem Schuldverhältnis haben sich beide Parteien durch Einhaltung der gebotenen Sorgfalt so zu verhalten, dass die Rechte, Rechtsgüter und Interessen der anderen Seite nicht beeinträchtigt werden, vgl. § 241 II BGB. Im Arbeitsverhältnis, das durch lange Dauer und oft auch durch eine besondere Nähe der Parteien gekennzeichnet ist, gilt dies im Besonderen. Frau C hat die ihr anvertrauten Arbeiten deshalb sorgfältig und gewissenhaft auszuführen, um so das Risiko von Schäden für ihren Arbeitgeber zu minimieren.

b) Echte Leistungspflicht

Allerdings hatte A die C ausdrücklich mit den Reinigungsarbeiten beauftragt. Es bestand also nicht nur eine allgemeine Schutzpflicht, sondern eine echte Leistungspflicht der C, der sie möglicherweise nur schlecht oder sogar gar nicht nachkam.

Nun lässt sich laut Sachverhaltsangabe nicht klären, wann sie den Boden das letzte Mal gereinigt hat. Deshalb ist es problematisch, ihr eine Pflichtverletzung nachzuweisen. Dazu kommt man letztlich nur, wenn man annimmt, dass sie nicht nur zur regelmäßigen Überprüfung der Verkehrssicherheit des Bodens verpflichtet gewesen ist, sondern darüber hinausgehend für die Verkehrssicherheit an sich. Eine dermaßen weitgehende Pflicht eines einfachen Ladenangestellten kann man wohl nur dann unterstellen, wenn sie kaum zusätzliche Aufgaben (Kundenservice, Regale einräumen, etc.) zu erfüllen hat.

So war es hier. C war von A ausdrücklich dazu beauftragt worden, den Boden sauber und sicher zu halten, andere Verrichtungen hatte sie nicht zu erfüllen.

Die bloße Tatsache, dass der Boden schmutzig und damit rutschig war, stellt deshalb eine Verletzung ihrer arbeitsvertraglichen Pflichten dar.

3. Schaden

Durch die Pflichtverletzung der C müsste dem A ein kausaler Schaden entstanden sein. Dieser ist in der Schadensersatzpflicht des A gegenüber der Kundin B aus §§ 280 I, 241 II, 311 II Nr.2 BGB zu sehen.

hemmer-Methode: Nach dem Klausurprinzip „ein Problem mehr" wurde hier das Tatbestandsmerkmal „Schaden" prüfungstechnisch vorgezogen. Versuchen Sie den Rahmen der Klausur auszuschöpfen, indem Sie dem längsten Lösungsweg folgen. Sie müssen aber auf der anderen Seite beachten, dass das Zerreißen von Pflichtverletzung und Verschulden öfters nicht unbedingt klausurtaktisch klug ist, da die Pflichtverletzung in einem engen Zusammenhang mit dem Vertretenmüssen steht.

4. Vertretenmüssen

a) Grundsatz: Vermutung des § 280 I S. 2 BGB

Fraglich bleibt indes, ob C ihre Pflichtverletzung zu vertreten hat. Gem. § 280 I 2 BGB wird das Vertretenmüssen vermutet. Da es sich um eine widerlegbare Vermutung handelt, müsste C beweisen, dass sie die Pflichtverletzung nicht zu vertreten hat.

b) Ausnahme: § 619a BGB

Von der Grundregel des § 280 I 2 BGB macht aber § 619a BGB eine Ausnahme: Ein Arbeitnehmer haftet für eine vertragliche Pflichtverletzung nur dann, wenn ihm sein Vertretenmüssen positiv nachzuweisen ist.

Dieses Vertretenmüssen lässt sich nach Angaben des Sachverhalts der C nicht positiv nachweisen. Demnach fehlt es an der schuldhaften Pflichtverletzung.

5. Ergebnis

Ein Anspruch des A gegen C aus §§ 280 I, 611 besteht nicht.

Anmerkung: Beachten Sie für den Fall, dass - abweichend vom Sachverhalt - ein Nachweis einer Pflichtverletzung geführt werden kann, die für das Arbeitsrecht geltende Haftungsmilderung des so genannten innerbetrieblichen Schadensausgleichs:

Das Bundesarbeitsgericht wägt bei einer Schädigung des Arbeitgebers alle Schadensrisiken (Gefahrneigung der Arbeit, Verschuldensgrad, Höhe der Arbeitsvergütungen, Versicherbarkeit des Risikos) gegeneinander ab und kommt grundsätzlich zu folgender abgestufter Haftungsverteilung: Bei vorsätzlicher oder grob fahrlässiger Schädigung haftet der Arbeitnehmer in vollem Umfang. Bei mittlerer Fahrlässigkeit kommt es zu einer Quotelung des Schadens. Bei leichtester Fahrlässigkeit trägt allein der Arbeitgeber den Schaden.

Als Rechtsgrundlage des innerbetrieblichen Schadensausgleichs kann jetzt auch § 276 BGB herangezogen werden ("Inhalt des Schuldverhältnisses"), während die Rechtsprechung – soweit ersichtlich – nach wie vor die Grundlage in § 254 BGB i. V. m. der Lehre vom Betriebsrisiko anwendet.

IV. Zusammenfassung

Sound: § 619a BGB modifiziert den § 280 I 2 BGB im Bereich des Arbeitsrechts.

Die Regelung des § 280 I 2 BGB passt auf den Arbeitnehmer nicht. Grund für die Einführung des § 619a BGB ist, dass der Arbeitgeber den Tatsachen, auf die es für die Beweisführung ankommt, näher ist, und er aufgrund seines Weisungsrechts das Organisationsrisiko trägt.

hemmer-Methode: Beachten Sie noch einmal, dass „Vertretenmüssen" und „Verschulden" nicht gleichgestellt werden können. Verschulden bedeutet Haftung für Vorsatz und Fahrlässigkeit, Vertretenmüssen schließt ggf. auch eine verschuldensunabhängige Haftung (z.B. Beschaffungsrisiko bei der Gattungsschuld) oder eine Haftung für bloßen Zufall (z.B. beim Schuldnerverzug, § 287 S. 2 BGB) mit ein.

V. Zur Vertiefung

Zur Beweislast für das Vertretenmüssen:

- Hemmer/Wüst/Krick, Arbeitsrecht, Rn. 626.
- Hemmer/Wüst/Tyroller, Schuldrecht BT 1, Rn. 261 ff.

Fall 9:   culpa post contractum finitum

Sachverhalt:

Rechtsanwalt E aus dem bayerischen Wolfrathshausen möchte sich künftig in der Bundespolitik engagieren und plant deshalb seinen Wohnsitz nach Berlin zu verlegen. Er schließt mit seinem Kollegen G einen Vertrag, in dem er sich verpflichtet, seine Kanzlei samt Kundenstamm zu übertragen.

Bald schon zeigt sich, dass die Menschen außerhalb Bayerns gar nicht in der Lage sind, die politischen Fertigkeiten des Herrn E angemessen zu würdigen; entsprechend kommt seine Karriere ins Stocken. E kehrt deshalb schon nach 3 Monaten in seine Heimat zurück und eröffnet vis-à-vis seiner alten Arbeitsstätte eine neue Kanzlei. Viele der ehemaligen Mandanten, die zunächst den Diensten des G vertraut hatten, kehren nun zu E zurück.

G erleidet einen beträchtlichen Verdienstausfall und verlangt in dieser Höhe Schadensersatz von E.

I. Einordnung

Die Brandbreite der Pflichten, die die Parteien zu beachten haben und deren Verletzung eine Schadensersatzpflicht nach § 280 I BGB auslösen kann, reicht von den vorvertraglichen Schutzpflichten (§§ 311 II, 241 II BGB) über die nichtleistungsbezogenen Nebenpflichten bei dem Vollzug eines Vertrages bis hin zu den nachträglich wirkenden Pflichten aus dem bereits vollzogenen Vertrag.

Gemeint sind dabei Pflichten, die erst nach der Durchführung des Vertrages eintreten und eine gewisse Zeit fortdauern.

II. Gliederung

I.   Vertraglicher Schadensersatzanspruch des G gegen E aus §§ 280 I, 453, 433 BGB

1.   Schuldverhältnis (+)
⇨ Kaufvertrag über Anwaltskanzlei,
§§ 453, 433 ff. BGB

2.   Pflichtverletzung (+)
Ermittlung der dem Vertragsverhältnis zugrunde liegenden Pflichten
Hier insb.: Verschaffung des „Goodwill" und das Wettbewerbsverbot
Auch nach Vertragserfüllung fortwirkend
Diese Pflichten hat E durch Neueröffnung der Kanzlei verletzt

3.   Vertretenmüssen, § 280 I 2 BGB (+)

4.   Schaden (+)
⇨ Verdienstausfall, §§ 249, 252 BGB

5.   Ergebnis
Schadensersatzanspruch (+)

II.   § 823 I BGB i.V.m. den Grundsätzen des eingerichteten und ausgeübten Gewerbebetriebs

1.   Geschütztes Rechtsgut i.S.d. § 823 I BGB
⇨ Verletzung eines absoluten Rechts (-)
⇨ der eingerichtete und ausgeübte Gewerbebetrieb (+)

2. **Rechtsgutverletzung**
    (-) mangels eines betriebsbezoge-
    nen Eingriffs
3. **Ergebnis**
    Anspruch (-)

III. Lösung

I. Schadensersatz nach §§ 280 I, 453 I, 433 I BGB

G könnte gegen E einen Schadensersatzanspruch aus § 280 I BGB i.V.m.
§§ 453, 433 BGB haben.

1. Vorliegen eines Schuldverhältnis-ses

G und E haben einen Vertrag abgeschlossen, in dem Kanzlei und Mandantenstamm des E gegen Bezahlung
auf G übergehen sollen.
Dieser Vertrag stellt ein Schuldverhältnis i.S.d. § 280 I 1 BGB dar.

Anmerkung: Beim Verkauf einer frei-
beruflichen Praxis handelt es sich um einen Rechtskauf i.S.v. § 453 BGB. Ein
Rechtskauf ist ein Kaufvertrag, dessen
Gegenstand ein Recht oder eine Mehr-
heit von Rechten ist. Mit den Rechten
können auch sonstige Gegenstände
übertragen werden. Sollten aber die
Mandantenakten übergeben werden,
so ist die Zustimmung der Mandanten
notwendig (Rechtsgedanke des § 415
BGB).
Beim Rechtskauf finden die Vorschriften über den Sachkauf entsprechende
Anwendung, § 453 I BGB.

2. Pflichtverletzung

E müsste eine Pflicht aus diesem
Rechtskaufvertrag verletzt haben.

Welche Pflichten den Parteien bei der
Durchführung des Vertrages obliegen,
ist aus dem zugrunde liegenden Vertragsverhältnis zu ermitteln, §§ 133,
157 BGB.

Bei Übertragung einer Anwaltskanzlei
besteht für den Veräußerer die Pflicht,
dem Erwerber neben der Gesamtheit
von beweglichen und unbeweglichen
Sachen auch den wirtschaftlichen Wert
der Kanzlei, den so genannten „Goodwill" zu verschaffen. E war verpflichtet,
G über die Besonderheiten der Kanzlei
aufzuklären, ihn einzuweisen, seinem
Mandantenstamm den Übergang anzu-
zeigen, ihn zu empfehlen und, sofern
seine Mandanten ihr Einverständnis
damit erklärten, G auch seine Mandan-
tenkartei und Unterlagen zu überlassen.

Eine Auslegung unter Berücksichtigung
von Treu und Glauben ergibt die vertragliche Nebenpflicht des E, alles zu
unterlassen, was die eben erworbene
Marktposition des G beeinträchtigen
könnte.

Insbesondere, dass er ihm nicht am
selben Ort Konkurrenz macht.

E darf deswegen dem G nicht die durch
den Vertrag gewährten Vorteile wieder
entziehen und so den Vertragszweck
vereiteln.

Es handelt sich hierbei um eine leistungsbezogene Nebenpflicht zur Siche-
rung der Hauptleistung, die § 280 I
BGB unterfällt.

Dieses Wettbewerbsverbot erlischt nun
nicht gleichzeitig mit der Übereignung
der gegenständlichen Vermögenswerte
der Kanzlei, sondern wirkt eine angemessene Zeit fort. Welche Fristen im
Einzelnen einzuhalten sind, lässt sich
nicht pauschal beantworten. Festzuhalten bleibt aber, dass die kurzfristige
Rückkehr des E nach lediglich 3 Monaten in jedem Fall vertragswidrig war.

Durch seine baldige Rückkehr trat er in unmittelbare Konkurrenz zu G und entzog ihm so einen Gutteil der eben verkauften Vermögensposition wieder.

Anmerkung: Wie Sie sehen, ist es kaum möglich, den genauen Umfang des nachvertraglichen Wettbewerbsverbots durch Auslegung sicher zu ermitteln. In der Vertragsgestaltung sollte daher auf jeden Fall eine exakte Wettbewerbsklausel aufgenommen werden. So können spätere Streitigkeiten von vorneherein vermieden werden.

Damit verletzte er die Pflicht, den Vertragszweck auch nachträglich nicht zu gefährden.

hemmer-Methode: Der Fall der Verletzung nachvertraglicher Pflichten wird als „culpa post contractum finitum" bezeichnet. – Zeigen Sie dem Korrektor, dass Sie die juristische Fachsprache beherrschen!

3. Vertretenmüssen, § 280 I 2 BGB

Es greift die gesetzliche widerlegbare Vermutung des Vertretenmüssens nach § 280 I 2 BGB. Entlastende Momente für E sind aus dem Sachverhalt nicht ersichtlich.

4. Ersatzfähiger Schaden

Durch die schuldhafte Pflichtverletzung des E ist dem G ein Verdienstverlust entstanden.

E ist also gemäß § 280 I BGB dem G in Höhe seines Verdienstausfalles schadensersatzpflichtig. Dieser stellt als entgangener Gewinn einen ersatzfähigen Schadensposten des G dar, §§ 249, 252 BGB.

5. Ergebnis

G kann von E Schadensersatz in Höhe des Verdienstausfalls verlangen.

II. § 823 I BGB i.V.m. den Grundsätzen des eingerichteten und ausgeübten Gewerbebetriebs

1. Rechtsgutsverletzung

Voraussetzung der Haftung aus § 823 I BGB ist die Verletzung eines geschützten Rechtsguts. Ein solches ausdrücklich genanntes Rechtsgut wurde hier aber von E nicht verletzt. In Betracht kommt aber die Verletzung eines sonstigen Rechts.

a) Sonstiges Recht i.S.d. § 823 I BGB

Sonstige Rechte sind im Hinblick auf die Nennung hinter „Eigentum" als Rechte zu verstehen, die denselben rechtlichen Charakter wie das Eigentum haben und die ebenso wie Leben, Gesundheit und Freiheit von jedermann zu beachten sind. Das bedeutet, dass es sich um ausschließliche Rechte handeln muss, vgl. § 903 S. 1 BGB.

b) Eingerichteter und ausgeübter Gewerbebetrieb

Der eingerichtete und ausgeübte Gewerbebetrieb ist als sonstiges Recht anerkannt. Geschützt werden entgegen der Bezeichnung „Gewerbebetrieb" auch freiberufliche Praxen. Damit ist die Anwaltskanzlei ebenfalls als geschütztes Rechtsgut von § 823 I BGB erfasst.

2. Verletzungshandlung: betriebsbezogener Eingriff

Grundsätzlich genügt i.R.d. Verletzungshandlung des § 823 I BGB irgendein Tun oder Unterlassen (bei Handlungspflicht), das kausal für die Verletzung ist.

Eine Besonderheit gilt aber i.R.d. Prüfung des eingerichteten und ausgeübten Gewerbebetriebes. Hier muss die Verletzungshandlung – der Eingriff – betriebsbezogen sein, sich also unmittelbar gegen den Betrieb richten.

Eine bloß mittelbare, von außen eintretende Beeinträchtigung des Gewerbebetriebes als solche reicht nicht aus.

Hier hat E lediglich eine eigene Kanzlei eröffnet und nicht in die Organisationsstruktur der Kanzlei des G eingegriffen. Damit fehlt es an der Unmittelbarkeit und Betriebsbezogenheit des Eingriffs.

Anmerkung: Bei dem Eingriff in den eingerichteten und ausgeübten Gewerbebetrieb handelt es sich um einen sog. offenen Tatbestand.
Der offene Tatbestand bildet eine Ausnahme zu dem Grundsatz der h.M., dass die Rechtswidrigkeit (die Widerrechtlichkeit) des Eingriffs durch die Rechtsgutverletzung und Verletzungshandlung (Tatbestand) indiziert wird. In diesem Fall muss die Rechtswidrigkeit positiv festgestellt werden.

3. Ergebnis

Ein Schadensersatzanspruch aus § 823 I BGB scheidet aus.

IV. Zusammenfassung

Sound: Das Schuldverhältnis kann auch mit erst nachvertraglich wirkenden Pflichten ausgestattet werden. Ihre Verletzung führt ebenfalls zum Schadensersatzanspruch aus § 280 I BGB.

Davon zu unterscheiden ist die Figur des nachvertraglichen Schuldverhältnisses. Auch nach Beendigung eines Vertrages kommt eine Haftung aus § 280 I BGB in Betracht.

Eine Haftung lediglich nach § 823 I BGB wäre unbillig, weil zwischen den Parteien eine besondere Nähebeziehung bestand und diese auch nach Vertragsbeendigung fortgewirkt hat.

Um ein solches nachvertragliches Schuldverhältnis handelt es sich vorliegend aber nicht.

Die Pflicht zum Unterlassen der Konkurrenz ergibt sich aus dem Vertag zwischen G und E selbst, sie wirkt lediglich erst nach Vollzug des Vertrages, ist also zeitlich verschoben und nur in diesem Sinne „nachträglich".

hemmer-Methode: Auch nach bisheriger Rechtslage zogen schuldvertragliche Vereinbarungen die Verpflichtung der Parteien nach sich, den beabsichtigten Erfolg nicht durch widersprüchliches Verhalten zu gefährden. Die Nachwirkung dieser leistungsbegleitenden Pflichten ist keine Erfindung der Schuldrechtsreform. Die Haftung ergab sich zuvor aus einer „pVV" (positive Vertragsverletzung) des Kaufvertrages und war genau wie jetzt auf Schadensersatz in Höhe des Verdienstausfalls von G gerichtet.

In vielen Fallkonstellationen hat sich durch die Schuldrechtsreform *inhaltlich* gar nicht so viel geändert. Für Sie ist es dann entscheidend, die Sachverhalte den neuen Normen zuzuordnen und so bekannte Gewässer zu erreichen. Wir haben ganz bewusst in diese Fallsammlung einzelne Fälle aufgenommen, die geringe bis gar keine Abweichungen zur bisherigen Rechtlage zeigen, um Ihnen so die Orientierung im neuen Schuldrecht zu erleichtern.

V. Zur Vertiefung

Zum nachvertraglichen Schuldverhältnis:

- Hemmer/Wüst, Schuldrecht AT, Rn. 214.

Zum Eingriff in den eingerichteten und ausgeübten Gewerbebetrieb:

- Hemmer/Wüst, Deliktsrecht I, Rn. 54 ff.

Fall 10:　GmbH im Konkurs - Haftung Dritter, § 311 III BGB

Sachverhalt:

G war Geschäftsführer einer GmbH, an der er zudem als Gesellschafter beteiligt war. Da die GmbH schon seit längerem in Liquiditätsschwierigkeiten steckte, trat G in ihrem Namen in Verhandlungen mit K ein. G verschwieg die brenzlige Situation, sprach von glänzenden Zukunftsperspektiven, einer kleinen Anschubfinanzierung für neue Projekte, geringem Risiko und höchsten Gewinnerwartungen. Tatsächlich hatte die GmbH ein innovatives technisches Konzept entwickelt, für dessen Umsetzung große Investitionen nötig waren und das neben guten Gewinnchancen mindestens ebenso große Risiken barg. K, der G persönlich kannte, war beeindruckt. Er schätzte G als zuverlässigen, seriösen Geschäftsmann und gewährte der GmbH daher Kredit i.H.v. 500.000 €.

Wenige Monate später musste die GmbH Insolvenzantrag stellen. Die Insolvenzmasse war nahezu wertlos, die gesamte Kreditsumme damit für K verloren.

Er verlangt von G Schadensersatz.

I. Einordnung

Die Haftung aus § 280 I BGB setzt voraus, dass gerade zwischen dem Gläubiger als Anspruchsteller und dem Schuldner als Anspruchsgegner ein Schuldverhältnis besteht. Ein Anspruch aus § 280 I BGB kommt grundsätzlich nicht gegen eine Person in Betracht, die nicht in einem Schuldverhältnis zum Anspruchsteller steht.

Jedoch ist gerade im vorvertraglichen Bereich eine Haftung Dritter gerechtfertigt. § 311 III 1 BGB regelt, dass ein Schuldverhältnis mit Pflichten des § 241 II BGB auch zu Personen entstehen kann, die nicht Vertragspartei werden sollen.

Der vorliegende Fall bespricht die Fallgruppen der sog. Eigenhaftung der Vertreter und Verhandlungsgehilfen.

II. Gliederung

I. **Schadensersatz des K gegen G aus §§ 280 I, 311 II Nr.1, 241 II BGB**

1. **Schuldverhältnis zwischen K und G (-)**

a) Darlehensvertrag als Schuldverhältnis (+), § 488 BGB

b) Aber: Vertrag sollte zwischen K und der GmbH abgeschlossen werden, lediglich vertreten durch G, §§ 13 I, 35 I S. 1 GmbHG, 164 I BGB.

2. **Ergebnis**
Schadensersatz K gegen G aus §§ 280 I, 311 II Nr.1, 241 II BGB (-)

II. **Schadensersatz des K gegen G nach §§ 280 I, 241 II, 311 II Nr.1, III BGB**

1. **Schuldverhältnis zwischen K und G**

a) § 311 II BGB (-)

b) § 311 II i.V.m. Abs. III BGB

⇨ **„Eigenhaftung des Vertreters"**

(1) Eigenes wirtschaftliches Interesse
Das allgemeine Interesse des Gesellschafters am Erfolg seines Unternehmens begründet keine Eigenhaftung

(2) Besonderes persönliches Vertrauen
private Kontakte oder eine langjährige Geschäftsbeziehung nicht ausreichend

2. Ergebnis
Anspruch (-)

III. Anspruch des K gegen G aus § 823 II i.V.m. § 263 StGB (+)

IV. Anspruch des K gegen G aus § 823 II BGB i.V.m. § 15a I S. 1 InsO (-)

III. Lösung

I. Schadensersatz des K gegen G aus §§ 280 I, 311 II Nr.1, 241 II BGB

K könnte gegen G einen Schadensersatzanspruch aus §§ 280 I, 311 II Nr.1, 241 II BGB haben, wenn G bei den Verhandlungen über den Darlehensvertrag, § 488 BGB, eine Schutzpflicht gegenüber K in einer von ihm zu vertretenden Weise verletzt hat.

Die maßgebliche Pflichtverletzung lag hier darin, dass G den K nicht ausreichend über die brisante wirtschaftliche Situation der GmbH aufgeklärt hat. Diese Pflichtverletzung geschah bereits im Vorfeld des Vertragsschlusses. Daher ist vorliegend eine Haftung aus §§ 280 I, 311 II, 241 II BGB zu prüfen. Eine Haftung wegen einer Nebenpflicht aus dem Darlehensvertrag, §§ 280 I, 488 I BGB, scheidet dagegen aus, da die maßgebliche Verletzungshandlung

zeitlich vor dem Vertragsschluss geschah.

Anmerkung: Das Gelddarlehen ist in §§ 488 ff. BGB geregelt. Im Anschluss folgen die Vorschriften über das Verbraucherdarlehen, §§ 491 ff. BGB. Das Sachdarlehen ist dagegen in den §§ 607 ff. BGB geregelt.

1. Vorvertragliches Schuldverhältnis zwischen K und G

Voraussetzung dafür ist aber grundsätzlich, dass ein Vertrag zwischen K und G intendiert wurde. Die Haftung aus „c.i.c" trifft regelmäßig allein die Parteien des angebahnten Vertrages.

Das trifft auf den K unproblematisch zu, da er am Vertragsschluss persönlich beteiligt war.

Zweifelhaft ist dagegen, ob G sein Vertragspartner werden sollte. Er trat im Namen der GmbH auf und sollte den Darlehensvertrag in ihrem Namen abschließen.

Dazu hatte er auch als Geschäftsführer gem. § 35 I S. 1 GmbHG gesetzliche Vertretungsmacht.

Vertragspartner des K sollte nur die GmbH werden, die als juristische Person, vgl. § 13 I GmbHG, eigene Rechtspersönlichkeit hat.

2. Ergebnis

Ein Anspruch aus §§ 280 I, 311 II Nr.1, 241 II BGB gegen G besteht folglich nicht.

Anmerkung: Da eine juristische Person nicht selbst handeln kann, bedarf die GmbH einer organschaftlichen Vertretung. Hierzu ist der Geschäftsführer berufen, § 35 I S. 1 GmbHG, der zunächst Alleinvertreter der Gesellschaft ist.

Es können auch mehrere Geschäftsführer bestellt werden, die nur zur Gesamtvertretung befugt sind, also gemeinsam handeln müssen. Dann sind die Geschäftsführer zusammen ein Organ. Werden mehrere Geschäftsführer ernannt, dann geht das Gesetz von einer Gesamtvertretung aus, solange nichts anderes im Gesellschaftsvertrag bestimmt wird, § 35 II 1 GmbHG.

Zum Geschäftsführer können auch Nichtgesellschafter ernannt werden (*Fremdorganschaft*). Vorliegend war G zugleich ein Gesellschafter der GmbH. Damit liegt die sog. *Selbstorganschaft* vor. Die weiteren Anforderungen an den Geschäftsführer ergeben sich aus § 6 GmbHG.

II. Schadensersatz des K gegen G nach §§ 280 I, 241 II, 311 II Nr.1, III BGB

Denkbar wäre aber ein Anspruch auf Schadensersatz gegen G wegen Verletzung einer vorvertraglichen Pflicht.

Anmerkung: In der Klausur können Sie auch sofort mit dem Anspruch aus §§ 280 I, 241 II, 311 II Nr.1, III BGB beginnen und die oben beschriebene Problematik inzident prüfen. Die Aufgliederung in zwei Anspruchsgrundlagen sollte Ihnen aber die Problematik noch stärker verdeutlichen.

1. Bestehen eines Schuldverhältnisses

a) § 311 II BGB

Grundsätzlich entsteht ein Schuldverhältnis nach § 311 II BGB nur zwischen den potenziellen Vertragspartnern.

Vertreter und Verhandlungsgehilfe können in der Regel nur aus Delikt in Anspruch genommen werden.

b) § 311 II BGB i.V.m. § 311 III BGB

§ 311 III BGB erweitert den Anwendungsbereich von § 311 II BGB und bestimmt, dass ein vertragsähnliches Schuldverhältnis auch mit Dritten zustande kommen kann, die selbst nicht Vertragspartei werden sollen. Gemeint sind insbesondere die Fälle der <u>Eigenhaftung des Vertreters</u> oder der Verhandlungsgehilfen.

Die persönliche Haftung des Vertreters oder des Verhandlungsgehilfen aus § 311 III BGB (c.i.c.) ist nur dann begründet, wenn er am Vertragsschluss ein <u>unmittelbares, eigenes Interesse</u> hat oder ein <u>besonderes persönliches Vertrauen</u> in Anspruch genommen hat und hierdurch die Vertragsverhandlungen oder den Vertragsschluss erheblich beeinflusst hat.

aa) Eigenes wirtschaftliches Interesse

Die Eigenhaftung des G würde nur dann eintreten, wenn er trotz seiner Vertreterstellung, wirtschaftlich betrachtet, gleichsam in eigener Sache tätig wird (= sog. *procurator in rem suam*). Er muss wirtschaftlich als Herr des Geschäfts oder eigentlicher wirtschaftlicher Interessenträger anzusehen sein. G ist Geschäftsführer und Mitgesellschafter der GmbH. Deren wirtschaftlicher Erfolg oder Misserfolg wird ihm nicht gleichgültig sein.

Fraglich ist, ob dieses allgemeine Interesse des Geschäftsführers oder des Gesellschafters am Erfolg der GmbH eine Eigenhaftung begründet.

Zu berücksichtigen ist dabei, dass § 311 III BGB eine Ausnahme von dem Grundsatz bildet, dass Haftung und Schadensersatzpflicht grundsätzlich nur die Parteien des (angebahnten) Vertrages trifft.

Damit ist § 311 III BGB eng auszulegen und nur auf Ausnahmefälle zu begrenzen. Zum anderen verstieße eine weite Auslegung des § 311 III BGB gegen die gesetzgeberische Grundentscheidung, wonach für Gesellschaftsverbindlichkeiten nur die GmbH allein haftet, sog. Trennungsprinzip (§ 13 II GmbHG). Ein allgemeiner Durchgriff auf die wirtschaftlich hinter ihr stehende natürliche Person kann grds. nicht zugelassen werden.

Ausnahmen von diesem Grundsatz müssen daher eng umgrenzt bleiben. Denkbar wäre ein Durchgriff z.B. beim Geschäftsführer/Gesellschafter in Personalunion bei der Ein-Mann-GmbH.

Im vorliegenden Fall ist eine Eigenhaftung des Geschäftsführers G auf Grund wirtschaftlichen Eigeninteresses abzulehnen.

bb) Inanspruchnahme besonderen persönlichen Vertrauens

Nach § 311 III BGB ist der Dritte aber auch dann gem. §§ 311 II, 241 II BGB verpflichtet, wenn er in besonderem Maße persönliches Vertrauen in Anspruch nimmt und dadurch die Vertragsverhandlungen erheblich beeinflusst, vgl. § 311 III 2 BGB. Unerheblich ist, ob der Dritte als rechtsgeschäftlicher Vertreter aufgetreten ist oder in anderer Weise am Vertragsschluss mitgewirkt hat (Verhandelnder, Verhandlungsgehilfe).

Voraussetzung der Haftung ist, dass der Verhandelnde eine über das normale Verhandlungsvertrauen hinausgehende persönliche Gewähr für Seriosität und Erfüllung des Vertrages übernommen hat.

Erforderlich ist das dadurch entstandene qualifizierte Vertrauen.

hemmer-Methode: Verstehen Sie die hinter dem Gesetz stehenden Wertungen: Grundlage der Haftung aus § 311 II BGB (c.i.c) war und ist die Verletzung eines besonderen persönlichen Vertrauensverhältnisses. Dieses Vertrauen ist generell nur gegenüber dem potenziellen Geschäftspartner geschützt. Nur ausnahmsweise ist nach den Grundzügen der c.i.c. (§ 311 II, III BGB) ein Zugriff auf dritte Personen gerechtfertigt, wenn das besondere Vertrauensverhältnis gerade zu diesen Dritten entstanden ist.

K gewährte der GmbH den Kredit, weil er G seit Jahren als seriösen und zuverlässigen Geschäftsmann kannte und schätzte. Womöglich vorhandene Bedenken des K zerstreute G durch seine glänzende Zukunftsprojektion. Dieser vertraute K, da er der Sachkenntnis des G vertraute.

G übernahm jedoch keine Gewähr für seine Seriosität und den Erfolg des Vertrages. Das qualifizierte Vertrauen kann somit nicht bejaht werden. Allein die langjährigen Geschäftsbeziehungen oder private Kontakte sowie der Hinweis auf eigene besondere Sachkunde sind in der Regel noch nicht ausreichend, um dieses besondere Vertrauen zu begründen (PALANDT, § 311, Rn. 63). Damit sind die Tatbestandsmerkmale des § 311 III BGB nicht erfüllt.

Anmerkung: Hier lag sicherlich einer der Schwerpunkte des Falles. Auf den ersten Blick mag die Entscheidung für Sie überraschend sein, schließlich verschwieg G die brenzlige Situation, schilderte glänzende Zukunftschancen, sprach von geringem Risiko und großen Gewinnchancen.

Vergessen Sie aber nicht, dass es sich um eine Ausnahme von dem Grundsatz handelt, dass man sich grundsätzlich an den eigenen Vertragspartner halten soll. Im vorliegenden Fall kommt die „Eigenhaftung" der GmbH, das sog. Trennungsprinzip, hinzu (s.o.).

2. Ergebnis

Ein Anspruch des K gegen G auf Schadensersatz aus §§ 280 I, 311 II, III, BGB besteht nicht.

III. Anspruch des K gegen G aus § 823 II BGB i.V.m. § 263 StGB

Ein Schadensersatzanspruch des K gegen G könnte sich aber aus Delikt ergeben. § 823 II BGB schützt im Gegensatz zu § 823 I BGB auch das Vermögen als solches. Als Schutzgesetz kommt § 263 StGB in Betracht.

Indem G die finanzielle Not des Unternehmens verschwieg und entgegen der Wahrheit erfolgsversprechende Zukunftsperspektiven dargestellt hat, beging er eine Täuschung, auf Grund derer bei K ein Irrtum entstand, der kausal zu einer Vermögensverfügung, nämlich Gewährung des Darlehens, geführt hat. Durch die Insolvenz der GmbH entstand dem K ein Schaden in Höhe des gewährten Darlehens. G handelte dabei vorsätzlich, da er sich seiner Täuschung bewusst war und damit rechnete, dass K nur auf Grund einer positiven Aussage über die finan-zielle Situation des Unternehmens ein Darlehen gewähren würde.

Damit besteht ein Anspruch aus § 823 II BGB i.V.m. § 263 StGB.

Anmerkung: Beachten Sie, dass für K hier erhebliche Beweisschwierigkeiten drohen. Der Betrugsvorsatz ist hier nicht so leicht nachzuweisen. G könnte eventuell behaupten, er habe die Situation vielleicht besser eingeschätzt, als sie tatsächlich war, habe allerdings gemeint, „es werde schon gut gehen". Vor diesem Hintergrund ist es hier auch vertretbar, einen Anspruch aus § 823 II BGB i.V.m. § 263 StGB abzulehnen.

IV. Anspruch des K gegen G aus § 823 II BGB i.V.m. § 15a I S. 1 InsO

Als weiterer Anspruch kommt zudem § 823 II BGB i.V.m. § 15a I S. 1 InsO in Betracht. § 15a I S. 1 InsO dient unter anderem auch den Individualinteressen derjenigen, die nach Insolvenzreife Verträge mit der GmbH abgeschlossen haben. Die Vorschrift ist daher Schutzgesetz im Sinne des § 823 II BGB. Da aber der genaue Zeitpunkt, ab wann die Insolvenzantragspflicht bestand, nicht zu ermitteln ist, wird K die Anspruchsvoraussetzungen nicht darlegen und beweisen können. Ein Anspruch aus § 823 II BGB i.V.m. § 15a I S. 1 InsO besteht daher nicht.

IV. Zusammenfassung

Sound: § 311 III BGB erweitert den Anwendungsbereich des § 311 II, 241 II, 280 I BGB auf Dritte.

Die Haftung aus c.i.c. trifft grundsätzlich allein den Partner des angebahnten Vertrages.

Der Vertreter oder Verhandlungsgehilfe ist aber persönlich aus §§ 311 II, III BGB haftbar, wenn er am Vertragsschluss ein unmittelbares eigenes wirtschaftliches Interesse hat oder wenn er ein besonderes persönliches Vertrauen in Anspruch genommen und hierdurch die Vertragsverhandlungen beeinflusst hat.

Soll der Vertreter wegen Inanspruchnahme persönlichen Vertrauens gem. §§ 311 III, 241 II, 280 I BGB bei dem Verkauf eines mangelhaften PKW in Anspruch genommen werden, so gilt der Vorrang der Nacherfüllung auch für die Eigenhaftung des Vertreters. Denn es kann nicht sein, dass die Haftung des Vertreters weiterreicht, als die Haftung des Verkäufers selbst, BGH, Life&Law 2011, 223 ff.

hemmer-Methode: Die Haftung Dritter gem. §§ 280 I, 311 II, III BGB erfasst neben der Eigenhaftung der Vertreter und Verhandlungsgehilfen auch zwei weitere Fallgruppen: Sachwalterhaftung und Prospekthaftung.

<u>Sachwalter</u> sind Personen, die wegen ihrer besonderen Sachkunde in hohem Maße das persönliche Vertrauen des anderen Teils in Anspruch nehmen und diesem erst dadurch die Gewähr für eine ordnungsgemäße Durchführung insbesondere riskanter Geschäfte geben. Sachwalter sind z.B. Vermittler von Kapitalanlagen und Baubetreuer.

Die <u>Prospekthaftung</u> bedeutet Haftung für die Richtigkeit der Prospektangaben im Kapitalmarktbereich.

V. Zur Vertiefung

▪ Hemmer/Wüst, Schuldrecht AT, Rn. 203 ff.

Fall 11: „c.i.c." i.V.m. den Grundsätzen des Vertrages mit Schutzwirkung zugunsten Dritter

Sachverhalt:

Familie A möchte ein Haus kaufen. Sie besichtigt deshalb das Anwesen des B. Beim Hinabsteigen einer Treppe stürzt die 12 jährige Tochter T und bricht sich ein Bein. Wie sich später herausstellt, war eine Diele nach vorangegangenen Renovierungsarbeiten nicht richtig befestigt worden. Dabei hatte es B versäumt, die Verkehrssicherheit der Räumlichkeiten zu überprüfen – ein Unfall war nur eine Frage der Zeit.

T fordert, vertreten durch ihre Eltern, Schadensersatz für die Behandlungskosten und ein angemessenes Schmerzensgeld.

Frage: *Mit Recht?*

I. Einordnung

Eine anspruchsvolle Klausurkonstellation bildet die Verbindung des vorvertraglichen Schuldverhältnisses i.S.d. § 311 II BGB mit der Haftung nach den Grundsätzen des Vertrages mit Schutzwirkung zugunsten Dritter.

Zeigen Sie dem Korrektor in diesen Konstellationen, dass Sie § 311 II und III BGB sowie die Voraussetzungen des Vertrages mit Schutzwirkung zugunsten Dritter kennen und sie in der Klausur an der richtigen Stelle einbauen und miteinander verbinden können.

II. Gliederung

I.	Schadensersatzanspruch der T gegen B aus §§ 280 I, 437 Nr.3 Alt.1 BGB
	(-), da im Zeitpunkt des Unfalls noch kein Kaufvertrag abgeschlossen war

II.	Schadensersatz gem. §§ 280 I, 311 II Nr.2, 241 II BGB wegen Verletzung einer vorvertraglichen Pflicht
1.	Schuldverhältnis, § 311 II BGB
a)	Grundsatz: Vorvertragliches Schuldverhältnis nur zwischen den späteren Vertragsparteien (-), T sollte nicht Vertragspartei werden
b)	Schutz Dritter nach § 311 III BGB (-), da § 311 III BGB nur die Pflicht (und nicht das Recht) des am Vertrag unbeteiligten Dritten begründet; vgl. Fall 10 ⇨ Anspruch (-)

III.	Schadensersatz gemäß §§ 280 I, 311 II Nr.2, 241 II i.V.m. den Grundsätzen des Vertrages mit Schutzwirkung zugunsten Dritter (VSD)
1.	Schuldverhältnis
a)	Aufnahme von Vertragsverhandlungen, § 311 II Nr.1 BGB (-), noch keine Verhandlungen, lediglich eine Objektbesichtigung

b) Anbahnung eines Vertrags, § 311 II Nr.2 BGB (+)

2. Anwendbarkeit der Grundsätze des VSD auf § 311 II BGB (c.i.c.) (+)

3. Tatbestandmerkmale des VSD

a) „Leistungsnähe"

b) Personenrechtlicher Einschlag / Gläubigernähe

c) Erkennbarkeit von a) und b) für den Schuldner

d) Schutzwürdigkeit
(+), keine eigenen gleichwertigen Ansprüche
⇨ Vor. des VSD (+)

4. Pflichtverletzung und Vertretenmüssen des B (+)

5. Schaden
Behandlungskosten und Schmerzensgeld (§§ 249, 253 II BGB)

6. Ergebnis
⇨ Anspruch der T gegen B (+)

IV. Anspruch der T gegen B aus § 823 I BGB

Schuldhafte und rw. Körperverletzung trotz Verkehrssicherungspflicht (+)

V. Anspruch aus § 823 II i.V.m. § 229 StGB (+)

III. Lösung

I. Schadensersatzanspruch der T gegen B aus §§ 280 I, 437 Nr.3, 1. Alt BGB

T könnte gegen B einen Anspruch auf Schadensersatz und Schmerzensgeld aus §§ 280 I, 437 Nr.3 Alt.1 BGB haben. Voraussetzung dafür ist zunächst ein wirksamer Kaufvertrag. Ein solcher bestand zum maßgeblichen Zeitpunkt der Pflichtverletzung aber nicht, denn es wurde ja erst das potenzielle Kaufobjekt besichtigt.

II. Schadensersatz gemäß §§ 280 I, 311 II Nr.2, 241 II BGB wegen Verletzung einer vorvertraglichen Pflicht

Ein Anspruch auf Schadensersatz könnte sich aber aus §§ 280 I, 311 II Nr.2, 241 II BGB (c.i.c.) ergeben.

Dann müsste B eine vorvertragliche Pflicht aus einem Schuldverhältnis verletzt haben.

1. Schuldverhältnis

Als Pflichten begründendes Schuldverhältnis kommt das vorvertragliche Vertrauensverhältnis nach § 311 II BGB in Betracht.

a) Grundsatz: Vorvertragliches Schuldverhältnis nur zwischen den späteren Vertragspartnern

Dann müssten T und B in Vertragsverhandlungen oder einen ähnlichen geschäftlichen Kontakt eingetreten sein. Die erst 12 jährige T begleitete ihre Eltern aber nur bei der Hausbesichtigung, sie selbst sollte auf keinen Fall Vertragspartnerin des B werden.

In allen drei Tatbestandsvarianten bestehen die besonderen Pflichten aber nur gegenüber dem potenziellen Vertragspartner, nicht aber gegenüber Dritten. Hier bleibt es grundsätzlich bei den allgemeinen, durch das Deliktsrecht sanktionierten Verhaltensanforderungen.

b) Schutz Dritter nach § 311 III BGB?

Etwas anderes könnte sich aus § 311 III BGB ergeben. Danach kann ein Schuldverhältnis mit Pflichten nach § 241 II BGB auch gegenüber Dritten entstehen.

Diese Norm wurde im Zuge des Schuldrechtsmodernisierungsgesetzes ins BGB eingeführt und scheint den Fall des Vertrags bzw. die Vertragsanbahnung mit Schutzwirkung zugunsten Dritter ausdrücklich zu kodifizieren.

Der zweite Satz der Norm führt dann als Musterbeispiel jedoch den Fall an, dass ein Dritter (der im Satz 1 des § 311 III als „Person, die selbst nicht Vertragspartei werden soll", bezeichnet wird) für sich selbst in besonderem Maße Vertrauen in Anspruch nimmt. Angesprochen sind damit v.a. die Sachwalterhaftung und die Haftung eines Vertreters mit erheblichem wirtschaftlichem Eigeninteresse.

Entscheidend ist hier, dass die <u>Pflichten</u> des § 241 II BGB den Dritten (Vertreter oder Verhandlungsgehilfen) betreffen. Der umgekehrte Fall, wo der am Vertrag nicht beteiligte Dritte vor Pflichtverletzungen des § 241 II BGB geschützt werden soll (also <u>Rechte</u> ableitet), ist von § 311 III BGB nicht erfasst. Diese Fälle werden weiterhin nach den Grundsätzen des Vertrages mit Schutzwirkung zugunsten Dritter behandelt.

Merke: § 311 III BGB regelt die Dritt<u>haftung</u>, nicht den Dritt<u>schutz</u>!

III. Schadensersatz gemäß §§ 280 I, 311 II Nr.2, 241 II i.V.m. den Grundsätzen des Vertrages mit Schutzwirkung zugunsten Dritter (VSD)

Ein Anspruch der T gegen B auf Schadensersatz und Schmerzensgeld könnte sich aus §§ 280 I, 311 II Nr.2, 241 II BGB i.V.m. den Grundsätzen des Vertrages mit Schutzwirkung zugunsten Dritter ergeben (zur Herleitung vgl. die Ausführungen in Fall 4).

Voraussetzung ist dann, dass T in den Schutzbereich des Schuldverhältnisses zwischen ihren Eltern und B mit einbezogen wurde.

1. Schuldverhältnis

Als Schuldverhältnis kommt eine Sonderverbindung i.S.v. § 311 II i.V.m. § 241 II BGB in Betracht. Dies ist der Fall, wenn es auf Grund eines rechtsgeschäftlichen Kontaktes zu einer Verdichtung der Beziehungen zwischen den Parteien in der Form kommt, dass bereits gesteigerte Sorgfaltspflichten zu beachten sind. Zu unterscheiden sind verschiedene Varianten:

a) Aufnahme von Vertragsverhandlungen, § 311 II Nr.1 BGB

Ein Schuldverhältnis nach § 311 II Nr.1 BGB entsteht durch die Aufnahme von Vertragsverhandlungen. Die Eltern der T und B verhandelten jedoch noch nicht über die Vertragsbedingungen selbst, im fraglichen Zeitpunkt begutachteten sie lediglich das potenzielle Kaufobjekt. Damit ist § 311 II Nr.1 BGB hier nicht einschlägig.

b) Anbahnung eines Vertrags, § 311 II Nr.2 BGB

Die Nr.2 des § 311 II BGB erfasst die Fälle, in denen es zwar (noch) nicht zu Vertragsverhandlungen kam, in denen aber im Hinblick auf einen eventuellen Vertragsschluss der anderen Partei die Möglichkeit zur Einwirkung auf eigene Rechte, Rechtsgüter und Interessen gewährt wurde.

Schulbeispiel ist der Kunde im Supermarkt - durch sein Betreten setzt er sich der Einwirkungsmöglichkeit des Supermarktbesitzers aus.

Erfolgt selbiges in rechtsgeschäftlicher Absicht, wird ein Schuldverhältnis nach § 311 II Nr.2 BGB begründet. Familie A wollte ein Haus kaufen. Zu diesem Zweck besichtigte sie das Haus des B. Sie setzte sich der Einwirkungsmöglichkeit des B aus, indem sie sich in den von ihm kontrollierten Gefahrenbereich begab. Der Tatbestand des § 311 II Nr.2 BGB ist erfüllt; folglich wurde ein Schuldverhältnis zwischen den Eltern der T und B i.S.v. § 241 II BGB begründet.

2. Anwendbarkeit der Grundsätze des VSD auf § 311 II BGB (c.i.c.)

In dieses Schuldverhältnis könnte T einbezogen worden sein. Zu klären ist zunächst, ob die Prinzipien, die zum VSD entwickelt wurden, überhaupt i.r.v. § 311 II BGB Anwendung finden können.

Der VSD sucht Unbilligkeiten zu vermeiden, die entstünden, wenn man den zwar nicht unmittelbar rechtlich beteiligten, aber doch im natürlichen Sinn in den Vertragszweck einbezogenen Dritten auf den Schutz des allgemeinen Deliktsrechts beschränken würde. Der Dritte ist durch eine vor Vertragsschluss erfolgende Pflichtverletzung des Schuldners genauso gefährdet wie durch ein erst nach Vertragsschluss auftretendes Fehlverhalten. Würde man die Grundsätze des VSD nur auf Konstellationen eines wirksamen Vertrages anwenden, hinge der Schutz des Dritten vom Zufall ab.

Zur Erinnerung: Der Vertrag mit Schutzwirkung zugunsten Dritter soll den schutzwürdigen Dritten vor Schwächen des Deliktsrechts schützen: Das Vermögen wird durch § 823 I nicht geschützt, allenfalls über § 823 II BGB i.V.m. einem Schutzgesetz.

Ein weiterer Nachteil ist die Exkulpationsmöglichkeit für Verrichtungsgehilfen, § 831 S. 2 BGB, und die Notwendigkeit für den Geschädigten, das Verschulden des Schädigers nachzuweisen.

Wird dagegen der Dritte in den Schutzbereich des vertraglichen oder vorvertraglichen Schuldverhältnisses mit einbezogen, so wird auch sein Vermögen geschützt und es gilt zu seinen Gunsten die Beweislastumkehr des § 280 I 2 BGB.

Das Verschulden von Dritten (gesetzliche Vertreter oder Erfüllungsgehilfen) wird i.R.d. § 278 BGB zugerechnet, es besteht keine Exkulpationsmöglichkeit.

Schließlich kann der Geschädigte seit der Reform des Schadensersatzrechts 2002 auch i. R. d. Schadensersatzanspruches aus § 280 I BGB das Schmerzensgeld bekommen, § 253 II BGB.

Folglich ist die Einbeziehung Dritter in den Schutzbereich rechtlicher Verpflichtungen auch im vorvertraglichen Bereich und damit bei der c.i.c. möglich.

3. Tatbestandsmerkmale des VSD

a) Leistungsnähe

Der Dritte muss grundsätzlich bestimmungsgemäß mit der geschuldeten Leistung des Schuldners in Berührung kommen. Das ist i.R.d. c.i.c. als Anspruchsgrundlage aber nicht möglich, weil es im vorvertraglichen Bereich noch keine Leistungspflichten gibt. Diese werden erst durch die Abgabe der Willenserklärungen begründet. Daher wird im vorvertraglichen Bereich darauf abgestellt, ob der Dritte der Gefahr von Schutzpflichtverletzungen genauso ausgesetzt ist wie der Gläubiger selbst.

Denn die Nebenpflichten gem. § 241 II BGB bestehen ja bereits im vorvertraglichen Bereich.

Eine solche „Quasi-Gläubigerstellung" liegt hier vor, denn es ist üblich, dass Kaufinteressenten von Wohnhäusern bei der Besichtigung von ihren Kindern begleitet werden. T drohten also typischerweise dieselben Gefahren wie ihren Eltern. Die Leistungsnähe ist zu bejahen.

b) Personenrechtlicher Einschlag / Gläubigernähe

Darüber hinaus muss ein schutzwürdiges Interesse des Gläubigers an der Einbeziehung des Dritten vorliegen.

Früher ermittelte man dieses Gläubigerinteresse mit Hilfe der sog. „Wohl-und-Wehe-Formel". Danach musste der Gläubiger für das Wohlergehen des Dritten rechtlich verantwortlich sein.

Besonders familienrechtliche Verhältnisse fielen unter diese Umschreibung, doch konnte auch ein Arbeitsverhältnis anspruchsbegründend sein.

Die Rechtsprechung hat inzwischen jedoch den Kreis der in den Vertragsschutz einbezogenen Dritten erweitert. Dabei bezieht sie sich auf den dogmatischen Ursprung der Lehre vom Vertrag mit Schutzwirkung zugunsten Dritter: Die ergänzende Vertragsauslegung. Ein Drittschutz besteht demnach auch dann, wenn der Gläubiger an der Einbeziehung des Dritten in den Schutzbereich ein besonderes Interesse hat und der Vertrag dahingehend ausgelegt werden kann, dass der vertragliche Schutz in Anerkennung dieses Interesses auf den Dritten ausgedehnt werden kann.

Ob die erweiternde Rechtsprechung zu billigen ist, kann vorliegend offen bleiben.

Selbst nach der früheren „Wohl-und-Wehe"- Formel besteht die Gläubigernähe: Die Eltern sind nämlich nach §§ 1626 ff. BGB zum Schutz und zur Fürsorge für ihre Tochter verpflichtet.

c) Erkennbarkeit

Dieser Drittbezug müsste für B erkennbar gewesen sein. B hatte hier damit rechnen können, dass durch eine Pflichtverletzung nicht nur die Rechtsgüter der Eltern als Gläubiger, sondern auch ihrer Kinder geschädigt werden konnten. Dieses Risiko ist hier ohne weiteres erkennbar, da T vor Ort dabei ist.

d) Schutzbedürftigkeit

Zuletzt müsste T auch schutzbedürftig gewesen sein. Dies ist dann der Fall, wenn ihr kein eigener <u>vertraglicher</u> Schadensersatzanspruch zusteht. Wie festgestellt, wäre T selbst nicht Vertragspartnerin geworden und hat daher keine eigenen vertragsähnlichen Ansprüche aus § 311 II BGB. T ist daher schutzbedürftig.

Festzuhalten bleibt, dass T in das vorvertragliche Schuldverhältnis gemäß §§ 311 II, 241 II i.V.m. den Grundsätzen des VSD einbezogen wurde.

4. Pflichtverletzung und Vertretenmüssen des B

B müsste eine Pflicht i.S.v. § 241 II BGB verletzt haben.

Als Verkäufer hat B unter anderem die Pflicht, dafür zu sorgen, dass Kaufinteressenten bei der Besichtigung der zu verkaufenden Sache nicht zu Schaden kommen. Diese Pflicht verletzte er fahrlässig, da er die Diele nach vorangegangenen Renovierungsarbeiten nicht ordnungsgemäß befestigt hatte.

5. Adäquat kausal verursachter Schaden

Infolge dieser Pflichtverletzung ist T abgestürzt und hat erhebliche Verletzungen erlitten.

6. Ergebnis

Im Ergebnis hat T einen eigenen Schadensersatzanspruch aus §§ 280 I, 311 II Nr.2, 241 II BGB gegen B. Neben dem Schadensersatzanspruch wegen der ärztlichen Behandlungskosten steht T auch gem. § 253 II BGB ein angemessenes Schmerzensgeld zu, da sie am Körper verletzt wurde.

IV. Anspruch der T gegen B aus § 823 I BGB

Ein Anspruch aus § 823 I BGB setzt die rechtswidrige und schuldhafte Verletzung eines Rechtsgutes der T durch B voraus.

T stürzte und brach sich das Bein. Sie wurde in ihrer körperlichen Integrität beeinträchtigt. Dafür müsste ein Verhalten des B ursächlich gewesen sein. Aktiv wirkte B nicht auf T ein. In Betracht kommt aber ein pflichtwidriges Unterlassen, das aber nur dann rechtserheblich ist, wenn eine Pflicht zum Tun bestand.

Hier könnte sich eine solche Pflicht aus einer bestehenden Verkehrssicherungspflicht ergeben.

Wer einen Verkehr eröffnet, hat grds. alle gebotenen und zumutbaren Vorsichtsmaßnahmen zu ergreifen, um eine Verletzung Dritter zu vermeiden. Dazu gehört auch, die Sicherheit einer Wohnung nach einem Umbau bzw. einer Renovierung sicherzustellen.

Das Unterlassen ist daher rechtlich relevant und dem Tun gleichzustellen; außerdem war es kausal für die Rechtsgutsverletzung der T.

B versäumte diese (Verkehrssicherungs-) Pflicht rechtswidrig und schuldhaft.

Daraus entstand T ein Schaden in Höhe der Kosten für die nötige Heilbehandlung. Diesen kann sie von B ersetzt verlangen. Zudem hat sie Anspruch auf ein angemessenes Schmerzensgeld gem. § 253 II BGB.

Darüber hinaus hat T einen weiteren Schadensersatzanspruch aus § 823 II BGB i.V.m. § 229 StGB, da B fahrlässig eine Köperverletzung begangen hat.

IV. Zusammenfassung

Sound: Begleitet ein Kind seine Eltern bei Anbahnung rechtsgeschäftlicher Kontakte, so können ihm, wenn es dort zu Schaden kommt, Schadensersatzansprüche unter dem Gesichtspunkt des Verschuldens bei Vertragsschluss i.V.m. den Grundsätzen eines Vertrages mit Schutzwirkung zugunsten Dritter zustehen.

Machen Sie sich den Aufbau dieses Falles und hier besonders das Zusammenspiel zwischen c.i.c. und VSD noch einmal klar: Voraussetzung eines Schadensersatzanspruches aus § 280 I BGB ist ein Schuldverhältnis zwischen den Parteien.

In Betracht kommt hier nur ein solches i.S.v. § 311 II BGB. Doch auch diese vorvertragliche Sonderverbindung besteht nur zwischen den potenziellen Vertragspartnern (Eltern und B). Die Brücke zur Tochter schlägt der VSD: Er erweitert § 311 II BGB, indem er den Schutz der besonderen Pflichtenbindung auf T ausdehnt.

Funktion des VSD ist es also, Schutzpflichten auch zugunsten von Dritten, hier der T, zu begründen.

Also: Der Anspruch folgt aus §§ 280 I, 311 II Nr.2, 241 II BGB i.V.m. den Grundsätzen des Vertrages mit Schutzwirkung zugunsten Dritter.

Grundsätzlich handelt es sich damit um eine "ganz normale" c.i.c., in deren Rahmen die verletzte Pflicht vom VSD begründet wird.

hemmer-Methode:. Kommt es zum Prozess, so wird T als Minderjährige und damit nicht prozessfähige (§ 51 I ZPO) Klägerin von ihren Eltern vertreten (Grundsatz der Gesamtvertretung, § 1629 I S. 2 BGB). Der Klageantrag muss grundsätzlich beziffert sein, d.h. die Höhe des begehrten Schadensersatzes ist zu benennen. Eine Ausnahme hierzu gilt für den Schmerzensgeldanspruch, der im Antrag nicht beziffert wird (üblicherweise wird aber eine Untergrenze angegeben). Die Höhe des Schmerzensgeldes liegt im Ermessen des Gerichts, § 287 ZPO.

V. Zur Vertiefung

- Hemmer/Wüst, Schuldrecht AT, Rn. 212 ff.
- Hemmer/Wüst, Basics Zivilrecht, Bd. 1, Rn. 371 ff.

Fall 12: Schlechtleistung beim Kaufvertrag - Ersatz des Mangelfolgeschadens

Sachverhalt:

K hat mit V einen Vertrag über den Kauf eines alten VW Golf geschlossen. Da K seinen Führerschein erst eine Woche später erhalten sollte, wurde vereinbart, dass der PKW am Wohnhaus des K übergeben wird. Auf der Fahrt dorthin bemerkt V, dass zuweilen kurzzeitig das Gaspedal stecken bleibt, denkt sich aber nichts weiter. Kurz nach der erfolgreich abgelegten praktischen Führerscheinprüfung möchte K eine kleine Spritztour durch die Ortschaft machen. Als dann plötzlich das Gaspedal klemmt, erschrickt K, kommt von der Fahrbahn ab und erleidet ein Schleudertrauma.

K möchte wissen, ob er von V Ersatz der Behandlungskosten verlangen kann.

I. Einordnung

Die Normen des allgemeinen Schuldrechts finden Anwendung auch i.R.d. besonderen Schuldrechts (Kaufrecht, Werkvertrag). So verweist das kaufrechtliche Mängelrecht des § 437 BGB auf das allgemeine Recht der §§ 280 ff. BGB.

§ 280 I BGB ersetzt i.R.d. Haftung Schäden, die an anderen Rechtsgütern des Gläubigers entstanden sind. Es handelt sich um einen Schadensersatz <u>neben</u> der Leistung. Gemeint sind also Schäden, die auch durch spätere mangelfreie Leistung nicht mehr beseitigt werden können. Sie werden als *Begleitschäden* oder *Mangelfolgeschäden* bezeichnet.

Beachten Sie bitte, dass die Aufgabe dieses Skripts darin liegt, das <u>allgemeine</u> Leistungsstörungsrecht dazustellen. Die Rechtsnormen des BGB stehen aber nicht unabhängig nebeneinander. So ist das allgemeine Schuldrecht mit dem besonderen Schuldrecht aufs Engste verknüpft. Die Schuldrechtsreform, die i.R.d. Mängelrechts von Kauf- und Werkvertragsrecht fast ausnahmslos mit Verweisungen ins allgemeine Schuldrecht arbeitet, bestätigt dies im besonderen Maße, vgl. §§ 437, 634 BGB.

Dieser Fall soll Ihnen nur einen Überblick über das Konzept des Schuldrechts verschaffen, nicht das besondere Schuldrecht besprechen. Insoweit verweisen wir auf unsere Skripten Schuldrecht BT I und II und die Fallsammlung zum Schuldrecht BT.

II. Gliederung

I.	**Ersatz der Behandlungskosten nach §§ 280 I, 437 Nr.3 BGB**
1.	Wirksamer **Kaufvertrag** (+)
2.	**Sachmangel bei Gefahrübergang** § 434 I 2 Nr.1, 2 BGB (+); also Pflichtverletzung (+) ⇨ mangelhafte Leistung ⇨ Verletzung der Pflicht zur mangelfreien Erfüllung des § 433 I 2 BGB
3.	**Vertretenmüssen** § 280 I 2 BGB (+)
4.	**Schaden** § 280 I erfasst grds. die Schäden, die an anderen Rechtsgütern des Gläubigers als der Kaufsache selbst entstanden sind

> ⇨ <u>Hier:</u> Körperverletzung
> = Verletzung eines anderen
> Rechtsguts
> ⇨ Behandlungskosten daher ersatzfähig

5. Ergebnis

Schadensersatz aus § 280 I BGB (+)

II. Schadensersatz des K gegen V aus § 823 I BGB (+)

Ein Schadensersatzanspruch könnte sich aus § 280 I i.V.m. § 437 Nr.3 BGB ergeben. Dann müssten ein wirksamer Kaufvertrag und ein Mangel des verkauften Golfs bei Gefahrübergang vorliegen.

Es ist von einem wirksamen Vertrag auszugehen. Fraglich ist, ob der Pkw zum Zeitpunkt des Gefahrübergangs mangelhaft war.

1. Ein wirksamer Kaufvertrag liegt vor.

2. Sachmangel, § 434 BGB

Ob ein Kaufgegenstand mangelhaft ist, bestimmt sich nach §§ 434 f. BGB. Das klemmende Gaspedal könnte einen Sachmangel i.S.v. § 434 I BGB darstellen. Ausdrückliche Verhandlungen über die Funktionsfähigkeit des Gaspedals führten K und V nicht – § 434 I 1 BGB scheint deshalb von vornherein auszuscheiden. Zu berücksichtigen ist jedoch, dass beide Parteien offensichtlich davon ausgingen, über ein verkehrstüchtiges Kfz zu sprechen. Folgt man dieser Auffassung, so ist der Golf mit klemmendem Gaspedal schon nach § 434 I 1 BGB mangelhaft. Doch auch wenn man eine derartige konkludente Vereinbarung ablehnt, muss man – nun über § 434 I 2 Nr.1 bzw. Nr.2 BGB – zur Mangelhaftigkeit des Kfz kommen.

Ein Pkw mit klemmendem Gaspedal ist nicht zur Teilnahme im Straßenverkehr geeignet und deshalb weder für die vertraglich vorgesehene noch für die gewöhnliche Verwendung tauglich. Dieser Sachmangel lag bei Übergabe des Pkws an den Käufer, d.h. zum Zeitpunkt des Gefahrübergangs, vor, § 446 S. 1 BGB.

Damit steht dem K das Recht zu, von V Ersatz der Behandlungskosten als Mangelfolgeschaden nach §§ 437 Nr.3, 280 I BGB zu verlangen, wenn dessen Voraussetzungen erfüllt sind.

Anmerkung: Mangelfolgeschäden sind die Schäden, die nicht an der mangelhaften Sache selbst entstanden sind, sondern an anderen Rechtsgütern des Käufers. § 323 BGB gilt hier nicht, da eine Fristsetzung zur Mängelbeseitigung und eine Nacherfüllung hier nicht helfen würden. Der Mangelfolgeschaden bleibt auch bei Nacherfüllung bestehen.

Mit der Lieferung des mangelhaften Fahrzeugs hat V eine Pflichtverletzung i.S.v. § 280 I BGB begangen.

Der Verkäufer einer Sache ist verpflichtet, diese frei von Mängeln zu übereignen, vgl. § 433 I S. 2 BGB. Diese Pflicht wurde durch den V vorliegend verletzt.

hemmer-Methode: Nach der Neukonzeption des Kaufrechts ist die Mangelfreiheit der verkauften Sache Inhalt der primären Leistungspflicht des Verkäufers, vgl. § 433 I 2 BGB.

Die Schuldrechtskommission hat sich also i.S.d. (früher so genannten) "Erfüllungstheorie" und gegen die bis dahin herrschende „Gewährschaftstheorie" entschieden.

Mit anderen Worten: Leistet der Verkäufer nicht fehlerfrei, so verletzt er eine vertragliche Pflicht i.S.v. § 280 I BGB. Durch diesen „Kunstgriff" hat der Gesetzgeber die speziellen Regeln des kaufrechtlichen Mängelrechts mit dem allgemeinen Leistungsstörungsrecht verbunden.

3. Vertretenmüssen

Das Vertretenmüssen des V wird gem. § 280 I 2 BGB vermutet, falls keine entgegenstehenden Anhaltspunkte vorliegen. Solche Anhaltspunkte sind hier nicht gegeben, zumal V die Mangelhaftigkeit seines Pkw erkannte.

4. Ersatzfähiger Schaden

Zu klären bleibt, welche Schäden i.R.v. § 280 I BGB ersatzfähig sind. Die Norm greift unmittelbar und allein nämlich nur dann ein, wenn es um die Haftung auf einfachen Schadensersatz, den so genannten Schadensersatz neben der Leistung, geht, sog. Begleitschadensersatz. In den Fallgruppen des Schadensersatzes statt der Leistung sind nach § 280 III BGB die zusätzlichen Anforderungen der §§ 281 – 283 BGB zu berücksichtigen.

K verlangt Ersatz der Behandlungskosten, es geht ihm also um einen Schaden, der an einem anderen Rechtsgut als der mangelhaften Sache eingetreten ist.

Der Ersatz dieses Schadens tritt nicht an die Stelle der primären Leistungspflicht auf Verschaffung des Pkw, sondern existiert unabhängig neben diesem, bzw. neben einem Anspruch auf Schadensersatz statt der Leistung.

Auf die zusätzlichen Tatbestandsmerkmale der §§ 281 – 283 BGB kommt es vorliegend also nicht an.

5. Ergebnis

Im Ergebnis hat K einen Anspruch aus § 280 I I i.V.m. § 437 Nr.3 BGB auf Ersatz der Arztkosten.

II. Anspruch des K gegen V aus § 823 I BGB

Daneben besteht ein Anspruch aus § 823 I BGB:
Durch Lieferung des nichtverkehrssicheren Pkws verursachte V eine objektiv zurechenbare Körperverletzung des K. Da er den Mangel erkannte, handelte er auch schuldhaft. Die Arztkosten sind ein ersatzfähiger Schaden, § 249 II 1 BGB.

IV. Zusammenfassung

Sound: § 280 I BGB i.V.m. Normen des besonderen Schuldrechts gewährt den Ersatz des Mangelfolgeschadens.

Da § 280 I BGB nur die sog. **Begleitschäden** ersetzt, kann es in diesen Fällen **nie** um den **Ersatz des Mangelschadens**, sondern nur um den Ersatz des Mangelfolgeschadens gehen, der infolge der Schlechtleistung an anderen Rechtsgütern des Gläubigers entsteht.

hemmer-Methode: Für die Anwendbarkeit der §§ 280 ff. BGB **hinsichtlich der Schlechtleistung** sind letztlich drei Vertragstypen zu unterscheiden. Zum einen gibt es Vertragstypen, in denen das Mängelrecht eigenständig geregelt ist, sowohl hinsichtlich Tatbestand als auch Rechtsfolge (z.B. Mietrecht, vgl. §§ 536 ff.). Hier werden die §§ 280 ff. BGB verdrängt. Dann gibt es Kauf- und Werkvertrag. Diesen Typen ist gemein, dass die Voraussetzungen der Schlechtleistung besonders geregelt wurden, hinsichtlich der Rechtsfolgen aber wiederum auf die §§ 280 ff. BGB verwiesen wird, vgl. §§ 437 Nr.3, 634a Nr.4 BGB. Schließlich gibt es Vertragstypen, bei denen die Schlechtleistung überhaupt nicht (besonders) geregelt wurde (z.B. Dienstvertrag). Hier sind die §§ 280 ff. BGB unmittelbar anwendbar, da es hier kein Schuldrecht BT gibt, welches die Schuldrecht AT-Regeln verdrängt.

V. Zur Vertiefung

- Hemmer/Wüst, Basics Zivilrecht, Bd. 1, Rn. 149 f.

- Hemmer/Wüst/Tyroller, Schuldrecht BT I, Rn. 264 ff.

- Zu der klausurrelevanten Streitfrage, ob der sog. mangelbedingte Betriebsausfallschaden gem. § 437 Nr.3, 280 I BGB ersatzfähig ist vgl. BGH, Life&Law 2009, 649 ff.

  In diesem Zusammenhang ist umstritten, ob die zusätzlichen Voraussetzungen der §§ 280 II, 286 BGB vorliegen müssen oder nicht.

Kapitel III: Unmöglichkeit

Fall 13: Unmöglichkeit im einseitigen Schuldver-hältnis – Erlöschen des Primäranspruchs

Sachverhalt:

Der große Springreiter A stirbt. Er hinterlässt ein wirksames Testament, in dem er seine Ehefrau E zur Alleinerbin einsetzt. Der hübschen V vermacht A seine Lieblingsstute Hella. Noch vor Erfüllung des Vermächtnisses stirbt die um ihren Herrn trauernde Hella, ohne dass E dafür irgendeine Verantwortlichkeit trifft.

Frage: *Ansprüche der V?*

I. Einordnung

Während sich der Ersatz des Begleitschadens nach § 280 I BGB richtet und die primäre Leistungspflicht nicht beseitigt, tritt der Schadensersatz gem. §§ 280 I, III, 283 BGB an die Stelle der primären Leistungspflicht. Daher auch der Name: Schadensersatz statt der Leistung.

Die Unmöglichkeit ist in § 275 BGB geregelt. Eine für den Schuldner oder für jedermann unmögliche Leistung ist ausgeschlossen. Die primäre Leistungspflicht entfällt. Zwangsläufig stellt sich aber die Frage, welche Rechte der Gläubiger statt des erloschenen Primäranspruchs geltend machen kann. § 275 IV BGB verweist zur Lösung dieser Frage unter anderem auf die Schadensersatzansprüche statt der Leistung.

Lernen Sie frühzeitig, die verschiedenen Arten von Schadensersatzansprüchen voneinander zu unterscheiden und so die richtige Anspruchsgrundlage zu wählen.

II. Gliederung

I. Anspruch der V gegen E auf Erfüllung des Vermächtnisses, § 2174 BGB

1. Anspruch entstanden
§§ 2174, (1939, 2147) BGB (+)

⇨ § 2171 I BGB (-), keine Unmöglichkeit zum Zeitpunkt des Erbfalls

2. Anspruch erloschen
§ 275 I BGB: nachträgliche Unmöglichkeit
Def.: dauerhafte Nichterbringbarkeit des Leistungserfolges (+), da die Verschaffung des Eigentums an dem Pferd nicht mehr möglich ist

3. Ergebnis
Anspruch (-)

II. Anspruch der V gegen E auf Schadensersatz wegen anfänglicher Unmöglichkeit gem. § 311a II 1 BGB

(-), da § 311a II 1 BGB nur auf Verträge, nicht aber auf letztwillige Verfügungen Anwendung findet; außerdem war der Leistungserfolg nicht von Anfang an unmöglich, sondern ist erst nachträglich eingetreten

III. Schadensersatzanspruch der V gegen E nach §§ 280 I, III, 283 S. 1 BGB

1. Anwendbarkeit bei einseitigen Leistungsverpflichtungen (+)

2. Ausschluss der Leistungspflicht nach § 275 I BGB

3. Vertretenmüssen, §§ 283 S. 1, 280 I 2 BGB (-)

wird vermutetet, E kann sich jedoch entlasten, da das Pferd ohne ihr Zutun verendet ist; hier auch kein über das Verschulden hinausgehendes Vertretenmüssen, § 276 I 1 BGB

4. Ergebnis

Anspruch (-)

IV. Anspruch der V gegen E auf Schadensersatz aus § 823 I BGB

(-), da kein geschütztes Rechtsgut betroffen

III. Lösung

I. Anspruch der V gegen E auf Erfüllung des Vermächtnisses aus § 2174 BGB (= Übergabe und Übereignung des Pferdes)

V könnte gegen E einen Anspruch auf Übergabe und Übereignung des Pferdes aus § 2174 BGB haben. Voraussetzung dafür ist, dass ein wirksames Vermächtnis zu ihren Gunsten entstanden ist, der Anspruch später nicht untergegangen ist und durchsetzbar ist.

hemmer-Methode: Unabhängig vom Schwierigkeitsniveau der gestellten Aufgabe sollten Sie immer exakte Obersätze formulieren. Schon damit heben Sie sich positiv von der Masse der Studenten ab.

Der Korrektor wird von Beginn an positiv gestimmt („Endlich mal jemand, der weiß, was er überhaupt prüft..."), und auch für Sie selbst dient ein klar umrissenes Prüfungsprogramm als Wegweiser im Dickicht der Klausur.

1. Anspruch entstanden

Der Vermächtnisanspruch entsteht, wenn ein wirksames Vermächtnis besteht. A vermachte V hier durch formgültige letztwillige Verfügung i.S.v. §§ 1939, 2147 ff. BGB das Pferd. Der Anspruch richtet sich gemäß §§ 2174, 2147 S. 2 BGB grundsätzlich gegen den Erben, hier also gegen E.

Zur Zeit des Erbfalls war die Erfüllung des Vermächtnisanspruchs noch möglich - die rechtshindernde Einwendung aus § 2171 I BGB steht der Wirksamkeit nicht entgegen.

Damit ist zunächst ein Anspruch aus § 2174 BGB entstanden.

2. Anspruch untergegangen

Der Anspruch aus dem Vermächtnis könnte aber nach § 275 I BGB untergegangen sein.

Nach § 275 I BGB ist eine Leistung ausgeschlossen, soweit ihre Erfüllung für den Schuldner oder für jedermann **unmöglich** ist.

Der **Begriff „Unmöglichkeit"** wird dabei verstanden als die **dauerhafte Nichterbringbarkeit des geschuldeten Leistungserfolges**.

Anmerkung: Im Zuge der *Schuldrechtsreform* wurde § 275 BGB umgestaltet, sein Absatz 1 erfasst jetzt nur die Fälle der wirklichen (tatsächlichen) Unmöglichkeit, v.a. also Konstellationen, in denen die Leistung schon aus naturgesetzlichen Gründen nicht erbracht werden kann.

Aber auch dann, wenn die Erfüllung an Rechtsgründen scheitert, greift § 275 I BGB ein.

Die früher sog. praktische (faktische) und moralische Unmöglichkeit haben in § 275 II bzw. III BGB eigenständige Regelungen erfahren. Andererseits gilt § 275 I BGB für alle Formen der Unmöglichkeit, d.h.:

§ 275 I BGB regelt die anfängliche und nachträgliche, die objektive und subjektive, sowie die teilweise (vgl. Wortlaut „soweit") und vollständige Unmöglichkeit. In allen Fällen erlischt der Leistungsanspruch des Gläubigers per se. § 275 I BGB stellt eine *rechtsvernichtende Einwendung* gegen den Primäranspruch dar und ist deswegen unter dem Prüfungspunkt „Anspruch erloschen" zu prüfen. Auf Primärebene müssen Sie *keine* Unterscheidung bezüglich der Art der Unmöglichkeit treffen!

Mit dem Tod des Pferdes wurde E die Erfüllung des ihr obliegenden Vermächtnisanspruchs unmöglich, der Anspruch aus § 2174 BGB ging gem. § 275 I BGB unter.

3. Ergebnis

Ein Anspruch der V gegen E aus § 2174 BGB besteht nicht.

II. Sekundäransprüche der V gegen E

§ 275 IV BGB zeigt, dass der Ausschluss des Leistungsanspruchs nach § 275 I – III BGB Ansprüche auf der Sekundärebene erzeugen kann.

1. Anspruch der V gegen E auf Schadensersatz wegen anfänglicher Unmöglichkeit gem. § 311a II 1 BGB

Ein Anspruch aus § 311a II 1 BGB scheidet aus: Schadensersatz nach dieser Norm kann es nämlich nur bei vertraglichen Schuldverhältnissen geben, nicht aber bei letztwilligen Verfügungen.

Zudem läge „anfängliche Unmöglichkeit" nur vor, wenn Hella nicht erst nach (wie hier, daher nachträgliche Unmöglichkeit), sondern bereits vor dem Erbfall gestorben wäre. Auch dies hätte aber nicht einen Schadensersatzanspruch für den Bedachten, sondern gem. § 2171 I BGB die Unwirksamkeit des Vermächtnisses zur Folge gehabt.

hemmer-Methode: Wo es wie hier *ganz offensichtlich* an einem „eigentlich später zu prüfenden" Tatbestandsmerkmal fehlt, *kann* es geschickt sein, dessen Prüfung vorzuziehen – Sie ersparen sich so sinnlose Ausführungen. Eine Verallgemeinerung verbietet sich aber: Die Klausurtaktik kann ebenso gut gebieten, erst alle anderen Tatbestandsmerkmale zu prüfen und am Ende den Anspruch doch scheitern zu lassen. Lassen Sie sich hier von Ihrem in unserem Hauptkurs geschulten Gefühl leiten und achten Sie v.a. auf Hinweise des Sachverhalts (Stichwort: *Echo-Prinzip*)!

2. Schadensersatzanspruch der V gegen E nach §§ 280 I, III, 283 S. 1 BGB

Denkbar wäre aber ein Anspruch auf **Schadensersatz statt der Leistung** aus §§ 280 I, III, 283 S. 1 BGB.

Voraussetzung dafür ist, dass der Anspruch auf die Primärleistung gemäß § 275 I – III nachträglich erloschen ist und E dies zu vertreten hat.

a) Anwendbarkeit bei einseitigen Leistungsverpflichtungen

Zwischen E und V müsste zunächst ein Schuldverhältnis vorliegen. In Betracht kommt hier der Anspruch der V aus dem Vermächtnis nach § 2174 BGB. Fraglich ist jedoch, ob §§ 280 I, III, 283 S. 1 BGB überhaupt auf einseitige Leistungsverpflichtungen anwendbar sind.

§ 280 I 1 BGB spricht von der Pflichtverletzung in einem Schuldverhältnis und meint damit zwar zuvorderst Verträge, doch sind daneben auch einseitige rechtsgeschäftliche Schuldverhältnisse ebenso wie gesetzliche Ansprüche in den Anwendungsbereich mit einbezogen. Auch der Anspruch aus einem Vermächtnis nach § 2174 BGB gehört dazu.

Ein Schuldverhältnis i.S.v. § 280 I BGB liegt also vor.

b) Ausschluss der Leistungspflicht nach § 275 I BGB

Die primäre Leistungspflicht des Schuldners müsste nachträglich gem. § 275 BGB entfallen sein. Vorliegend wurde E mit dem Tod des Pferdes nach § 275 I BGB von ihrer zunächst wirksam entstandenen Pflicht aus § 2174 BGB befreit.

Anmerkung: § 283 S. 1 BGB gilt nur für die nachträgliche Unmöglichkeit einer Leistungspflicht. Für den Fall der *anfänglichen* Unmöglichkeit greift § 311a II BGB als verdrängende Spezialregelung.

c) Vertretenmüssen des Schuldners

E müsste das die Unmöglichkeit bewirkende Leistungshindernis zu vertreten haben. Was der Schuldner zu vertreten hat, bestimmt § 276 BGB. Im Regelfall sind das Vorsatz und Fahrlässigkeit, § 276 I 1 BGB.

Da § 283 S. 1 BGB auf die Voraussetzungen des gesamten § 280 I BGB verweist, muss im Streitfall der Schuldner darlegen und beweisen, dass ihn kein Vertretenmüssen an der Pflichtverletzung (hier: Unmöglichkeit) trifft, § 280 I 2 BGB.

hemmer-Methode: Zur Erinnerung! Vertretenmüssen und Verschulden sind zwei verschiedene Rechtsbegriffe! Der umfassendere der beiden ist das Vertretenmüssen. Jegliche Haftung hängt davon ab, dass der Schuldner den sie auslösenden Umstand zu vertreten hat. Verschulden ist gleichbedeutend mit Vorsatz und Fahrlässigkeit und kann als Teilmenge des Vertretenmüssens verstanden werden, vgl. § 276 I 1 BGB.

Vorliegend ist ein Fall höherer Gewalt gegeben. Eine über das Verschulden hinausgehende Haftung wegen der vertraglichen Vereinbarung oder des Inhalts des Schuldverhältnisses ist ebenfalls nicht gegeben, § 276 I 1 BGB.

Auf Grund der Umstände kann E darlegen und beweisen, dass sie den Tod des Pferdes nicht zu vertreten hat.

d) Ergebnis

Demnach ist ein Schadensersatzanspruch nach §§ 280 I, III, 283 S. 1 BGB ausgeschlossen.

V hat keine Ansprüche gegen E.

IV. Anspruch der V gegen E auf Schadensersatz aus § 823 I BGB

Ein Anspruch der V gegen E aus § 823 I BGB ist schon mangels eines geschützten Rechtsguts nicht gegeben. Das Pferd befand sich noch nicht im Eigentum der V. Sie hatte lediglich einen schuldrechtlichen Verschaffungsanspruch gegen E aus dem Vermächtnis. Dieser ist aber kein absolutes Recht und genießt deswegen keinen deliktischen Schutz.

IV. Zusammenfassung

Sound: Nach dem Untergang der primären Leistungspflicht kann der Gläubiger Schadensersatz statt der Leistung gem. §§ 280 I, III, 283 S. 1 BGB verlangen.

Das Herbeiführen der Unmöglichkeit ist als Pflichtverletzung i.S.d. § 280 I BGB zu sehen. Damit hat § 283 S. 1 BGB eigentlich nur klarstellenden Charakter.

hemmer-Methode: Beachten Sie bitte das genaue Zitieren! Bei der Anspruchsgrundlage müssen Sie unbedingt § 280 I BGB erwähnen, da diese Vorschrift die eigentliche Rechtsgrundlage darstellt. § 283 S. 1 BGB verweist auf § 280 I BGB zurück. Die Paragraphenkette lautet dann: §§ 280 I, III, 283 S. 1 BGB.

V. Zur Vertiefung

- Hemmer/Wüst, Schuldrecht AT, Rn. 320 ff.
- Hemmer/Wüst, Basics Zivilrecht, Bd. 1, Rn. 200 ff.

Fall 14: Unmöglichkeit - Zweckfortfall

Sachverhalt:

Das Boot des Freizeitkapitäns B droht zu sinken. Er ruft H, der sich auf das Abschleppen in Seenot geratener Boote spezialisiert hat, per Funk zu Hilfe. Als H mit seinem Abschleppkutter bei B eintrifft, befindet sich das Boot bereits auf dem Meeresboden.

H verlangt dennoch seinen üblichen Abschlepplohn von B ersetzt.

I. Einordnung

Untergang bzw. Diebstahl bilden die bekannten Fälle der Unmöglichkeit. Neben der physischen Unmöglichkeit (Leistung ist nach den Naturgesetzen nicht möglich) und der juristischen Unmöglichkeit (Leistung ist aus rechtlichen Gründen nicht möglich) gibt es aber noch weitere Fälle der Unmöglichkeit, die sich nicht immer auf den ersten Blick als Unmöglichkeitsfälle erkennen lassen.

Beachten Sie insbesondere die Fallgruppen der *Zweckerreichung (Leistungserfolg tritt ohne Zutun des Schuldners ein)*, des *Zweckfortfalls (Wegfall oder Ungeeignetheit des Leistungssubstrats, also des Gegenstands, an dem die Leistung vorgenommen werden soll)* und *Zwecksstörung (Leistungserfolg kann noch herbeigeführt werden, Gläubiger hat aber an ihm kein Interesse mehr)*. Nur in den Fällen des Zwecksfortfalls und der Zweckerreichung greifen die Unmöglichkeitsregelungen ein, § 275 BGB.

Die Zweckstörung ist dagegen über die Störung der Geschäftsgrundlage zu lösen, § 313 BGB.

Was mit der Gegenleistung (Vergütung) geschieht, bestimmt nicht § 275 BGB, sondern § 326 I BGB.

Einer der größten Fehler, die in einer Zivilrechtsklausur vorstellbar sind, ist eine Verwechslung von § 275 BGB und § 326 BGB. Machen Sie sich daher klar: § 275 BGB führt zum Ausschluss des unmöglich gewordenen Anspruchs, § 326 I 1 BGB zum Ausschluss der an sich noch möglichen Gegenleistung!

Schließlich noch eine Vorbemerkung: § 326 I 1 HS. 1 BGB bildet eine Regel, zu der zahlreiche Ausnahmen bestehen, wie z.B.: §§ 326 II 1 Alt.1 und Alt.2, 446, 447, 644 I S. 2, II, 645 BGB (str.).

Um eine dieser Ausnahmen geht es in dem vorliegenden Fall.

II. Gliederung

> **Anspruch des H gegen B auf Bezahlung des Abschlepplohns aus § 631 I BGB**
>
> 1. **Anspruch entstanden**
>   geschuldet nicht die Leistungshandlung alleine (Abschleppen), sondern der Leistungserfolg (Bergung)
>   ⇨ § 631 BGB Werkvertrag (+)
>
> 2. **Anspruch untergegangen, § 326 I HS. 1 BGB**
>
> a) **§ 644 I BGB**
>   Unternehmer trägt die Preisgefahr bis zur Abnahme

= Er verliert seinen Vergütungsanspruch beim Untergang des
Werkes, solange es nicht abge-
nommen wurde oder aber auf andere Weise der Gefahrübergang
stattgefunden hat.

<u>Hier:</u> Primärleistung unmöglich:
§ 275 I BGB
Der Leistungserfolg ist auf Grund
des Untergangs des Leistungsob-
jektes unmöglich geworden ⇨
Zweckfortfall

b) **Anspruch aus § 645 I 1 analog
BGB**

aa) <u>§ 645 I 1 BGB direkt:</u> Untergang
infolge mangelhaften Materials /
Anweisungen des Bestellers ⇨
hier (-)

bb) <u>h.M.:</u> Analoge Anwendung auf
vergleichbare Interessenlagen

Fallgruppen:

⇨ Untergang infolge der Umstände, die in der Person des Bestellers liegen oder aufgrund seiner
gefahrbegründenden Handlungen
oder

⇨ Zufälliger Untergang, bevor die
Sache die Sphäre des Unternehmers erreicht.

<u>Rechtsfolge:</u> Anteiliger Vergü-
tungsanspruch

3. **Ergebnis**
Anspruch auf teilweisen Werklohn
(+)

III. Lösung

**Anspruch des H gegen B auf Bezah-
lung des Abschlepplohns aus
§ 631 I BGB**

**1. Anspruch aus § 631 BGB entstan-
den**

H könnte gegen B einen Anspruch auf
Zahlung des Werklohns aus § 631 I
BGB haben.

Voraussetzung für einen Zahlungsanspruch aus § 631 I BGB ist zunächst,
dass zwischen B und H ein Werkvertrag geschlossen wurde.

Ein Werkvertrag liegt vor, wenn sich
der Auftragnehmer zur Erbringung eines bestimmten, außerhalb der eigentlichen Leistungshandlung liegenden Er-
folgs verpflichtet.

B „beauftragte" H, sein in Seenot gera-
tenes Boot abzuschleppen, geschuldete Leistung war die sichere Bergung.
Ein Anspruch aus § 631 I ist zunächst
entstanden.

**2. Anspruch untergegangen,
§ 326 I 1 HS. 1 BGB**

hemmer-Methode: Auch in einfachen
Sachverhalten wie dem vorliegenden
ist es stets zu empfehlen, den klassischen Aufbau „Anspruch entstanden?
Anspruch untergegangen? Anspruch
durchsetzbar?" einzuhalten. Sie zeigen
so dem Prüfer, dass Sie in der Lage
sind, systematisch vorzugehen und
strukturieren zugleich Ihre eigenen Gedankengänge.
Das Risiko, wesentliche Problemkreise
zu übersehen, wird minimiert.
Bedenken Sie zudem, dass Sie gerade
beim (scheinbar) einfachen Standard-
fall besonders sauber arbeiten müssen,
um eine gute Bewertung zu erzielen!

Der Anspruch des H auf Vergütung
könnte jedoch erloschen sein.

Die geschuldete Leistung (Bergung des
Bootes) ist wegen des Untergangs
i.S.v. § 275 I BGB objektiv unmöglich
geworden.

Damit ist H von der Erbringung der von
ihm geschuldeten Leistung befreit.

Anmerkung: Es handelt sich wegen des Fortfalls des Leistungssubstrats um einen Fall des **Zweckfortfalls.** Die Unmöglichkeit ist ebenfalls bei **Zweckerreichung** zu bejahen (Abzuschleppendes Auto wird vor dem Eintreffen des Abschleppunternehmens vom Fahrer weggefahren, Patient wird gesund, bevor der Arzt kommt). Nur bei **Zweckstörung** liegt keine Unmöglichkeit vor, da der Leistungserfolg zumindest äußerlich betrachtet noch herbeigeführt werden kann. Der Gläubiger hat aber kein Interesse mehr an der Leistung (Fußballspiel fällt aus, die dazu gebuchte Busfahrt hat keinen Zweck mehr). Hier bieten sich als Lösung die Grundsätze der Störung der Geschäftsgrundlage an, § 313 BGB.

Grundsätzlich entfällt in solchen Fällen gem. § 326 I 1 HS. 1 BGB auch der Vergütungsanspruch des Schuldners.

Fraglich ist, ob im vorliegenden Fall von diesem Grundsatz nicht eine Ausnahme eingreift, die den Gegenanspruch (Vergütungsanspruch) nicht entfallen lässt. Das ist beispielsweise dann der Fall, wenn §§ 326 II, 446, 447, 615, 644, 645, 2380 BGB einschlägig sind.

Da vorliegend die besonderen Regelungen des Werkvertrages zu berücksichtigen sind, könnten hier §§ 644 ff. BGB einschlägig sein.

a) § 644 I BGB

Vorliegend ist die Regelung des § 644 I 1 BGB zu beachten. §§ 644, 645 BGB entsprechen der Regelung der §§ 320 ff. BGB, insbesondere des § 326 BGB. Im Bereich des Werkvertrages gehen diese Regelungen aber als „leges speciales" vor.

§ 644 I 1 BGB ist danach „lex specialis" zu § 326 I 1 BGB.

§ 644 BGB regelt die **Preisgefahr** (= **Vergütungsgefahr**), also die Frage, ob der Werkunternehmer seine Vergütung bei zufälliger Unmöglichkeit oder Verschlechterung verlangen kann.

Anmerkung: Davon zu unterscheiden ist die **Leistungsgefahr,** d.h. die Frage, ob der Unternehmer bei Verschlechterung oder Untergang des Werkes zur (Neu)Herstellung verpflichtet ist. Diese trägt bis zum Gefahrübergang (grds. Abnahme, § 640 BGB) der Unternehmer.

Ausweislich des Wortlauts des § 644 I 1 BGB trägt der Unternehmer die Preisgefahr grds. bis zur Abnahme des Werkes (§ 640 BGB). Er hat also keinen Anspruch auf die Vergütung, wenn vor der Abnahme der Stoff oder das Werk verschlechtert wird oder gar untergeht. Eine Ausnahme bildet insoweit nur § 644 I 3 BGB (lesen!).

Anmerkung: Die Abnahme ist also ein entscheidender Zeitpunkt für die Beurteilung des Vergütungsanspruchs. Vor der Abnahme besteht der Vergütungsanspruch des Unternehmers trotz des Untergangs des Werkes nur dann, wenn sich der Besteller im Annahmeverzug befindet, § 644 I 2 BGB, oder bei Versendung des Werkes, wenn der Unternehmer das Werk einer zur Versendung bestimmten Person ausgeliefert hat, §§ 644 II, 447 BGB.

Da vorliegend die Abnahme nicht erfolgt ist, wäre der Vergütungsanspruch des H erloschen.

b) Anspruch auf teilweise Vergütung aus § 645 I 1 BGB analog

Von der Grundregel des § 326 I 1 HS. 1 BGB und des § 644 I 1 BGB sind aber Ausnahmen zu beachten. Als eine solche Ausnahme kommt § 645 BGB in Betracht. Dieser bewirkt, dass der Anspruch des Werkunternehmers zumindest teilweise aufrechterhalten bleibt.

aa) § 645 BGB direkt

In Betracht kommt ein Anspruch auf Teilvergütung aus § 645 BGB.

Nach § 645 BGB kann der Unternehmer einen der geleisteten Arbeit entsprechenden Teil der Vergütung verlangen, wenn das Werk vor der Abnahme <u>infolge eines Mangels</u> des vom Besteller gelieferten Stoffes oder <u>infolge einer vom Besteller für die Ausführung erteilten Weisung</u> untergegangen, verschlechtert oder unausführbar geworden ist, ohne dass ein Zustand mitgewirkt hat, den der Unternehmer zu vertreten hat.

Zwar liegt der Untergang des Bootes vor Abnahme vor, dieser Untergang beruht aber weder auf einem Mangel des vom Besteller B gelieferten Stoffes noch auf dessen Anweisung für die Ausführung. § 645 BGB direkt ist also nicht einschlägig.

bb) § 645 BGB analog

(1) Kein allgemeiner Sphärengedanke

Man könnte § 645 BGB als Ausdruck eines <u>allgemeinen Sphärengedankens</u> sehen. Der Besteller müsste sich vor der Abnahme des Werkes alle Leistungsstörungen, die aus seinem Gefahrenbereich resultieren, zurechnen lassen.

Eine solche weitgehende Risikoverlagerung auf den Besteller wird aber von der h.M. abgelehnt.

Nach h.M. ist § 645 BGB analog nur dann zu bejahen, wenn die Leistung des Unternehmers aus Umständen untergeht oder unmöglich wird, die in der Person des Bestellers liegen oder auf eine gefahrbegründende bzw. -erhöhende Handlung des Bestellers zurückgehen.

Solche Umstände in der Person oder in der Handlung des Bestellers liegen hier nicht vor.

(2) Zufälliger Untergang vor Eintritt in Sphäre des Unternehmers

§ 645 I analog BGB ist aber auch dann anzuwenden, wenn die Unmöglichkeit des Leistungserfolges auf einem <u>zufälligen</u> Untergang der Sache beruht, <u>bevor diese</u> in die Sphäre des Unternehmers übergegangen ist. Geht die Sache in der Sphäre des Unternehmers unter, z.B. nach Lieferung an diesen, gelten § 644 I 1 und 3 BGB.

Hier ist das Boot zu dem Zeitpunkt untergegangen, als der Bergungsdienst des H noch nicht eingetroffen ist, das Boot also noch nicht in der Sphäre des Unternehmers war. Damit ist die analoge Anwendung des § 645 I BGB begründet. Ein Anspruch auf Teilvergütung besteht.

hemmer-Methode: Wenn also ein abzuschleppendes Auto vor dem Eintreffen des Abschleppdienstes vom Fahrer weggefahren wird, steht dem Abschleppunternehmer ein Anspruch auf die Teilvergütung zu.

3. Ergebnis

Rechtsfolge von § 645 I 1 (analog) BGB ist eine der erbrachten Arbeit und dem geleisteten Aufwand entsprechende Vergütung. H hat demnach einen Anspruch auf einen Anteil der vereinbarten, bzw. nach § 632 II Alt.2 BGB üblichen Teil der üblichen Vergütung.

IV. Zusammenfassung

Sound: Bei Zweckfortfall gelten die Regelungen über die Unmöglichkeit, § 275 I BGB.

Das Schicksal der Gegenleistung bestimmt sich grds. nach § 326 I 1 HS. 1 BGB.

Die gesetzlichen Ausnahmen dazu bilden im Werkvertragsrecht die §§ 644, 645 BGB.

hemmer-Methode: Für den Anspruchsaufbau ist zu beachten, dass die Anspruchsgrundlage beim Werkvertrag § 631 I BGB bleibt. Der Anspruch auf die Gegenleistung (Vergütung) erlischt zwar grundsätzlich gem. § 326 I 1 HS. 1 BGB. Die Berufung auf diese Vorschrift scheidet aber dann aus, wenn eine Ausnahme zu § 326 BGB gegeben ist. Die Preisgefahr (Vergütungsgefahr) ist dann auf den Gläubiger übergegangen. Der Schuldner darf die (Teil-) Vergütung fordern.

V. Zur Vertiefung

- Hemmer/Wüst, Basics Zivilrecht, Bd. 1, Rn. 206.
- Hemmer/Wüst, Schuldrecht AT, Rn. 25-29.

Fall 15: Praktische Unmöglichkeit, § 275 II BGB

Sachverhalt:

V vermietet an M einen älteren LKW für zwei Jahre. Der Mietzins beträgt 3.000 € pro Monat. Der LKW wird nach eineinhalb Jahren durch einen unbekannten Dritten beschädigt. Die Reparatur kostet 150.000 €.

Frage: Kann der Mieter M von dem Vermieter V Reparatur verlangen?

I. Einordnung

Unmöglichkeit liegt nicht nur dann vor, wenn die zu leistende Sache untergegangen oder zerstört wurde.

Auch in den Fällen, in denen eine Leistung des Schuldners zwar theoretisch möglich, aber mit sehr hohen Aufwendungen verbunden ist, kann u.U. Unmöglichkeit zu bejahen sein. Dann ist aber nicht § 275 I BGB, sondern § 275 II BGB einschlägig.

Diese Art der Unmöglichkeit heißt „praktische" oder „faktische" Unmöglichkeit und trägt dem Fortschritt der Technik Rechnung, durch den die Fälle tatsächlicher Unmöglichkeit seltener geworden sind.

Vor der Neuregelung der praktischen Unmöglichkeit in § 275 II BGB n.F. wurde diese Fallgruppe der Unmöglichkeit gem. § 275 I BGB zugeordnet. Die Neuregelung macht die Rechtsfolgen für den Schuldner flexibler, indem ihm ein Leistungsverweigerungsrecht eingeräumt wird und der Anspruch nicht kraft Gesetzes erlischt. Der Schuldner kann immer noch freiwillig die überobligationsmäßige Leistung erbringen.

Das Schulbeispiel für die praktische Unmöglichkeit bildet der Ring am Meeresboden: „A verkauft dem B einen Ring. Beim Transport geht das Boot samt dem Ring unter. B besteht auf Erfüllung der Pflicht aus § 433 I 1 BGB"

II. Gliederung

Anspruch des M gegen V auf Reparatur des LKWs aus § 535 I 2 BGB

1. **Wirksamer Mietvertrag, § 535 BGB (+)**

2. **Anspruch entstanden**

   ⇨ (+), da gem. § 535 I 2 BGB Erhaltungspflicht des V

3. **Anspruch erloschen** durch Unmöglichkeit:

a) **Wirkliche Unmöglichkeit, § 275 I BGB**

   (-) da die Reparatur möglich

b) **Faktische Unmöglichkeit, § 275 II BGB**

   Vorauss.: grobes Missverhältnis zw. Aufwand des Schuldners und Leistungsinteresse des Gläubigers

   Hier: 150.000 € zu 18.000 €

   ⇨ grobes Missverhältnis (+)

c) **Rechtsfolge:** Einrede des Leistungsverweigerungsrechts des V

4. **Ergebnis**

   Mit Erhebung der Einrede ist die Geltendmachung des Anspruchs dauerhaft ausgeschlossen

III. Lösung

Anspruch des M gegen V auf Reparatur des Lkws aus § 535 I 2 BGB

1. Wirksamer Mietvertrag, § 535 BGB

M könnte gegen V einen Anspruch auf Reparatur des Lkws aus § 535 I 2 BGB haben. M und V haben einen Mietvertrag über den LKW zu einem monatlichen Mietzins i.H.v. 3000 € geschlossen. Mangels entgegenstehender Anhaltspunkte ist von der Wirksamkeit des Vertrages auszugehen.

2. Anspruch entstanden

Neben der Gewährung des Gebrauchs an der Sache schuldet der Vermieter die Erhaltung der Sache im vertragsgemäßen Zustand, § 535 I 2 BGB. Dies umfasst insbesondere Reparaturen der Sache. Damit war V verpflichtet, den LKW zu reparieren. Der Anspruch des M ist demnach zunächst wirksam entstanden.

3. Anspruch erloschen

Der Anspruch auf die Reparatur könnte aber erloschen sein.
In Betracht kommt hier der Erlöschensgrund der Unmöglichkeit. Vorliegend ist zu prüfen, ob und wenn ja, welche Form der Unmöglichkeit eingetreten ist.

a) Unmöglichkeit, § 275 I BGB

Fraglich ist, ob der Anspruch gem. § 275 I BGB unmöglich geworden ist.
Nach § 275 I BGB ist eine Leistung ausgeschlossen, soweit ihre Erfüllung für den Schuldner oder für jedermann unmöglich ist.

§ 275 I BGB erfasst demnach sowohl die **subjektive** als auch die **objektive** Unmöglichkeit.
Der Begriff „**Unmöglichkeit**" wird dabei als die dauerhafte Nichterbringbarkeit des geschuldeten Leistungserfolges verstanden.

Anmerkung. Die Definition der Unmöglichkeit müssen Sie sich merken!

Für die Unmöglichkeit nach § 275 I BGB ist maßgeblich, ob zumindest eine theoretische Leistungsmöglichkeit besteht.
Die Reparatur des Lkws ist theoretisch möglich. Damit liegt kein Fall des § 275 I BGB vor.

Merke: I.R.d. § 275 I BGB ist nur die theoretische Möglichkeit der Leistungserbringung entscheidend.

b) Praktische Unmöglichkeit, § 275 II BGB

Es könnte jedoch ein Fall der praktischen Unmöglichkeit gem. § 275 II BGB vorliegen.

aa) Definition: Praktische Unmöglichkeit

Praktische Unmöglichkeit (auch faktische Unmöglichkeit genannt) liegt vor, wenn die Behebung des Leistungshindernisses zwar theoretisch möglich wäre, dies jedoch von keinem Schuldner ernsthaft erwartet werden kann.

bb) Hohe Reparaturkosten als ein Fall der praktischen Unmöglichkeit

Voraussetzung des § 275 II BGB ist, dass das Leistungshindernis nur durch einen hohen Aufwand des Schuldners zu beheben ist, der im grobem Missverhältnis zum Leistungsinteresse des Gläubigers steht.

Wann ein derart grobes Missverhältnis zwischen dem Aufwand des Schuldners und dem Leistungsinteresse des Gläubigers vorliegt, ist eine Wertungsfrage.

Zu vergleichen ist der Aufwand des Schuldners mit dem Interesse des Gläubigers an der Leistung. Werden beide Werte ermittelt, so sind sie gegenüber zu stellen. Nur so kann nämlich das grobe Missverhältnis bewertet werden.

Für den vorliegenden Fall bedeutet dies Folgendes:

Der Reparaturaufwand des Vermieters beträgt 150.000 €, das Leistungsinteresse des Mieters hingegen 18.000 € (3.000 € x übrig gebliebene 6 Monate).

Anmerkung: Das *Leistungsinteresse des Gläubigers* bemisst sich mindestens nach der Höhe des Verkehrswertes der Leistung. Hat der Gläubiger ein darüber hinaus gehendes Leistungsinteresse bei Vertragsschluss bekundet und wurde dies vom Schuldner – auch stillschweigend – gebilligt, so kann das Leistungsinteresse im Einzelfall höher anzusetzen sein.

Ein anderes Ergebnis ergibt sich weder aus dem Inhalt des Schuldverhältnisses (konkrete Ausgestaltung des Mietvertrages, Garantieabreden) noch aus dem Vertretenmüssen des V.

Anmerkung: Der *Inhalt des Schuldverhältnisses* bietet wesentliche Anhaltspunkte für den dem Schuldner noch zuzumutenden Aufwand, § 275 II 1 BGB. Haben die Parteien eine bestimmte Leistung in Kenntnis der erschwerenden Umstände vereinbart, so kann sich der Schuldner später nicht auf unverhältnismäßig hohen Aufwand berufen. § 275 II 1 BGB kommt letztlich nur in Betracht, wenn die Umstände, die den besonderen Aufwand des Schuldners begründen, den Vertragsparteien bei dem Vertragsschluss unbekannt waren oder erst nachträglich eingetreten sind.

Damit liegt ein Fall der praktischen Unmöglichkeit vor.

c) Rechtsfolge

§ 275 II BGB schließt die Leistungspflicht nicht automatisch aus. Der Wortlaut des § 275 II BGB: „Der Schuldner kann die Leistung verweigern..." geht von einem *Leistungsverweigerungsrecht* aus.

Das Leistungsverweigerungsrecht bildet eine Einrede, die im Prozess durch den Schuldner erhoben werden muss. Das Gericht berücksichtigt diese Einrede nicht von Amts wegen.

Schweigt der Schuldner und ergibt sich weder aus seinem noch aus dem Vorbringen des Klägers, dass er die Einrede erhoben hat, wird er ohne Rücksicht auf § 275 II BGB zur Leistung verurteilt.

4. Ergebnis

Erhebt V die Einrede des § 275 II BGB, ist seine primäre Leistungspflicht endgültig erloschen. Ein Anspruch des M gem. § 535 II BGB scheidet aus.

hemmer-Methode: Ende der Aufgabe! Ob andere (Ersatz-)Ansprüche bestehen, ist *hier* nicht zu prüfen. Achten Sie auf die Fallfrage!

Bei § 275 II BGB ist der Aufwand allein am Leistungsinteresse des *Gläubigers* zu messen. Persönliche Interessen des *Schuldners* werden dabei nicht berücksichtigt.

IV. Zusammenfassung

Sound: § 275 II BGB regelt den Fall der praktischen Unmöglichkeit, die dem Schuldner die Einrede des Leistungsverweigerungsrechts zubilligt. Mit Erhebung der Einrede entfällt der primäre Leistungsanspruch.

hemmer-Methode: Beachten Sie, dass die „wirtschaftliche Unmöglichkeit" von § 275 II BGB nicht erfasst wird. Da beide „Unmöglichkeiten" Ähnlichkeiten aufweisen, stellt sich die Frage nach deren Abgrenzung zueinander.
Während bei der „faktischen" Unmöglichkeit der Aufwand allein am Leistungsinteresse des *Gläubigers* zu messen ist (Sound: vernünftiges Gläubigerinteresse), geht es bei der „wirtschaftlichen" Unmöglichkeit darum, dass dem *Schuldner* überobligatorische Anstrengungen abverlangt werden, die *ihm* (dem Schuldner) wegen Überschreitung der „Opfergrenze" nicht zumutbar sind, (Sound: Schuldnerinteresse). Beispiele für wirtschaftliche Unmöglichkeit sind etwa die vertraglichen Ungleichgewichte infolge der Inflation nach dem 1. Weltkrieg.

V. Zur Vertiefung

- Hemmer/Wüst, Basics Zivilrecht, Bd. 1, Rn. 207, 209.
- Hemmer/Wüst, KK Basics Zivilrecht, Karteikarte Nr.24 f.
- Hemmer/Wüst, Schuldrecht AT, Rn. 41-50.

Fall 16: Moralische Unmöglichkeit, § 275 III BGB

Sachverhalt:

Ü, wohnhaft in Köln, ist türkischer Staatsangehöriger und Arbeitnehmer bei der Schmidt Late Night Media GmbH (S). Als Ü überraschend zum Wehrdienst in der Türkei einberufen wird, weigert er sich, weiterhin für S zu arbeiten. Er erklärt, dass er als Wehrdienstverweigerer mit der Todesstrafe zu rechnen habe. S zeigt dennoch kein Verständnis. Es gehe um wichtige Aufträge, bei denen auf Ü nicht verzichtet werden könne.

Frage: Hat S einen Anspruch auf Ü`s Arbeitsleistung?

I. Einordnung

Von der „wirklichen" und der „faktischen" Unmöglichkeit nach § 275 I, II BGB ist noch die sog. „moralische" Unmöglichkeit zu unterscheiden, § 275 III BGB. Auch diese gibt dem Schuldner, ähnlich wie § 275 II 1 BGB, ein Leistungsverweigerungsrecht, das er als Einrede geltend machen kann.

§ 275 III BGB trifft eine Sonderregelung für persönliche Schuldverhältnisse. Hierunter fällt vor allem die Hauptleistungspflicht von Dienstverpflichteten und Arbeitnehmern, § 613 S. 1 BGB. Eine solche Verpflichtung zur persönlichen Leistung kann sich aber auch aus einem Werk- oder Geschäftsbesorgungsvertrag ergeben. Maßgeblich ist letztlich der konkrete Inhalt der Leistungspflicht, der durch Auslegung gem. §§ 133, 157 BGB zu ermitteln ist.

II. Gliederung

Anspruch der S gegen Ü auf die Arbeitsleistung, §§ 611 I, 613 S. 1 BGB

1. **Anspruch entstanden**
    (+), § 611 I BGB Arbeitsvertrag
2. **Anspruch erloschen**

a) **§ 275 I BGB (-)**
    Arbeitsleistung theoretisch möglich

b) **§ 275 II BGB (-)**
    kein objektiv unverhältnismäßig hoher Auffand des Ü zum Leistungsinteresse des S

c) **§ 275 III BGB (+)**
    ⇨ persönliche Leistungspflicht (+),
    ⇨ § 613 S. 1 BGB
    ⇨ Unzumutbarkeit der Leistung (+)

d) **Rechtsfolge**
    Leistungsverweigerungsrechts, mit Erhebung entfällt die Durchsetzbarkeit

3. **Ergebnis**
    kein Anspruch auf Arbeitsleistung der S gegen Ü

III. Lösung

1. Anspruch entstanden

Zwischen S, rechtsfähig nach § 13 I GmbHG, und Ü bestand ein wirksamer Arbeitsvertrag, der Ü gem. § 611 I Alt.1 BGB verpflichtete, der S seine Arbeitskraft zur Verfügung zu stellen.

2. Anspruch erloschen wegen Unmöglichkeit, § 275 I BGB?

Der Anspruch könnte jedoch wegen tatsächlicher Unmöglichkeit nach § 275 I BGB erloschen sein.

Jedoch war es für Ü auch nach seiner Einberufung möglich, die von S geforderte Arbeitsleistung zu erbringen. Es handelt sich somit lediglich um ein überwindbares Hindernis. Damit scheidet die tatsächliche Unmöglichkeit gem. § 275 I BGB aus.

3. Einrede der praktischen Unmöglichkeit gem. § 275 II 1 BGB?

Ü könnte seine Arbeitsleistung aber nach § 275 II 1 BGB verweigern, wenn deren Erbringung einen unverhältnismäßigen Aufwand verlangt.

Der *objektiv* erforderliche Aufwand ist dabei allein am Leistungsinteresse des Gläubigers zu messen. Besondere in der Person des Schuldners liegende Umstände werden i.R.v. § 275 II 1 BGB nicht berücksichtigt.

Das Leistungsinteresse des Gläubigers ist schon allein auf Grund des Prinzips „pacta sunt servanda" hoch zu bewerten. Nur außergewöhnliche Umstände können Ausnahmen hiervon rechtfertigen. S aber hatte zusätzlich ein besonders hohes Leistungsinteresse. Er musste selbst wichtige Aufträge erfüllen, für die er auf Ü's Arbeitsleistung angewiesen war.

Die zur Erbringung seiner Arbeitsleistung erforderlichen Anstrengungen waren für Ü hingegen exakt die gleichen wie vor seiner Einberufung. Diese Anstrengungen hatte er sich durch den Arbeitsvertrag aber eigenverantwortlich aufgebürdet. Die psychische Belastung durch die Einberufung und die drohenden Folgen einer Verweigerung stellen keinen objektiv messbaren Aufwand

dar. Sie müssen deshalb bei der Abwägung nach § 275 II 1 BGB außen vor bleiben.

Ü hat demzufolge kein Leistungsverweigerungsrecht nach § 275 II 1 BGB.

4. § 275 III BGB: Moralische Unmöglichkeit

Etwas anderes könnte sich jedoch aus § 275 III BGB ergeben. Diese Norm bildet eine Sonderregel für Fälle, in denen die Leistung vom Schuldner *persönlich* zu erbringen ist.

Betroffen sind damit v.a. Dienst- und wie vorliegend Arbeitsverträge. Bei ihnen hat der Schuldner das Recht, die Leistung zu verweigern, wenn sie ihm unter Abwägung des entgegenstehenden Hindernisses mit dem Leistungsinteresse des Gläubigers nicht zumutbar ist.

Auf Schuldnerseite sind ganz besonders etwaige persönliche Leistungshindernisse zu berücksichtigen – schließlich geht es gerade um seine persönliche Leistungspflicht. Dennoch sind die Motive des Schuldners umso höher zu bewerten, je eher sie für Außenstehende nachvollziehbar sind.

Im Fall besteht ein Arbeitsvertrag, der - wie § 613 S. 1 BGB zeigt - grundsätzlich persönlich zu erfüllen ist. S hat zudem ein legitimes und hohes Interesse an der Leistungserbringung. Doch wird das Gläubigerinteresse bei weitem durch die Gewissensnöte des Ü übertroffen. Er befindet sich in einer äußerst prekären Lage: Verweigert er den Wehrdienst, droht ihm nach den Gesetzen der Türkei im schlimmsten Fall die Todesstrafe. Dass er sich diesem Risiko, verbunden mit dem unvermeidbaren psychischen Druck, aussetzt, ist ihm nicht zuzumuten.

Ü stand folglich eine Einrede gem. § 275 III BGB zu. Er erhob sie, indem er die Arbeit bei S verweigerte.

5. Ergebnis

S kann von Ü nicht verlangen, weiter bei ihr zu arbeiten.

IV. Zusammenfassung

Sound: § 275 III BGB betrifft die „moralische" Unmöglichkeit.

hemmer-Methode: Bei § 275 III BGB können – anders als bei § 275 II 1 BGB – auch auf die Leistung bezogene persönliche Umstände des *Schuldners* berücksichtigt werden, weil dies auf Grund der Natur der persönlichen Schuldverhältnisse geboten ist.

V. Zur Vertiefung

- Hemmer/Wüst, Basics Zivilrecht, Bd. 1, Rn. 208.
- Hemmer/Wüst, Schuldrecht AT, Rn. 51 ff.

Fall 17: Schadensersatz bei nachträglicher Unmöglichkeit der Leistung

Sachverhalt:

A aus Hamburg kauft am 15.05. von B aus New York eine Sammlung antiker Münzen (Wert 2.500 €). Die Sammlung sollte B am 20.05. bei A zu Hause abliefern.

Fallvariante 1: Das Schiff, mit dem die Sammlung im Auftrag des B transportiert wurde, ging während eines Seesturmes am 18.05 unter. Die Sammlung versank ebenfalls. B beruft sich auf Unmöglichkeit der Leistung, obwohl eine Bergung technisch möglich wäre.

Fallvariante 2: Am 20.05 liefert B nicht. Die Sammlung wird trotz entsprechender Schutzvorrichtungen seitens B am 23.05. von Unbekannten gestohlen.

Fallvariante 3: Trotz des vereinbarten Termins liefert B erst am 25.05. A verweigert die Annahme. Auf dem Rückweg verursacht B leicht fahrlässig einen Unfall. Die Münzsammlung wird dabei zerstört.

Prüfen Sie, welche Ansprüche A gegen B hat.

I. Einordnung

§ 275 BGB regelt nur das Schicksal der primären Leistungspflicht. Der Gläubiger verliert seinen primären Anspruch auf Leistung. Davon bleiben jedoch die sekundären Schadensersatzansprüche unberührt, § 275 IV BGB. Für den Fall der *nachträglichen* Unmöglichkeit ist der Schadensersatz statt der Leistung gem. §§ 280 I, 283 S. 1 BGB von Bedeutung.

Merken Sie sich also: das Erlöschen der primären Leistungspflicht wird in der Klausur öfters Einfallstor für die Prüfung der sekundären Schadensersatzansprüche sein. Achten Sie auf entsprechende Hinweise im Sachverhalt, um die Weichen der Klausur richtig zu stellen.

II. Gliederung

Fallvariante 1

I. Anspruch des A gegen B auf Übergabe und Übereignung der Münzsammlung aus § 433 I 1 BGB

1. Anspruch entstanden
⇨ wirksamer KV (+)

2. Anspruch erloschen

a) § 275 I BGB (-), da die Bergung theoretisch noch möglich ist

b) § 275 II BGB (+)

⇨ Vergleich des Aufwands des Schuldners mit dem Leistungsinteresse des Gläubigers ergibt ein grobes Missverhältnis

⇨ Berufung des B auf sein Leistungsverweigerungsrecht (+)

3. Ergebnis
kein Anspruch aus § 433 I 1 BGB

II. Anspruch des A gegen B auf Schadensersatz aus §§ 280 I, III, 283 S. 1 BGB

1. Nachträgliches Entfallen der Leistungspflicht (+), s.o.

2. Vertretenmüssen des B (-)
Beweislast wegen § 280 I 2 BGB zwar bei beim Schuldner, B kann sich jedoch entlasten

3. Ergebnis
Anspruch (-)

Fallvariante 2

I. Anspruch des A gegen B aus § 433 I 1 BGB

Anspruch entstanden, jedoch mit dem Diebstahl untergegangen, § 275 I BGB

Entfallen der Primärleistungspflicht kraft Gesetzes, eine Berufung des Schuldners nicht notwendig ⇨ Anspruch (-)

II. Schadensersatzanspruch des A gegen B aus §§ 280 I, III, 283 S. 1 BGB

1. Unmöglichkeit, § 275 I BGB

2. Vertretenmüssen des Schuldners
grds. Vorsatz und Fahrlässigkeit, § 276 BGB
hier: (-), da Diebstahl unverschuldet

⇨ weitergehende Haftung des B während des Schuldnerverzugs, § 287 S. 2 BGB

Vor. des Schuldnerverzuges, § 286 ff. BGB

⇨ schuldhafte Nichtleistung trotz Möglichkeit, Fälligkeit und Mahnung (+)

⇨ Haftung auch für Zufall, § 287 S. 2 BGB

3. Ergebnis
Anspruch (+), Rechtsfolge: SchaE statt der Leistung

Fallvariante 3

Schadensersatz des A gegen B aus §§ 280 I, III, 283 S. 1 BGB

1. Vertretenmüssen des B

a) § 276 BGB
an sich (+), da B fahrlässig gehandelt hat

b) Haftungseinschränkung gem. § 300 I BGB
Vorauss. des Annahmeverzuges bei A, §§ 293 ff. BGB (+)
⇨ gem. § 300 I BGB Haftung nur für grobe Fahrlässigkeit, hier (-)

c) Verhältnis zwischen Schuldner- und Annahmeverzug
mit wirksamem Angebot endete Schuldnerverzug ⇨ Vorauss. der „Nichtleistung" lag nicht mehr vor ⇨ § 287 S. 2 gilt nicht mehr, Haftung eingeschränkt durch § 300 I BGB

2. Ergebnis
Anspruch (-)

III. Lösung

Fallvariante 1

I. Anspruch des A gegen B auf Übergabe und Übereignung der Münzsammlung aus § 433 I 1 BGB

A könnte von B die Erfüllung des Primäranspruches aus § 433 I 1 BGB verlangen.

1. Anspruch entstanden

Die Parteien haben am 15.05. einen wirksamen Kaufvertrag, § 433 BGB, über die Münzsammlung abgeschlossen, sodass der Anspruch zunächst wirksam entstanden ist.

2. Anspruch erloschen

Der Anspruch könnte jedoch untergegangen sein.

a) § 275 I BGB

In Betracht kommt die tatsächliche Unmöglichkeit gem. § 275 I BGB.

Dies setzt voraus, dass Übereignung und Übergabe der Münzsammlung für den Schuldner (subjektiv) oder für jedermann (objektiv) nicht möglich ist. Vorliegend besteht aber zumindest die theoretische Möglichkeit der Bergung der Sammlung, sodass die Primärleistungspflicht nicht i.S.d. § 275 I BGB unmöglich geworden ist.

b) § 275 II BGB

Es könnte jedoch praktische Unmöglichkeit gem. § 275 II 1 BGB vorliegen. Diese zeichnet sich dadurch aus, dass die Leistung zwar theoretisch möglich ist, für den Schuldner aber mit einem so hohen Aufwand verbunden ist, dass dieser im groben Missverhältnis zum Leistungsinteresse des Gläubigers steht.

Die Bergung einer Münzsammlung vom Meeresgrund ist mit horrenden Kosten und Anstrengungen für den Schuldner verbunden. Wegen dem enormen Arbeits- und Maschineneinsatz können leicht Kosten im Bereich von weit über 100.000 € erreicht werden. Das Leistungsinteresse des Gläubigers, zu dem ein grobes Missverhältnis bestehen muss, richtet sich hingegen primär nach dem objektiven Wert der Sache, der sich vorliegend auf 2.500 € beläuft. Zwar können auch sonstige besondere Umstände das Leistungsinteresse des Gläubigers erhöhen, soweit sie beim Vertragsschluss dem Schuldner erkennbar waren und er sich trotz ihrer Kenntnis auf den Vertrag eingelassen hat. Mangels näherer Beschreibung ist jedoch vorliegend von dem „normalen" Interesse des Gläubigers an der Einhaltung der Vertragsvereinbarungen auszugehen. Nachdem der Bergungsaufwand des Schuldners aber mindestens das 40-fache des Wertes der Sache übersteigen wird, ist von einem groben Missverhältnis zum Gläubigerinteresse auszugehen.

Damit ist die praktische Unmöglichkeit des § 275 II 1 BGB zu bejahen. Die primäre Leistungspflicht entfällt erst mit Berufung des Schuldners auf sein Leistungsverweigerungsrecht. B hat sich vorliegend jedoch auf Unmöglichkeit berufen, sodass er von der Leistung frei geworden ist.

3. Ergebnis

Damit besteht die primäre Leistungspflicht nicht mehr. A hat gegen B keinen Lieferungsanspruch aus § 433 I 1 BGB.

II. Anspruch des A gegen B auf Schadensersatz aus §§ 280 I, III, 283 S. 1 BGB

Anmerkung: Zitieren Sie immer § 280 I BGB mit. Das ist die eigentliche Anspruchsgrundlage. § 283 S. 1 BGB normiert über § 280 III BGB zusätzliche Voraussetzungen für den Anspruch aus § 280 I 1 BGB.

A könnte gegen B jedoch einen sekundären Schadensersatzanspruch aus §§ 280 I 1, III, 283 1, BGB haben.

Das ist dann der Fall, wenn dem B die Erfüllung seiner Leistungspflicht schuldhaft nachträglich unmöglich geworden ist.

Prüfungsschema für §§ 280 I, III, 283 S. 1 BGB

1. Nachträgliche Unmöglichkeit
⇨ Bei anfänglicher Unmöglichkeit besteht ein Anspruch aus § 311a II BGB als lex specialis zu § 283 S. 1 BGB
Nachträglich = nach Vertragsabschluss

2. Vertretenmüssen des Schuldners, § 280 I 2 BGB

3. Rechtsfolge:
SchaE statt der Leistung

---

1. Nachträgliches Entfallen der Leistungspflicht

Die Leistungspflicht müsste nachträglich entfallen sein. Wie bereits oben dargelegt, liegt ein Fall praktischer Unmöglichkeit im Sinne von § 275 II BGB vor. Da sich B auf sein Leistungsverweigerungsrecht berufen hat, ist die primäre Leistungspflicht nach § 275 II BGB entfallen.

2. Vertretenmüssen des Schuldners

B müsste das Leistungshindernis des § 275 II BGB zu vertreten haben.
Gem. § 280 I 2 BGB wird das Vertretenmüssen des Schuldners vermutet. Die vorliegenden Umstände zeigen jedoch, dass B diese Vermutung ohne weiteres widerlegen kann. Das Schiff ist ohne ein Zutun des B untergegangen.

3. Ergebnis

Damit scheidet ein Schadensersatzanspruch des A gegen B aus §§ 280 I, III, 283 S. 1 BGB aus.

Andere Ansprüche sind nicht ersichtlich. Insbesondere scheidet ein Anspruch aus § 823 I BGB aus, da die Münzsammlung noch nicht im Eigentum des A stand.

Fallvariante 2

I. Anspruch des A gegen B aus § 433 I 1 BGB

Der Anspruch ist durch wirksamen Kaufvertrag, § 433 BGB, vom 15.05. entstanden (s.o.). Er ist jedoch am 23.05 untergegangen. Da die Fallsammlung von einem unbekannten Dritten entwendet wurde, liegt ein Fall der nachträglichen, subjektiven (Dritte wären zur Leistung im Stande) Unmöglichkeit vor. Der Anspruch entfällt kraft Gesetzes, § 275 I BGB. Einer Berufung des Schuldners auf sein Unvermögen bedarf es nicht.

II. Schadensersatzanspruch des A gegen B aus §§ 280 I, III, 283 S. 1 BGB

A könnte einen Anspruch auf Schadensersatz gegen B aus §§ 280 I, III, 283 S. 1 BGB haben.

1. Unmöglichkeit

Vorliegend ist die Leistung unmöglich i.S.d. § 275 I BGB. Zwar kann der B das Eigentum gem. §§ 929, 931, 823 I, 249 I BGB noch übertragen. Allerdings ist ihm die Besitzverschaffung unmöglich geworden.

Da es sich nicht um eine teilbare Leistung handelt, liegt vollständige Unmöglichkeit vor. Das Eigentum allein macht ohne tatsächliche Nutzungsmöglichkeit für den Erwerber keinen Sinn.

2. Vertretenmüssen des B

Fraglich ist das Vertretenmüssen des B.

Der Schuldner hat grds. Vorsatz und Fahrlässigkeit gem. § 276 BGB zu vertreten.

a) weitergehende Haftung des B während des Schuldnerverzugs, § 287 S. 2 BGB

Eine weitergehende Verantwortlichkeit des B könnte sich aber aus den Regelungen des Schuldnerverzugs, § 286 ff. BGB, ergeben. Gem. § 287 S. 2 BGB haftet der Schuldner während des Verzuges auch für den zufälligen Untergang der Sache.

Es müssten die Voraussetzungen des Schuldnerverzuges gegeben sein. Der Schuldnerverzug liegt vor, wenn der Schuldner trotz Möglichkeit der Leistung, Fälligkeit und Mahnung schuldhaft nicht leistet.

Die Leistung war am 20.05. fällig, da zu diesem Termin die Lieferung erfolgen sollte. Sie war an dem Tag noch möglich (der Diebstahl ereignete sich erst drei Tage später). Einer Mahnung bedurfte es nicht, da für die Leistung eine Zeit nach dem Kalender bestimmt war, § 286 II Nr.1 BGB.

Das Vertretenmüssen des Schuldners hinsichtlich der Nichtleistung am 20.05 wird gem. § 286 IV BGB vermutet. Laut dem Sachverhalt sind keine entgegenstehenden Gesichtspunkte ersichtlich.

Damit ist der Schuldnerverzug des B zu bejahen.

Somit muss B auch den Zufall vertreten, § 287 S. 2, 280 I 2 BGB.

3. Ergebnis

Folglich kann A von B den Schadensersatz statt der Leistung verlangen.

Er ist damit so zu stellen, als ob ordnungsgemäß erfüllt worden wäre. Sollte der Kaufpreis schon beglichen worden sein, wäre dieser der sog. Mindestschaden. Im Übrigen gibt der Sachverhalt keine klaren Informationen, welche Schäden A entstanden sind.

Fallvariante 3

Schadensersatz des A gegen B aus §§ 280 I, III, 283 S. 1 BGB

Ein Anspruch des A gegen B könnte sich aus §§ 280 I, III, 283 S. 1 BGB ergeben.

Durch die Zerstörung der Münzsammlung ist dem B die Erfüllung der Leistungspflicht aus § 433 I 1 BGB unmöglich geworden, § 275 I BGB.

1. Vertretenmüssen des B

Fraglich ist alleine das Vertretenmüssen des B.

a) § 276 BGB

Nach § 276 BGB hat B als Schuldner der Leistungspflicht grds. Vorsatz und Fahrlässigkeit zu vertreten.

Das Verhalten, das zu dem die Unmöglichkeit bewirkenden Ereignis führte, war laut Sachverhalt leicht fahrlässig.

Damit müsste B an sich gem. § 276 BGB haften.

b) Haftungseinschränkung gem. § 300 I BGB

Eine Haftungsbeschränkung könnte sich jedoch aus § 300 I BGB ergeben. Hiernach hat der Schuldner während des Annahmeverzuges nur Vorsatz und grobe Fahrlässigkeit zu vertreten.

Zu untersuchen sind demnach die Voraussetzungen des Annahmeverzuges bei A.

B hat die Münzsammlung bei A persönlich am 25.05 angeboten. Er bot die Leistung auch „so, wie sie zu bewirken ist" an, § 294 BGB, da allein die Verspätung der Leistung keinen Ablehnungsgrund darstellt und auch kein Interessenfortfall seitens des A zu erkennen ist. A nahm die Leistung nicht an. Er geriet dadurch in Annahmeverzug gem. §§ 293 ff. BGB.

Gem. § 300 I BGB hat B damit grds. die Unmöglichkeit nicht zu vertreten, da er lediglich leicht fahrlässig gehandelt hat.

c) Verhältnis zwischen Schuldner- und Annahmeverzug

Fraglich ist aber, ob sich aus § 287 S. 2 BGB nicht etwas anderes ergibt. B befand sich nämlich zunächst im Schuldnerverzug, (s.o.).

Fraglich ist somit, wie das Verhältnis des § 287 S. 2 BGB zu § 300 I BGB ist.

Mit Eintritt des Annahmeverzuges könnte der Schuldnerverzug geendet haben.

Das ist dann der Fall, wenn dadurch die Voraussetzungen des Schuldnerverzuges weggefallen sind.

Vorliegend ist zu beachten, dass B durch sein wirkliches Angebot die Leistungshandlung vorgenommen hat.

Damit ist aber die Voraussetzung des Schuldnerverzuges „Nichtleistung" weggefallen.

Damit endete der Schuldnerverzug mit dem Angebot der Ware und damit auch die Wirkung des § 287 S. 2 BGB.

B hatte von diesem Zeitpunkt an nur noch Vorsatz und grobe Fahrlässigkeit zu vertreten. Diese fiel ihm aber nicht zur Last.

2. Ergebnis

Damit hat A keinen Anspruch gegen B aus §§ 280 I, III, 283 S. 1 BGB.

Andere Schadensersatzansprüche sind nicht ersichtlich.

IV. Zusammenfassung

Sound: Hat der Schuldner die nachträgliche Unmöglichkeit zu vertreten, so haftet er dem Gläubiger auf Schadensersatz gem. §§ 280 I, III, 283 S. 1 BGB.

Anders als nach der alten Rechtslage muss es sich bei der unmöglich gewordenen Leistungspflicht um keine synallagmatische (also im Gegenseitigkeitsverhältnis stehende) Pflicht handeln.

---

hemmer-Methode: § 283 BGB regelt (i.V.m. § 280 I BGB) die Schadensersatzverpflichtung statt der Leistung im Falle der nachträglichen Unmöglichkeit. Für die anfängliche Unmöglichkeit hat der Gesetzgeber einen besonderen Tatbestand geschaffen, § 311a II BGB.

Dies deshalb, weil in § 280 I BGB an eine Pflichtverletzung angeknüpft wird. Vor Vertragsschluss existieren indes noch keine Leistungspflichten, die verletzt werden können.

Daher passt der Fall der anfänglichen Unmöglichkeit nicht zu § 280 I BGB. Bedenken Sie, dass es einen Schadensersatzanspruch neben der Leistung im Falle der Unmöglichkeit nicht geben kann. Denn die Unmöglichkeit lässt den Leistungsanspruch entfallen, so dass es keinen Leistungsanspruch (mehr) gibt, neben den ein Schadensersatzanspruch treten könnte.

V. Zur Vertiefung

- Hemmer/Wüst, Schuldrecht AT, Rn. 320 ff.
- Hemmer/Wüst, Basics Zivilrecht, Bd. 1, Rn. 200 ff.

Fall 18: Surrogatsherausgabe, § 285 BGB

Sachverhalt:

V verkauft an K einen Pkw für 5.000 € (objektiver Wert des Pkws 4.000 €). Nach Bezahlung des Kaufpreises, aber noch vor der Übergabe findet V einen anderen Kaufinteressenten D, der für den Pkw 6.000 € zu zahlen bereit ist. Kurzerhand verkauft und übereignet der V den Pkw an D, der die Summe bar zahlt.

Frage: Welche Ansprüche hat K gegen V? Zu prüfen ist nur das allgemeine Leistungsstörungsrecht.

I. Einordnung

Die Höhe des Anspruchs auf Schadensersatz statt der Leistung richtet sich nach dem objektiven Wert der untergegangenen Sache. Dieser objektive Wert ist keinesfalls der ausgehandelte Kaufpreis. Dieser kann höher, aber auch niedriger als der objektive Wert des Gegenstandes sein.

Ein Tipp: Gibt Ihnen der Sachverhalt den objektiven Wert an, setzen Sie diesen an. Ist aber nur der Preis angegeben, müssen Sie mangels anderer Anhaltspunkte diesen als Mindestschaden ansetzen.

Stellen Sie aber in der Klausur klar, dass der Wert nicht mit dem Preis gleichzusetzen ist.

Es kann vorkommen, dass die untergegangene Sache versichert war und die Versicherungssumme höher ist als der Wert der Sache. Dann empfiehlt es sich, diesen Betrag als Surrogat für die untergegangene Sache zu verlangen.

Einen Anspruch hierfür gibt § 285 BGB. Hat die Versicherung noch nicht bezahlt, so muss der Schuldner den Anspruch gegen die Versicherung gem. §§ 285, 398 BGB abtreten. Wurde bereits bezahlt, so ist der bezahlte Betrag herauszugeben.

II. Gliederung

I. **Anspruch des K gegen V auf Verschaffung des Eigentums am Pkw aus § 433 I 1 BGB**

1. **Anspruch entstanden**
(+) wirksamer Kaufvertrag zw. K und V, § 433 BGB

2. **Anspruch untergegangen**
(+), da Unvermögen des V, § 275 I BGB

II. **Anspruch des K gegen V auf Schadensersatz statt der Leistung aus §§ 280 I, III, 283 S. 1 BGB**

1. **Vorliegen eines Schuldverhältnisses**

2. **Pflichtverletzung**
§§ 280 I, 283 S. 1 BGB: Unvermögen des V

3. **Vertretenmüssen des V**
(+), § 280 I 2 BGB, hier wegen Weiterverkaufs in Kenntnis seiner Verpflichtung, daher sogar Vorsatz.

4. **Ersatzfähiger Schaden**
SchaE statt der Leistung = Wert des Pkws = 4.000 €

III. Anspruch des K gegen V auf Zahlung von 6.000 € aus § 285 I BGB

1. Ausschluss der Leistungspflicht nach § 275 I BGB (+), s.o.

2. Rechtsfolge:
Herausgabe des Surrogates, § 285 BGB

3. Anrechnung des SchaE statt der Leistung auf Surrogatherausgabe, § 285 II BGB

III. Lösung

I. Anspruch des K gegen V auf Verschaffung des Eigentums am Pkw aus § 433 I S. 1 BGB

K könnte gegen V einen Anspruch auf Übereignung und Übergabe des gekauften Pkws aus § 433 I 1 BGB haben.

1. Anspruch entstanden

K und V schlossen einen wirksamen Kaufvertrag ab. Darin verpflichtete sich V, dem K den Pkw zu übergeben und zu übereignen.

2. Anspruch untergegangen

Diese primäre Leistungspflicht könnte jedoch erloschen sein.

V hat nämlich den Pkw noch vor Übergabe an K an den Kaufinteressenten D weiterverkauft und ihn insbesondere auch schon übereignet.

Mit der Übereignung und Übergabe des Pkw an D konnte er seiner Leistungspflicht gegenüber K nicht mehr nachkommen. Die Leistung wurde ihm subjektiv unmöglich. Daher liegt ein Fall des Unvermögens vor, der gem. § 275 I

BGB die Primärleistungspflicht kraft Gesetzes zum Erlöschen bringt.

Somit war V zur Lieferung des Pkws nicht mehr verpflichtet. K hat keinen Anspruch gegen V aus § 433 I 1 BGB.

Anmerkung Ist der Dritte zu einem Wiederverkauf an den Schuldner bereit, so liegt keine subjektive Unmöglichkeit nach § 275 I BGB, sondern allenfalls die praktische Unmöglichkeit nach § 275 II BGB vor, wenn das Leistungshindernis nur mit einem im Vergleich zum Gläubigerinteresse unverhältnismäßigen Aufwand überwunden werden kann. Dabei wäre vorliegend allerdings zu berücksichtigen, dass es der Schuldner war, der die Weiterveräußerung und damit das Leistungshindernis zu vertreten hat, § 275 II 2 BGB.

II. Anspruch des K gegen V auf Schadensersatz statt der Leistung aus §§ 280 I, III, 283 S. 1 BGB

K könnte gegen V jedoch sekundäre Ansprüche haben. In Betracht kommt ein Schadensersatzanspruch gem. §§ 280 I, III, 283 S. 1 BGB.

hemmer-Methode: Bilden Sie immer einen Obersatz. Nur so zeigen Sie dem Korrektor, worauf Sie hinaus möchten. Noch einmal sei angemerkt: gerade bei den Schadensersatzansprüchen statt der Leistung ist eine genaue Paragraphenkette besonders wichtig. Dabei sollten Sie auch nichts weglassen: § 280 I BGB ist die eigentliche Anspruchsgrundlage, § 280 III BGB stellt zusätzliche Voraussetzungen für den SchaE statt der Leistung auf und verweist auf § 283 BGB. Dieser stellt wiederum klar, dass das Leistungshindernis gem. § 275 I-III BGB eine Pflichtverletzung ist.

1. Vorliegen eines Schuldverhältnisses

Zwischen K und V bestand ein wirksamer Kaufvertrag. Er wurde nicht dadurch unwirksam, dass V nach Abschluss dieses Vertrages einen weiteren Kaufvertrag über dieselbe Sache abgeschlossen hat.

2. Pflichtverletzung, §§ 280 I 1, 283 S. 1 BGB

Die Pflichtverletzung des V liegt in der Herbeiführung seines Leistungsunvermögens gem. § 275 I BGB (s.o.).

3. Vertretenmüssen

Die Pflichtverletzung führt zur Ersatzpflicht, es sei denn, der Schuldner hat die Pflichtverletzung nicht zu vertreten, § 280 I 2 BGB. V hat hier in Kenntnis seiner Verpflichtung aus dem Kaufvertrag mit K den Pkw weiterveräußert. Er hat sein Unvermögen hiermit vorsätzlich herbeigeführt und somit eindeutig zu vertreten, § 276 I BGB.

4. Ersatzfähiger Schaden

V muss den Schaden statt der Leistung ersetzen. Das heißt, dass er den K so zu stellen hat, wie dieser stünde, wenn V ordnungsgemäß erfüllt hätte. Dann hätte K jetzt einen Pkw im Wert von 4.000 €.

5. Ergebnis

K hat einen Anspruch gegen V auf Zahlung von 4.000 €.

Anmerkung: K hat im vorliegenden Fall eindeutig ein schlechtes Geschäft gemacht.

Er hat mehr bezahlt als das Auto objektiv wert ist. Das spiegelt sich auch in dem Schadensersatz statt der Leistung wieder. Dieser Schadensersatz geht auf das positive Interesse (Erfüllungsinteresse). K soll nur so viel bekommen, wie er auch sonst bei ordnungsgemäßer Leistung bekommen hätte. In diesem Fall wäre der Schadensersatz auf das negative Interesse vorteilhafter gewesen. Denn dann ist der Gläubiger so zu stellen, wie er stünde, wenn er nie etwas von dem Vertrag gehört hätte. Dann hätte er aber auch nicht den Kaufpreis bezahlt. Er könnte dann 5.000 € zurückverlangen. Ein solcher Anspruch (§§ 122; 280 I, 241 II, 311 II BGB) ist hier jedoch nicht ersichtlich. Vorliegend braucht sich K jedoch keine Sorgen zu machen, denn seinen Kaufpreis bekommt er aus §§ 326 I 1 HS. 1, IV, 346 II 1 Nr.1 BGB zurück. Diese Ansprüche werden hier jedoch noch ausgeklammert und an einer anderen Stelle dieser Fallsammlung ausführlich besprochen.

III. Anspruch des K gegen V auf Zahlung von 6.000 € aus § 285 I BGB

Fraglich ist, ob K sogar 6.000 € von V verlangen könnte. Eine Anspruchsgrundlage dafür bildet § 285 BGB. Er erlaubt dem Gläubiger, von dem Schuldner dasjenige zu verlangen, was dieser als Ersatz für den geschuldeten Gegenstand erlangt hat.

1. Ausschluss der Leistungspflicht nach § 275 BGB

Die Voraussetzung des § 285 BGB ist lediglich, dass der Schuldner gem. § 275 BGB zur Leistung nicht verpflichtet ist. Das ist vorliegend der Fall (s.o.).

2. Rechtsfolge

Rechtfolge ist die Pflicht zur Herausgabe des Surrogats. Herauszugeben ist das, was der Schuldner auf Grund des Leistungshindernisses als Ersatz für den geschuldeten Gegenstand bekommen hat, sog. *stellvertretendes commodum*.

Dabei umfasst § 285 BGB auch solche Surrogate, die der Schuldner durch Rechtsgeschäft erworben hat (sog. commodum ex negotiatione).

Das ist zwar wegen des Wortlauts des § 285 BGB problematisch, entspricht aber h.M. Denn eigentlich wird der Erlös aus einem Rechtsgeschäft ja nicht durch die Verfügung erlangt (welche die Unmöglichkeit auslöst), sondern aus dem zugrunde liegenden schuldrechtlichen Vertrag.

Anmerkung: Daher verlangt der BGH im Falle des rechtsgeschäftlichen Surrogats aber zusätzlich, dass der Schuldner das commodum gerade für den geschuldeten Gegenstand, dessen Leistung ihm unmöglich geworden ist, erlangt hat. Zu einem Fallbeispiel, indem dies problematisch ist, vgl. die Vertiefungshinweise zu diesem Fall.

Damit kann K 6.000 € von V verlangen.

3. § 285 II BGB

Um die Doppelzahlung des Schuldners zu vermeiden, hat der Gläubiger ein Wahlrecht. Zwischen § 285 BGB und § 283 BGB besteht nämlich eine sog. **elektive Konkurrenz** (Gegenstück: alternative Konkurrenz, Wahlschuld). Dem Gläubiger stehen wahlweise mehrere inhaltlich verschiedene Ansprüche zu.

Er hat ein ius variandi, d.h. ein Wahlrecht, welches mehrerer Rechte er geltend macht, wobei der Gläubiger, anders als bei der Wahlschuld, auch noch nach Erstreiten des rechtskräftigen Urteils über eine Forderung den weitergehenden anderen Anspruch geltend machen kann.

hemmer-Methode: Der Sinn dieses Wahlrechts wird deutlicher, wenn in der Abwandlung des Falles D nicht sofort bar an V zahlen würde. Dann bestünde aus § 285 BGB nur ein Anspruch auf Abtretung des Kaufpreiszahlungsanspruchs gegen den D. Hier kommt es dann für die Wahl zwischen § 283 BGB und § 285 BGB darauf an, welcher der Schuldner solventer ist. Ist es der Dritte, sollte der Gläubiger sein Recht aus § 285 BGB geltend machen. Ist der Verkäufer solventer, sollte der Gläubiger den Schadensersatzanspruch (über 4000 €) aus § 283 BGB geltend machen und nur den Restbetrag von 2000 € vom Dritten aus - von V gem. § 285 BGB - abgetretenem Recht gem. §§ 398 S. 2, 433 I 1 BGB verlangen. Dies sollte möglich sein, obwohl § 285 II BGB nur den Anrechnungsfall regelt, dass der Schadensersatzanspruch den Wertersatz übersteigt.

Der Gläubiger kann entweder aus § 280 I, III, 283 BGB oder aus § 285 BGB vorgehen. Hat der Schuldner bereits auf Grund des Anspruchsverlangens Schadensersatz statt der Leistung i.H.v. 4.000 € geleistet, so kann der Gläubiger keine weiteren 6.000 €, sondern lediglich 2.000 € fordern.

Dieses Ergebnis ist auch logisch, da der Gläubiger durch den Schadensersatzanspruch entschädigt, aber nicht besser gestellt werden soll.

IV. Zusammenfassung

Sound: § 285 BGB ermöglicht die Surrogatsherausgabe und kann neben §§ 280 I, III, 283 S. 1 BGB gegen Anrechnung auf diesen Anspruch verlangt werden.

§ 285 BGB ist auf alle schuldrechtlichen Ansprüche anwendbar. Dagegen findet er auf den dinglichen Herausgabeanspruch des Eigentümers gegen den Besitzer keine Anwendung, denn die §§ 989, 990 BGB bilden insoweit eine Sonderregelung.

hemmer-Methode: Häufig wird übersehen, dass zwischen dem Gegenstand, dessen Leistung nach § 275 I-III BGB ausgeschlossen ist, und dem Gegenstand, für den der Schuldner Ersatz erlangt hat, Identität bestehen muss. Hat der Verwahrer die ihm in Obhut gegebene Sache unbefugt weiterveräußert, so steht dem Eigentümer der Sache kein Anspruch aus § 285 BGB zu, denn der Verwahrer ist nur zur Rückgabe der Sache verpflichtet. Der Gegenstand der unmöglich gewordenen Leistung (Besitzverschaffung) ist nicht identisch mit dem Gegenstand, für den das Surrogat erlangt wurde (Eigentum). Im vorliegenden Fall ergab sich in dieser Hinsicht kein Problem. Beachten Sie folgendes: dies ist u.a. der Grund dafür, dass § 285 BGB auf § 985 BGB nicht anwendbar ist. Denn auch dort schuldet der Besitzer nur Herausgabe der Sache.

V. Zur Vertiefung

▪ Hemmer/Wüst, Schuldrecht AT, Rn. 341 ff.

▪ Zum Identitätsgrundsatz bei § 285 BGB vgl. BGH Life&Law 2006, 589 ff.

Fall 19: Anfängliche Unmöglichkeit

Sachverhalt:

V verkaufte dem K einen VW. Bereits 10 Tage vor Vertragsschluss wurde das Auto durch Dieb D gestohlen. V, der den Pkw auf einem gebührenpflichtigen, nicht überwachten Parkplatz abgestellt hatte, wusste bei Vertragsschluss nichts von dem Diebstahl.

Frage: *Ansprüche des K gegen V?*

I. Einordnung

Für die Auswirkungen auf den *Bestand* der Primärleistungspflicht ist eine Differenzierung zwischen anfänglicher und nachträglicher Unmöglichkeit ohne Bedeutung. Allerdings sollte aus dogmatischen Gründen genau unterschieden werden. Tritt Unmöglichkeit bereits vor Vertragsschluss ein, entsteht überhaupt keine Leistungspflicht. Genaugenommen kann man daher auch nicht von einer Pflichtverletzung sprechen, denn vor Vertragsschluss bestehen eben noch überhaupt keine Leistungspflichten, die verletzt werden könnten.

Daran anknüpfend ist die Unterscheidung i.R.d. sekundären Schadensersatzansprüche von Bedeutung. §§ 280, 283 BGB erfassen nur die nachträgliche Unmöglichkeit. Die Rechtsfolgen der anfänglichen Unmöglichkeit regelt § 311a II BGB.

Im Fall der anfänglichen Unmöglichkeit entsteht also ein Vertrag ohne primäre Leistungspflicht.

II. Gliederung

1.	**Anspruch des K gegen V auf Lieferung des VW aus § 433 I 1 BGB**
	Anspruch (-), aber infolge des Diebstahls gem. § 275 I BGB rechtshindernde Einwendung

2.	**Anspruch des K gegen V auf Rückzahlung des gezahlten Kaufpreises, §§ 326 I 1, IV, 346 I BGB**
	Anspruch des K auf Bezahlung des Kaufpreises entfällt
3.	**Anspruch des K gegen V auf Schadensersatz aus § 311a II 1 BGB**
a)	**Wirksamer Kaufvertrag** (+) ⇨ § 311a I BGB: Anfängliche Unmöglichkeit führt nicht zur Unwirksamkeit des Vertrages
b)	**Anfängliche Unmöglichkeit** (+), da bereits vor dem Vertragsschluss
c)	**Vertretenmüssen des V** Bezugspunkt: Kenntnis der Unmöglichkeit <u>Hier:</u> Fahrlässige Unkenntnis, § 276 I 1 BGB
d)	**Rechtsfolge** Schadensersatz statt der Leistung (alternativ Aufwendungsersatz)

III. Lösung

1. Anspruch des K gegen V auf Lieferung des VW aus § 433 I 1 BGB

Anmerkung: Wenn der Bearbeitervermerk allgemein nach Ansprüchen des K gegen V fragt, prüfen Sie zunächst die Primärleistungspflicht.

Diese ergibt sich aus einem wirksamen Vertrag und erlischt infolge der Unmöglichkeit, § 275 BGB. Erst im nächsten Schritt können und dürfen Sie die sekundären Schadensersatzansprüche prüfen. Das ist vor allem dann für Sie eine zwingende Regel, wenn es sich um einen Schadensersatz statt der Leistung handelt. Dieser tritt nämlich an Stelle des untergegangenen Primäranspruchs.

V und K haben einen wirksamen Kaufvertrag, § 433 BGB, abgeschlossen. Darin einigten sie sich über den Kauf des VW. Aus diesem Kaufvertrag ergab sich für V die Pflicht, den Vertrag durch Übereignung und Besitzübertragung des VW an K zu erfüllen.

Diese Primärleistungspflicht ist indes nicht wirksame entstanden, da die Erbringung der Leistungspflicht dem V infolge des Diebstahls von Anfang an unmöglich war, § 275 I BGB. Es liegt ein Fall der subjektiven, anfänglichen Unmöglichkeit vor.

Anmerkung: Beachten Sie: Unmöglich war hier nicht die Eigentumsübertragung. Diese hätte gem. §§ 929 S. 1, 931 durch Abtretung eines Herausgabeanspruchs gegen den Dieb (z.B. § 812 I 1 Alt.2 BGB) erfolgen können. Lesen Sie § 433 I S. 1 BGB genau: Geschuldet ist neben der Eigentumsverschaffung auch die Übergabe der Sache. Die kann der Verkäufer nicht erbringen, aber der Dieb (daher „nur" subjektive Unmöglichkeit).

Anfänglich ist die Unmöglichkeit, da sie bereits bei Vertragsschluss vorlag.

2. Anspruch des K gegen V auf Rückzahlung des gezahlten Kaufpreises, §§ 326 I 1, IV, 346 I BGB

Das Schicksal der Gegenleistung, hier des Kaufpreises, bestimmt sich nach § 326 I 1 BGB. Der Anspruch des K auf Bezahlung des Kaufpreises entfällt in Abhängigkeit vom Schicksal des Leistungsanspruchs (Synallagma). Sollte K den Kaufpreis bereits entrichtet haben, bestünde der Rückforderungsanspruch aus §§ 326 I 1, IV, 346 I BGB.

Anmerkung: Dieser Anspruch wird hier nur sehr verkürzt geprüft, da eine ausführliche Besprechung des Schicksals der Gegenleistung und der damit verbundenen Probleme später erfolgt. Sie sollten aber in einer Klausur die in diesem Zusammenhang stehenden Probleme ansprechen und lösen.

3. Anspruch des K gegen V auf Schadensersatz aus § 311a II 1 BGB

Anmerkung: § 311a II BGB stellt eine eigenständige Anspruchsgrundlage dar. Das Hinzuzitieren des § 280 I BGB wäre ein dogmatischer Fehler. Noch einmal: Vor Vertragsschluss bestehen keine Leistungspflichten. Also kann dem Verkäufer in diesem Stadium auch nicht der Vorwurf gemacht werden, eine Leistungspflicht verletzt zu haben. Man kann ihm allenfalls vorwerfen, sich in Kenntnis des bestehenden Leistungshindernisses zu einer Leistung verpflichtet zu haben. Dies festzustellen, ist Gegenstand der Prüfung des § 311a II BGB.

K könnte gegen V jedoch einen Schadensersatzanspruch aus § 311a II 1 BGB haben.

Prüfungsschema des § 311a II BGB

1. **Anfängliche Unmöglichkeit** einer vertraglichen Primärleistungspflicht i.s.d. § 275 BGB

   ⇨ Gesetzliche Ansprüche können nicht anfänglich unmöglich werden, daher auch die Stellung des § 311a BGB nicht bei § 275 BGB, wo es um Schuldverhältnisse allgemein geht, sondern im Abschnitt 3 des 2. Buches des BGB: „Schuldverhältnisse aus Verträgen".

   ⇨ Bei § 275 II-III BGB Erhebung der Einrede notwendig

2. Es muss sich um eine **primäre Leistungspflicht** handeln (bei nichtleistungsbezogenen Pflichten keine Unmöglichkeit denkbar, da nicht klagbar)

3. **Wirksamer Vertrag**

   ⇨ anfängliche Unmöglichkeit macht den Vertrag nicht unwirksam, § 311a I BGB!

4. **Vertretenmüssen** des Schuldners hinsichtlich der Kenntnis von der Unmöglichkeit bei Vertragsschluss

   ⇨ wird vermutet, § 311a II 2 BGB

5. **Rechtsfolge**: Schadensersatz statt der Leistung oder Aufwendungsersatz

---

a) Wirksamer Kaufvertrag

Zwischen V und K liegt ein wirksamer Kaufvertrag vor. Insbesondere hat die anfängliche Unmöglichkeit auf die Wirksamkeit des Vertrages keinen Einfluss. § 311a I BGB. Andere Unwirksamkeitsgründe sind nicht ersichtlich.

b) Anfängliche Unmöglichkeit

Wie bereits oben festgestellt, ist dem V die Lieferung des VWs infolge des Diebstahls unmöglich geworden. Da dies vor dem Vertragsschluss passierte, liegt ein Fall der anfänglichen Unmöglichkeit vor.

Dagegen ist es unerheblich, ob die anfängliche Unmöglichkeit objektiver oder lediglich subjektiver Art ist.

Anmerkung: Aufhänger des Falles kann auch einmal der Anspruch auf die vereinbarte Gegenleistung sein. Die anfängliche Unmöglichkeit führt dann grundsätzlich dazu, dass auch der Anspruch auf die Gegenleistung wegen § 326 I S.1 BGB nicht besteht. Diese Vorschrift ist allerdings abdingbar. Ist den Parteien bei Vertragsschluss bewusst, dass die Leistungserbringung unmöglich ist (Lebensberatung aufgrund magischer Kräfte gelegter Karten), ist eine solche Abbedingung naheliegend, vgl. BGH, Life&Law 2011, 217 ff.

c) Vertretenmüssen des V

V würde jedoch nur dann haften, wenn er sein anfängliches Unvermögen kannte oder in vertretbarer Weise nicht kannte. Dabei ist vor allem der Fall der fahrlässigen Unkenntnis gemeint, § 276 II BGB.

Für das Vertretenmüssen bestimmt das Gesetz in § 311a II 2 BGB eine Beweislastumkehr. Der Schadensersatzanspruch tritt nur dann nicht ein, wenn der Schuldner das anfängliche Leistungshindernis nicht kannte und auch nicht fahrlässig kennen musste.

Hier war es dem V zuzumuten, den Zustand und Verbleib seines Wagens regelmäßig und insbesondere kurz vor einem anstehenden Verkauf zu überprüfen. Da dies nicht geschehen ist und V seit 10 Tagen trotz der Verhandlungen nicht nachgesehen hatte, ob sich der Pkw noch auf dem Parkplatz befand, beruhte die Unkenntnis auf einer Fahrlässigkeit des V gem. §§ 311a II 1, 276 II BGB. Nach dem vorliegenden Sachverhalt ist V folglich nicht in der Lage, den Entlastungsbeweis erfolgreich zu führen.

d) Ergebnis

Damit kann K Schadensersatz statt der unmöglich gewordenen Leistung von V verlangen. Die Höhe richtet sich nach dem Wert des Pkw.

Alternativ kann K gem. § 311a II 3, 284 BGB den Ersatz seiner Aufwendungen verlangen, soweit ihm solche angefallen sind. Das ist mangels näherer Angaben im Sachverhalt nicht feststellbar.

IV. Zusammenfassung

Sound: § 311a II BGB ist die Anspruchsgrundlage für Schadensersatz bei anfänglicher Unmöglichkeit.

hemmer-Methode: § 311a II BGB sanktioniert die sorglose Abgabe eines Leistungsversprechens. Es geht also nicht um Verletzung einer Leistungspflicht, denn dann wäre eine Verweisung auf §§ 280, 283 BGB ausreichend gewesen. Diese Vorschriften regeln die anfängliche Unmöglichkeit gerade nicht.

V. Zur Vertiefung

- Hemmer/Wüst, Schuldrecht AT, Rn. 278 ff.
- Hemmer/Wüst, Basics Zivilrecht Bd. 1, Rn. 219 f.
- Hemmer/Wüst, KK Basics Zivilrecht, Karteikarte Nr. 28.

Fall 20: Teilweise Unmöglichkeit im gegenseitigen Vertrag

Sachverhalt:

K kauft bei Antiquitätenhändler V ein 36-teiliges antiquarisches Kaffeeservice. Noch bevor V dem K das Service übergeben kann, zerstört ein anderer Kunde A aus Unachtsamkeit zwei Tassen und eine Untertasse.

Frage:

I. Welche Auswirkungen hat das auf die Zahlungspflicht des K?

II. Kann K vom ganzen Vertrag Abstand nehmen?

III. Hat er einen Anspruch auf Schadensersatz?

I. Einordnung

Bisher wurde nur die Haftung des Schuldners für den Fall vollständiger Unmöglichkeit untersucht, nicht aber der Fall der Teilunmöglichkeit.

Schon der Gesetzeswortlaut in § 275 I BGB bringt zum Ausdruck, dass eine solche Teilunmöglichkeit vom Gesetzgeber bedacht wurde. Denn dort heißt es, dass der Schuldner von seiner Leistungspflicht nur "soweit" frei wird, als die Leistung nach Entstehung des Schuldverhältnisses unmöglich wird.

Im Fall der Teilunmöglichkeit ergeben sich für den Gläubiger zahlreiche Rechtsansprüche. Er kann für den unmöglich gewordenen Teil der Leistungspflicht Schadensersatz wegen Nichterfüllung verlangen (§§ 280 I, 283 S. 1 BGB).

Im Übrigen bleibt es beim Erfüllungsanspruch des Gläubigers und im Falle eines gegenseitigen Vertrages beim Gegenleistungsanspruch des Schuldners.

Soweit er jedoch an einer Teilleistung gar kein Interesse mehr hat, gestattet ihm das Gesetz unter Ablehnung des noch möglichen Teils der Leistung

Schadensersatz statt der ganzen Leistung wegen Nichterfüllung zu verlangen, §§ 283 S. 2, 281 I 2 BGB.

Bei gegenseitigen Verträgen kommen zu diesen Rechtsbehelfen noch der **Teilrücktritt** sowie der **Rücktritt vom ganzen Vertrag bei Interessenfortfall**, §§ 326 V, 323 V BGB) hinzu.

II. Gliederung

I.	Anspruch des V gegen K auf Zahlung des Kaufpreises, § 433 II BGB
1.	**Anspruch entstanden** (+), wirksamer KV, § 433 BGB
2.	**Anspruch** (teilweise) **erloschen?** ⇨ § 326 I 1 HS. 1 BGB (+) Vorauss.:
a)	Ausschluss der Leistungspflicht gem. § 275 I – III BGB (+), § 275 I BGB: objektive, nachträgliche Unmöglichkeit
b)	Teilbare Leistung (+)
3.	**Ergebnis** Zahlungsanspruch gemindert entsprechend § 441 III BGB

II. Rücktrittsrecht des K gem. §§ 326 V, 323 V BGB vom <u>ganzen</u> Vertrag

1. Teilunmöglichkeit (+)

2. Interessenfortfall, §§ 326 V, 323 V BGB

Hier: (+), da es sich um ein Einzelstück
handelte und keine anderweitige Ersatzmöglichkeit bestand

3. Kein Ausschluss, § 323 VI BGB
⇨ Rücktrittrecht vom <u>ganzen</u> Vertrag (+)

III. Schadensersatz statt der Leistung, §§ 280 I, III, 283 S. 1 BGB

Sowie alternativ

IV. Schadensersatz statt der <u>ganzen</u> Leistung, §§ 280 I, III, 283. S. 2, 281 I 2 BGB

⇨ beides (-) da kein Vertretenmüssen des V

III. Lösung

I. Anspruch des V gegen K auf Zahlung des Kaufpreises, § 433 II BGB

V könnte gegen K einen Anspruch auf Zahlung des Kaufpreises aus § 433 II BGB haben.

1. Anspruch entstanden

V und K schlossen einen Kaufvertrag, der den Käufer gemäß § 433 II BGB verpflichtet, den vereinbarten Kaufpreis zu zahlen. Der Kaufpreiszahlungsanspruch ist entstanden.

2. Anspruch (teilweise) erloschen, § 326 I 1, 2 HS. BGB

a) Ausschluss der Leistungspflicht des V gem. § 275 I–III BGB

Der Anspruch könnte aber gemäß §§ 326 I 1 HS. 2, 441 III BGB erloschen sein. Voraussetzung dafür ist, dass die dem V obliegende Leistung nach § 275 I – III BGB ausgeschlossen ist. Hier könnte sie unmöglich geworden sein.

Unmöglichkeit versteht man als dauerhafte Nichterbringbarkeit des geschuldeten Leistungserfolgs. Die vom Kunden A zerstörten Tassen und die Untertasse können von V nicht mehr übereignet und übergeben werden, hinsichtlich der restlichen Serviceteile bliebe V aber weiterhin zur Erfüllung imstande.

aa) Teilunmöglichkeit?

Damit könnte ein Fall von Teilunmöglichkeit vorliegen.

Dann erlischt die Pflicht zur Verschaffung des Kaffeeservices nur bzgl. des unmöglich gewordenen Teils gemäß § 275 I BGB. Eine solche sog. Teilunmöglichkeit lässt § 275 I BGB zu: „... ist ausgeschlossen, *soweit* diese ...". Im Hinblick auf die restlichen Serviceteile bliebe V zur Leistung verpflichtet. Der Kaufpreis müsste dann im Gegenzug nach §§ 326 I 1 HS. 2, 441 III BGB reduziert werden.

bb) Teilbare Leistung?

Anders wäre der vorliegende Fall jedoch zu beurteilen, wenn nicht nur eine Teilleistung unmöglich geworden wäre, sondern die ganze Leistung.

Dies könnte man dann annehmen, wenn man die Verschaffung von Besitz und Eigentum am kompletten Service als unteilbare Leistung ansähe. Unter dieser Annahme würde der Übereignungs-/ Besitzverschaffungsanspruch nach § 275 I BGB zur Gänze und der Kaufpreisanspruch spiegelbildlich in vollem Umfang nach § 326 I 1 BGB erlöschen.

Bisher (vor der Schuldrechtsmodernisierung) stellte man auf die Parteivereinbarung ab, um zu ermitteln, ob bei Leistungen, die im natürlichen Sinne geteilt werden konnten, ein unteilbarer Leistungsgegenstand vorlag. Vorliegend müsste man dann wohl von Unteilbarkeit ausgehen: K hat schließlich nicht 36 x-beliebige Geschirrteile erworben, sondern ein komplettes, zusammengehöriges Service.

Betrachtet man die Konzeption des neuen Schuldrechts, so wird deutlich, dass das Gesetz dem Erfüllungsanspruch wo immer möglich Vorrang gewährt. Im Kontext der Teilleistung gewährt z.B. der neue § 323 V 1 BGB nur dann ein Rücktrittsrecht vom ganzen Vertrag, wenn kein Interesse an einer teilweisen Leistung besteht. Dieser Grundsatz ist verallgemeinerungsfähig, er durchzieht das ganze neue allgemeine wie besondere Schuldrecht. Konsequenterweise müssen bei der Beurteilung, ob eine Leistung unteilbar ist, eine objektive und eine restriktive Beurteilung stattfinden. Nur in unzweifelhaften Fällen darf über die Annahme gänzlicher Unmöglichkeit eine Alles-oder-Nichts Lösung gesucht werden.

In allen anderen Fällen muss von teilweiser Unmöglichkeit mit nur teilweisem Entfallen der Gegenleistung ausgegangen werden.

Eine angemessene Lösung bezüglich der gesamten Leistung muss dann auf der Ebene des Rücktrittsrechts (dazu sogleich) gesucht werden.

b) Ergebnis

Demnach ist hier von teilweiser Unmöglichkeit der Verkäuferpflicht auszugehen. Der Kaufpreisanspruch erlischt folglich gemäß § 326 I 1 2.Hs. BGB nur zum Teil.

Die Höhe, in der sich der vereinbarte Kaufpreis reduziert, ist entsprechend § 441 III BGB zu bestimmen. Maßgeblich ist das Verhältnis zwischen vereinbartem und tatsächlichem Wert der ganzen Leistung zum im Umfang geminderten Wert.

hemmer-Methode: Zur Klarstellung: Nach § 326 I BGB erlischt nicht die unmögliche Leistungspflicht, es entfällt der (Gegen)-Anspruch, der zur unmöglichen Pflicht im Gegenseitigkeitsverhältnis steht. Merken Sie sich bitte: § 275 BGB regelt das Schicksal der Leistung (hier: Übereignung und Übergabe), § 326 I BGB das der Gegenleistung (hier: Kaufpreiszahlung). Lassen Sie sich von der Terminologie nicht verwirren – an und für sich ist es ja ganz einfach: Die Gegenleistungspflicht ist nahezu immer eine Entgeltforderung. Geldleistungspflichten können nach § 275 I BGB aber grundsätzlich nicht unmöglich werden – „Geld hat man zu haben".

II. Rücktritt vom ganzen Vertrag gem. §§ 326 V, 323 BGB

Ein Rücktrittsrecht des K könnte sich aus §§ 326 V, 323 V BGB ergeben.

Wie bereits dargestellt, ist die Leistungspflicht des V wegen nachträglicher objektiver Unmöglichkeit der Leistung von zwei Tassen und einer Untertasse teilweise entfallen.

Auf den Rücktritt nach § 326 V BGB findet § 323 BGB entsprechende Anwendung. Damit müssten auch alle Voraussetzungen des § 323 V BGB vorliegen.

Voraussetzungen des Rücktritts vom ganzen Vertrag bei Teilleistung des Schuldners, § 323 V BGB

1. Vorliegen eines gegenseitigen Vertrages

2. Fällige und durchsetzbare Leistungspflicht

3. Teilleistung

4. Fristsetzung oder Ausnahme, v.a. § 323 II BGB (gilt nicht bei Teilunmöglichkeit, vgl. § 326 V 2.Hs. BGB)

5. Erfolgloser Fristablauf (gilt nicht bei der Teilunmöglichkeit vgl. § 326 V HS. 2 BGB)

6. Eigene Vertragstreue

7. **Kein Interesse an der Teilleistung, § 323 V 1 BGB**

8. Kein Ausschluss des Rücktrittsrechts gem. § 323 VI BGB

Problematisch ist vorliegend lediglich, dass K kein Interesse mehr an einer Teilleistung haben dürfte, § 323 V 1 BGB.

Danach kann der Gläubiger bei Unmöglichkeit einer Teilleistung nur dann vom ganzen Vertrag zurücktreten, wenn er an der Teilleistung kein Interesse hat.

Wie dargestellt, kaufte K ein zusammengehöriges Service. Es ist sein legitimes Interesse, auch ein komplettes Service zu erhalten und nicht eine Zusammenstellung irgendwelcher Tassen und Untertassen. Hier dürfte schon der Verlust eines einzigen Teils ausreichen, um das mangelnde Interesse an der restlichen Leistung zu begründen. Beim Verlust von zwei Tassen und einer Untertasse wird der Einsatz des 36-teiligen Services stark eingeschränkt. Gerade bei einem Kaffeeservice ist die Vollständigkeit von großer Bedeutung.

Zwar könnte sich K die fehlenden Tassen grundsätzlich woanders besorgen. Die Besonderheit dieses Falles liegt jedoch darin, dass es sich um ein sehr altes Service handelte, das im Handeln nicht erhältlich war und offensichtlich ein Einzelstück bildete. Daher ist das Interesse des V an einer nur teilweisen Leistung entfallen.

Der Ausschlussgrund des § 323 VI ist im vorliegenden Fall nicht einschlägig. K ist für die Zerstörung durch A nicht im Geringsten verantwortlich und im Annahmeverzug befindet er sich auch nicht.

Im Ergebnis hat K ein Rücktrittsrecht vom ganzen Vertrag nach §§ 326 V, 323 BGB.

Anmerkung: § 323 V S. 1 BGB setzt neben der Teilbarkeit der Leistung des Schuldners auch die Teilbarkeit der Leistung des Gläubigers voraus. Andernfalls ist ein teilweiser Rücktritt von vornherein nicht denkbar. Fehlt es an der Teilbarkeit der Leistung des Gläubigers (denkbar insbesondere bei Tausch), kann der Gläubiger vom ganzen Vertrag auch dann zurücktreten, wenn sein Interesse an der Teilleistung des Schuldners nicht entfallen ist, vgl. BGH, Life&Law 2010, 73 ff.

III. Anspruch des K gegen V auf Schadensersatz aus §§ 280 I, III, 283 S. 1 BGB bzw. aus §§ 280 I, III, 283 S. 2, 281 I 2 BGB

K könnte einen Anspruch auf Schadensersatz statt der unmöglich gewordenen Teilleistung haben, §§ 280 I, III, 283 S. 1 BGB.

Er könnte aber auch Schadensersatz statt der ganzen Leistung verlangen, wenn er an der restlichen Teilleistung kein Interesse mehr hätte, §§ 280 I, III, 283 S. 2, 281 I 2 BGB.

Unabhängig davon, welchen der beiden Ansprüche K wählt, müsste V sein Leistungshindernis zu vertreten haben, § 280 I 2 BGB.

Das Vertretenmüssen wird gem. § 280 I 2 BGB vermutet, es sei denn, V kann sich entlasten. Dafür ist er im Prozess darlegungs- und beweispflichtig. Vorliegend kann die Verschuldensvermutung dadurch widerlegt werden, dass nicht V, sondern ein Kunde die Tassen zerstörte.

Das Verhalten und das Verschulden seines Kunden A muss V sich auch nicht nach § 278 S. 1 zurechnen lassen: A ist kein Erfüllungsgehilfe von V.

Ein Anspruch auf Schadensersatz statt der (ganzen) Leistung scheidet mithin aus.

IV. Zusammenfassung

Sound: Bei Teilunmöglichkeit der Leistung entfällt die Leistungspflicht hinsichtlich des unmöglich gewordenen Teils. Der Gegenanspruch auf Zahlung wird in diesem Fall entsprechend § 441 III BGB gemindert.

Der Gläubiger kann von dem Vertrag zurücktreten. Ein Teilrücktritt nach §§ 326 V, 323 BGB hinsichtlich des unmöglich gewordenen Leistungsteils ist immer möglich. An den Rücktritt des Gläubigers vom ganzen Vertrag stellt § 323 V S. 1 BGB hingegen erhöhte Anforderungen. Dort ist für den Rücktritt zusätzlich erforderlich, dass der Gläubiger kein Interesse mehr an der restlichen Teilleistung hat.

hemmer-Methode: Sie haben sicherlich bemerkt, dass die §§ 281 – 283 BGB weitgehend parallel zu §§ 323 ff. BGB gestaltet wurden. Es existiert jeweils eine Norm für Nicht-/ Schlechtleistungen (§ 281/ § 323 BGB); eine für Verletzungen einer Schutzpflicht i.S.v. § 241 II BGB (§ 282/ 324 BGB) und eine für die Unmöglichkeit der Leistung (§ 283/ § 326 V BGB).
Der wesentliche Unterschied zwischen Rücktritt und Schadensersatz ist das Erfordernis bzw. die Nichterforderlichkeit des Vertretenmüssens. Schadensersatz setzt voraus, dass der Schuldner die Pflichtverletzung zu vertreten hat, § 280 I BGB; der Rücktritt verzichtet darauf!
Dies ist zugleich die Neuerung gegenüber dem alten Recht. Nach § 326 BGB a.F. konnte nur bei Verzug des Schuldners zurückgetreten werden; Verzug setzt aber immer Vertretenmüssen voraus. Beachten Sie auch, dass Schadensersatz und Rücktritt gem. § 325 BGB kumulativ geltend gemacht werden können.

V. Zur Vertiefung

- Hemmer/Wüst, Schuldrecht AT, Rn. 24; 314 ff.
- Zu § 323 V S. 1 BGB vgl. BGH, Life&Law 2010, 73 ff.

Kapitel IV: Zu-Spät Leistung

Fall 21: Schadensersatz neben der Leistung beim Verzug - Ersatz d. Verzögerungsschadens

Sachverhalt:

A lieh B für das Wochenende seine Vespa. Obwohl er von A ausdrücklich darauf hingewiesen worden war, dass er den Roller am Montagmorgen für die Fahrt zur Uni benötigte, gab B den „Feuerstuhl" erst am folgenden Mittwoch zurück. So musste A für die Fahrt zur Uni eine Busfahrkarte lösen.

Die Kosten hierfür (1,50 €) verlangt er von B ersetzt.

I. Einordnung

Eine Pflichtverletzung i.S.d. § 280 I 1 BGB liegt auch dann vor, wenn der Schuldner – allgemein gesprochen – in zeitlicher Hinsicht hinter seinen Pflichten aus dem Schuldverhältnis zurückbleibt.

Der Gläubiger kann beim Verzug des Schuldners Schadensersatz wegen Verzögerung der Leistung gem. §§ 280 I, II, 286 BGB verlangen.

Der Verzögerungsschaden kann also ähnlich wie in Fällen der Unmöglichkeit nur unter zusätzlichen Voraussetzungen ersetzt verlangt werden. Der Unterschied ist aber, dass es sich beim Verzug um einen Schadensersatz neben und nicht statt der Leistung handelt.

Vergessen Sie nicht, die vollständige Paragraphenkette zu zitieren! Auch beim Verzögerungsschaden muss die Grundnorm des § 280 I BGB mitzitiert werden.

II. Gliederung

Anspruch des A gegen B auf Schadensersatz gem. §§ 280 I, II, 286 BGB

1. **Wirksames Schuldverhältnis** (+), Leihvertrag, § 598 BGB

2. **Pflichtverletzung** = Nichtleistung zur vereinbarten Zeit (+)

3. **Vertretenmüssen** des Schuldners (+)
   ⇨ Beweislastumkehr, § 280 I 2 BGB

4. **Vorauss. des Verzuges**, § 286 BGB
   ⇨ schuldhafte Nichtleistung trotz Fälligkeit und Mahnung.
   Zusätzlich Einredefreiheit des Anspruchs und Möglichkeit der Leistung

   a) **Möglichkeit der Leistung** (+), da B die Rückgabe der Vespa mgl. war

   b) **Nichtleistung trotz Fälligkeit** (+) Fälligkeit am Montagmorgen, bis dahin keine Leistung

   c) **Einredefreiheit des Anspruchs** (+)

---

d) Mahnung (-)

Aber: Mahnung gem. § 286 II Nr.1 BGB entbehrlich

⇨ Anspruch auf Ersatz des Verzögerungsschadens, §§ 249 ff. BGB (+)

III. Lösung

Anspruch des A gegen B auf Schadensersatz gem. §§ 280 I, II, 286 BGB

Ein Anspruch auf Ersatz der für die Busfahrkarte gezahlten 1,50 € könnte sich aus §§ 280 I, II, 286 BGB ergeben.

1. Schuldverhältnis

A überließ B unentgeltlich den Gebrauch der Vespa. Einen Mietzins haben die Parteien nicht vereinbart. Damit schlossen sie einen Leihvertrag, dessen rechtliche Behandlung sich nach §§ 598 ff. BGB richtet.

2. Pflichtverletzung

B müsste eine aus dem Schuldverhältnis resultierende Pflicht verletzt haben.

Der Begriff der Pflichtverletzung i.S.v. § 280 I BGB erfasst jedes objektiv nicht dem Schuldverhältnis entsprechende Verhalten.

§ 604 I BGB verpflichtet den Entleiher zur rechtzeitigen Rückgabe. A hatte klar zum Ausdruck gebracht, dass die Leihfrist auf das Wochenende beschränkt sein sollte. Somit beging B mit der verspäteten Rückgabe eine Pflichtverletzung gem. § 280 I 1 BGB.

hemmer-Methode: I.R.d. § 280 I 1 BGB kommt es ausschließlich auf die *objektive* Diskrepanz zwischen ge-

schuldeter Pflicht und tatsächlichem Schuldnerverhalten an. Parallel zur Regelung der Unmöglichkeit ist die Pflichtverletzung wegen Verzögerung der Leistung die bloße Nichterbringung der fälligen Leistung.

Erst §§ 280 II, 286 BGB stellen dann weitere Tatbestandsvoraussetzungen auf (dazu sogleich).

3. Vertretenmüssen, § 280 I 2 BGB

Das Vertretenmüssen des Schuldners wird gem. § 280 I 2 BGB vermutet. Da vorliegend keine entgegenstehenden Gesichtspunkte ersichtlich sind, kann die Vermutung nicht widerlegt werden.

Der Grundtatbestand des § 280 I BGB ist somit erfüllt.

4. Zusätzliche Voraussetzungen für Schadensersatz wegen Verzögerung der Leistung, §§ 280 II, 286 BGB

Der Gläubiger kann jedoch – wie § 280 II BGB verdeutlicht - Schadensersatz wegen Verzögerung der Leistung nur unter den zusätzlichen Voraussetzungen des § 286 BGB geltend machen.

B müsste sich daher im Schuldnerverzug befunden haben, § 286 BGB.

Unter Schuldnerverzug versteht man die schuldhafte Nichtleistung trotz Möglichkeit (Unmöglichkeit schließt den Verzug aus), Fälligkeit, Mahnung und Einredefreiheit.

a) Möglichkeit der Leistung

B hatte während des Wochenendes die Vespa in seinem Besitz. Ihm war es daher möglich, die Vespa zum vereinbarten Zeitpunkt zurückzugeben.

Anmerkung: In der Klausur ist dieser Prüfungspunkt nur bei vorhandenen Anhaltspunkten für das Vorliegen von Unmöglichkeit zu prüfen. Ansonsten brauchen Sie völlig Unproblematisches nicht zu erwähnen. Vorliegend wurde dieser Prüfungspunkt angesprochen, um Ihnen einmal eine vollständige Prüfung der Verzugsvoraussetzungen darzustellen.

b) Nichtleistung zum Fälligkeitszeitpunkt

B müsste trotz Fälligkeit einer einredefreien Verbindlichkeit nicht nachgekommen sein.

B war nach § 604 I BGB zur Rückgabe bis spätestens Montagvormittag verpflichtet. Eine Einrede stand dieser Pflicht nicht entgegen. Trotzdem gab B die Vespa erst am Mittwoch und damit verspätet zurück.

c) Einredefreiheit

Der Anspruch ist auch durchsetzbar. Eine Einrede, deren Bestehen den Verzugseintritt hindern würde, ist nicht ersichtlich.

d) Mahnung

Problematisch erscheint das Erfordernis der Mahnung. Man versteht darunter die eindeutige und ernsthafte Aufforderung an den Schuldner, die Leistung zu erbringen. A hat B nicht gemahnt. Auch eine die Mahnung ersetzende Klageerhebung oder ein Mahnbescheid (Mahnungssurrogate vgl. § 286 I 2 BGB) liegen nicht vor.

Die Mahnung könnte aber entbehrlich gewesen sein. Nach § 286 II Nr.1 BGB bedarf es keiner Mahnung, wenn ein kalendermäßig bestimmter Leistungstermin vereinbart wurde.

Entscheidend für das Eingreifen von § 286 II Nr.1 BGB ist, dass der Leistungszeitpunkt allein durch den Kalender bestimmt wird; eine bloße Berechenbarkeit genügt hier nicht.

Ausreichend ist aber, wenn zumindest der letztmögliche Leistungstermin („spätestens") kalendermäßig bestimmt ist.

Anmerkung: Ein Beispiel für bloße Berechenbarkeit bildet z.B. die Bestimmung „14 Tage nach Erhalt der Ware". In diesen Fällen greift zumeist § 286 II Nr.2 BGB. Danach bedarf es keiner Mahnung, wenn der Leistung ein Ereignis voranzugehen hat und die angemessene Leistungszeit vom Zeitpunkt des Ereignisses an nach dem Kalender berechnet werden kann. Entscheidend ist dabei, dass der Zeitraum zwischen dem Ereignis und der Leistung *angemessen* ist. Für die Bestimmung, welche Frist angemessen ist, kann keine pauschale Antwort gegeben werden; es sind vielmehr alle Umstände des konkreten Einzelfalles heranzuziehen.

Die Rückgabe der Vespa sollte vor Montag erfolgen. Damit ist dem Erfordernis der kalendermäßigen Bestimmung Genüge getan, eine zusätzliche Mahnung war entbehrlich.

Anmerkung: § 286 IV BGB wiederholt letztendlich das Erfordernis des Vertretenmüssens nach § 280 I 2 BGB, sodass bei systematisch genauer Prüfung eine Wiederholung unvermeidbar wäre. Es ist gut vertretbar und in der Klausur ratsam, das Vertretenmüssen nur einmal zu prüfen. § 280 II BGB stellt auf das Vorliegen zusätzlicher, also nicht bereits in § 280 I BGB geregelter Voraussetzungen des § 286 BGB ab.

Damit reicht es aus, wenn Sie das Vertretenmüssen nur i.R.d. § 280 I 2 BGB prüfen und dann nur die *zusätzlichen* Voraussetzungen des § 280 II, 286 BGB ansprechen.

4. Ergebnis

Die zusätzlichen Erfordernisse, die § 286 i.V.m. § 280 II BGB an einen Schadensersatzanspruch wegen Verzögerung der Leistung stellt, sind vorliegend erfüllt. Die Rechtsfolgen ergeben sich aus §§ 249 ff. BGB: Der Gläubiger ist so zu stellen, als wäre das schädigende Ereignis nicht eingetreten. Das heißt für den konkreten Fall: A ist so zu stellen, als hätte B die Vespa rechtzeitig zurückgegeben. A kann folglich die für die Busfahrkarte aufgewendeten 1,50 € von B ersetzt verlangen.

Anmerkung: Wenn B hier ganz spitzfindig ist, könnte er dem A entgegenhalten, dass A sich die ersparten Benzinkosten für die Fahrt zur Uni anrechnen lassen muss.
Der Vergleich der Vermögenslagen mit und ohne das schädigende Ereignis (sog. Differenzhypothese) ergibt, dass dem A ohne die Pflichtverletzung Benzinkosten entstanden wären. Im Wege der sog. Vorteilsanrechnung müsste sich A diese ersparten Aufwendungen anrechnen lassen.

IV. Zusammenfassung

Sound: Schadensersatz wegen Verzögerung der Leistung kann der Gläubiger nur unter den Voraussetzungen der §§ 280 I, II, 286 BGB verlangen.

Erkennen Sie die Systematik des Schuldrechts: Auch hier handelt es sich um eine Pflichtverletzung, die in der verspäteten Leistung besteht.

hemmer-Methode: Bei den Voraussetzungen des Schuldnerverzuges hat sich mit der Schuldrechtsreform in der Sache selbst kaum etwas geändert. Eine wichtige Neuerung stellt jedoch § 286 II Nr.2 BGB dar, wonach eine kalendermäßig nur bestimmbare Leistungszeit zur Entbehrlichkeit der Mahnung führt. Die Unterscheidung zwischen kalendermäßiger Bestimm*heit* (dann § 286 II Nr.1 BGB) und kalendermäßiger Bestimm*barkeit* (dann § 286 II Nr.2 BGB) bleibt aber aufgrund der unterschiedlichen einschlägigen Normen bestehen.
Ein interessantes Sonderproblem stellt die Frage dar, ob Verzug auch dann eintritt, wenn der Gläubiger einen höheren Betrag fordert als eigentlich geschuldet ist. Nach Ansicht des BGH macht die Zuvielforderung eine Mahnung nicht unwirksam, wenn der Schuldner die Erklärung des Gläubigers nach den Umständen des Falles als Aufforderung zur Bewirkung der tatsächlich geschuldeten Leistung verstehen muss, und der Gläubiger zur Annahme der gegenüber seinen Vorstellungen geringeren Leistung bereit ist. Das gilt auch entsprechend dann, wenn die Mahnung gem. § 286 II Nr.1 BGB entbehrlich ist, vgl. BGH Life&Law 2007, 17 ff.

V. Zur Vertiefung

- Hemmer/Wüst, Schuldrecht AT, Rn. 128 ff.
- Hemmer/Wüst, Basics Zivilrecht, Bd. 1, Rn. 140 ff.
- Hemmer/Wüst, KK Basics Zivilrecht, Karteikarte 33.

Fall 22: Erfüllungsverweigerung

Sachverhalt:

Diesmal hat A die Vespa an seine Freundin F verliehen. Einen konkreten Rückgabetermin vereinbarten beide nicht. Als A nach drei Wochen den Roller herausverlangt, erklärt ihm F, sie werde die Vespa nicht herausgeben. Nach hartnäckigen Bemühungen des A gibt F ihm seinen Roller nach sechs weiteren Wochen schließlich doch zurück. Für die Zwischenzeit musste er sich eine Straßenbahnmonatskarte kaufen. Die Kosten dafür verlangt er von F.

Frage: Zu Recht?

I. Einordnung

Die Kurzdefinition des Verzuges lautet: Schuldhafte Nichtleistung trotz Fälligkeit und Mahnung.

Diese Kurzdefinition ist als Einstieg in die Klausur hilfreich.

Merken Sie sich aber bitte, dass sie weder vollständig noch absolut ist.

So statuiert bereits das Gesetz in § 286 II BGB einige Fälle, in denen eine Mahnung entbehrlich ist. Dahinter steht häufig die folgende Überlegung: Müsste der Gläubiger auch in solchen Fällen (insbesondere § 286 II Nr.3 BGB) eine Mahnung aussprechen, würde dies aufgrund der offensichtlichen Erfolglosigkeit der Leistungsaufforderung als unnötige Förmelei erscheinen.

Weitere Voraussetzung des Verzuges ist, dass die Leistung noch möglich ist. Unmöglichkeit verhindert nämlich den Eintritt des Verzuges und beendet den bereits eingetretenen Verzug.

Schließlich muss der Anspruch durchsetzbar sein, darf also nicht mit Einreden behaftet sein. Denn bei fehlender Durchsetzbarkeit ist der Schuldner überhaupt nicht zur Leistung verpflichtet. Er kann daher zwar noch leisten, weil der Anspruch erfüllbar ist und bleibt. Eine verspätete Leistung kann ihm jedoch nicht zum Vorwurf gemacht werden.

II. Gliederung

Anspruch auf Ersatz des Verzögerungsschadens gem. §§ 280 I, II, 286 BGB

1. **Pflichtverletzung nach § 280 I BGB**
   Schuldverhältnis
   ⇨ Leihvertrag, §§ 598 ff. BGB
   ⇨ Objektive Pflichtverletzung
   ⇨ Verweigerung der Rückgabe nach der Rückgabeaufforderung des A, § 604 BGB
   Vertretenmüssen ⇨ vermutet, § 280 I 2 BGB

2. **Zusätzliche Voraussetzungen** für Schadensersatz wegen Verzögerung der Leistung, §§ 280 II, 286 BGB

   a) **Nichtleistung** (+)

   b) **Fälligkeit des Rückgabeanspruchs**

   (1) kein Rückgabetermin bestimmt, § 604 I BGB (-)

   (2) jedenfalls mit dem Rückgabeverlangen, § 604 III BGB

   c) **Einredefreiheit des Rückgabeanspruchs** (+)
   ⇨ ungeschriebene Vorauss. des Verzugs

---

d) Mahnung

grds. immer erforderlich, es sei denn, es liegt ein Fall des § 286 I 2, II BGB vor

Hier: § 286 II Nr.3 ⇨ es muss sich um „das letzte Wort" des Schuldners handeln

e) Rechtsfolge

Ersatz des kausalen Verzögerungsschadens, §§ 249 ff. BGB

⇨ Hier: Kosten der Monatsfahrkarte

III. Lösung

Anspruch auf Ersatz des Verzögerungsschadens gem. §§ 280 I, II, 286 BGB

A könnte einen Anspruch auf Ersatz der Kosten für die Fahrkarte aus §§ 280 I, II, 286 BGB haben. Dann müsste F schuldhaft eine Pflichtverletzung i.S.v. § 280 I BGB begangen und zusätzlich die Voraussetzungen des § 286 BGB erfüllt haben.

1. Pflichtverletzung nach § 280 I BGB

A überließ seiner Freundin F die Vespa für eine unbestimmte Zeit zum unentgeltlichen Gebrauch. Angesichts des Wertes der Vespa handelten A und F mit Rechtsbindungswillen. Es liegt daher kein bloßes Gefälligkeitsverhältnis vor. Vielmehr schlossen A und F einen Leihvertrag über die Vespa, §§ 598 ff. BGB. Mit der Leihe entsteht eine in § 604 BGB genauer ausgestaltete Rückgabepflicht. Indem F die Vespa nach dem Rückgabeverlangen nicht an A zurückgab, verletzte F ihre Pflicht aus diesem Schuldverhältnis, § 604 III BGB.

Das Vertretenmüssen wird nach § 280 I 2 BGB vermutet, liegt hier aber sogar in Form des Vorsatzes vor, § 276 I 1 BGB.

2. Zusätzliche Voraussetzungen für Schadensersatz wegen Verzögerung der Leistung, §§ 280 II, 286 BGB

A begehrt Schadensersatz wegen Verzögerung der Leistung. Damit er einen Anspruch auf Ersatz des Verzögerungsschadens hat, müssten neben § 280 I BGB auch die Voraussetzungen des § 286 BGB erfüllt sein.

a) Schuldhafte Nichtleistung zum Fälligkeitszeitpunkt

Einen konkreten Rückgabetermin vereinbarten A und F nicht. Die Fälligkeit der Rückgabepflicht bestimmt sich deshalb nach § 604 II bzw. III BGB. Vorliegend wurde der Rückgabeanspruch mit dem Rückgabeverlangen des A fällig, vgl. § 604 III BGB. Zu diesem Zeitpunkt hat F nicht geleistet, obwohl dem Rückgabeanspruch auch keine verzugsausschließende Einrede entgegenstand und ihr die Leistung noch möglich war.

b) Mahnung

Es könnte jedoch an einer verzugsbegründenden Voraussetzung fehlen. A hat nämlich eine gem. § 286 I 1 BGB grds. erforderliche Mahnung nicht ausgesprochen.

Unter Mahnung versteht man die an den Schuldner gerichtete Aufforderung des Gläubigers, die geschuldete Leistung zu erbringen. Sie soll den Schuldner auf seine Leistungspflicht aufmerksam machen.

Einer Mahnung bedarf es jedoch dann nicht, wenn der Schuldner durch Umstände des Falles ausreichend gewarnt oder auf Grund seines Verhaltens nicht schutzwürdig ist.

Das ist vor allem dann der Fall, wenn der Gläubiger Klage erhoben hat oder ein Mahnbescheid ergangen ist, § 286 I 2 BGB, sowie bei Entbehrlichkeit gem. § 286 II BGB.

Vorliegend könnte **§ 286 II Nr.3** BGB einschlägig sein.

Verweigert der Schuldner ernsthaft und endgültig seine Leistung, so wäre eine Mahnung unnötige Förmelei. Dem trägt das Gesetz mit § 286 II Nr.3 BGB Rechnung: Der Verzug tritt in solchen Fällen ohne vorhergehende Mahnung ein. Allerdings gelten für die Bejahung einer <u>Erfüllungsverweigerung</u> strenge Anforderungen. Erforderlich ist, dass der Schuldner mit seinem Verhalten unzweideutig zum Ausdruck bringt, dass er nicht leisten wird, die Weigerung muss sein definitiv <u>letztes Wort</u> sein.

hemmer-Methode: In § 286 II Nr.3 BGB hat der Gesetzgeber die bisherige Rechtsprechung zur Erfüllungsverweigerung in Gesetzesform gebracht.
Ob die Erfüllungsverweigerung ernsthaft und endgültig ist, ist vom Gesetzeszweck her zu erschließen – entscheidend ist, ob der Zweck der Mahnung – letztmalige Aufforderung zur Leistung – noch erreicht werden kann oder nicht.

F hat dem A klipp und klar erklärt, sie werde die Vespa nicht herausgeben. Sie hat somit die Herausgabe eindeutig und entschieden verweigert. Damit ist § 286 II Nr.3 BGB erfüllt. F kam auch ohne Mahnung in Verzug.

Anmerkung: Das Vertretenmüssen der F gem. § 286 IV BGB brauchen Sie hier nicht mehr zu prüfen, da § 280 II BGB nur auf zusätzliche Voraussetzungen des § 286 BGB abstellt, das Vertretenmüssen aber bereits i.R.d. § 280 I 2 BGB zu prüfen ist.

3. Rechtsfolge und Ergebnis

A hat gegen F einen Anspruch aus §§ 280 I, II, 286 BGB auf Ersatz des durch die Leistungsverzögerung kausal entstandenen Schadens. Sie hat ihn so zu stellen, wie er stünde, wenn sie die Vespa rechtzeitig zurückgegeben hätte, vgl. §§ 249 ff. BGB. Folglich muss sie A den Kaufpreis der Monatsfahrkarte erstatten.

hemmer-Methode: Der Rückgabeanspruch aus dem Leihverhältnis wird von §§ 280 I, II, 286 BGB natürlich *nicht beeinflusst.*
Er besteht unverändert fort. Wie schon mehrfach erwähnt: §§ 280 I, II, 286 BGB geben einen Anspruch auf Ersatz des reinen Verzögerungsschadens, sie gewähren Schadensersatz *neben* der Leistung.

IV. Zusammenfassung

Sound: Entbehrlichkeit der Mahnung bei Erfüllungsverweigerung des Schuldners.

Empfehlenswert für den Anspruch auf Ersatz des Verzögerungsschadens in den meisten Fällen folgender, eleganter Aufbau:

Voraussetzungen für den Anspruch auf Ersatz von Verzögerungs-schäden gem. §§ 280 I, II, 286 BGB
1. **Bestehen eines Schuldverhält-nisses**
2. **Zu-spät Leistung** (= Pflichtverletzung i.S.v. § 280 I BGB)

3. **Vertretenmüssen des Schuld-ners**, § 280 I 2 BGB
4. **Voraussetzungen des § 286 BGB**, vgl. § 280 II BGB
a) Möglichkeit der Leistung
b) Fälliger Anspruch
c) Einredefreiheit
d) Mahnung, Mahnungssurrogat oder Entbehrlichkeit einer Mahnung nach § 286 II bzw. III
5. **Ersatzfähiger Schaden**

hemmer-Methode: Wie Sie aber auch aufbauen, Anspruchsgrundlage ist in jedem Fall § 280 I BGB - *DIE* Anspruchsgrundlage für vertraglichen Schadensersatz. § 286 BGB ist eine Hilfsnorm, die erst über § 280 II BGB Anwendung findet und für den Anspruch auf Ersatz des Verzögerungsschadens zusätzliche Tatbestandser-fordernisse aufstellt. Gleiches gilt für vertragsähnliche (z.B. c.i.c.) und innerhalb schon bestehender gesetzlicher Schuldverhältnisse.

Hier können Sie Wert und Unwert von Lösungsschemata deutlich erkennen: Sie geben Orientierung bei der Falllösung und helfen dabei, keine wesentlichen Gesichtspunkte zu übersehen.

Allerdings ist bei Schemata auch größte Vorsicht geboten! Tun Sie dem Fall keine Gewalt an!

Pressen Sie ihn nicht in auswendig gelernte, starre Schemata! Maßstab Ihrer gesamten Ausführungen muss immer der konkrete Sachverhalt sein. Gewalt am mühsam konzipierten Klausurfall verzeiht auch der wohlwollendste Korrektor nicht.

Um für's Examen fit zu werden, trainieren Sie deshalb mit der **hemmer-Methode** von Anfang an beides: Die grundsätzliche Herangehensweise an den Lehrbuchfall und die geistige Beweglichkeit, die nötig ist, um den „großen" Examensfall zu bewältigen.

V. Zur Vertiefung

- Hemmer/Wüst, Basics Zivilrecht, Bd. 1, Rn. 146.
- Hemmer/Wüst, Schuldrecht AT, Rn. 160.

Fall 23: Entbehrlichkeit der Mahnung bei Bestimmbarkeit des Leistungszeitpunktes

Sachverhalt:

B betreibt einen Biergarten. Er bestellt im Februar bei A eine neue Zapfanlage. Da B erst noch Umbauarbeiten vornehmen möchte, vereinbart man, dass A die Zapfanlage erst dann anliefern soll, wenn die Temperatur zum ersten Mal im Jahr 20° C überschreitet. Das geschieht am 14. April. Wegen eines Versehens seiner Buchhaltung liefert A die Zapfanlage aber erst am 21.05. aus. Für die Zwischenzeit musste sich B bei einer Brauerei eine Zapfanlage anmieten. Die entstandenen Mietkosten möchte er von A ersetzt haben.

Frage: Ist sein Verlangen begründet?

I. Einordnung

„Bezahlung drei Wochen nach Lieferung" – solche Klauseln haben Sie vielleicht schon öfters gesehen. Vielleicht haben Sie auch gelernt, dass eine bloße Bestimmbarkeit für die Entbehrlichkeit der Mahnung nicht ausreichend ist.

Dieser Satz gilt seit der Schuldrechtsreform so nicht mehr. § 286 II Nr.2 BGB bringt eine echte Neuerung mit sich. Danach lässt unter bestimmten Voraussetzungen eine bloße Berechenbarkeit die Erforderlichkeit der Mahnung entfallen. Dies bedeutet eine große Erleichterung für den Geschäftsverkehr. Dies trifft jedoch nur dann zu, wenn die Voraussetzungen des § 286 II Nr.2 BGB tatsächlich erfüllt sind.

Lernen Sie nicht nur für die Klausur, sondern auch für das wirkliche Leben!

II. Gliederung

Anspruch des B gegen A auf Ersatz der Mehrkosten aus §§ 280 I, II, 286 BGB

1. **Wirksames Schuldverhältnis**
   Kaufvertrag, § 433 BGB (+)

2. **Schuldhafte Nichtleistung zum vereinbarten Zeitpunkt** (+), am 14. April

3. **Zusätzliche Anforderungen des § 286 BGB**

a) Fälliger und einredefreier Anspruch des B (+)

b) Mahnung
(-), aber mgl. Entbehrlichkeit der Mahnung

aa) Kalendermäßige Bestimmtheit, § 286 II Nr.1 BGB (-), da die Leistungszeit nicht nach dem Kalender zu ermitteln ist

bb) Bestimmbarkeit
§ 286 II Nr.2 BGB

⇒ Ein Ereignis, das der Leistung vorausgeht (+), erster Tag über 20 Grad

⇒ angemessene Zeit für die Leistung
hier (-), die Leistung sollte *sofort* nach dem Ereignis erfolgen, keine angemessene Zeit

⇒ Rechtsfolge: Bestimmung der Leistungszeit unwirksam, § 286 II Nr.2 greift nicht ein; insb. keine Ersetzung durch eine angemessene Frist.

4. Ergebnis
mangels Mahnung kein Anspruch auf Ersatz der Kosten gem. §§ 280 I, II, 286 BGB

III. Lösung

Anspruch des B gegen A auf Ersatz der Mehrkosten aus §§ 280 I, II, 286 BGB

B könnte gegen A einen Anspruch auf Ersatz der Mietkosten für die angemietete Zapfanlage haben, wenn die Voraussetzungen der §§ 280 I, II, 286 BGB erfüllt wären.

Anmerkung: Auch wenn Ihnen der Anfang unserer Lösungen monoton und langweilig erscheint, ist die Bildung klarer Obersätze eine Grundregel für das Klausurschreiben, die Sie für eine ordentliche Punktezahl zu beachten haben. Bilden Sie im ersten Schritt eine Überschrift nach dem klassischen Motto: wer will was von wem woraus. In einem zweiten Schritt erläutern Sie das Begehren des Gläubigers. So geben Sie Ihrer Klausur ein klares Ziel und helfen dem Korrektor, Ihre Lösung und den Weg dahin nachzuvollziehen.

1. Wirksames Schuldverhältnis

A und B schlossen im Februar einen Kaufvertrag, § 433 BGB, in dem A sich zur Lieferung einer neuen Zapfanlage verpflichtete.

2. Nichtleistung zum vereinbarten Zeitpunkt

A sollte die Zapfanlage liefern, sobald die Außentemperatur zum ersten Mal die 20°C-Marke überschritten hat. Dies geschah am 14. April.

An diesem Tag kam A seiner Leistungspflicht jedoch nicht nach.

Anmerkung: Die Nichtleistung als solche ist Tatbestandsmerkmal i.r.v. § 286 BGB und zugleich Pflichtverletzung i.S.v. § 280 I 1 BGB. Um Wiederholungen zu vermeiden, erfolgt hier eine gemeinsame Prüfung. Zu Einzelheiten des Prüfungsaufbaus von §§ 280 I, II, 286 BGB s.o. Fall 21.

3. Vertretenmüssen des A

Das Vertretenmüssen des A wird gem. § 280 I 2 BGB vermutet und kann vorliegend durch A nicht entkräftet werden.

4. Zusätzliche Anforderungen des § 286 BGB

a) Fälligkeit und Einredefreiheit des Anspruchs

Fällig wurde der Anspruch des B am 14. April, da an dem Tag 20°C Außentemperatur erreicht wurden. Einreden gegen den Anspruch sind nicht ersichtlich.

b) Mahnung

Um den Verzug zu begründen, ist nach § 286 I BGB grds. eine Mahnung erforderlich. Eine Aufforderung des B an den A, seiner Leistungspflicht nachzukommen, sprach B aber nicht aus. Zu untersuchen ist deshalb, ob die Mahnung gem. § 286 II BGB entbehrlich war.

aa) Kalendermäßige Bestimmtheit

Insofern kommt zunächst § 286 II Nr.1 BGB in Betracht.

Demnach kann eine Mahnung unterbleiben, wenn der Zeitpunkt, zu dem der Schuldner seine Leistung zu erbringen hat, kalendermäßig bestimmt ist. Der Termin muss allein mit Hilfe eines Kalenders ermittelbar sein. Nach der zwischen A und B getroffenen Abrede war der Fälligkeitszeitpunkt von der Temperatur abhängig. Der Zeitpunkt, wann A zu leisten hat, kann daher nicht mit Hilfe eines Kalenders ermittelt werden. Die Mahnung ist vorliegend nicht gem. § 286 II Nr.1 BGB entbehrlich.

bb) Bestimmbarkeit

Eine Mahnung ist aber auch dann nicht erforderlich, wenn der Leistung ein *Ereignis* vorauszugehen hat und die angemessen bestimmte Leistungszeit vom Zeitpunkt des Ereignisses nach dem Kalender berechnet werden kann, § 286 II Nr.2 BGB.

A und B machten den genauen Leistungstermin vom Wetter abhängig. A sollte genau dann liefern, wenn zum ersten Mal im Jahr 20° C erreicht würden.

Der Tatbestand des § 286 II Nr.2 BGB scheint vorliegend erfüllt zu sein.

Erforderlich ist aber, dass der Zeitraum zur Leistungserbringung *angemessen* ist. Dem Schuldner muss ausreichend Zeit gegeben werden, seine Leistungshandlung zu vollziehen und dadurch den Leistungserfolg herbeizuführen. Welche Frist angemessen ist, lässt sich nicht pauschal beantworten, sondern bestimmt sich nach den Umständen des konkreten Einzelfalles. Besondere Bedeutung hat hier der Inhalt der geschuldeten Leistung. Da dem Schuldner aber immer eine echte Möglichkeit zur Leistungserbringung gegeben werden muss, kann es niemals angemessen sein, nach dem betreffenden Ereignis sofortige Leistung zu verlangen.

Die Abrede zwischen A und B erfüllt demzufolge nicht die Voraussetzungen des § 286 II Nr.2 BGB. Auch nach dieser Vorschrift kann nicht von einer Mahnung abgesehen werden.

Anmerkung: Hier handelt es sich um einen examenstypischen Spezialfall. Mit der Vereinbarung, die Leistung sei „sofort" nach dem Ereignis zu erbringen, wird kein nach dem Kalender zu bestimmender Leistungszeitpunkt bestimmt. § 286 II Nr.2 BGB ist nicht anwendbar. Anders ist dies, wenn zwar eine Frist gesetzt wird, diese aber unangemessen kurz ist. In diesen Fällen bleibt § 286 II Nr.2 BGB anwendbar. Statt der zu kurzen Frist wird aber automatisch eine angemessen lange Frist in Gang gesetzt. Den Unterschied kann man sich nur dadurch erklären, dass die Vereinbarung ohne eine weitere Bestimmung der Leistungszeit nicht über eine bloße Fälligkeitsvereinbarung hinausgeht.

5. Ergebnis

A kam also mangels Mahnung bzw. mangels deren Entbehrlichkeit nicht in Verzug. Ein Anspruch des B aus §§ 280 I, II, 286 BGB besteht mithin nicht.

Anmerkung: In diesem Fall beging A eine Pflichtverletzung i.S.v. § 280 I BGB, die er auch zu vertreten hat, da die zusätzlichen Voraussetzungen von §§ 280 II, 286 BGB aber nicht erfüllt sind, wird kein Schadensersatz *wegen Verzögerung* der Leistung gewährt. Insofern wäre es auch nicht verkehrt, wenn Sie, um dies deutlich werden zu lassen, dem strengen Aufbau, wie er hier im Fall zugrunde gelegt wurde, folgen.

IV. Zusammenfassung

Sound: Ist der Zeitraum zwischen dem Ereignis und dem daraus berechneten Zeitraum der Leistung nicht angemessen, so wird automatisch ein angemessener Zeitraum in Gang gesetzt. Ist jedoch kein Zeitraum bestimmt, sondern die sofortige Leistung nach dem Ereignis vereinbart, so liegt keine kalendarische Bestimmung des Leistungszeitpunktes vor. § 286 II Nr.2 BGB ist dann nicht anwendbar.

Überblick über die neue Systematik des Schadensersatzes

- §§ 280 ff. BGB differenzieren zwischen Ansprüchen auf „Schadensersatz statt der Leistung" – §§ 280 III, 281-283 BGB – und dem gewöhnlichen Schadensersatzanspruch aus § 280 I BGB.

- Aus § 280 III BGB ergibt sich, dass § 280 I BGB nur die Fälle des Schadensersatzes erfasst, die nicht Schadensersatz statt der Leistung darstellen.

Im Falle des § 280 I BGB tritt also der Schadensersatzanspruch neben die Primärleistungspflicht, nicht an deren Stelle.

- Auch der Anspruch auf Ersatz des Verzögerungsschadens baut auf § 280 I BGB auf. Nach § 280 II BGB ist neben der Pflichtverletzung der Nicht- bzw. Zu-Spät-Leistung aber zusätzlich Verzug i.S.d. § 286 BGB erforderlich.

- §§ 280 I, II, 286 BGB ersetzen gem. § 280 II BGB den Schaden wegen Verzögerung der Leistung, sog. Verzögerungsschaden. Das ist der Schaden, der infolge des Schuldnerverzuges entstanden ist.

Dieser Schadensersatzanspruch tritt als Anspruch auf den Begleitschaden neben die Primärleistungspflicht, er umfasst also nicht den Schadensersatz statt der Leistung.

hemmer-Methode: Achten Sie genau darauf, welcher Schaden geltend gemacht wird. Vorliegend war mit den Mietkosten ein typischer Verzögerungsschaden entstanden. Problematisch wird der Fall, wenn man ihn abwandelt: A soll statt der Zapfanlage 250 Hektoliter Bier zum vereinbarten Zeitpunkt („das erste Mal im Jahr über 20° C") liefern. Wie im Ausgangsfall liefert A erst am 21.05.; B muss sich für die Zwischenzeit bei einer anderen Brauerei zu einem höheren Preis mit 30 Hektolitern *„eindecken"*. Wie schon das Schlüssel-Wort „eindecken" zum Ausdruck bringt, würde es sich bei dem Bierkauf um ein Deckungsgeschäft handeln. <u>Die höheren Kosten eines Deckungsgeschäfts stellen aber keinen Verzögerungsschaden dar.</u> Sie entstehen zwar infolge des Verzuges. Nach einem Deckungskauf ist der Gläubiger an der verspäteten Leistung des Schuldners aber gar nicht mehr interessiert. Er hat die Ware anderweitig besorgt und möchte nur die Kosten des ungünstigen Deckungskaufs erstattet bekommen. Da §§ 280 I, II, 286 BGB aber den <u>Begleitschaden</u> ersetzen, also nur den <u>Schaden neben der Leistung</u>, kann der Deckungskauf schon begrifflich nicht unter §§ 280 I, II, 286 BGB fallen. Der Deckungskauf ist von §§ 280 I, III, 281 BGB als Schadensersatz statt der Leistung erfasst.

Für die Abwandlung bleibt aber das Problem, ob nicht doch ein bloßer Verzögerungsschaden vorliegt, da B nur für die Zwischenzeit zur Überbrückung der Leistungsverzögerung nachkauft. Jedoch ist zu berücksichtigen, dass B die 250 Hektoliter für einen längeren Zeitraum ausreichen sollten. Würde B die Bestellungen aber aufspalten und jeweils nach Bedarf einkaufen (ähnlich eines Sukzessivlieferungsvertrages), so würde hier eine Teilleistung nicht wie geschuldet erbracht werden. Ein Nachkauf würde dann einen Deckungskauf hinsichtlich der Teilleistung bedeuten. In diesem Fall müsste jedoch grundsätzlich eine Nachfristsetzung erfolgen. §§ 280 I, III, 281 BGB wären einschlägig. Die Fallgestaltung der Abwandlung kann aber nicht anders zu behandeln sein. Trotz der Beschränkung auf die Zwischenzeit liegt ein Deckungskauf vor, auf den die §§ 280 I, III, 281 BGB anzuwenden sind.

V. Zur Vertiefung

- Hemmer/Wüst, Schuldrecht AT, Rn. 158 f., 179 ff.
- Hemmer/Wüst, Basics Zivilrecht, Bd. 1, Rn. 140 ff.

Fall 24: Entbehrlichkeit der Mahnung auf Grund besonderer Umstände nach § 286 II Nr.4 BGB

Sachverhalt:

R ist Inhaber einer Sports-Bar, in der Samstagnachmittags Fußballspiele gezeigt werden. Um noch einmal nach dem Rechten zu sehen, betritt R am Freitagabend sein Lokal. Dort stellt er voller Schrecken einen Wasserrohrbruch fest. Er ruft sofort den Installateur I an, der ihm fest zusagt, die Sache bis 12 Uhr am nächsten Tag in Ordnung zu bringen. R macht deutlich, wie wichtig eine Reparatur noch am Vormittag für ihn ist – da am nächsten Tag das große Bundesliga-Finale ist, drohen sonst Umsatzeinbußen von 4.000 €. Entgegen seiner Zusage trifft I erst am späten Nachmittag des Samstags bei R ein; dieser musste sein Lokal trotz Fußballspiels geschlossen halten.

Frage: *Kann R die 4.000 € von I ersetzt verlangen?*

I. Einordnung

Das Schuldrechtsmodernisierungsgesetz hat zahlreiche Probleme kodifiziert, die die ständige Rechtsprechung bereits bislang durch die Heranziehung von § 242 BGB gelöst hat.

Dazu gehört auch die Regelung der Entbehrlichkeit einer Mahnung für die Begründung des Schuldnerverzuges gem. § 286 II Nr.4 BGB.

Diese recht weitläufig geratene Regelung erfordert in der Klausur eine Konkretisierung durch die vorgegebenen Umstände des Sachverhalts und eine Abwägung der beiderseitigen Interessen. Die Kenntnis der für diesen Fall anerkannten Fallgruppen erleichtert die Klausurlösung, erspart aber nicht eine eigenständige Argumentation.

II. Gliederung

Anspruch des R gegen I auf Schadensersatz gem. §§ 280 I, II, 286 BGB

1. **Voraussetzungen des § 280 I BGB**

a) Schuldverhältnis (+), Werkvertrag, § 631 BGB

b) Pflichtverletzung (+), Zu-spät-Leistung

c) Vertretenmüssen (+), § 280 I 2 BGB

2. **Zusätzliche Voraussetzungen des § 286 II BGB**

a) Fälliger und einredefreier Anspruch

b) **Mahnung oder Entbehrlichkeit der Mahnung**
hier: § 286 II Nr.4 BGB

Fallgruppen:

aa) *Selbstmahnung*

bb) *Besondere Dringlichkeit*

cc) *Verhinderung des Mahnungszugangs*

Hier: besondere Dringlichkeit (+)

3. Rechtsfolge

§§ 249, 252 BGB: Schadensersatz neben der Leistung i.H.v. 4.000 €

III. Lösung

Schadensersatzanspruch des R gegen I gemäß §§ 280 I, II, 286 BGB

R verlangt von I Ersatz von 4.000 €, die er verdient hätte, wenn er die Bar am Samstagnachmittag geöffnet hätte. Damit macht R den entgangenen Gewinn geltend, der gem. §§ 249, 252 BGB einen ersatzfähigen Schadensposten darstellt.

Anmerkung: Die Verpflichtung des Schädigers, entgangenen Gewinn zu ersetzen, folgt bereits aus § 249 I BGB, sodass § 252 S. 1 BGB lediglich deklaratorische Bedeutung zukommt. Unter den Begriff des entgangenen Gewinns fallen dabei alle Vermögensvorteile, die im Zeitpunkt des schädigenden Ereignisses noch nicht zum Vermögen des Verletzten gehörten, die ihm aber ohne dieses Ereignis zugeflossen wären.

Als Anspruchsgrundlage kommen somit Schadensersatzansprüche in Betracht. Ein solcher Anspruch könnte sich aus §§ 280 I, II, 286 BGB als Verzögerungsschaden ergeben, das heißt als Schaden, der dem R infolge Schuldnerverzugs seitens des I kausal entstanden ist und neben der eigentlichen Leistung verlangt wird.

hemmer-Methode: Machen Sie deutlich, wonach Sie suchen und was Ihr Ziel ist. So behalten Sie einen Überblick über die Klausuraufgabe und geben dem Korrektor einen klaren Wegweiser.

§§ 280 I, II, 286 BGB setzen zunächst voraus, dass I schuldhaft eine Pflicht aus einem Schuldverhältnis nicht rechtzeitig erfüllte.

Zusätzlich müssen die Voraussetzungen des §§ 280 II, 286 BGB gegeben sein.

1. Voraussetzungen des § 280 I BGB

I war R aus einem Werkvertrag, § 631 BGB, verpflichtet, den Wasserrohrbruch zu beheben. Durch die nicht rechtzeitige Erfüllung seiner Pflicht aus § 631 I Alt.1 BGB hat I den Tatbestand des § 280 I 1 BGB verwirklicht. Das Vertretenmüssen des I wird nach § 280 I 2 BGB vermutet.

2. Voraussetzungen des Verzugs, § 286 BGB

a) Nichtleistung trotz Fälligkeit, Möglichkeit und Einredefreiheit

Gem. § 280 II BGB kann Schadensersatz wegen Verzögerung bei Zu-Spät-Leistungen nur unter den zusätzlichen Voraussetzungen des § 286 BGB gewährt werden. I müsste also im Verzug gewesen sein. Er hat zum vereinbarten Zeitpunkt die Reparatur trotz ihrer Möglichkeit nicht vorgenommen. Die Fälligkeit ergab sich aus § 271 BGB. Schließlich ist auch keine dem Verzug entgegenstehende Einrede des I ersichtlich.

Eine weitere Verzugsvoraussetzung ist das Vorliegen einer Mahnung bzw. eines Mahnungssurrogates nach § 286 I 2 BGB. Eine ernsthafte und unmissverständliche Aufforderung des I zur Leistung und damit eine Mahnung ist seitens des R jedoch nicht erfolgt. Auch liegt kein Mahnungssurrogat vor.

I wäre demnach nur in Verzug geraten, wenn eine Mahnung des R entbehrlich gewesen wäre.

b) Entbehrlichkeit der Mahnung nach § 286 II Nr.4 BGB

R und I haben keinen Reparaturtermin für eine Zeit nach dem Kalender vereinbart, § 286 II Nr.1 BGB. Vorliegend könnte aber § 286 II Nr.4 BGB einschlägig sein. Danach ist eine Mahnung durch den Gläubiger unnötig, wenn besondere Umstände unter Abwägung der beiderseitigen Interessen den sofortigen Verzugseintritt rechtfertigen. Als Ausnahmevorschrift vom generellen Erfordernis der verzugsauslösenden Mahnung ist § 286 II Nr.4 BGB restriktiv zu handhaben. Erforderlich ist deshalb ein deutliches Überwiegen der Gläubigerinteressen.

Anmerkung: § 286 II Nr.4 BGB wurde im Zuge der Schuldrechtsmodernisierung zum 01.01.2002 ins BGB eingefügt und kodifiziert die bisher durch die Rspr. entwickelten Grundsätze zur Entbehrlichkeit der Mahnung in Ausnahmefällen.
Nach der Gesetzesbegründung ist eine Änderung der materiellen Rechtslage nicht beabsichtigt.
Es kann und muss deshalb auf die schon
existierenden Fallgruppen zurückgegriffen werden.

Als Beispiele eines unter § 286 II Nr.4 BGB fallenden Verhaltens des Schuldners werden genannt, wenn er die baldige Leistung ausdrücklich angekündigt hat, gleichwohl aber nicht leistet (sog. *Selbstmahnung*), wenn er weiß, dass er eine falsche oder fehlerhafte Leistung erbracht hat, die geschuldete Leistung trotzdem nicht bewirkt, wenn der Schuldner durch sein Verhalten den Zugang der Mahnung verhindert oder wenn es sich um Situationen handelt, die einer besonders raschen Leistung bedürfen, um größere Schäden zu verhindern (besondere Dringlichkeit).

I wusste genau, was für R auf dem Spiel stand. In dem Telefonat zwischen R und I schilderte R nämlich seine Planung für Samstagnachmittag und die damit zu erwartende Gewinneinbuße im Falle eines Ausfalls der Veranstaltung. Daraufhin sicherte I sein rechtzeitiges Kommen und die Vornahme der Reparatur zu.

Angesichts des engen Zeitplans und der auf dem Spiel stehenden Vermögenswerte des R liegt eine besondere Dringlichkeit vor. Daher ist es gerechtfertigt, Verzug auch ohne Mahnung eintreten zu lassen. Damit trat Verzug in dem Zeitpunkt ein, in dem die Reparatur eigentlich hätte stattfinden sollen, mithin spätestens mit Ablauf des Samstagvormittags.

3. Rechtsfolge / Ergebnis

R kann die Umsatzeinbußen als Verzögerungsschaden i.R.v. §§ 280 I, II, 286 BGB neben der Leistung verlangen.

Damit hat R gegen I einen Anspruch auf Zahlung von € 4000.

IV. Zusammenfassung

Sound: Die Selbstmahnung des Schuldners sowie besondere Dringlichkeit der Leistung lassen das Mahnungserfordernis entfallen, § 286 II Nr.4 BGB.

hemmer-Methode: Ist die Mahnung nicht entbehrlich, so muss sie eindeutig und bestimmt sein. Eine Fristsetzung oder eine Androhung von Folgen ist nicht erforderlich. Es genügt, wenn der Gläubiger zum Ausdruck bringt, dass er die geschuldete Leistung verlangt. Das kann auch in höflicher Form oder gedichteten Versen passieren. Schriftform ist nicht erforderlich, wegen Beweislast jedoch zu empfehlen. Keine Mahnung ist die Erklärung, „der Leistung werde gerne entgegen gesehen". Ebenso wenig stellen die Erklärung, „sich über die Leistungsbereitschaft zu erklären" oder die Mitteilung, „die Forderung sei nun fällig", eine Mahnung dar. Auch die Übersendung einer Rechnung oder Zahlungsaufstellung ist keine Mahnung.

V. Zur Vertiefung

- Hemmer/Wüst, Schuldrecht AT, Rn. 161.

Fall 25: Verzug und Unmöglichkeit nach § 275 I BGB

Sachverhalt:

A leiht Pastor P für den sonntäglichen Gottesdienst sein Gotteslob. Es handelt sich um ein 1804 gedrucktes Unikat, mit dem schon Fürst Blücher himmlischen Beistand gegen Napoleons Truppen erflehte. Da P das Gebetbuch nicht wie vereinbart nach der Messe zurückbringt, schickt A dem P einen eingeschriebenen Brief, in dem er „nachdrücklich sofortige Rückgabe verlangt". Der Brief geht P am Dienstag zu. Noch bevor P der Leistungsaufforderung nachkommen kann, wird das Buch bei einem Brand im Pfarrhaus am Donnerstagabend zerstört.

Der Sohn des A, Jurastudent im 2. Semester, grübelt, ob und wenn ja wann Schuldnerverzug seitens des P vorgelegen haben könnte.

I. Einordnung

Die häufig anzutreffende Aussage „Unmöglichkeit schließt den Verzug aus" ist zwar plakativ, bringt Ihnen aber in der Klausur ein „Warum" des Korrektors und den Verdacht ein, lediglich auswendig gelernt zu haben.

Dabei ist die Erklärung ganz einfach. Belasten Sie ihr Gedächtnis nicht mit vielen Merksätzen, die Sie nicht verstehen, sondern versuchen Sie die Lösung logisch herzuleiten. Das gilt erst recht dann, wenn diese Merksätze ungenau sind und Sie zu einem falschen Ergebnis verleiten können.

II. Gliederung

Verzug des P mit Rückgabe des Buches, § 286 I 1 BGB
1. **Zeitraum zw. Sonntag und Donnerstag**
a) **Fälliger, möglicher und einredefreier Anspruch** aus einem Schuldverhältnis
Leihvertrag, § 598 f. BGB

- Fälliger Rückgabeanspruch: § 604 f. BGB
- Möglichkeit am Sonntag bzw. Dienstag (+)
- Einredefreiheit (+)

b) **Mahnung**
§ 286 II Nr.1 BGB (+ / -)
jedenfalls wirksame Mahnung im Schreiben des A an P, Zugang am Dienstag, § 130 I BGB analog

c) **Ergebnis**
Verzug des P (+), spätestens seit Dienstag

2. **Vorliegen des Verzuges nach dem Brand am Donnerstag**

(P): Mit dem Brand und Zerstörung des Buches trat Unmöglichkeit gem. § 275 I BGB ein
⇨ die Leistungspflicht entfiel, § 275 BGB
⇨ Mangels Leistungspflicht entfiel Anspruch des A auf Rückgabe des Buches

3. **Ergebnis**: Eintritt der Unmöglichkeit hat den Verzug beendet

III. Lösung

Verzug des P mit Rückgabe des Buches

P könnte sich mit der Rückgabe des Buches im Schuldnerverzug befunden haben. Der Schuldner kommt in Verzug, wenn er auf eine fällige, mögliche und einredefreie Leistung trotz Mahnung schuldhaft nicht leistet, § 286 I 1, IV BGB.

1. Prüfung des Verzuges in der Zeit nach dem Gottesdienst bis zum Brand am Donnerstag

a) Fälliger, möglicher und einredefreier Anspruch aus einem Schuldverhältnis

A hat P sein Gebetbuch unentgeltlich für eine bestimmte Zeit überlassen. Die beiden schlossen damit einen Leihvertrag, aus dem P nach § 604 BGB zur Rückgabe verpflichtet war.

Dieser Anspruch wurde nach der Parteivereinbarung am Sonntag nach der Kirche fällig, da der bezweckte Gebrauch des Gotteslobes nach dem Gottesdienst verwirklicht war, vgl. § 604 II 1 BGB.

Zu diesem Zeitpunkt war die Rückgabe des Buches auch noch möglich.

Auch stand diesem Anspruch keine verzugshemmende Einrede des P gegenüber.

b) Mahnung

Für den Verzugseintritt ist grundsätzlich eine Mahnung erforderlich. Die Mahnung ist die nach Fälligkeit erfolgende eindeutige und ernsthafte Aufforderung an den Schuldner, die Leistung zu erbringen.

Anmerkung: Nach allgemeiner Auffassung ist auch eine zeitgleich mit dem die Fälligkeit auslösenden Ereignis erfolgende Mahnung zulässig, vgl. auch BGH, Life&Law 2010, 719 ff.

Es handelt sich zwar um keine Willenserklärung i.e.S., sondern um eine geschäftsähnliche Handlung, doch sind größtenteils die für Willenserklärungen geltenden allgemeinen Vorschriften zumindest analog anwendbar. Zweck der Mahnung ist, den Schuldner letztmalig zur Leistung aufzufordern. Anders als oft zitiert, ist es aber nicht erforderlich, dass die Mahnung für den Fall des Ausbleibens der Leistung bestimmte Folgen androht.

Vorliegend könnte die Mahnung sogar entbehrlich sein, denn A vereinbarte mit P, dass dieser das Buch nach dem Gottesdienst zurückbringt.

Es ist eine Frage der Auslegung, ob diese Abrede eine kalendermäßige Bestimmung darstellt. Einerseits liegt es nahe, die Redewendung „nach der Kirche" als eine Vereinbarung, das Buch noch am Sonntag zurückzugeben, anzusehen. Andererseits wurde die Begrenzung auf Sonntag nicht erwähnt, sodass „nach der Kirche" auch als an einem der darauf folgenden Tage verstanden werden kann.

Zu beachten ist, dass es sich bei der Entbehrlichkeit der Mahnung um eine Ausnahme von der Grundregel des Mahnungserfordernisses handelt, sodass diese grundsätzlich restriktiv auszulegen ist.

Anmerkung: An dieser Stelle erscheinen beide Ansichten mit entsprechender Argumentation gut vertretbar.

Sieht man die Terminbestimmung als nicht ausreichend im Sinne von § 286 II Nr.1 BGB an, so könnte P sich mit Zugang des Briefes des A seit Dienstag in Verzug befunden haben.

Denn in seinem Brief an P forderte A „nachdrücklich" sofortige Rückgabe. Dies genügt den Anforderungen an eine Mahnung. Wirksam wurde sie gemäß § 130 I 1 (analog) BGB mit dem Zugang an P am Dienstag.

c) Ergebnis

Da zu diesem Zeitpunkt alle Tatbestandsmerkmale von § 286 BGB erfüllt waren, befand sich P ab Dienstag in Verzug.

2. Vorliegen des Verzuges nach dem Brand am Donnerstag

Fraglich ist, ob der Brand im Pfarrhaus des P und die damit verbundene Zerstörung des Buches einen Einfluss auf den bereits seit Dienstag vorliegenden Verzug hat.

Der Verzug endet, wenn eines seiner Tatbestandsmerkmale entfällt. Wie dargestellt, ist Grundvoraussetzung des Verzuges ein fälliger und möglicher Leistungsanspruch des Gläubigers. Dieser bestand zunächst (§ 604 I BGB), könnte aber nach § 275 I BGB wegen Unmöglichkeit entfallen sein.

Unmöglichkeit bezeichnet die dauerhafte Nichterbringbarkeit des geschuldeten Leistungserfolges. Das Gebetbuch, bei dem es sich um ein Einzelstück handelte, wurde bei dem Brand im Pfarrhaus zerstört, eine Rückgabe damit für jedermann unmöglich. Damit ist objektive nachträgliche Unmöglichkeit i.S.d. § 275 I BGB gegeben.

Der Anspruch aus § 604 I BGB erlosch somit am Donnerstag.

Damit entfiel auch eine der Voraussetzungen des Verzuges, nämlich das Vorliegen eines (fälligen und möglichen) Anspruchs. Die Unmöglichkeit beendete somit zeitgleich den Schuldnerverzug des P.

3. Ergebnis

Der Verzug des P begann am Dienstag und endete am Donnerstagabend.

IV. Zusammenfassung

Sound: Die Unmöglichkeit nach § 275 I BGB beendet den Verzug.

Ab dem Zeitpunkt der Unmöglichkeit fehlt es an einem wirksamen Anspruch des Gläubigers, Schuldnerverzug ist nicht mehr möglich. Die Wirkungen des Verzuges bis zum Eintritt der Unmöglichkeit blieben jedoch bestehen.

Anmerkung: Dies hat wiederum Einfluss auf die zu untersuchenden Schadensersatzansprüche.
Bis zum Verzug kann der Gläubiger die Leistung und den Verzögerungsschaden neben der Leistung gem. §§ 280 I, II, 286 BGB verlangen. Der Schaden ist nur bis zum Eintritt der Unmöglichkeit zu berechnen. Mit Eintritt der Unmöglichkeit kann der Gläubiger keine Leistung mehr, sondern nur Schadensersatz statt der Leistung nach §§ 280 I, III, 283 S. 1 BGB verlangen.

hemmer-Methode: Dieser einfache Fall sollte nur deutlich machen, dass die oft gehörte Aussage „Unmöglichkeit schließt den Verzug aus" so nicht stimmt. Richtig ist, dass Unmöglichkeit und Verzug *nie zugleich* vorliegen können. Das brauchen Sie aber nicht auswendig zu lernen – es ergibt sich direkt aus dem Gesetz: Unverzichtbares Tatbestandsmerkmal des Verzugs ist ein wirksamer Leistungsanspruch, der eben durch Unmöglichkeit nach § 275 I BGB ausgeschlossen ist. Mit dem Eintritt der Unmöglichkeit endet daher der Verzug. Unterteilen Sie ein Geschehen wie jenes im Sachverhalt in bestimmte Zeitabschnitte und subsumieren Sie dann sauber unter den Gesetzestext.

V. Zur Vertiefung

- Hemmer/Wüst, Basics Zivilrecht, Bd. 1, Rn. 148.
- Hemmer/Wüst, Schuldrecht AT, Rn. 132.

Fall 26: Haftung im Verzug

Sachverhalt:

Fall wie eben: A leiht P für den Gottesdienst sein Gotteslob. Es handelt sich um ein 1804 gedrucktes Unikat. Da P das Gebetbuch nicht wie vereinbart nach der Messe zurückbringt, schickt A dem P einen Brief, in dem er „nachdrücklich sofortige Rückgabe verlangt". Der Brief geht P am Dienstag zu. Noch bevor P der Leistungsaufforderung nachkommen kann, wird das Buch bei einem Brand im Pfarrhaus am Donnerstagabend zerstört. Der Brand wurde durch einen Blitzschlag ausgelöst.

Frage: *Kann A Schadensersatz nach §§ 280 I, III, 283 BGB verlangen?*

I. Einordnung

Verzug und Unmöglichkeit können zwar gleichzeitig nicht vorliegen. Der vor dem Eintritt der Unmöglichkeit liegende Verzug hat aber Einfluss auf die Rechtsfolgen der Unmöglichkeit, insbesondere auf den Schadensersatzanspruch aus §§ 280 I, II, 283 S. 1 BGB. Infolge des Verzuges ändert sich der Haftungsmaßstab des Schuldners. Gem. § 276 I S. 1 BGB i.V.m. § 287 S. 2 BGB haftet er während des Verzuges auch für Zufall. Dies führt also zur Erweiterung der Schadensersatzpflicht.

Diese Lösung ist verständlich angesichts der Tatsache, dass der Schuldnerverzug der Risikosphäre des Schuldners zuzuordnen ist. Er hat es jederzeit in der Hand, den Verzug durch Leistung zu beenden und somit dem verschärften Haftungsmaßstab zu entgehen.

II. Gliederung

> **Anspruch des A gegen P auf Schadensersatz nach §§ 280 I, III, 283 S. 1 BGB**
>
> **1. Nachträgliche Unmöglichkeit,** § 275 I BGB durch Brand des Hauses (+)

> **2.   Vertretenmüssen des Schuldners**
>
> **a)   Grundsatz:** Haftung für Vorsatz und Fahrlässigkeit
> Hier: (-), da der Brand durch einen Blitzschlag erfolgte
>
> **b)   weitergehende Haftung**
> Haftung für Zufall ⇨ strengere Haftung i.S.d. § 276 I BGB, wenn Verzug (+)
> Hier: Haftung gem. § 287 S. 2 BGB (+)
>
> **3.   Ergebnis**
> Vertretenmüssen (+)
> SchaE statt der Leistung gem. §§ 280 I, III, 283 S. 1 BGB (+)

III. Lösung

Anspruch des A gegen P auf Schadensersatz nach §§ 280 I, III, 283 S. 1 BGB

A könnte gegen P einen Anspruch auf Schadensersatz aus §§ 280 I, III, 283 S. 1 BGB haben.

Voraussetzung eines Anspruchs aus §§ 280 I, III, 283 S. 1 BGB ist, dass P von einer ihm obliegenden Leistungspflicht nach § 275 BGB frei wurde und er den Eintritt des dafür ursächlichen Leistungshindernisses zu vertreten hat.

1. Nachträgliche Unmöglichkeit, § 275 I BGB

Zwischen A und P bestand ein wirksamer Leihvertrag, § 598 f. BGB. Auf Grund dieses Vertrages war P zur Rückgabe des Buches verpflichtet, § 604 I BGB. Die Erfüllung dieser Pflicht ist nach dem Brand am Donnerstagabend unmöglich geworden, § 275 I BGB. Durch die nachträglich eingetretene objektive Unmöglichkeit wurde P von seiner Leistungspflicht befreit.

2. Vertretenmüssen des Schuldners

Aus § 283 S. 1 BGB i.V.m. § 280 I 2 BGB ergibt sich, dass der Schuldner das Leistungshindernis i.S.v. § 275 I zu vertreten haben muss.

a) Grundsatz: Haftung für Vorsatz und Fahrlässigkeit

Was der Schuldner zu vertreten hat, bestimmt § 276 BGB. In erster Linie sind das Vorsatz und Fahrlässigkeit. Das Gebetbuch des A verbrannte, weil ein Blitz in das Pfarrhaus einschlug. Ursache für die Unmöglichkeit der Rückgabe war somit höhere Gewalt, also ein Umstand, auf den P keinen Einfluss hatte und den er auch bei der Anwendung der größtmöglichen Sorgfalt nicht hätte abwenden können. Danach hat P die Unmöglichkeit grundsätzlich nicht zu vertreten.

b) weitergehende Haftung?

Nach § 276 I 1 BGB a.E. kann aber ein strengerer oder ein milderer Haftungsmaßstab gelten, soweit dies durch Gesetz oder (auch konkludente) Parteivereinbarung bestimmt wird.

Im vorliegenden Fall kommt eine gesetzliche Modifikation des Verschuldensmaßstabs gem. § 287 S. 2 BGB in Betracht.

Danach hat der Schuldner während des Verzuges auch ein zufälliges Leistungshindernis zu vertreten, wenn der Schaden nicht auch bei rechtzeitiger Leistung eingetreten wäre. Voraussetzung für die verschärfte Haftung ist also, dass sich der Schuldner zum Zeitpunkt des zur Unmöglichkeit führenden Ereignisses im Verzug befand.

Wie im vorhergehenden Fall (Fall 25) dargestellt, sind alle Voraussetzungen des Verzuges erfüllt, sodass sich P zum Zeitpunkt des Eintritts der Unmöglichkeit im Verzug mit der Rückgabe des Buches befunden hat.

Anmerkung: An dieser Stelle sind sonst inzident die Voraussetzungen des Verzugs, § 286 BGB, zu prüfen. In diesem Fall erlangt § 286 IV BGB eigenständige Bedeutung. Der Schuldner muss den Verzug zu vertreten haben. Auf § 280 I 2 BGB kommt es dann nicht an.

Die verschärfte Haftung wäre nur ausgeschlossen, wenn der Schaden auch bei rechtzeitiger Leistung eingetreten wäre. Das Buch wäre vorliegend aber nicht verbrannt, wenn P es rechtzeitig zurückgegeben hätte. Denn dann wäre es nicht dem Brand in seinem Haus zum Opfer gefallen. Somit ist der verschärfte Haftungsmaßstab des § 287 S. 2 BGB anzuwenden.

3. Ergebnis

P hat folglich die Unmöglichkeit der Rückgabe zu vertreten, §§ 287 S. 2 BGB, 276, 280 I 2 BGB.

A hat demnach gegen P einen Anspruch auf Ersatz des ihm entstandenen Schadens aus §§ 280 I, III, 283 S. 1 BGB. Der Anspruch geht gem. § 251 I BGB auf Ersatz des objektiven Wertes des Buches.

IV. Zusammenfassung

Sound: Der Schuldner haftet während des Verzuges auch für Zufall.

Der Schuldnerverzug muss für den Eintritt des Leistungshindernisses lediglich zeitlich kausal sein.

Stellt der Eintritt des Leistungshindernisses bereits eine adäquate Folge des Schuldnerverzuges dar, so hat der Schuldner es ohnehin zu vertreten. Eines Rückgriffs auf § 287 S. 2 BGB bedarf es dann nicht (z.B.: Untergang einer leicht verderblichen Sache).

hemmer-Methode: Sie sehen anhand dieses Falles, dass Verschulden (im technischen Sinne) und Vertretenmüssen zwei Paar Stiefel sind. Verschulden ist enger als Vertretenmüssen und erfasst nur Vorsatz und Fahrlässigkeit. Das Vertretenmüssen kann die Haftung auch auf Zufall erweitern.

V. Zur Vertiefung

▪ Hemmer/Wüst, Schuldrecht AT, Rn. 328.

Fall 27: Verzug und das Zurückbehaltungsrecht nach § 273 I BGB

Sachverhalt:

Das Unternehmen D hatte bei Softwarehändler S, mit dem es in ständiger Geschäftsbeziehung stand, ein Bildbearbeitungsprogramm bestellt. Als Liefertermin war der 02.08. vorgesehen. Da S zu diesem Zeitpunkt nicht lieferte und D wichtige Aufträge zu bearbeiten hatte, mietete man beim Konkurrenzunternehmen K die benötigte Software für vier Wochen. Als D dem S am 20.08. die Kosten dafür in Rechnung stellen wollte, antwortete dieser, D solle zuerst die noch aus einer früheren Computerlieferung stammende Rechnung begleichen, vorher werde er nicht leisten. Am 21.08. zahlte D und erhielt am 22.08. das Update seiner Bildbearbeitungssoftware.

Frage: Kann D die Kosten für die Miete von S verlangen?

I. Einordnung

Eine der Voraussetzungen des Verzuges ist die Einredefreiheit der Forderung.

Die Aussage: „Alleine das Bestehen einer Einrede schließt den Verzug aus" ist ohne Konkretisierung in Bezug auf einzelne Einreden zu pauschal.

Von entscheidender Bedeutung ist, ob die Einrede erhoben werden muss und, wenn ja, zu welchem Zeitpunkt und welche Wirkung die Erhebung der Einrede hat. Beendet sie den Verzug ex-nunc oder sogar ex-tunc? Diese Fragen lassen sich nicht einheitlich für alle Einreden beantworten. Es gibt einige wichtige Ausnahmen, die Sie kennen und in einer Klausur auch begründen müssen.

II. Gliederung

Anspruch des D gegen S auf Ersatz der Mietkosten aus §§ 280 I, II, 286 BGB

1. **Schuldhafte Pflichtverletzung** (+)

⇨ Nichtleistung zum vereinbarten Termin

⇨ Vertretenmüssen wird gem. § 280 I 2 BGB vermutet

2. **Zusätzliche Anforderungen** des § 286 BGB / Verzug des S (+)

a) Wirksame, fällige und mögliche Forderung

b) Entbehrlichkeit der Mahnung, § 286 II Nr. 1 BGB

c) **Einredefreiheit / Gegenanspruch des S**

aa) **Zurückbehaltungsrecht, § 273 I BGB** (+)
Gegenseitigkeit, Fälligkeit des Gegenanspruchs und Konnexität (+)

bb) Generelle **Auswirkungen von Einreden auf den Schuldnerverzug**
Alleine das Bestehen einer Einrede beseitigt den Verzug, ausreichend ist, die Einrede erst im Prozess zu erheben, da ex-tunc Wirkung

cc) Speziell: § 273 I BGB und Auswirkungen auf den Verzug § 273 BGB hat nur ex-nunc-Wirkung

⇨ keine Rückwirkung bei Erhebung der Einrede, Beseitigung des Verzuges nur für die Zukunft wegen Abwendungsbefugnis des Gläubigers, § 273 III BGB

3. Ergebnis

Ersatz der Mietkosten für den Zeitraum 02.-20.08.

III. Lösung

Anspruch des D gegen S auf Ersatz der Mietkosten aus §§ 280 I, II, 286 BGB

D entstanden Kosten, weil S nicht rechtzeitig lieferte. Den für die Miete aufgewendeten Geldbetrag könnte er unter den Voraussetzungen der §§ 280 I, II, 286 BGB als Verzögerungsschaden neben der Leistung geltend machen.

Ein Anspruch aus §§ 280 I, II, 286 BGB setzt zunächst voraus, dass S schuldhaft eine Pflicht aus einem Schuldverhältnis nicht rechtzeitig erfüllte.

1. Schuldhafte Pflichtverletzung

S war nach § 433 I 1 BGB zur Übereignung und Übergabe der Software am 02.08. verpflichtet. Seine Nichtleistung zu diesem Zeitpunkt stellt objektiv eine Pflichtverletzung dar. Damit ist der Tatbestand des § 280 I 1 BGB verwirklicht.

Das Vertretenmüssen des S wird nach § 280 I 2 BGB mangels entgegenstehender Anhaltspunkte vermutet.

2. Zusätzliche Anforderungen des § 286 BGB / Verzug des S

Gemäß § 280 II BGB kann Schadensersatz bei nicht rechtzeitigen Leistungen nur unter den zusätzlichen Voraus-

setzungen des § 286 BGB gewährt werden.

Erforderlich ist also, dass sich S im Verzug befunden hat. Verzug bedeutet schuldhafte Nichtleistung trotz Möglichkeit, Fälligkeit, Einredefreiheit und Mahnung.

a) Wirksame, fällige und mögliche Forderung

Die wirksam entstandene Leistungsforderung des D ist am 02.08. fällig geworden. Die Leistung war dem S auch ohne weiteres möglich.

b) Entbehrlichkeit der Mahnung, § 286 II Nr.1 BGB

Eine Mahnung i.S.v. § 286 I BGB lag zwar nicht vor, doch war die Leistungszeit kalendermäßig bestimmt, sodass § 286 II Nr.1 BGB Anwendung findet.

c) Einredefreiheit/Gegenanspruch des S

S würde nur dann in Verzug geraten, wenn dem Anspruch des D keine Einreden des S gegenüberstünden.

Das könnte vorliegend zweifelhaft sein, da S am 20.08. dem Lieferungsanspruch des D eine aus einer früheren Lieferung noch offene Rechnung entgegen gehalten hat und sich zur Lieferung erst nach Begleichung dieser Rechnung bereit erklärte.

aa) Zurückbehaltungsrecht, § 273 I BGB

Dadurch könnte er ein Zurückbehaltungsrecht nach § 273 I BGB geltend gemacht haben.

Voraussetzungen des Zurückbehaltungsrechts (ZBR) gem. § 273 I BGB
1. **Gegenanspruch** des Schuldners
2. **Fälligkeit** des Gegenanspruchs
3. **Konnexität** zwischen Anspruch und Gegenanspruch
4. **Kein Ausschluss** des ZBR
5. **Rechtfolge**: Einrede

S hatte gegen D einen Anspruch aus einem früheren Vertrag. Dieser war auch fällig.

Zwischen beiden Ansprüchen müsste aber auch die notwendige Konnexität bestanden haben.

Unter Konnexität versteht man, dass der Anspruch des Gläubigers und der Gegenanspruch des Schuldners auf „demselben rechtlichen Verhältnis" beruhen müssen. Dieser Begriff ist im weitesten Sinne zu verstehen. Es ist nicht erforderlich, dass die Ansprüche im selben Vertrag ihre Rechtsgrundlage haben. Es genügt, wenn ihnen ein innerer natürlicher und wirtschaftlicher Zusammenhang zugrunde liegt. Die Konnexität ist insbesondere bei Ansprüchen aus ständigen Geschäftsbeziehungen zu bejahen, wenn die verschiedenen Verträge wegen ihres zeitlichen oder sachlichen Zusammenhangs als eine natürliche Einheit erscheinen.

Dies war vorliegend der Fall. D und S standen in ständigen Geschäftsbeziehungen.

Die jetzige und frühere Lieferung stehen auch im sachlichen Zusammenhang, da es sich in beiden Fällen um Computer und Computerzubehör handelt. Somit ist die notwendige Konnexität gegeben.

Damit machte D zu Recht die Einrede des Zurückbehaltungsrechts gem. § 273 I BGB geltend.

bb) Generelle Auswirkungen von Einreden auf den Schuldnerverzug

Allgemein hat *die Erhebung* einer Einrede zur Folge, dass der Anspruch des Gläubigers nicht mehr durchsetzbar ist. In der Konsequenz scheidet zumindest ab diesem Zeitpunkt Verzug aus, da es an einem einredefreien, also durchsetzbaren Anspruch fehlt.

Wollte man aber generell auf den Zeitpunkt abstellen, in dem der Schuldner seine Einrede geltend macht, käme er nach Ausspruch einer Mahnung (bzw. bei deren Entbehrlichkeit nach Erfüllung der Voraussetzungen von § 286 II, III BGB) in jedem Fall zunächst einmal in Verzug. Dem widerspricht aber das allgemeine Rechtsempfinden: Wer seine Verurteilung durch eine Einrede abwenden kann, braucht auch nicht zu leisten oder hat seine Nichtleistung zumindest nicht zu vertreten, vgl. § 280 I 2 bzw. § 286 IV BGB. Nach h.M. wirkt deshalb grundsätzlich allein das Vorliegen der Voraussetzungen einer Einrede gegen den fraglichen Anspruch verzugsausschließend.

Anmerkung: Das Bestehen einer Einrede schließt den Verzug also auch dann aus, wenn der Schuldner die Einrede zunächst noch gar nicht erhebt. Unstreitig ist aber, dass er sich auf diese spätestens im Prozess berufen muss. Grund: Einreden werden prozessual – anders als Einwendungen – nicht von Amts wegen berücksichtigt. Es wird also nur der Zeitpunkt der Beseitigungswirkung der Einrede auf deren Entstehen vorverlegt.

cc) Speziell: § 273 I BGB und Auswirkungen auf den Verzug

Ob dies so auf § 273 I BGB übertragen werden kann, ist allerdings sehr fraglich.

Gem. § 273 III BGB hat der Gläubiger hier nämlich das Recht, durch Sicherheitsleistung das Leistungsverweigerungsrecht abzuwenden. Diese Möglichkeit soll ihm nicht durch eine materielle Rückwirkung der Einrede genommen werden.

Deswegen schließt das Zurückbehaltungsrecht nach § 273 I BGB den Verzug nur aus, wenn es vor oder bei Eintritt der Verzugsvoraussetzungen ausgeübt wird. Eine besondere Geltendmachung ist ausnahmsweise nur dann nicht erforderlich, wenn der Gläubiger dem Bestehen des Zurückbehaltungsrechts Rechnung trägt und die Leistung Zug-um-Zug verlangt.

Wendet man diese Erkenntnisse auf den vorliegenden Sachverhalt an, stellt man fest, dass S am 02.08. in Verzug geraten ist. Dieser wurde auch nicht durch die Geltendmachung des Zurückbehaltungsrechts seitens des S am 20.08. ex tunc beseitigt. Denn die Erhebung der Einrede des ZBR nach § 273 I BGB hatte nur ex-nunc Wirkung, sodass der Verzug erst am 20.08. entfallen ist.

3. Ergebnis

D kann von S die Kosten für die Miete des Bildbearbeitungsprogramms für die Zeit vom 02.08. bis zum 20.08. als Verzögerungsschaden nach §§ 280 I, II, 286 BGB ersetzen verlangen. Für die letzten zwei Tage besteht jedoch mangels Verzuges kein Ersatzanspruch aus §§ 280 I, II, 286 BGB.

IV. Zusammenfassung

Sound: Alleine das Bestehen einer Einrede schließt den Verzug in der Regel mit ex-tunc Wirkung aus, wenn die Einrede spätestens im Prozess erhoben wird.

Die Einrede nach § 273 I BGB wirkt erst ab dem Zeitpunkt ihrer Erhebung, also mit ex-nunc Wirkung, verzugsausschließend.

Ähnlich wie § 273 I BGB wirkt die Einrede aus § 1000 BGB. Denn § 273 III BGB ist auch auf § 1000 BGB anwendbar. Würde alleine das Vorliegen der Voraussetzungen der Einreden der §§ 273, 1000 BGB den Verzug ausschließen können, hätte der Gläubiger keine Möglichkeit, durch eine Sicherheitsleistung (§ 273 III BGB) auf die Erhebung der Einreden zu reagieren.

Der Gläubiger müsste sofort Sicherheit leisten. Dies widerspricht aber dem Charakter des § 273 III BGB als Reaktionsmöglichkeit des Gläubigers auf die Einredeerhebung.

---

hemmer-Methode: Eine Besonderheit ist bei der Einrede des nichterfüllten, gegenseitigen Vertrages nach § 320 BGB zu beachten. Zwar handelt es sich auch dabei um ein Zurückbehaltungsrecht. Mit dem zu §§ 273, 1000 BGB Gesagten hat dieses Problem aber nichts zu tun, da § 273 III BGB gem. § 320 I 3 BGB gerade nicht anwendbar ist.

Bereits das Vorliegen der Voraussetzungen des § 320 BGB soll nach h.M. verzugsausschließend wirken, sofern der Gläubiger eine ihm obliegende synallagmatische Leistung <u>nicht</u> angeboten hat. Hat er bereits geleistet oder seine Leistung zumindest angeboten, kommt ein Ausschluss des Verzuges nach § 320 BGB nicht in Betracht.

Im Prozess **um den Verzögerungsschaden** muss der Schuldner die Einrede des § 320 BGB nicht einmal erheben, um den Ausschluss des Verzuges durch diese geltend zu machen. Vielmehr ist es Sache des Gläubigers, sein eigenes Leistungsangebot zu beweisen. Nur wenn der Gläubiger bei der Mahnung die Gegenleistung anbietet, gerät der Schuldner in Verzug. Tut der Gläubiger dies nicht, scheidet der Verzug wegen der Einrede aus § 320 BGB aus.

Beachten Sie: Geht es nicht, wie vorliegend, um den Verzug und die Geltendmachung des Verzögerungsschadens durch den Gläubiger, sondern **um die Klage auf Primärleistung**, so muss der Schuldner natürlich die Einrede des § 320 BGB erheben. Dies führt dann zur Verurteilung Zug-um-Zug, § 322 BGB.

V. Zur Vertiefung

- Hemmer/Wüst, Schuldrecht AT, Rn. 139-147.

- Hemmer/Wüst, Basics Zivilrecht, Bd. 1, Rn. 145.

- Vgl. zu dem Spezialfall der Einrede gem. § 321 I S. 1 BGB: BGH, Life&Law 2010, 305 ff. Hier lässt der BGH allein das Bestehen der Einrede genügen, den Verzug zu hindern bzw. zu beenden.

Fall 28: Verzug und die Einrede der §§ 275 II, III BGB

Sachverhalt:

A liegt mit seiner Yacht vor Sylt. Am 02.09. hat er auf der Insel einen einzigartigen Armreif im Wert von 5.000 € erstanden, den der Juwelier J am 09.09., dem Geburtstag von Frau A, auf das Schiff bringen soll. Während der Überfahrt wird J von einem Sturm überrascht, sein Boot gerät ins Schlingern und das Päckchen mit dem Armreif geht über Bord. Es sinkt an einer Stelle, an der das Meer zwar nicht sehr tief, der Grund dafür aber dick mit Schlick überzogen ist. Eine Bergung wäre zwar möglich, man müsste aber Spezialgerät einsetzen, was die Kosten in den sechsstelligen €-Bereich triebe.

A verlangt von J den Armreif zu bergen, J hält dem entgegen, dass kein vernünftiger Mensch für die Bergung eines 5.000 € - Armreifs womöglich mehrere 100.000 € aufwende.

Frage: *Kommt J in Verzug, wenn er am 09. 09. nicht leistet?*

I. Einordnung

Die §§ 275 II und III BGB enthalten seit der Schuldrechtsreform zwei neue Einreden. Diese sind nicht nur im Bereich der Unmöglichkeit und des Erlöschens der Primärleistung von Bedeutung. Sie beeinflussen auch die Voraussetzungen des Verzuges. Da es sich in beiden Fällen um Einreden handelt, sind sie in einer Klausur unter dem Prüfungspunkt „Einredefreiheit" der Forderung zu prüfen.

(-) da die Bergung theoretisch noch möglich war, keine wirkliche Unmöglichkeit

2. **Fälligkeit** der Forderung laut Vereinbarung am 09.09.

3. **Einredefreiheit** der Forderung

(P): Anspruch durchsetzbar?
⇨ § 275 II BGB, faktische Unmöglichkeit (+)
⇨ Erhebung der Einrede (+)

4. **Ergebnis**
Mangels Einredefreiheit des Anspruchs kein Verzug des J

II. Gliederung

Verzug des J mit Leistung des Armreifs am 09.09., § 286 BGB

1. **Wirksame Forderung** des A (+), Anspruch auf Übergabe und Übereignung des Armreifs, § 433 I 1 BGB

(P): Unmöglichkeit gem. § 275 I BGB?

III. Lösung

Verzug des J am 09.09.

J könnte sich seit dem 09.09. im Schuldnerverzug befinden. Der Schuldner kommt in Verzug, wenn er auf eine wirksame, fällige und einredefreie Forderung trotz Möglichkeit und Mahnung schuldhaft nicht leistet.

1. Wirksamer Anspruch des A

A und J schlossen am 02.09. einen Kaufvertrag. Gründe für eine Unwirksamkeit des Kaufvertrages sind nicht ersichtlich. Damit liegt ein wirksamer Kaufvertrag vor. Aus diesem Vertrag war J verpflichtet, den Armreif zu übergeben und Eigentum an ihm zu verschaffen, § 433 I BGB.

a) Anspruch erloschen wegen Unmöglichkeit, § 275 I BGB

Der Leistungsanspruch des A könnte jedoch wegen Unmöglichkeit nach § 275 I BGB erloschen sein.

Dann würde auch kein Schuldnerverzug vorliegen. Infolge des Unfalls während des Unwetters am 09.09. fiel der Armreif auf den Grund des Meeresbodens. Dadurch könnte die Leistung unmöglich geworden sein.

Unmöglichkeit bezeichnet die dauerhafte Nichterbringbarkeit des geschuldeten Leistungserfolgs. Der Armreif sank auf den Meeresboden, wo seine Bergung zwar extrem aufwändig, aber technisch möglich ist. § 275 I BGB erfasst aber nur solche Fallkonstellationen, in denen die Leistung auch theoretisch nicht mehr erbracht werden kann. Folglich erlosch der Erfüllungsanspruch des A nicht nach § 275 I BGB.

b) Zwischenergebnis

Damit bestand am 09.09 ein wirksamer Anspruch des A gegen J auf Übergabe und Übereignung des Armreifs aus § 433 I BGB.

2. Fälligkeit der Forderung

Der Anspruch sollte gemäß der Parteivereinbarung am 09.09. fällig werden, vgl. § 271 II BGB.

3. Einredefreiheit der Forderung

Fraglich ist aber, ob der Anspruch zu diesem Zeitpunkt einredefrei war.

a) Anspruch durchsetzbar? § 275 II BGB – Faktische Unmöglichkeit

J könnte ein Leistungsverweigerungsrecht nach § 275 II BGB zustehen. Dies ist dann der Fall, wenn die von ihm zu erfüllende Leistung Anstrengungen erfordert, die unter Beachtung des Inhalts des Schuldverhältnisses und der Gebote von Treu und Glauben in einem groben Missverhältnis zum Leistungsinteresse des A stehen. Bei der Gesamtabwägung ist auch zu berücksichtigen, ob J das Leistungshindernis zu vertreten hat.

Um den Armreif vom Meeresboden zu holen, müsste J mehrere 100.000 € einsetzen.

Und dies, obwohl er ohne eigenes Verschulden von dem Unwetter überrascht wurde.

Das Leistungsinteresse des Gläubigers bemisst sich in erster Linie nach dem Verkehrswert der Leistung. Darüber hinaus sind aber auch die besonderen Umstände des Einzelfalles zu berücksichtigen. Da A´s Frau Geburtstag hatte und A den Armreif als Geschenk vorgesehen hatte, steigert sich sein Interesse an der Leistungserbringung. Allerdings war die Überraschung zum Geburtstag ohnehin verdorben: Selbst wenn J den Armreif bergen würde, könnte dies sicher noch nicht am 09.09. geschehen.

In der Gesamtabwägung überwiegen die Interessen des J deutlich. Damit liegt ein Fall der faktischen Unmöglichkeit gem. § 275 II BGB vor.

Dem J stand gegen die Forderung des A ein Leistungsverweigerungsrecht und somit eine Einrede aus § 275 II BGB zu.

b) Erhebung der Einrede

Die Äußerung des J, die Bergung sei praktisch unmöglich, ist nach einer laiengünstigen Auslegung als Geltendmachung der Einrede zu verstehen. Dadurch wurde der Anspruch des A aus § 433 I 1 BGB undurchsetzbar.

4. Ergebnis

Damit fehlt es an der Einredefreiheit des Anspruchs des A.

Dadurch entfällt aber auch der Verzug des J, und zwar bereits mit dem Vorliegen der Voraussetzungen des § 275 II BGB. Die spätere Geltendmachung der Einrede ist zwar erforderlich, hat aber ex-tunc Wirkung.

IV. Zusammenfassung

Sound: Das Vorliegen des Leistungshindernisses und damit das Vorliegen der Einredevoraussetzungen des § 275 II BGB führt zum Ausschluss des Schuldnerverzuges. Dies jedoch nur dann, wenn der Schuldner die Einrede später geltend macht.

Das gleiche gilt auch für die Einrede nach § 275 III BGB (moralische Unmöglichkeit).

hemmer-Methode: § 275 II BGB verhält sich auch hinsichtlich seiner materiellen Rückwirkung hinsichtlich des Schuldnerverzugs wie eine „ganz normale" Einrede: Schon das Vorliegen der tatbestandlichen Voraussetzungen der Norm schließt den Verzugseintritt aus. Der Schuldner, der das Recht hat, die Leistung zu verweigern, muss sich eben nicht als „echter Schuldner" fühlen. Allerdings muss er seine Einrede überhaupt einmal, spätestens bis zum Schluss der mündlichen Verhandlung im Prozess geltend machen. Macht er von seinem *Recht* (er hat eben die Wahlmöglichkeit) hingegen keinen Gebrauch, so bringt ihn eine Leistungsverspätung unter den Voraussetzungen des § 286 BGB auch in Verzug.

V. Zur Vertiefung

- Hemmer/Wüst, Schuldrecht AT, Rn. 148 f.

Fall 29: Verzug bei Geldforderungen / Verzugszinsen

Sachverhalt:

Um für die bevorstehende Fußballweltmeisterschaft gerüstet zu sein, gönnt A sich einen neuen Fernseher. Mit einem neuen Flat-TV für 5.900 € hat er seine finanziellen Mittel aber mehr als ausgereizt. Die Rechnung des H, die er eine Woche nach dem Kauf per Post erhält, wirft er in den Papierkorb. Nach Ablauf von drei Monaten verlangt H Verzugszinsen.

Frage: Zu Recht?

I. Einordnung

Eine Erleichterung für den Gläubiger beinhaltet § 286 III BGB. Lange Zeit wurde die Rechnung nicht als verzugsbegründendes Ereignis angesehen, sodass der Gläubiger es oft versäumte, neben der Stellung der Rechnung gesondert zu mahnen.

Diese Lücke schloss bereits § 284 III BGB a.F. Sein Wortlaut enthielt aber – im Gegensatz zum jetzigen § 286 III BGB – nicht das Wort „spätestens". Auf Grund der Formulierung kamen Zweifel auf, ob eine Verzugsbegründung vor Ablauf der 30 Tage durch Mahnung überhaupt möglich war.

§ 286 III BGB räumt diese Zweifel aus. Auch vor Ablauf der 30 Tage kann der Schuldnerverzug nach Abs. 1 oder 2 eintreten, wenn der Gläubiger gemahnt hat oder eine Mahnung entbehrlich ist.

II. Gliederung

Anspruch auf Zahlung von Verzugszinsen aus § 288 I BGB

1. **Geldschuld** (+)
   Kaufpreiszahlung, § 433 II BGB
2. **Verzug** (−)

a)   Nichtleistung auf einen fälligen, einredefreien Anspruch (+)

b)   Verschulden (+)
     gem. § 286 IV BGB vermutet

c)   Mahnung bzw. ihre Entbehrlichkeit
     ⇨ Mahnung (−)
     ⇨ Mahnungssurrogat, § 286 I 2 BGB (−)
     ⇨ **Entbehrlichkeit der Mahnung** gem. § 286 III 1 HS. 1 BGB (−)

aa) Entgeltforderung (+)

bb) Rechnungsstellung (+)

cc) Ablauf der 30-Tage-Frist (+)
     Aber: Verbrauchereigenschaft (§ 13 BGB) des A, § 286 III 1 HS. 2 BGB
     ⇨ ein besonderer Hinweis auf Rechtsfolgen erforderlich ⇨ vorliegend unterblieben

3.   **Ergebnis**
     mangels Mahnung kein Verzug
     ⇨ kein Anspruch auf Verzugszinsen

III. Lösung

Anspruch auf Zahlung von Verzugszinsen aus § 288 I BGB

H könnte gegen A einen Anspruch auf Zahlung der Verzugszinsen aus § 288 I 1 BGB haben.

Nach § 288 I BGB ist eine Geldschuld während des Verzugs mit fünf Prozentpunkten über dem Basiszinssatz zu verzinsen. A müsste sich also mit einer Geldschuld im Verzug befunden haben.

Anmerkung: Achten Sie auf die Fallfrage! Hier geht es *nur um Verzugszinsen*. Nach Schadensersatz etc. wurde nicht gefragt. Zudem gibt der Sachverhalt gar keine Auskunft darüber, ob dem H denn überhaupt ein Schaden entstanden ist.

1. Geldschuld

Aus § 433 II BGB schuldete A dem Händler H eine Geldsumme i.H.v. 5.900 € als Kaufpreis und damit auch eine Geldschuld i.S.v. § 288 I 1 BGB.

2. Verzug

Fraglich ist, ob und wenn ja, ab wann sich A im Verzug befand. Verzug wird durch die schuldhafte Nichtleistung auf eine fällige und durchsetzbare Forderung trotz Mahnung charakterisiert.

a) Nichtleistung auf einen fälligen, einredefreien Anspruch

A und H schlossen einen wirksamen Kaufvertrag ab, auf Grund dessen A zur Zahlung des Kaufpreises verpflichtet wurde, § 433 II BGB. Dieser Kaufpreisanspruch des H wurde mit Zugang der Rechnung fällig, für das Bestehen irgendwelcher Einreden gibt es keine Anhaltspunkte.

b) Verschulden

Nach § 286 IV BGB muss der Schuldner die Nichtleistung zu vertreten haben.

Die negative Formulierung des § 286 IV BGB bewirkt, dass der Schuldner sein Nichtvertretenmüssen im Streitfall darzulegen und zu beweisen hat. Da A vorliegend sein fehlendes Verschulden nicht beweisen kann, hat er seine nicht rechtzeitige Leistung zu vertreten.

Anmerkung: Hier hat – anders als bei der Prüfung des Verzögerungsschadens gem. §§ 280 I, II, 286 BGB - § 286 IV BGB eigenständige Bedeutung. Für den Anspruch auf den Verzögerungsschaden folgt das Vertretenmüssen schon aus § 280 I 2 BGB und wird durch § 286 IV BGB nur wiederholt. Daher brauchen Sie den § 286 IV BGB in dieser Konstellation nicht zu prüfen.
Der Anspruch auf Verzugszinsen hingegen ist unabhängig von den tatbestandlichen Voraussetzungen des § 280 I BGB.
Da der Schuldner aber auch nur bei Verschulden zur Zinszahlung verpflichtet sein soll, ist § 286 IV BGB nötig.

c) Mahnung bzw. Entbehrlichkeit der Mahnung

Der Schuldner kommt nur dann in Verzug, wenn er ausreichend gemahnt wurde oder wenn eine Mahnung entbehrlich war.

H mahnte den A nicht. Es liegt auch kein Mahnungssurrogat vor, da H weder eine Klage erhoben hat noch ein Mahnbescheid zugestellt wurde.

Auch einer der in § 286 II BGB aufgeführten Fälle, in denen eine Mahnung entbehrlich ist, liegt nicht vor.

aa) Entbehrlichkeit der Mahnung gem. § 286 III 1 HS. 1 BGB

Möglicherweise sind aber die Voraussetzungen des § 286 III BGB gegeben. Danach kommt der Schuldner einer Entgeltforderung in jedem Fall dann in Verzug, wenn er nicht innerhalb von 30 Tagen nach Zugang einer Rechnung leistet.

Anmerkung: § 286 III BGB ergänzt nur das System des § 286 BGB – die Norm gilt nur subsidiär („spätestens") zu den Absätzen 1 und 2. Mit anderen Worten: Mahnt der Gläubiger den Schuldner und liegen auch die sonstigen Verzugsvoraussetzungen vor, so kommt der Schuldner einer Entgeltforderung auch dann in Verzug, wenn noch keine 30 Tage seit Rechnungszugang vergangen sind.

Unter einer Entgeltforderung versteht man die Ansprüche, die auf die Zahlung eines Entgelts für die Lieferung von Gütern und Erbringung von Dienstleistungen gerichtet sind. Eine Kaufpreisforderung stellt daher eine solche Entgeltforderung dar.

Anmerkung: Beachten Sie, dass die Entgeltforderung eine Geldforderung ist, die ein Entgelt für eine *Gegenleistung* des Gläubigers darstellt. § 286 III BGB ist daher nicht auf einseitige Geldleistungspflichten, etwa aus einem Schenkungsvertrag, anzuwenden.

Dem A ist auch eine Rechnung zugegangen, die er nicht innerhalb der 30 Tage nach Rechnungszugang beglichen hat.

Damit wäre A gemäß § 286 III 1 HS. 1 BGB 30 Tage nach Zugang der Rechnung in Verzug gekommen, ohne dass es einer Mahnung bedurft hätte.

bb) Verbrauchereigenschaft des A, § 286 III 1 HS. 2 BGB

§ 286 III BGB macht allerdings dann eine Einschränkung, wenn der Schuldner ein Verbraucher i.s.v. § 13 BGB ist. § 286 III BGB ist in diesem Fall nur dann anwendbar, wenn in der Rechnung besonders auf die Rechtsfolgen der verspäteten Zahlung hingewiesen worden ist.

Fraglich ist, ob A Verbraucher ist. Wer Verbraucher ist, regelt § 13 BGB. Es muss sich um eine natürliche Person handeln, die zu privaten Zwecken ein Rechtsgeschäft vornimmt.

Das trifft auf A zu. Er kaufte den Fernseher für die bevorstehende Fußballweltmeisterschaft und damit für einen privaten Zweck.

Damit käme er nur dann in Verzug, wenn H ihn in seiner Rechnung auf die Rechtsfolgen der unterbliebenen Zahlung hingewiesen hätte. Die Beweislast dafür trägt nach den allgemeinen Regeln der Verkäufer H.

Vorliegend ist aus dem Sachverhalt nicht erkennbar, ob H einen entsprechenden Hinweis gegeben hat, dass A mit Ablauf von 30 Tagen nach Zugang der Rechnung in Verzug kam. Mangels Anhaltspunkte im Sachverhalt und eines entsprechenden Vortrages des beweispflichtigen H muss davon ausgegangen werden, dass ein solcher Hinweis unterblieben ist.

Folglich kam A nicht gem. § 286 III BGB in Verzug.

3. Ergebnis

Da eine anderweitige Mahnung nicht ersichtlich ist, befand sich A zu keinem Zeitpunkt im Verzug. Ein Anspruch des H auf Zahlung von Verzugszinsen aus § 288 I BGB besteht nicht.

IV. Zusammenfassung

Sound: Der Schuldner einer Entgeltforderung kommt *spätestens* in Verzug, wenn er nicht innerhalb von 30 Tagen nach Fälligkeit und Zugang einer Rechnung oder gleichwertigen Zahlungsaufstellung leistet.

Die Frist von 30 Tagen ist eine Ereignisfrist und wird gem. §§ 187 I, 188 I BGB berechnet.

hemmer-Methode: Damit die 30-Tages-Frist überhaupt läuft, muss ein fälliger und wirksamer Anspruch vorliegen. Kommt dieser erst später – etwa durch Heilung nach § 311b I 2 BGB zustande, so beginnt der Lauf der 30-Tages-Frist erst in diesem Zeitpunkt. Die 30-Tages-Frist beginnt erst dann zu laufen, wenn der fragliche Anspruch fällig ist *und* die Rechnung bzw. Forderungsaufstellung vorliegt. Deswegen ist in Ihrer Klausur zwingend die Prüfungsreihenfolge einzuhalten: Wirksamkeit, Fälligkeit und Einredefreiheit des Anspruchs und erst danach Vorliegen einer Mahnung oder ihre Entbehrlichkeit.

Interessant ist in diesem Zusammenhang auch die Frage, welcher Zinssatz einschlägig ist (Absatz 1 oder 2), wenn eine Forderung abgetreten wird, deren alter Gläubiger Unternehmer, der neue Gläubiger aber Verbraucher ist. Vgl. Sie zu diesem interessanten Sonderproblem BGH Life&Law 2006, 433 ff.

V. Zur Vertiefung

- Hemmer/Wüst, Basics Zivilrecht, Bd. 1, Rn. 146.

- Hemmer/Wüst, Schuldrecht AT, Rn. 162 ff.

- Zum Ersatz von Verzugszinsen bei verzögerter Freigabe hinterlegten Geldes vgl. BGH Life&Law 2006, 661 ff.

- Zur Definition einer Entgeltforderung im Sinne des § 288 II BGB, bei dem 8 Prozentpunkte über dem Basiszinssatz gibt, vgl. Life&Law 2010, 513 ff. Eine Entgeltforderung ist eine Geldforderung, die eine Gegenleistung für eine erbrachte Leistung darstellt.

Fall 30: Verzug und Schadensersatz statt der Leistung

Sachverhalt:

Sportfachhändler A hat bei Großhändler G 2000 Lauftrikots bestellt. A wiederum hat die Trikots an den Sportverein S verkauft, der einen Marathonlauf organisiert und jedem Teilnehmer das gleiche, mit seinem Vereinswappen bedruckte T-Shirt über-eichen möchte. Nachdem G nicht fristgemäß liefert, mahnt A – leider erfolglos. Zu-gleich setzt er ihm eine angemessene letzte Frist, nach der er die Leistung nicht mehr annehmen und stattdessen Schadensersatz verlangen werde. G lässt sich nicht beeindrucken und reagiert überhaupt nicht. Um seiner Verpflichtung S gegen-über nachzukommen erwirbt A bei einem anderen Großhändler 2000 Trikots zu ei-nem bedeutend höheren Preis.

Frage: Kann A die bei dem Deckungskauf angefallenen Mehrkosten von G verlan-gen?

I. Einordnung

Gerät der Schuldner in Verzug, so kann es häufiger passieren, dass sich der Gläubiger die Ware woanders besorgt. Er wird dann daran interessiert sein, die dadurch entstandenen Preisunter-schiede, die Mehrkosten des De-ckungskaufs auf den Schuldner abzu-wälzen. §§ 280 I, II, 286 BGB helfen in-soweit nicht weiter, da diese nur den Begleitschaden ersetzen. Hier handelt es sich aber um einen Schaden, der an Stelle der ausgefallenen Leistung ent-standen ist.

Welche Anspruchsgrundlage in diesen Fällen richtig ist, zeigt Ihnen dieser Fall.

II. Gliederung

I.	Anspruch des A gegen G auf Schadensersatz aus §§ 280 I, II, 286 BGB
1.	**§ 280 I BGB** KV (+), Verletzung der Leistungs-pflicht, § 433 I 1 BGB

2.	**§§ 280 II, 286 BGB** Möglichkeit der Leistung, Fällig-keit und Einredefreiheit der Forde-rung, Mahnung (+)
3.	**Ersatzfähiger Schaden?** Nur Schadensersatz <u>neben</u> der Leistung Hier (-)
4.	**Zwischenergebnis** Anspruch aus §§ 280 I, II, 286 BGB (-)
II.	**A gegen G auf Schadensersatz statt der Leistung aus §§ 280 I, III, 281 I BGB**
1.	**Pflichtverletzung** aus einem Schuldverhältnis (+), KV
2.	**Zusätzliche Voraussetzungen** des § 281, § 280 III BGB
a)	Nichtleistung trotz Fälligkeit (+)
b)	Erfolglose Nachfristsetzung ⇨ bestimmte und unmissver-ständliche Aufforderung (+) ⇨ angemessene Fristsetzung (+)
3.	**Ergebnis** Anspruch aus §§ 280 I, III, 281 BGB (+)

III. Lösung

I. Anspruch des A gegen G auf Schadensersatz aus §§ 280 I, II, 286 BGB

A könnte gegen G einen Anspruch auf Ersatz der entstandenen Mehrkosten aus §§ 280 I, II, 286 BGB haben.

1. § 280 I BGB

Es müssten zunächst die Voraussetzungen des § 280 I BGB vorliegen.

Danach müsste G eine Pflicht aus einem Schuldverhältnis verletzt und dies auch zu vertreten haben.

G war A aus einem wirksamen Kaufvertrag über 2000 Lauftrikots gem. § 433 I 1 BGB zur Lieferung verpflichtet. Durch die nicht rechtzeitige Erfüllung dieser Lieferungspflicht hat er den Tatbestand des § 280 I 1 BGB verwirklicht.

Sein Vertretenmüssen wird nach § 280 I 2 BGB vermutet.

2. §§ 280 II, 286 BGB

Gemäß § 280 II BGB kann Schadensersatz bei Zu-Spät Leistungen nur unter den zusätzlichen Voraussetzungen des § 286 BGB gewährt werden. Demnach müsste sich G im Verzug befunden haben.

Schuldnerverzug liegt vor, wenn der Schuldner auf eine mögliche, fällige und einredefreie Forderung des Gläubigers trotz Mahnung schuldhaft nicht leistet.

G leistete hier trotz Fälligkeit nicht auf eine wirksame und einredefreie Forderung. A hat zudem die Leistung bei G angemahnt. Die verzugsauslösenden Voraussetzungen des § 286 liegen somit vor.

3. Ersatzfähiger Schaden?

Die Voraussetzungen der §§ 280 I, III, 286 BGB sind erfüllt. A hätte demnach einen Anspruch auf den sog. Verzögerungsschaden. Nach diesen Normen wird der Schaden ersetzt, der kausal dadurch entsteht, dass der Schuldner verspätet erfüllt. Entscheidend ist, dass dieser Schadensersatzanspruch nur *neben* die weiterhin bestehende Pflicht zur Erfüllung des Primäranspruchs tritt, diesen aber gerade nicht ersetzt.

Der Verzögerungsschaden ist nämlich ein Schaden i.S.d. § 280 I BGB. Es handelt sich dabei um einen Schaden neben der Leistung, einen Begleitschaden.

Vorliegend verlangt A aber den Ersatz der Kosten des Deckungskaufs. Die Kosten des Deckungskaufs sind aber kein Schaden neben der weiterhin bestehenden Primärleistung, sondern treten als Schadensposten an die Stelle der Leistung, als deren Ersatz.

Damit kann A die durch den Deckungskauf aufgewendeten Mehrkosten nicht neben der Leistung nach § 433 I 1 BGB, sondern nur als sog. Schadensersatz *statt* der Leistung verlangen.

4. Zwischenergebnis

Ein Anspruch auf den Ersatz den von A geltend gemachten Schadens aus §§ 280 I, II, 286 BGB besteht mithin nicht.

II. Anspruch des A gegen G auf Schadensersatz statt der Leistung gem. §§ 280 I, III, 281 I BGB

Allerdings könnte A seinen Schaden unter den Voraussetzungen der §§ 280 I, III, 281 I BGB von G ersetzt verlangen.

Diese Normen gewähren nämlich den sog. Schadensersatz statt der Leistung.

1. Pflichtverletzung aus einem Schuldverhältnis

Voraussetzung für den Schadensersatz statt der Leistung ist auch hier, dass G eine Pflicht aus einem Schuldverhältnis schuldhaft verletzt, § 280 I 1 BGB. Wie bereits oben gezeigt, ist der Tatbestand des § 280 I erfüllt. Das Vertretenmüssen wird gem. § 280 I 2 BGB vermutet.

2. Zusätzliche Voraussetzungen des §§ 280 III, 281 BGB?

Schadensersatz statt der Leistung kann aber nur unter den zusätzlichen Voraussetzungen des § 280 III BGB geltend gemacht werden. § 280 III BGB verweist auf die Erfordernisse der §§ 281 – 283 BGB. Bei der Nichterbringung einer noch möglichen echten Leistungspflicht kommt § 281 BGB in Betracht. G müsste also eine fällige Leistung auch nach Setzung einer angemessenen Nachfrist nicht erfüllt haben.

a) Nichtleistung trotz Fälligkeit

G leistete trotz Fälligkeit auf den einredefreien Anspruch des A aus § 433 I BGB nicht.

b) Erfolglose Nachfristsetzung

Der Gläubiger hat den Schuldner eindeutig und unmissverständlich zur Leistung aufzufordern. Nicht nötig ist es, dass der Gläubiger dem Schuldner für den Fall des fruchtlosen Ablaufs der gesetzten Frist bestimmte Folgen, wie etwa die Geltendmachung von Schadensersatzansprüchen androht.

Anmerkung: Diese früher zwingend erforderliche Ablehnungsandrohung hat der Gesetzgeber mit dem Schuldrechtsmodernisierungsgesetz beseitigt.

Die Frist muss zudem angemessen sein. Freilich würde eine zu kurz bemessene Frist automatisch eine angemessene in Gang setzen, d.h. eine zu kurz bemessene Frist ist nicht unwirksam.

Laut Sachverhalt hat A dieses Erfordernis beachtet. Die Frist hat G ungenutzt verstreichen lassen.

Anmerkung: Von großer Bedeutung ist die Frage, ob unter dem Begriff „Fristsetzung" zwingend das Benennen eines bestimmten Zeitpunktes bzw. Zeitraumes zu verstehen ist. Nach Ansicht des BGH finden sich dazu im Gesetz keine Anhaltspunkte. Insoweit reicht nach heute h.M. auch eine Aufforderung, den Mangel „demnächst" oder „in den nächsten Tagen" zu beseitigen vollkommen aus.
Davon zu trennen ist die Frage, ob im Rahmen des Rücktritts bei einem Verbrauchsgüterkauf überhaupt eine Frist zu *setzen* ist. Vgl. dazu die Ausführungen bei Fall 33.

c) Schuldnerverzug als Voraussetzung?

Fraglich ist, ob zu den Voraussetzungen des § 281 BGB auch das Vorliegen des Schuldnerverzuges gehört.
Das ist nicht der Fall. § 280 III BGB verweist nur auf § 281 BGB und nicht auch noch auf § 286 BGB.
Auch wenn die tatbestandlichen Voraussetzungen der beiden Normen in der Regel zugleich erfüllt sein werden, widerspräche es doch der klaren Systematik des Gesetzes, den Schuldnerverzug zur Voraussetzung von § 281 BGB zu machen.

Folglich ist auf § 286 BGB i.R.d. hier geprüften Schadensersatzanspruchs nach §§ 280 I, III, 281 I 1 BGB nicht weiter einzugehen.

3. Ergebnis

Die tatbestandlichen Voraussetzungen des Anspruchs nach §§ 280 I, III, 281 I 1 BGB sind erfüllt; Rechtsfolge ist der Ersatz des Schadens statt der Leistung. Im Ergebnis kann A von G Ersatz der ihm entstandenen Mehrkosten verlangen.

hemmer-Methode: Der Gläubiger ist so zu stellen, wie er bei ordnungsgemäßer Erfüllung stünde (positives Interesse).
Hätte G ordnungsgemäß erfüllt, hätte A den Deckungskauf nicht tätigen müssen.

Da er im Wege des Deckungskaufs Trikots bekommen hat, muss G nur die Mehrkosten des Deckungsvertrages ersetzten.

IV. Zusammenfassung

Sound: Schadensersatz statt der Leistung kann der Gläubiger im Falle der nicht rechtzeitigen Leistung gem. § 280 III BGB nur unter den Voraussetzungen des § 281 BGB verlangen.

Der Anspruch auf Ersatz des Verzögerungsschadens (Schadensersatz neben der Leistung, §§ 280 I, II, 286 BGB) bleibt neben dem, dem Gläubiger nachträglich erwachsenden, Anspruch auf Schadensersatz statt der Leistung aus §§ 280 I, III, 281 BGB bestehen.
Es geht also nur um die Zuordnung des Schadenspostens zu der einen oder der anderen Anspruchsgrundlage.

hemmer-Methode: Zum neuen § 281 BGB sind einige Besonderheiten im Vergleich zu der alten, vor der Schuldrechtsreform geltenden Rechtslage zu beachten. Zunächst gilt § 281 BGB für alle (Leistungs-)Ansprüche, nicht nur für solche, die synallagmatisch verknüpft sind.
Die früher nach § 326 BGB a.F. erforderliche Ablehnungsandrohung ist nun nicht mehr nötig – die bloße Setzung einer angemessen Nachfrist reicht jetzt aus. Der Fristablauf führt aber allein nicht zum Entfallen des Leistungsanspruchs, vgl. § 281 IV BGB. Wichtig: Der Verzug ist nicht mehr Tatbestandsmerkmal für einen Anspruch auf Schadensersatz statt der Leistung bei Leistungsverzögerungen. Und schließlich: Eine zu kurze Nachfrist ist, wie bisher auch, nicht unwirksam, sondern setzt eine angemessene in Gang.
Wiederholen Sie in diesem Zusammenhang das Erfordernis an die Entbehrlichkeit der Mahnung gem. § 286 II Nr.2. Auch dort muss eine angemessene Zeit zur Leistung bestimmt sein. Genau wie im Falle des § 281 BGB wird eine unangemessene Zeit in eine angemessene umgedeutet und die Frist verlängert.

V. Zur Vertiefung

- Hemmer/Wüst, Basics Zivilrecht, Bd. 1, Rn. 230-238.
- Hemmer/Wüst, Schuldrecht AT, Rn. 346 ff.
- Zu den Anforderungen an die Fristsetzung vgl. BGH, Life&Law 2009, 721 ff.

Kapitel V: Schadensersatz statt der Leistung

Fall 31: Schadensersatz statt der ganzen Leistung beim Sukzessivlieferungsvertrag

Sachverhalt:

A ist Inhaber einer bekannten Weinschänke. Er hat mit Winzer W einen auf zwei Jahre befristeten Vertrag geschlossen, nachdem ihm dieser monatlich 3000 Flaschen Wein verschiedener Sorten liefert. Nachdem der Vertrag sechs Monate problemlos erfüllt wurde, untersucht das Weinmagazin „Ökologie heute" den bei A ausgeschenkten Wein und entdeckt Spuren von Frostschutzmittel in zahlreichen Proben der siebten Tranche. Nachdem die Ergebnisse publik wurden, erlitt A herbe Umsatzeinbußen. Von der weiteren Belieferung durch W wollte er nichts mehr wissen. Er fand in D einen anderen Winzer, der ihm zu einem allerdings bedeutend höheren Preis Wein in gleicher Qualität wie W verkaufte.

A verlangt den ihm entstandenen Schaden von W ersetzt.

I. Einordnung

Ein Sonderproblem stellen Leistungsstörungen bei Sukzessivlieferungsverträgen dar.

Unproblematisch kann der Gläubiger die sich aus der Leistungsstörung im Zusammenhang mit der einzelnen Rate ergebenden Rechte nach den allgemeinen Vorschriften geltend machen.

Jedoch kann es im Interesse des Gläubigers liegen, Schadensersatz statt der Leistung nicht hinsichtlich der einzelnen Rate, sondern hinsichtlich des <u>gesamten</u> Vertrages zu verlangen.

Überlegen Sie, warum dies problematisch sein könnte und versuchen Sie Argumente zu sammeln.

II. Gliederung

1.   Anspruch des A gegen W auf Schadensersatz für den erlittenen Umsatzrückgang aus §§ 280 I, 437 Nr.3, 434 I 2 Nr.2, 433 I 2 BGB

a)   Wirksamer Kaufvertrag, § 433 BGB

(+), in Form eines Ratenlieferungsvertrages = „echter" Sukzessivlieferungsvertrag: Die von Anfang an im Gesamtumfang bestimmte Leistung wird in Raten geliefert.

b)   Vorliegen eines Mangels, § 434 BGB (+)

Abweichen der „Ist-" von der vertraglich vereinbarten „Soll-" Beschaffenheit, infolge gesundheitsschädigender Stoffzusätze; bei Gefahrübergang, § 446 S. 1 BGB (+)

(+), mit Übergabe der fälligen Lieferung

c) Voraussetzungen des § 280 I BGB

d) Ersatzfähiger Schaden
SchaE neben der Leistung (+), da Umsatzrückgang unabhängig vom Bestand der Leistung

2. Anspruch des A gegen W auf Ersatz der Mehrkosten für den Einkauf bei D aus §§ 280 I, III, 281, 437 Nr.3, 434 I Nr.2 BGB

a) Ziel: Schadensersatz statt der ganzen Leistung

b) Voraussetzungen des § 281 BGB

aa) Setzung einer angemessenen Nachfrist (-) Aber:

bb) Entbehrlichkeit der Fristsetzung nach § 281 II 2. Alt. BGB (+)

c) Rechtsfolgen

aa) Hinsichtlich der gepanschten, siebten Teillieferung SchaE unproblematisch (+)

bb) Hinsichtlich des Gesamtvertrags zusätzlich Voraussetzung des § 281 I 2 BGB ⇨ Interessenfortfall bei A (+)

d) Ergebnis
SchaE statt der ganzen Leistung (+)

III. Lösung

1. Anspruch des A gegen W auf Schadensersatz für den erlittenen Umsatzrückgang aus §§ 280 I, 437 Nr.3, 434 I 2 Nr.2, 433 I 2 BGB

Anmerkung: Bei der Prüfung von Schadensersatzansprüchen des A ist zwischen verschiedenen Schadensposten zu unterscheiden. Zum einen begehrt er Schadensersatz für den erlittenen Umsatzrückgang, zum anderen Er-

satz der Mehrkosten für den Einkauf bei D.

Ein Anspruch auf Ersatz für den erlittenen Umsatzrückgang könnte sich aus §§ 280 I, 437 Nr.3, 434 I 2 Nr.2, 433 I 2 BGB ergeben.

hemmer-Methode: Diese Zitierweise ist nicht zwingend. Sie können die Paragraphenkette mit § 433 I 2 BGB beginnen und mit den §§ 280 ff. BGB beenden oder auch umgekehrt. Öfters werden §§ 433, 434 BGB nicht zitiert, da diese nicht direkt Anspruchsgrundlagen sind. Anspruchsgrundlage ist alleine § 280 I BGB. Eine erweiterte Zitierweise soll aber aus Gründen der Genauigkeit erfolgen. Geben Sie aber ihrem Korrektor zu erkennen, dass nur § 280 I BGB eine Anspruchsgrundlage ist. § 437 Nr.3 ist eine reine Verweisungsvorschrift.

a) Wirksamer Kaufvertrag, § 433 BGB

A und W haben einen Kaufvertrag über die Lieferung von 3000 Flaschen Wein geschlossen, der über 2 Jahre Bestand haben soll.

Gründe für eine Unwirksamkeit des Vertrages sind nicht ersichtlich.

Danach war der Winzer W zu mangelfreien Weinlieferungen verpflichtet, § 433 I 2 BGB.

Anmerkung: A und W schlossen einen Kaufvertrag, den W sukzessiv erfüllen sollte. Es gelten die §§ 433 ff., die lediglich hinsichtlich der Fälligkeit der einzelnen Teilleistungen im Vergleich zu „normalen" Kaufverträgen modifiziert werden.

b) Vorliegen eines Mangels, § 434 BGB

Im gelieferten Wein wurden jedoch Frostschutzmittel entdeckt. Diese könnten einen Sachmangel darstellen.

aa) Verschiedene Mangelbegriffe des § 434 BGB

Ein Sachmangel liegt vor, wenn die objektive Beschaffenheit der Sache von der vertraglich vereinbarten negativ abweicht, § 434 I S. 1 BGB. Wurde eine solche Vereinbarung der Beschaffenheit nicht getroffen, so kommt es auf die vertraglich vorausgesetzte (§ 434 I 2 Nr.1 BGB) bzw. die für die gewöhnliche Verwendung geeignete Beschaffenheit (§ 434 I 2 Nr.2 BGB) an.

Ein Wein mit Frostschutzmittelzusätzen eignet sich jedenfalls nicht für die gewöhnliche Verwendung, § 434 I 2 Nr.2 BGB.

bb) Bei Gefahrübergang

Der Mangel lag bereits bei Übergabe und damit bei Gefahrübergang vor, § 446 S. 1 BGB.

Folglich war der gelieferte Wein i.S.d. § 434 I 1 BGB mangelhaft.

hemmer-Methode: Die Tatbestände, die den Sachmangel regeln, sind in einer Art Stufenfolge aufgebaut. Vorrangig ist auf die vereinbarte Beschaffenheit (§ 434 I 1 BGB) abzustellen. Nur „soweit die Beschaffenheit nicht vereinbart ist", kommt die im Vertrag vorausgesetzte Beschaffenheit (§ 434 I 2, Nr.1 BGB) subsidiär zur Anwendung. Hierzu wiederum subsidiär ist die Eignung zur gewöhnlichen Verwendung in § 434 I 2 Nr.2 BGB.

Dies kommt durch das Wörtchen „sonst" am Ende von § 434 I 2, Nr.1 BGB zum Ausdruck.

c) Voraussetzungen des § 280 I BGB

Die Voraussetzungen des § 280 I BGB liegen auch vor, da W durch seine mangelhafte Weinlieferung eine Pflicht aus dem Kaufvertrag verletzt hat. Das Vertretenmüssen wird gem. § 280 I 2 BGB vermutet.

d) Ersatzfähiger Schaden

Rechtsfolge von § 280 I BGB ist der Ersatz des dem Schuldner adäquat kausal entstandenen Schadens neben der Leistung. Nach § 280 I BGB kann A also den Schaden liquidieren, der unabhängig davon entstanden ist, ob der Vertrag (weiter-)erfüllt wird oder nicht.

Anmerkung: Die Frage, ob ein Schaden neben oder statt der Leistung vorliegt, ist anhand folgender Kontrollfrage zu beantworten: Entfiele der Schaden bei einer gedachten hypothetischen Nacherfüllung, so handelt es sich um einen Schaden statt der Leistung (§§ 281, 282, 283, 311a II BGB). Entfiele der Schaden hingegen nicht, so liegt ein Schaden neben der Leistung vor (§ 280 I BGB).

Der Umsatzrückgang beruht auf der Schlechtleistung des W. Nachdem bekannt wurde, dass A mit Frostschutzmitteln in seinem Warenbestand hatte, ging der Umsatz infolge eines Vertrauensverlustes bei den Kunden drastisch zurück. Der Umsatzrückgang ist dabei unabhängig vom weiteren Schicksal der Primärleistung aus dem Kaufvertrag. Es handelt sich also um den klassischen Schaden neben der Leistung.

Folglich hat A einen Anspruch aus §§ 280 I, 437 Nr.3, 434 I Nr.2, 433 I 2 BGB auf Ersatz des erlittenen Umsatzrückgangs.

2. Anspruch des A gegen W auf Ersatz der Mehrkosten für den Einkauf bei D aus §§ 280 I, III, 281, 437 Nr.3, 434 I 2 Nr.2 BGB

Ein Anspruch auf Schadensersatz der Mehrkosten für den Deckungskauf könnte sich aus §§ 280 I, III, 281, 437 Nr.3, 434 I 2 Nr.2 BGB ergeben. Auch hier ist zunächst § 280 I BGB zu prüfen. Diesbezüglich ergeben sich aber keinerlei Abweichungen zu dem bereits Gesagten, sodass nach oben verwiesen werden kann.

a) Schadensersatz statt der Leistung

A hat kein Interesse an der weiteren Leistung des W, er möchte stattdessen Ersatz der ihm für den Deckungskauf entstandenen Mehrkosten. Dieser Schadensposten ist als Schadensersatz statt der Leistung nur unter den zusätzlichen Voraussetzungen der §§ 281 - 283 BGB ersatzfähig, vgl. § 280 III BGB.

b) Voraussetzungen des § 281 BGB

Wie oben dargestellt, bestand die Pflichtverletzung des W in der Lieferung einer mangelhaften Sache, also in einer Schlechtleistung des Schuldners.

Bei einer Schlechtleistung kann der Gläubiger Schadensersatz statt der Leistung nur dann verlangen, wenn die Voraussetzungen des § 281 BGB kumulativ zu § 280 I BGB erfüllt sind, § 280 III BGB.

aa) Setzung einer angemessenen Nachfrist

Grundsätzlich ist für einen Anspruch aus § 281 I 1 BGB erforderlich, dass der Gläubiger eine angemessene Frist zur Leistung oder Nacherfüllung bestimmt. A hat B jedoch keine Nachfrist gesetzt, sondern verlangte sofort Schadensersatz.

bb) Entbehrlichkeit der Fristsetzung nach § 281 II Alt.2 BGB

Nach § 281 II Alt.2 BGB ist eine Nachfristsetzung nicht nötig, wenn besondere Umstände vorliegen, die unter Abwägung der beiderseitigen Interessen die sofortige Geltendmachung von Schadensersatz rechtfertigen.

In erster Linie dachte der Gesetzgeber bei dieser Norm an fristgebundene Verträge, die so eilbedürftig sind, dass eine weitere Fristsetzung unzumutbar wäre. Doch ist dieser Gedanke verallgemeinerungsfähig: entscheidend ist die Unzumutbarkeit eines weiteren Abwartens.

Bei der Ermittlung, ob Unzumutbarkeit vorliegt, sind die Schuldner- gegen die Gläubigerinteressen abzuwägen.

W ist zu unterstellen, dass er ein Interesse an einer Neulieferung der siebten Teilleistung hat. Für A ist aber die Vertrauensbasis zerstört. Die Lieferung gepanschten Weines stellt eine so schwerwiegende Pflichtverletzung dar, dass A eine Weiterbelieferung durch W nicht zuzumuten ist. Eine diesbezügliche Nachfristsetzung war demnach entbehrlich. Die Voraussetzungen des § 281 I, II BGB liegen somit vor.

c) Rechtsfolgen

Zu klären bleibt, welche Rechtsfolgen sich nun konkret aus §§ 280 I, III, 281, 437 Nr.3, 434 I 2 Nr.2 BGB ergeben.

aa) Hinsichtlich der gepanschten, siebten Teillieferung

Bezüglich der Kosten, die A dadurch entstanden, dass er den Wein der siebten Teillieferung bei D zu einem höheren Preis erwerben musste, ist die Sachlage einfach: Dieser ist als typischer Schadensersatz statt der Leistung zu ersetzen.

bb) Hinsichtlich des Gesamtvertrags

Ob A aber Schadensersatz statt der Leistung für den _ganzen_ Vertrag, d.h. auch für die noch ausstehenden Teilleistungen, verlangen kann, bedarf genauerer Untersuchung.

§ 281 I BGB spricht von _„soweit_ der Schuldner die fällige Leistung nicht oder nicht wie geschuldet erbringt ...".

Schon daran wird deutlich, dass das Gesetz davon ausgeht, dass bei teilbaren Leistungen das Schicksal eines Teils der Leistung die anderen Teile nicht berührt. Grundsätzlich sind damit auch bei einem Ratenlieferungsvertrag die Einzelleistungen getrennt zu behandeln und teilen ihr jeweiliges Schicksal im Allgemeinen nicht.

Deutlich wird dieses Prinzip in § 281 I 2 BGB. Hier wird ausdrücklich normiert, dass Schadensersatz wegen der _ganzen_ Leistung nur dann verlangt werden kann, wenn der Gläubiger an der Teilleistung kein Interesse hat. Die Schlechtleistung des W beschränkte sich auf die siebte Lieferung.

Schadensersatz bezüglich des gesamten Vertragsumfangs ist demnach nur dann möglich, wenn deshalb sein (objektiviertes) Interesse am ganzen Vertrag entfallen ist. Denn hinsichtlich der zukünftigen (noch gar nicht fälligen) Teilleistungen kann dem Verkäufer noch nicht der Vorwurf der Pflichtverletzung gemacht werden.

Wie eben dargelegt, verletzte W durch die Lieferung mit Glykolwein seine vertraglichen Pflichten aufs Schwerste. Es handelte sich bei den Weinzusätzen um gesundheitsschädigende Stoffe. Der Verkauf eines solchen „schlechten" Weins gefährdete auch den Ruf des Händlers A, was sich bereits in den rückgängigen Umsätzen gezeigt hat. Damit war die Vertrauensbasis der vertraglichen Beziehung zu A zerstört. Eine weitere Zusammenarbeit kam für A nicht in Betracht. Damit ist es A nicht zuzumuten, weitere Lieferungen anzunehmen. Er kann deshalb Schadensersatz statt der ganzen Leistung verlangen.

d) Ergebnis

A hat gegen W einen Anspruch auf seine gesamten durch den Deckungskauf bei D entstandenen Mehrkosten.

IV. Zusammenfassung

Sound: Schadensersatz statt der _ganzen_ Leistung im Fall der Schlechtleistung in einem Ratenlieferungsvertrag ist unter den Voraussetzungen des § 281 I 2 BGB möglich.

Derartige Gesamtrechte sind auch nicht auf die noch ausstehenden Lieferungen begrenzt. Dies hat die frühere Rechtsprechung des BGH vertreten.

Die Argumentation des BGH stützte sich darauf, dass die Wahl des Schadensersatzes statt der ganzen Leistung hinsichtlich der gelieferten Raten nicht zur Rückabwicklung und damit zu einer rücktrittsähnlichen Rechtsfolge führen dürfe.

Denn nach altem Recht waren Rücktritt und Schadensersatz statt der Leistung nur alternative Rechtsfolgen, die eben nicht miteinander kombiniert werden konnten.

Nach der heutigen Rechtslage ist diese Ansicht jedoch nicht weiter aufrechtzuerhalten. Denn das neue Schuldrecht ordnet hinsichtlich der erbrachten Teilleistungen die Rückabwicklung an, § 281 V BGB. Auch im Übrigen ist ein Nebeneinander von Schadensersatz statt der Leistung und Rücktritt gem. § 325 BGB möglich und zulässig.

hemmer-Methode: Es ist gut möglich, dass Sie in einer Klausur einen Ratenlieferungsvertrag von einem (Dauer-)Bezugsvertrag abgrenzen müssen (wobei beiden gemeinsam die Anwendbarkeit des § 510 BGB ist, vgl. dazu Fall 50). Hier nur kurz:
1. Bei beiden Vertragsarten wird die Leistung nicht auf einmal, sondern in Teilen erbracht. Man spricht im Oberbegriff von Sukzessivlieferungsverträgen.
2. Beim Ratenlieferungsvertrag ist der Umfang der Gesamtlieferung bei Vertragsschluss bereits bestimmt. Es handelt sich um einen zeitlich gestreckten Kauf- oder Werkvertrag. Er stellt kein Dauerschuldverhältnis dar.
3. Beim (Dauer-)Bezugsvertrag wird lediglich der Fälligkeitszeitpunkt der einzelnen Raten festgelegt. Die Höhe der Einzelrate ist hingegen meist bedarfsabhängig ausgestaltet. Damit steht der Gesamtumfang der Leistungspflicht der Parteien nicht von Anfang an fest. Da auch die Laufzeit des Dauerbezugsvertrags meist offen ist, wird die Leistungshöhe also auch vom Faktor Zeit bestimmt. Es handelt sich dabei um ein Dauerschuldverhältnis. Bei Leistungsstörungen beschränken sich die Rechte des Gläubigers auf die gestörte Leistung. An die Stelle der Totalrechte tritt die Kündigung aus wichtigem Grund. Dadurch wird aber ein Schadensersatzanspruch nicht ausgeschlossen, vgl. § 314 IV BGB. Allerdings beschränkt sich die Ersatzpflicht auf die Zeit bis zum nächsten ordentlichen Kündigungstermin (sog. rechtmäßiges Alternativverhalten), vgl. ausführlich Palandt, § 314, Rn.11.

V. Zur Vertiefung

▪ Hemmer/Wüst, Schuldrecht AT, Rn. 445 ff.

Fall 32: Schadensersatz statt der Leistung bei Verletzung nicht leistungsbezogener Pflichten, § 282 BGB

Sachverhalt:

Handwerker H hat sich verpflichtet, alle Sanitärarbeiten in A´s umfassend renoviertem Haus auszuführen. Mit den Installationsarbeiten des H ist A an und für sich zufrieden, doch passiert ein Malheur nach dem anderen. So vergaß H einmal seine glimmende Zigarette auf dem Wohnzimmerboden, was zu einer hässlichen Stelle im Teppichboden führte. Am nächsten Tag stieß er gegen den Kronleuchter, der dadurch erheblich beschädigt wurde. Gegen die Türstöcke von Badezimmer und Küche stieß er mit seinem Werkzeugkasten mehrmals, sodass sie abgeschliffen und neu lackiert werden mussten. Als A trotz mehrfacher Abmahnung den H wieder einmal rauchend bei der Arbeit antrifft, platzt ihm der Kragen. Er wirft ihn aus dem Haus und beauftragt einen anderen Handwerker D mit der Fertigstellung der von H begonnenen Arbeiten. Leider verlangte D ein höheres Salär als H.

Frage: *Kann A die Mehrkosten von H als Schadensersatz verlangen? Eine Abnahme ist mangels Vollendung der Arbeit durch H nicht erfolgt.*

I. Einordnung

Die Parteien eines Schuldverhältnisses treffen nicht nur Leistungspflichten. Sie müssen auch Rücksicht auf die Person und das Eigentum der jeweils anderen Partei nehmen. Diese Pflicht statuiert § 241 II BGB. Gemeint sind hierbei die <u>nichtleistungsbezogenen</u> Pflichten, auf die der Gläubiger keinen Primäranspruch hat.

Lernen Sie nicht auswendig, sondern versuchen Sie das Problem zu verstehen: Liegt eine Verletzung einer *leistungsbezogenen* Pflicht vor, kommt Schadensersatz statt der Leistung nur nach §§ 280 I, III, 281 BGB bzw. bei Unmöglichkeit nach §§ 280 I, III, 283 S. 1 BGB oder aber nach § 311a II 1 BGB in Betracht. Diese Systematik des Schadensersatzrechts müssen Sie sich unbedingt einprägen.

Vorliegend wird der Schadensersatz statt der Leistung bei Verletzung einer nichtleistungsbezogenen Pflicht besprochen.

II. Gliederung

> **I.** **Anspruch des A gegen H auf Ersatz der Mehrkosten aus §§ 631, 633, 634 Nr.4 1. Alt BGB**
>
> (-), werkvertragliches Gewährleistungsrecht mangels Abnahme oder ihrer Surrogate noch nicht anwendbar
>
> ⇨ es gilt allg. Leistungsstörungsrecht
>
> **II.** **Anspruch des A gegen H auf Schadensersatz gemäß § 280 I BGB**
>
> **1.** **wirksames Schuldverhältnis**
> (+) WV, § 631 BGB

2. **Pflichtverletzung**
    (+), Verletzung von Schutz- und Rücksichtnahmepflichten, § 241 II BGB

3. **Vertretenmüssen**
    (+), wird vermutet, § 280 I 2 BGB

4. **Rechtsfolge**
    SchaE neben der Leistung
    ⇨ Teppich, Kronleuchter, Tür

III. **Anspruch des A gegen H auf Schadensersatz gem. §§ 280 I, III, 282 BGB**

1. **Ziel**: Ersatz der Mehrkosten
    ⇨ SchaE statt der Leistung

2. **Zusätzliche Anforderungen** der §§ 280 III, 282 BGB

a) Verletzung von Pflichten i.S.v. § 241 II BGB (+), s.o.

b) Unzumutbarkeit des Festhaltens am Vertrag

•   einmalige schwerwiegende Pflichtverletzung

•   mehrmalige Pflichtverletzungen, die in ihrer Zusammenschau schwerwiegend sind und die Unzumutbarkeit begründen
    ⇨ Abmahnung grds. erforderlich, hier (+)

3. **Ergebnis**
    Ersatz der Mehrkosten durch H (+)

III. Lösung

I. Anspruch des A gegen H auf Ersatz der Mehrkosten aus §§ 631, 633, 634 Nr.4, 1. Alt BGB

A könnte gegen H einen Gewährleistungsanspruch aus § 634 Nr.4, 1. Alt BGB haben. H sollte hier sämtliche Installationsarbeiten im Sanitärbereich durchführen.

Dabei war nicht nur die bloße Tätigkeit, sondern ein bestimmter Erfolg geschuldet. In dem Vertragsschluss liegt daher ein wirksamer Werkvertrag, § 631 BGB.

Ein Anspruch aus werkvertraglichem Gewährleistungsrecht kann aber erst nach Gefahrübergang gegeben sein. Der maßgebliche Zeitpunkt für den Übergang der Preisgefahr ist der Zeitpunkt der Abnahme des Werkes oder eines Abnahmesurrogats, §§ 640, 646 BGB.

Eine Abnahme ist vorliegend aber gerade nicht erfolgt.

Damit scheidet ein Anspruch aus dem werkvertraglichen Gewährleistungsrecht aus. Stattdessen kann A nur nach allgemeinem Leistungsstörungsrecht vorgehen.

II. Anspruch des A gegen H auf Schadensersatz gemäß § 280 I BGB

A könnte von H einen Schadensersatzanspruch aus § 280 I BGB haben.

Voraussetzung ist, dass H eine sich aus einem Schuldverhältnis ergebende Pflicht in zu vertretender Weise verletzt hat.

In jedem Schuldverhältnis haben sich Gläubiger und Schuldner durch Wahrung der gebotenen Sorgfalt so zu verhalten, dass Person, Eigentum und andere Rechte, Rechtsgüter oder Interessen nicht verletzt werden, vgl. § 241 II BGB.

Daraus entstehen den Parteien Schutz- und Rücksichtnahmepflichten (auch sog. Verhaltenspflichten).

H verletzte i.R.d. ihm übertragenen Arbeiten im Haus des A mehrmals das Eigentum des A und somit die ihm obliegende Schutzpflicht aus § 241 II BGB. Sein Vertretenmüssen wird nach § 280 I 2 BGB vermutet.

Rechtsfolge von § 280 I BGB ist der Anspruch auf Ersatz des aus der Pflichtverletzung entstandenen Schadens.

Allerdings ersetzt die Norm nur den Schaden, der neben die weiter bestehende Primärleistungspflicht tritt. Vorliegend sind das die Reparaturkosten für den versengten Teppich, den kaputten Kronleuchter und die gerahmte Tür.

III. Anspruch des A gegen H auf Schadensersatz gem. §§ 280 I, III, 282 BGB

Ein Anspruch des A gegen H auf Ersatz der Mehrkosten der Beauftragung des D könnte sich aus §§ 280 I, III, 282 BGB ergeben.

Es handelt sich um die Mehrkosten, die A durch den an D erteilten Auftrag entstanden. A hatte an der Weiterbeschäftigung des H kein Interesse mehr und lehnte die weitere Erfüllung des Werkvertrages durch ihn ab. Der geltend gemachte Schaden wird also an Stelle der Leistung begehrt, es handelt sich um Schadensersatz statt der Leistung.

Schadensersatz statt der Leistung kann der Gläubiger gemäß § 280 III BGB aber nur in den durch §§ 281 bis 283 BGB begrenzten Fällen verlangen.

1. Zusätzliche Anforderungen der §§ 280 III, 282 BGB

H erfüllte seine Arbeitspflichten selbst an und für sich ordnungsgemäß. Die Leistungspflicht wurde weder unmöglich noch erbrachte H sie zu spät oder zu schlecht. § 283 und § 281 BGB scheiden damit von vornherein aus.

a) Verletzung von Pflichten i.S.v. § 241 II BGB

Allerdings verletzte H mehrmals die ihm nach § 241 II BGB obliegenden Schutzpflichten. Insoweit könnte § 282 BGB einschlägig sein.

b) Unzumutbarkeit des Festhaltens am Vertrag

Nicht jede Nebenpflichtverletzung kann einen Anspruch aus §§ 280 I, III, 282 BGB begründen. Entscheidend ist, dass dem Gläubiger infolge der Pflichtverletzung das Festhalten am Vertrag unzumutbar ist. Es ist also eine Abwägung zwischen den Interessen des Schuldners, den Vertrag zu erfüllen, und dem Wunsch des Gläubigers, sich vom Vertrag zu lösen, vorzunehmen. Dabei sind strenge Maßstäbe anzulegen.

hemmer-Methode: Schadensersatz statt der Leistung bei der Verletzung *nicht leistungsbezogener* Pflichten wurde vor der Schuldrechtsreform auf das Rechtsinstitut der pVV (positive Vertragsverletzung) gestützt. Maßgeblich war auch hier, dass dem Gläubiger das Festhalten am Vertrag nach Treu und Glauben nicht mehr zuzumuten war. § 282 BGB brachte insofern keine inhaltliche Änderung, vielmehr soll ausdrücklich an die bisherige Rechtsprechung angeknüpft werden.

Demnach gilt auch weiterhin, dass eine einmalige Pflichtverletzung des Schuldners nur dann ausreicht, wenn sie so schwer wiegt, dass damit dem Vertrag die Vertrauensbasis entzogen wird.

Regelmäßig ergibt sich die Unzumutbarkeit hingegen aus einer ganzen Reihe von zumeist kleineren Pflichtverletzungen, die erst in ihrer Gesamtheit die Unfähigkeit des Schuldners belegen, das Schuldverhältnis i.w.S. ordnungsgemäß zu erfüllen.

Anmerkung: Vergleichen Sie hierzu die Parallelproblematik im Arbeitsrecht zur Zulässigkeit der verhaltensbedingten Kündigung. Die hier ergangene umfangreiche Rspr. liefert wertvolle Argumentationshilfen.

Die Unzumutbarkeit ergibt sich im Fall daraus, dass sich H zahlreiche Pflichtverletzungen unterschiedlicher Art zu Schulden kommen ließ. Er stellte damit seine Unzuverlässigkeit unter Beweis.

c) Abmahnung

Eine Unzumutbarkeit setzt vor allem bei mehrmaligen kleineren Pflichtverletzungen des Schuldners voraus, dass er vom Gläubiger abgemahnt wurde. Es muss dem Schuldner klar geworden sein, dass ein solches nachlässiges Verhalten vom Gläubiger nicht mehr toleriert wird und bei nochmaligem Verstoß Konsequenzen nach sich ziehen wird.

Vorliegend wurde H mehrmals abgemahnt, nahm diese Abmahnung aber nicht als Warnung auf.

Anmerkung: Auch hier sind Parallelen zur Abmahnung im Arbeitsrecht ersichtlich.

2. Ergebnis

A hat gegen H einen Anspruch auf die für die Beauftragung des D entstandenen Mehrkosten aus §§ 280 I, III, 282 BGB.

IV. Zusammenfassung

Sound: Unzumutbarkeit wegen Unzuverlässigkeit des Schuldners, grundsätzlicher Vorrang der Abmahnung.

Beachten Sie: Das Bestehen eines vorvertraglichen Schuldverhältnisses ist noch nicht ausreichend.

Denn das vorvertragliche Schuldverhältnis begründet keine primären Leistungspflichten, sodass Schadensersatz statt der Leistung nicht in Betracht kommen kann.

hemmer-Methode: Sinn und Zweck der neuen §§ 281-283 BGB ist es, die Interessenlage zwischen Schuldner und Gläubiger auszugleichen. Der Schadensersatzanspruch an Stelle der Primärleistung kann dringenden Interessen des Gläubigers entsprechen: Ein auf Geld gerichteter Anspruch ist zunächst praktisch leichter durchsetzbar (Zwangsvollstreckungsrecht). Oft muss sich der Gläubiger auch die Primärleistung aus Zeitgründen anderswo besorgen und hat dann verständlicherweise kein Interesse an doppelter Leistung. Andererseits aber kann der Übergang zum Schadensersatzanspruch statt der Leistung den Schuldner schwer belasten. Hat er z.B. schon Anstrengungen unternommen, um die Leistung zu erbringen, können diese u.U. nutzlos werden.

Das Gesetz löst den Konflikt, indem es den Schadensersatz statt der Leistung als qualifizierten Anspruch behandelt: Zunächst bedarf es des Grundtatbestandes der verschuldeten Pflichtverletzung gemäß § 280 I BGB. Je nach Art der Pflichtverletzung (Unmöglichkeit, Zu-spät Leistung, Schlechtleistung oder Schutzpflichtverletzung) stellen die §§ 281 bis 283 BGB dann zusätzliche Tatbestandserfordernisse auf.

V. Zur Vertiefung

- Hemmer/Wüst, Schuldrecht AT, Rn. 416 ff.

Kapitel VI: Rücktritt

Fall 33: Rücktritt wegen nicht rechtzeitiger Leistung des Schuldners

Sachverhalt:

Frau F verkaufte ihr Diamantencollier an den Juwelier J. Übergabe und Übereignung sollten am nächsten Tag erfolgen. Dazu kam es aber nicht, da die 16-jährige Tochter der F das Collier unbemerkt aus dem abgeschlossenen Safe geholt und es mit auf einen Trip mit ihren Freundinnen nach Ibiza genommen hat. J, der selbst in Terminschwierigkeiten steckt, setzte der F eine Nachfrist von fünf Tagen, um ihm das Collier doch noch zu bringen.

Nach deren ergebnislosem Ablauf erklärt er den Rücktritt.

Frage: *Kann er Abstand vom Vertrag nehmen?*

I. Einordnung

Neben den Schadensersatzansprüchen stellt das Rücktrittsrecht des Gläubigers ein weiteres wichtiges Sekundärrecht bei Leistungsstörungen des Schuldners dar.

Das Rücktrittsrecht ist in §§ 323 ff. BGB geregelt und weist weitgehende Parallelen zu den §§ 281-283 BGB auf:

Bei einer nicht oder nicht vertragsgemäß erbrachten Leistung regelt § 281 BGB den Anspruch auf Schadensersatz statt der Leistung. Das entsprechende Rücktrittsrecht findet sich in § 323 BGB.

Bei Verletzung einer Pflicht gem. § 241 II BGB regelt § 282 BGB den Schadensersatz statt der Leistung, § 324 BGB das Rücktrittsrecht.

Schließlich ist im Fall von Unmöglichkeit § 283 BGB Anspruchsgrundlage für den Schadensersatz statt der Leitung. § 326 V BGB regelt das Rücktrittsrecht.

Der Rücktritt erfordert anders als der Anspruch auf Schadensersatz aber kein Vertretenmüssen.

Dies ist der wohl wesentlichste Unterschied, der erst mit der Schuldrechtsreform Einzug in das BGB gehalten hat.

II. Gliederung

Rücktrittsrecht des J

1. Rücktrittsrecht aus § 323 I BGB

a) Leistungspflicht aus einem gegenseitigen Vertrag

⇨ wirksamer KV (+) ⇨ gegenseitiger Vertrag (+), gem. § 433 I 1 BGB Übergabe- und Übereignungspflicht der F

b) Nichtleistung trotz Möglichkeit (+)

c) Erfolgloser Ablauf einer angemessenen Nachfrist
Nachfristsetzung (+), keine Entbehrlichkeit gem. § 323 II BGB
Angemessenheit (+), richtet sich nach den Umständen des Einzelfalles, hier 5 Tage angemessen
Fristloser Ablauf (+)

---

2. Ergebnis

keine Ausschlussgründe

⇨ Rücktrittsrecht des J (+), Rückabwicklung richtet sich nach § 346 ff. BGB

III. Lösung

Rücktrittsrecht des J

J könnte von dem mit F geschlossenen Kaufvertrag Abstand nehmen, wenn ein Rücktrittsrecht besteht.

Ein Rücktritt vom Vertrag setzt neben einer Rücktrittserklärung, § 349 BGB, das Vorliegen eines Rücktrittsgrundes voraus. Ein solcher kann vertraglich vereinbart werden oder auf gesetzlicher Normierung basieren, § 346 I 1 BGB.

Da die Parteien im Vertrag kein Rücktrittsrecht vereinbart haben, kommt allenfalls ein gesetzliches Rücktrittsrecht in Betracht.

1. Rücktrittsrecht aus § 323 I BGB

Ein gesetzliche Rücktrittsrecht könnte sich aus den §§ 323 ff. BGB ergeben.

Voraussetzung für das Rücktrittsrecht aus § 323 BGB ist, dass F auf eine fällige durchsetzbare Leistung aus einem gegenseitigen Vertrag nicht oder nicht vertragsgemäß leistete. Daneben müsste F aber auch eine von J gesetzte angemessene Nachfrist zur Erfüllung ungenutzt verstreichen haben lassen.

Prüfungsschema § 323 BGB

1. Gegenseitiger Vertrag
2. Fällige und durchsetzbare Leistungspflicht
3. Keine bzw. nicht vertragsgemäße Leistung
4. Fristsetzung oder Ausnahme davon, v.a. § 323 II BGB
5. Erfolgloser Fristablauf
6. Eigene Vertragstreue des Gläubigers
7. Kein Ausschlussgrund nach § 323 VI BGB
8. Keine Unwirksamkeit des Rücktritts, § 218 I 1 BGB

a) Leistungspflicht aus einem gegenseitigen Vertrag

§ 323 BGB ist nur dann anwendbar, wenn J einen fälligen und durchsetzbaren Anspruch aus einem gegenseitigen Vertrag gegen F gehabt hat.

F schloss mit J einen Kaufvertrag. Dieser ist ein gegenseitiger Vertrag und verpflichtete F gem. § 433 I 1 BGB zu Übergabe und Übereignung des Colliers.

Fällig wurde die Pflicht entsprechend der Parteiabrede, vgl. § 271 I 1. Alt. BGB, am Tag nach dem Vertragsschluss. Einreden gegen den Anspruch liegen nicht vor.

hemmer-Methode: Achten Sie auf den genauen Gesetzeswortlaut: Die Pflicht muss eine Leistungspflicht aus einem gegenseitigen Vertrag sein, sie selbst muss aber nicht unbedingt im Gegenseitigkeitsverhältnis (Synallagma) stehen. Ausreichend ist auch eine einseitige Pflicht, sofern sie nur auf einem gegenseitigen Vertrag beruht. Der alte, vor der Schuldrechtsreform gültige § 326 BGB war hingegen ausschließlich auf synallagmatische Pflichten anzuwenden.

Achten Sie auf diese Feinheiten! Gerade die durch die Schuldrechtsmodernisierung eingeführten Änderungen der Rechtslage dürften auf lange Zeit interessanter Prüfungsstoff werden.

b) Nichtleistung trotz Möglichkeit

F dürfte nicht rechtzeitig geleistet haben.

Nichtleistung ist die vollständige Nichterbringung der Leistung trotz Fälligkeit.

Voraussetzung für die Anwendbarkeit von § 323 BGB ist aber, dass die Leistungserbringung noch möglich ist. Liegt nämlich Unmöglichkeit vor, ist die Leistungspflicht nach § 275 I - III BGB ausgeschlossen; es fehlt dann schon an einem wirksamen Anspruch auf die Leistung, ein Rücktritt ist allenfalls nach § 326 V BGB möglich.

Zum vereinbarten Zeitpunkt leistete F nicht. Die Erfüllung der Pflicht aus § 433 I 1 BGB war aber noch nachholbar, man musste lediglich die Rückkehr der Tochter abwarten.

c) Erfolgloser Ablauf einer angemessenen Nachfrist

Der Gläubiger hat seinem Schuldner eine angemessene Frist zur Nacherfüllung zu setzen.

Durch eine einseitige, zugangsbedürftige (!) Erklärung muss er den Schuldner in eindeutiger Weise zur Leistung auffordern.

J setzte F eine solche Frist.

hemmer-Methode: Beim Verbrauchsgüterkauf ist umstritten, ob es bei Mangelhaftigkeit der Leistung überhaupt einer Frist*setzung* bedarf. Die Verbrauchsgüterkaufrichtlinie verlangt nur den *Ablauf* einer angemessenen Frist, die also automatisch mit dem Mängelbeseitigungsverlangen in Gang gesetzt wird.

Daher wird nach überwiegender Meinung § 323 I BGB europarechtskonform dahin reduziert, dass das Setzen einer Frist nicht erforderlich ist, vgl. dazu OLG Celle, Life&Law 2007, 9 ff.

Die Fristsetzung ist aber nur dann wirksam, wenn sie auch angemessen ist.

Andernfalls läuft automatisch eine angemessene Frist an Stelle der gesetzten. Welche Fristdauer im Einzelfall angemessen ist, bestimmt sich in erster Linie nach Art und Inhalt des jeweiligen Schuldverhältnisses. Grundsätzlich sind zwar objektive Maßstäbe anzulegen, doch ist auf die berechtigten Interessen beider Parteien Rücksicht zu nehmen. In jedem Fall muss die Frist aber nur solange bemessen werden, dass der Schuldner die bereits begonnene Leistungshandlung beenden kann. Nicht notwendig ist, dass er so viel Zeit hat, überhaupt erst mit der Leistung zu beginnen, um sie dann noch vollenden zu können.

hemmer-Methode: Hinsichtlich des Inhaltes der Fristsetzung sowie des Erfordernisses der Angemessenheit gelten die i.R.d. § 281 BGB aufgeführten Kriterien. Belasten Sie ihr Gedächtnis nicht mit unnötigen Einzelheiten, sondern greifen Sie auf das bereits vorhandene Wissen zurück.

J setzte F eine Nachfrist von fünf Tagen. Ursprünglich hätte F zwei Tage nach Vertragsschluss leisten sollen. Ihre gesamte zur Leistung verfügbare Zeit wurde demnach auf das mehr als Dreifache ausgedehnt.

Überdies wäre es ihr bei gehöriger Anstrengung auch sicherlich möglich gewesen, ihre Tochter im Urlaub zu erreichen und das Collier zurückzuschaffen.

Wägt man vor diesem Hintergrund die Interessen der F, am Vertrag festzuhalten, gegen die des sich in Terminschwierigkeiten befindlichen J ab, so ist dem J der Vorrang zu gewähren. Die Frist von fünf Tagen war demnach angemessen.

2. Ergebnis

Da für das Eingreifen eines Ausschlussgrundes keine Anzeichen vorliegen, hat J also das Recht, vom Vertrag mit F zurückzutreten, wenn er gegenüber F den Rücktritt erklärt.

IV. Zusammenfassung

Sound: Bei Nichtleistung trotz Möglichkeit besteht das Rücktrittsrecht aus § 323 I BGB.

Beachten Sie, dass das Rücktrittsrecht ein Recht und kein Anspruch ist. Es kann deswegen aus dogmatischen Gründen nicht verjähren, da nur Ansprüche einer Verjährung unterliegen, § 194 BGB. Daher normiert § 218 I 1 BGB einen Ausschluss des Rücktrittsrechts, wenn die korrespondierenden Leistungsansprüche verjährt sind.

Merken Sie sich bitte auch, dass die Rechtsfolgen eines wirksamen Rücktritts in §§ 346 ff. BGB geregelt sind.

hemmer-Methode: An diesem einfachen Fall erkennen Sie, dass für den Rücktritt grundsätzlich kein Vertretenmüssen des Schuldners erforderlich ist! Dies ist die grundsätzliche Neuerung, die die Schuldrechtsreform für den Bereich des Rücktritts auf der Tatbestandsseite brachte.

Die zweite systematische Änderung betrifft v.a. die Rechtsfolgen des ausgeübten Rücktritts: Eine Unmöglichkeit der Rückgewähr des Leistungsgegenstandes führt nunmehr nicht mehr zum Ausschluss des Rücktritts, sondern nur noch zu einer Wertersatzpflicht, § 346 II BGB.

Wichtig im Zusammenhang mit dem Rücktritt nach § 323 I BGB ist folgendes: der Fristablauf als solcher führt nicht zum Entfallen des Anspruchs auf die Leistung. D.h. die Möglichkeiten des Gläubigers werden nur erweitert. Neben der Möglichkeit, die Leistung zu verlangen, tritt die Möglichkeit, vom Vertrag zurückzutreten. Die Rechte stehen nach h.M. im Verhältnis elektiver Konkurrenz. Tritt der Gläubiger zurück, erlischt der Anspruch auf die Leistung (rechtsvernichtende Einwendung). Fraglich ist, ob der Gläubiger zum Rücktritt berechtigt bleibt, wenn er nach Fristablauf zunächst weiter auf der Leistung beharrt, es sich später aber anders überlegt. Nach einer Ansicht muss der Gläubiger dann wiederum erst eine Frist setzen, nach deren Ablauf er zurücktreten kann. Nach absolut h.M. ist dies nicht erforderlich. Der Gläubiger behält sein Rücktrittsrecht. Der Schuldner ist insoweit nicht schutzwürdig. Er muss nach Fristablauf grundsätzlich jederzeit mit dem Rücktritt rechnen, vgl. BGH Life&Law 2006, 367 ff.

Ebenso wichtig: Ungeschriebenes Tatbestandsmerkmal ist bei § 323 I BGB die Einredefreiheit des Anspruchs. Genau wie beim Verzug gilt: Allein das Bestehen einer Einrede hindert den Verzug. Erklärt der Inhaber einer einredebehafteten Forderung daher (bei Vorliegen der sonstigen Voraussetzungen) den Rücktritt gem. § 323 I BGB, ist dieser unwirksam. Die Einrede kann dann noch im Prozess auf Rückzahlung des Kaufpreises erhoben werden und führt zur Klageabweisung, vgl. Life&Law 2007, 9 ff.

V. Zur Vertiefung

- Hemmer/Wüst, Schuldrecht AT, Rn. 459 ff.
- Hemmer/Wüst, Basics Zivilrecht, Bd. 1, Rn. 248 ff.
- Zur Frage, ob im Rahmen eines Verbrauchsgüterkaufs überhaupt eine Frist gesetzt werden muss, vgl. Hemmer/Wüst, Der Streit- und Meinungsstand im neuen Schuldrecht, Fall 7.

Fall 34: Unmöglichkeit der Nacherfüllung bei einer Schlechtleistung - Rücktritt nach § 326 V BGB

Sachverhalt:

V verkauft K einen gebrauchten Pkw. Nach V's ausdrücklicher Versicherung ist der Wagen erst 50.000 km gelaufen. Tatsächlich aber hat ein früherer Besitzer den Tacho zurückgestellt; die wirkliche Kilometerleistung des Pkw liegt bei über 200.000 km.

1. *K will vom Vertrag zurücktreten, nachdem er dies von einem sachverständigen Bekannten erfahren hat, aber noch bevor die Übergabe stattgefunden hat.*

2. *Was muss K machen, wenn er die Wahrheit erst nach der Übergabe erfahren hat?*

I. Einordnung

Kennzeichnend für einen gegenseitigen Vertrag ist das Gegenseitigkeitsverhältnis wechselseitiger Leistungspflichten, das sog. Synallagma. In einem Kaufvertrag stehen beispielweise die Pflicht des Verkäufers zur Übereignung und Besitzverschaffung des Kaufgegenstandes und die Zahlungspflicht des Käufers im Synallagma. Der Verkäufer leistet, um die Gegenleistung (Geld) zu bekommen, der Käufer zahlt im Vertrauen auf eine entsprechende Leistung. Wird dieses Gleichgewicht durch die Unmöglichkeit einer der Leistungspflichten gestört, so stellt sich die Frage nach dem Schicksal der Gegenleistung.

Die Grundregel dazu bildet § 326 I 1 HS. 1 BGB: Der Anspruch auf die Gegenleistung entfällt. In der Klausur werden jedoch häufig die Ausnahmen von dieser Regel abgefragt. Hier sind insbesondere § 326 I 2 BGB sowie die Gefahrtragungsregeln von Bedeutung.

II. Gliederung

Frage 1: Rücktrittsrecht des K (-)

1.　Rücktrittsgrund
　　mgl. § 326 V BGB

2.　Entbehrlichkeit des Rücktritts (+)
　　§ 326 V BGB ist im Falle des § 326 I 1 HS. 1 BGB entbehrlich, da die Gegenleistung bereits kraft Gesetzes entfällt.
　　§ 326 I S. 2 BGB ist vor Gefahrübergang nicht anwendbar
　　⇨ Den bezahlten Kaufpreis kann K gem. § 326 IV BGB zurückfordern
　　Vorauss. des § 326 I 1 HS. 1 BGB hier (+)
　　⇨ Rücktritt überflüssig

Frage 2: Rücktritt des K (+)

1.　Anwendbarkeit der §§ 323 ff. BGB / Vorrang des kaufrechtlichen Gewährleistungsrechts, § 326 I S. 1 BGB gilt nicht, vgl. S. 2.
　　⇨ Nach dem Gefahrübergang, § 446 BGB, gelten die Verweisungsnormen §§ 433 I 2, 434, 437 Nr.2 BGB

2. Rücktrittsrecht nach **§ 326 V BGB**

a) Gegenseitiger Vertrag (+)

b) Sachmangel, § 434 BGB (+)

c) Unmöglichkeit einer Leistungspflicht des Schuldners (+)

d) Fristsetzung (-)
Aber: entbehrlich, § 326 V 2.Hs. BGB

e) Kein Ausschluss des Rücktrittsrechts

3. Ergebnis

⇨ Rücktrittsrecht des K gem. §§ 437 Nr.2, 326 V, 323 BGB (+)

III. Lösung

Frage 1

Fraglich ist, ob K von dem Vertrag zurücktreten kann. Es müsste ein Rücktrittsrecht für K bestehen.

Dieser ergibt sich entweder aus einer vertraglichen Vereinbarung oder aus dem Gesetz, vgl. § 346 I BGB.

K und V haben in ihrem Kaufvertrag kein Rücktrittsrecht vereinbart. Es kommt somit nur ein gesetzliches Rücktrittsrecht in Betracht.

1. Rücktrittsgrund

Ein Rücktrittsgrund könnte sich aus den §§ 323 ff. BGB ergeben. In Abgrenzung zum Gewährleistungsrecht ist das allgemeine Schuldrecht bis zum Übergang der Preisgefahr einschlägig. Der Gefahrübergang geschieht beim Kaufvertrag im gesetzlichen Regelfall mit der Übergabe der Kaufsache, § 446 S. 1 BGB. Hier ist die Übergabe aber noch nicht erfolgt. Daher bleibt das allgemeine Leistungsstörungsrecht weiterhin anwendbar.

Da die Leistung eines Pkws mit lediglich 50.000 gefahrenen km geschuldet wurde, V aber nur ein Pkw mit rund 200.000 km zur Verfügung stand, war dem V die Erfüllung der Leistungspflicht objektiv nicht möglich. Damit liegt anfängliche objektive Unmöglichkeit gem. § 275 I BGB vor.

Es könnte demnach der Rücktrittsgrund des § 326 V BGB einschlägig sein.

2. Entbehrlichkeit des Rücktritts im Falle des § 326 I 1 HS. 1 BGB

§ 326 V BGB ist hier tatsächlich einschlägig. Der Schuldner braucht gem. § 275 I BGB nicht zu leisten. Über die Verweisung des § 326 V HS. 2 BGB wären dann die Voraussetzungen des § 323 BGB zu prüfen, mit Ausnahme der Fristsetzung.

Allerdings könnte der Rücktritt entbehrlich sein. Das dann, wenn sich die begehrte Rechtsfolge bereits aus dem Gesetz ergibt.

Hier ist eine Betrachtung der §§ 326 I 1 HS. 1 IV BGB erforderlich. Braucht der Schuldner gem. §§ 275 I-III BGB nicht zu leisten, so entfällt die synallagmatische Gegenleistungspflicht bereits nach § 326 I 1 HS. 1 BGB. Er bekommt das Auto nicht, muss aber seinerseits den Kaufpreis nicht bezahlen. Hat er bereits gezahlt, kann er die Gegenleistung gem. § 326 IV BGB, der auf §§ 346-348 BGB verweist, zurückfordern.

Anmerkung: Achten Sie darauf, dass § 326 I S. 2 BGB vor der Übergabe nicht gilt. Es bleibt dann bei Abs. 1 S. 1, auch wenn es sich nicht um eine Totalunmöglichkeit handelt. Siehe zur Anwendung des S. 2 die Frage 2.

Die Rücktrittsfolgen treten also bereits kraft Gesetzes ein. Der Erklärung eines Rücktritts bedarf es also nicht. Das heißt indes nicht, dass der Rücktritt ausgeschlossen wäre. Für die hier begehrte Rechtsfolge wäre die Ausübung aber nicht erforderlich.

Anmerkung: Die eigentliche Bedeutung erlangt § 326 V u.a. bei Frage 2. Da dort wegen § 326 I S. 2 BGB der Anspruch auf die Gegenleistung gerade nicht automatisch erlischt, ist hier die Gestaltungserklärung des Rücktritts erforderlich.

3. Ergebnis

K muss nicht zurücktreten. Seine Gegenleistungspflicht (Kaufpreiszahlung) entfällt automatisch gem. § 326 I 1 HS. 1 BGB. Hat er bereits gezahlt, kann er das Geleistete gem. § 326 IV BGB zurückfordern.

Voraussetzungen des § 326 I 1 HS. 1 BGB

1. **Gegenseitiger Vertrag**

2. **Ausschluss einer synallagmatischen Hauptleistungspflicht nach § 275 I-III BGB**

3. **Keine Ausnahmevorschrift**

a) Vertretenmüssen des Gläubigers, § 326 II 1 Alt.1 BGB

b) Annahmeverzug, § 326 II 1 Alt.2 BGB

c) kein Übergang der Preisgefahr nach anderen Vorschriften, §§ 446, 447 (Kaufrecht), 644, 645 BGB (Werkvertrag)

4. **Rechtsfolge:** Gegenleistungspflicht entfällt, § 326 I 1 HS. 1 BGB

Frage 2

Rücktrittsrecht des K

K könnte von dem Kaufvertrag mit V Abstand nehmen, wenn ihm ein Rücktrittsrecht zustünde.

1. Anwendbarkeit der §§ 323 ff. BGB / Vorrang des kaufrechtlichen Gewährleistungsrechts

Die §§ 323 ff. BGB sind hier aber nicht unmittelbar, sondern erst über die Verweisungsnorm des § 437 BGB anwendbar, denn das kaufrechtliche Gewährleistungsrecht ist ab dem Zeitpunkt des Gefahrüberganges als lex specialis zum allgemeinen Leistungsstörungsrecht anzusehen, § 446 BGB.

Der Gefahrübergang hat vorliegend mit der Übergabe stattgefunden, § 446 S. 1 BGB.

Damit sind §§ 323 ff. BGB über die Verweisung des § 437 Nr.2 BGB anwendbar.

2. Rücktrittsrecht nach § 326 V BGB

In Betracht kommt das Rücktrittsrecht wegen Unmöglichkeit der geschuldeten Leistung gem. §§ 433 I 2, 434, 437 Nr.2, 326 V, 323 BGB.

a) Gegenseitiger Vertrag

Zwischen V und K wurde ein wirksamer Kaufvertrag abgeschlossen.

Insbesondere führt eine anfänglich bereits vorliegende Unmöglichkeit nicht (mehr) zu einer Unwirksamkeit des Vertrages, § 311a I BGB.

b) Sachmangel, § 434 BGB

Nach § 433 I 2 BGB ist der Verkäufer nicht nur zu Übereignung und Übergabe, sondern auch zur mangelfreien Verschaffung des Kaufgegenstandes verpflichtet. Ob ein Mangel besteht, bestimmen die §§ 434 f. BGB.

Ein Sachmangel liegt nach § 434 I 1 BGB vor, wenn die Kaufsache bei Gefahrübergang nicht die vereinbarte Beschaffenheit hat. V sicherte ausdrücklich eine bedeutend geringere Laufleistung des Pkw zu als tatsächlich vorlag. Die Kilometerleistung eines Pkw ist als (wichtiger) wertbildender Faktor ein Beschaffenheitsfaktor. Da sie vorliegend zu Ungunsten des Käufers von der Parteivereinbarung abweicht, hat der Pkw einen Sachmangel i.S.v. § 434 I 1 BGB. Dieser Sachmangel war auch noch zum Zeitpunkt des Gefahrübergangs (Übergabe des Pkw) vorhanden.

Zusätzlich sind die Voraussetzungen des § 326 V BGB zu prüfen.

Prüfungsschema §§ 326 V, 323 BGB

1. Gegenseitiger Vertrag
2. Unmöglichkeit einer Leistungspflicht des Schuldners
3. Kein Ausschluss des Rücktrittsrechts nach §§ 326 V, 323 VI BGB
4. Kein Ausschluss des Rücktrittsrechts wegen Verjährung nach § 218 I 1, 2 BGB

---

c) Unmöglichkeit einer Leistungspflicht des Schuldners

Das Rücktrittsrecht gem. §§ 326 V, 323 BGB kommt nur zur Anwendung, wenn eine Leistungspflicht aus dem gegenseitigen Vertrag wegen Unmöglichkeit gem. §§ 275 I-III BGB ausgeschlossen ist.

Maßgeblich ist vorliegend, ob eine Nachbesserung bzw. Nachlieferung eines mangelfreien Wagens noch möglich ist. Beim Stückkauf (Gebrauchtwagen) scheidet jedoch eine Ersatzlieferung von vornherein aus (aber str.).

Auch eine Nachbesserung kommt vorliegend nicht in Betracht, da niemand die tatsächliche Laufleistung des Wagens zurückstellen kann. Beide Formen der Nacherfüllung sind im Fall also ausgeschlossen. Damit liegt ein Fall des § 275 I BGB vor. Es liegt ein unbehebbarer Mangel vor.

Anmerkung: Der Rücktritt ist bei einem unbehebbaren Mangel nicht schon wegen § 326 I 1 HS. 1 BGB entbehrlich, denn gem. § 326 I 2 BGB entfällt die Gegenleistung in diesen Fällen gerade nicht automatisch. Das ist der wesentliche Unterschied zur Konstellation in Frage 1. Hintergrund: bei Vorliegen eines unbehebbaren Mangels hat der Käufer grundsätzlich ein Wahlrecht ob er zurücktritt oder die Sache behält und nur den Kaufpreis mindert. Zu diesem Wahlrecht würde ein Entfallen des Anspruchs auf die Gegenleistung nicht passen, denn dies käme faktisch dem Rücktritt gleich.

d) Fristsetzung

Da § 326 V BGB auf § 323 BGB verweist und dieser die Fristsetzung mit erfolglosem Fristablauf voraussetzt, ist fraglich, ob K zu einer solchen Fristsetzung verpflichtet war.

Ist aber eine solche Nacherfüllung schon gar nicht möglich, so macht eine Fristsetzung keinen Sinn mehr. Es steht fest, dass der Schuldner die geschuldete Leistung nicht mehr erbringen wird.

Daher entfällt die Fristsetzungspflicht in Fällen der Unmöglichkeit nach §§ 275 I-III BGB.

Dies regelt so auch § 326 V HS. 2. BGB. Damit ist trotz mangelnder Fristsetzung das Rücktrittsrecht des K nicht ausgeschlossen.

Anmerkung: Sie sehen, für die Entbehrlichkeit der Fristsetzung gem. § 323 I BGB gibt es einen logischen Grund. Zeigen Sie Ihrem Korrektor, dass Sie die Systematik des neuen Schuldrechts verstanden haben.

e) Kein Ausschluss des Rücktrittsrechts

Zuletzt dürfte das Rücktrittsrecht nicht ausgeschlossen sein. Nach § 326 V i.V.m. § 323 VI BGB ist dies dann der Fall, wenn der Gläubiger für den zum Rücktritt berechtigenden Umstand weit überwiegend verantwortlich ist oder er sich im Annahmeverzug befand, als der Mangel entstand. Beide Alternativen sind im Fall ganz offensichtlich nicht einschlägig.

Auch § 218 I 1 BGB kann das Rücktrittsrecht ausschließen. Dies aber nur dann, wenn der Nacherfüllungsanspruch des Käufers – wäre er nicht unmöglich gewesen – bereits verjährt wäre. Auch dies trifft im Sachverhalt nicht zu. Das Rücktrittsrecht des K wird nicht durch § 326 V, 323 VI BGB oder durch § 218 I 1 BGB ausgeschlossen.

2. Ergebnis

K hat ein Rücktrittsrecht nach §§ 323, 326 V, 437 Nr.2 Alt.1, 434 I 1 BGB. Erklärt er den Rücktritt nach § 349 BGB, hat ihm V den Kaufpreis Zug um Zug gegen Rückgabe des Pkw zurückzuzahlen.

IV. Zusammenfassung

Sound: Ist wegen einer nicht vertragsgemäßen Leistung eine Nacherfüllung nicht möglich, so steht dem Gläubiger das Rücktrittsrecht nach § 326 V BGB zu.

§ 326 V BGB spielt nur dann eine Rolle, wenn die Leistung nicht bereits automatisch gem. § 326 I 1 HS. 1 BGB entfällt.

Relevanz hat § 326 V BGB bei der hier behandelten sog qualitativen Unmöglichkeit, d.h. dann, wenn die Nacherfüllung nicht möglich ist, und damit die vertraglich geschuldete Qualität nicht herbeigeführt werden kann.

Des Weiteren ist § 326 V BGB relevant in den Fällen der Teilunmöglichkeit, weil sich die gesetzlichen Folgen der §§ 275, 326 I BGB dann auf den unmöglich gewordenen Teil der Leistung beschränken.

hemmer-Methode: Prüfen Sie in der Klausur nur nahe liegende Tatbestände, offensichtlich ausgeschlossene Alternativen brauchen Sie regelmäßig gar nicht zu erwähnen. Das heißt, dass der hier angesprochene Prüfungspunkt „Kein Ausschluss des Rücktrittsrechts" von Ihnen nicht untersucht werden sollte. Wir haben den Prüfungspunkt auch nur deshalb in die Lösung aufgenommen, um Ihnen das systematische Verständnis des neuen Rücktrittsrechts zu erleichtern.

Es läuft immer nach folgendem Muster ab: Regel – Ausnahme – Ausnahme von der Ausnahme – etc. Nutzen Sie dieses „Schema" und Sie werden auch unbekannte „große" Fälle sachgerecht lösen!

V. Zur Vertiefung

- Hemmer/Wüst, Schuldrecht AT, Rn. 70 – 78, 524 – 539.
- Hemmer/Wüst, Schuldrecht BT I, Rn. 162 ff.
- Hemmer/Wüst, Basics Zivilrecht, Bd. 1, Rn. 253, 255.

Fall 35: Rücktritt vor Fälligkeit, § 323 IV BGB

Sachverhalt:

Fußballclub F e.V. hat für die kommende Saison Trainer T verpflichtet. Nach Vertragsschluss erhält T ein bedeutend lukrativeres Angebot von D. Er erklärt F gegenüber, dass man sich einen anderen „Hanswurst" suchen solle, er „lasse sich ganz gewiss nicht ausbeuten".

F ist v.a. an Planungssicherheit gelegen. Der Manager des Vereins sucht deshalb nach einem Weg, die Sache so schnell und unauffällig wie möglich abzuwickeln.

Frage: *Was würden Sie ihm raten?*

I. Einordnung

Eine der Grundvoraussetzungen des Rücktritts bei nicht vertragsgemäßer Leistung oder Nichtleistung nach § 323 I BGB ist die Fälligkeit der Leistungspflicht.

§ 323 IV BGB regelt eine Ausnahme hiervon. Damit Sie diese Ausnahme im Ernstfall nicht übersehen, kommentieren Sie sich – soweit dies nach Ihrer Prüfungsordnung zugelassen ist - an dem Wörtchen „fällige Leistung" im § 323 I BGB den Absatz IV als Ausnahme.

II. Gliederung

Rücktritt durch den F e.V.
1. **Rücktrittsrecht aus § 323 I, IV BGB**
a) **gegenseitiger Vertrag**
   ⇨ (+), Bezahlung gegen Trainerleistung
b) **Fälligkeit der Leistungspflicht**
   (-), erst ab nächster Saison
   ⇨ § 323 I BGB (-)
   Aber: Ausnahme vom Erfordernis der Fälligkeit, wenn § 323 IV BGB
   ⇨ **Rücktritt vor Fälligkeit**
   wenn offensichtlich ist, dass die Rücktrittsvoraussetzungen eintreten werden

Hier: sog. Vertragsaufsage
   ⇨ T gibt eindeutig und unmissverständlich zu verstehen, dass er auch nach Fälligkeit seiner Leistungspflicht nicht nachgehen wird
2. **Ergebnis**
   Vorauss. des § 323 IV BGB (+), Rücktritt durch Erklärung gem. § 349 BGB mgl.

III. Lösung

Rücktritt durch den F e.V

Als eingetragener Verein kann F selbst Schuldner und Gläubiger sein, vgl. § 21 BGB. Handlungsfähig ist er durch seinen Vorstand, § 26 II 1 BGB, der weiteren Personen Vertretungsmacht (z.B. dem Manager M) erteilen kann.

Ein Abstandnehmen vom Vertrag ließe sich relativ unproblematisch über einen Rücktritt erreichen. Dieser kann als Gestaltungsrecht einseitig ausgeübt werden, der Verein wäre also nicht auf einen Konsens mit T angewiesen.

1. Rücktrittsrecht aus § 323 I, IV BGB

Voraussetzung für einen wirksamen Rücktritt ist das Bestehen eines Rücktrittsrechts sowie die Rücktrittserklärung nach § 349 BGB.
Ein Rücktrittsrecht könnte nach § 323 I BGB bestehen. Dann müsste F eine fällige und durchsetzbare Leistung aus einem gegenseitigen Vertrag nicht oder nicht vertragsgemäß erbracht haben.

a) Gegenseitiger Vertrag

T sollte eine Stelle als Fußballtrainer antreten. Die genaue rechtliche Qualifizierung, d.h. ob ein Arbeitsvertrag, ein Dienstvertrag oder ein atypischer Vertrag vorliegt, kann dahinstehen, da in jedem Fall von einem gegenseitigen Vertrag auszugehen ist.

T hat sich nur im Hinblick auf die zu erwartende Gegenleistung (Vergütung) durch F zur Leistungserbringung verpflichtet. Die erforderliche Gegenseitigkeit im Sinne des Grundsatzes „do ut des" liegt vor.

b) Fällige Leistungspflicht

T wurde für die nächste Saison verpflichtet. Zum jetzigen Zeitpunkt war seine Leistungspflicht also noch nicht fällig.
Es fehlt somit an der Fälligkeit der Leistungspflicht des T. An sich müsste ein Rücktritt nach § 323 I BGB ausscheiden.

c) Rücktritt vor Fälligkeit, § 323 IV BGB

Aus dieser Situation hilft aber § 323 IV BGB. Er bildet eine Ausnahme vom Erfordernis der Fälligkeit.

Danach kann der Gläubiger vom Vertrag auch dann zurücktreten, wenn die Leistung zwar noch nicht fällig ist, aber offensichtlich ist, dass die Rücktrittsvoraussetzungen eintreten werden.
Diese Offensichtlichkeit ist insbesondere dann zu bejahen, wenn der Schuldner vor Fälligkeit des Anspruchs seine Erfüllung ernsthaft und endgültig verweigert (sog. Vertragsaufsage).
T hat eindeutig zum Ausdruck gebracht, dass er dem Fußballclub F in der nächsten Saison keinesfalls zur Verfügung stehen werde. Er erklärte damit seine endgültige und ernsthafte Erfüllungsverweigerung. Die Rücktrittsvoraussetzungen – Nichtleistung trotz Möglichkeit, Fälligkeit und Durchsetzbarkeit der Leistungsverpflichtung – werden mit Sicherheit eintreten, da aufgrund des anderweitigen Vertrages mit D nicht zu erwarten ist, dass T seine Meinung ändert.
F kann daher sofort ohne weitere Fristsetzung nach § 323 IV, I BGB vom Vertrag zurücktreten.

Anmerkung: Ein Fall von § 323 IV BGB liegt auch dann vor, wenn sich aus den Umständen ergibt, dass der Schuldner die Leistung bis zum Ende der nach der Fälligkeit zu bestimmenden Nachfrist nicht erbringen kann. Hat ein Werkunternehmer zwei Wochen vor Fälligkeit mit der Arbeit am geschuldeten Werk, für dessen Fertigstellung er nach seinen eigenen Angaben drei Monate benötigt, noch nicht begonnen, so kann der Besteller gem. § 323 IV BGB vom Werkvertrag im Wege des Rücktritts Abstand nehmen.

d) Rücktrittserklärung

Der F e.V. muss sich bei der Abgabe der Rücktrittserklärung, § 349 BGB, durch ein Organ oder einen rechtsgeschäftlich bestellten Vertreter vertreten lassen.

Anmerkung: Wichtig ist für § 323 IV BGB aber, dass die Rücktrittserklärung auch tatsächlich noch vor Fälligkeit erklärt wird. Nach Fälligkeit richtet sich der Rücktritt nach § 323 I, II BGB! Hier wird man sich aber regelmäßig auf § 323 II Nr.3 BGB berufen können, wenn feststeht, dass die Leistung innerhalb einer (eigentlich) nach § 323 I BGB zu setzenden Frist nicht erbracht werden wird, vgl. BGH, Life&Law 2012, 699 ff. Liegt ein Fall von § 323 II Nr.3 BGB nicht vor, d.h. ist eine Fristsetzung nicht entbehrlich, dann genügt es wiederum für den Rücktritt nicht, wenn die Frist vor Fälligkeit gesetzt wurde, BGH a.a.O.

Die Pflichtverletzung, die darin besteht, bereits vor Fälligkeit die zukünftige Erfüllung des Vertrages zu verweigern, stellt eigentlich eine Verletzung des § 241 II BGB dar.

Bezeichnet wird diese Figur als sog. Vertragsaufsage vor Fälligkeit. Systematisch müsste sich also das Rücktrittsrecht aus § 324 BGB ergeben. Das ist aber, wie Sie anhand dieses Falles sehen, gerade nicht der Fall. Das Rücktrittrecht für solche Konstellationen ist ausdrücklich im § 323 IV BGB geregelt. Hier besteht auch ein Unterschied zum Schadensersatz statt der Leistung. Die Vertragsaufsage vor Fälligkeit führt allein zur Anwendbarkeit des § 282 BGB, nicht des § 281 BGB, da eine dem § 323 IV BGB vergleichbare Vorschrift nicht existiert.

IV. Zusammenfassung

Sound: Bei Vertragsaufsage des Schuldners vor Fälligkeit steht dem Gläubiger das Rücktrittsrecht nach § 323 IV BGB zu.

hemmer-Methode: Verweigert der Schuldner die *fällige* Leistung ernsthaft und endgültig, kann der Gläubiger nach § 323 I, II Nr.1 zurückzutreten. *Vor Eintritt der Fälligkeit* ergibt sich sein Rücktrittsrecht aus §§ 323 IV, I.

V. Zur Vertiefung

- Hemmer/Wüst, Schuldrecht AT, Rn. 472.

Fall 36: Rücktritt wegen Sachmangel der Kaufsache - Fristsetzung zur Nacherfüllung

Sachverhalt:

K kauft bei Händler V ein neues Mobiltelefon. Nach Inbetriebnahme am nächsten Tag stellt er fest, dass das Flüssigkeitskristalldisplay einen die Lesbarkeit beeinträchtigenden Kratzer aufweist. Da er das gleiche Modell bei einem anderen Händler zu einem günstigeren Kaufpreis entdeckt hat, würde er den Vertrag mit V am liebsten rückgängig machen.

Frage: *Kann er vom Vertrag zurücktreten?*

I. Einordnung

Im Zuge der Schuldrechtsreform wurden das allgemeine und das besondere Schuldrecht untrennbar miteinander verknüpft. So verweist § 437 BGB im Falle einer mangelhaften Leistung bei einem Kaufvertrag auf die Vorschriften über Schadensersatz und Rücktritt ins allgemeine Schuldrecht.

Damit bilden das allgemeine und das besondere Schuldrecht im Kaufrecht eine Einheit. Versuchen Sie bereits jetzt, die Verknüpfungen zum Schuldrecht BT zu verstehen. Es fällt Ihnen dann einfacher, die Besonderheiten dieses Rechtsgebietes zu lernen.

II. Gliederung

> **Rücktrittsrecht des K wegen eines Sachmangels gem. §§ 323, 437 Nr.2, 433 I 2, 434 I 2 Nr.2 BGB**
>
> 1. **Wirksamer gegenseitiger Vertrag**
>   KV (+)
>
> 2. **Nicht vertragsgemäße Leistung**
>   Sachmangel, § 434 I 2 Nr.2 BGB
>
> 3. **Kein Ausschluss des Rücktritts wegen Unerheblichkeit** des Mangels

> Erheblichkeit (+), da technisch neues Gerät, zusätzlich tatsächliche Beeinträchtigung der Lesbarkeit des Displays
>
> 4. **Nachfristsetzung** zu ordnungsgemäßer Erfüllung / Vorrang der Nacherfüllung
>
> a) Entbehrlichkeit gemäß § 323 II BGB (-)
>
> b) Entbehrlichkeit gemäß § 440 S. 1 BGB (-)
>
> 5. **Ergebnis**
>   ⇨ mangels Fristsetzung zurzeit kein Rücktrittsrecht gegeben

III. Lösung

Rücktrittsrecht des K wegen eines Sachmangels gem. §§ 323, 437 Nr.2, 433 I 2, 434 I 2 Nr.2 BGB

Ein Rücktrittsrecht des K könnte sich aus §§ 323, 437 Nr.2 Alt.1, 434 I 2 Nr.2, 346 ff. BGB ergeben.

1. Wirksamer gegenseitiger Vertrag

Es müsste zunächst ein wirksamer gegenseitiger Vertrag zwischen K und V zustande gekommen sein.

Vorliegend haben K und V wirksam einen Kaufvertrag gem. § 433 BGB über ein neues Mobiltelefon geschlossen. Ein gegenseitiger Vertrag liegt damit vor.

2. Sachmangel = nicht vertragsgemäße Leistung

Des Weiteren müsste das verkaufte Handy einen Mangel aufweisen. Ob dies der Fall ist, bestimmt sich nach §§ 434 f. BGB.

Gemäß § 434 I S. 1 BGB ist eine Kaufsache mangelhaft, wenn sie im Zeitpunkt des Gefahrübergangs nicht die *vereinbarte* Beschaffenheit hat.

Diese Definition wird für den Fall, dass eine ausdrückliche Beschaffenheitsvereinbarung nicht getroffen wurde, durch § 434 I S. 2 BGB ergänzt. Danach ist eine Sache dann mangelhaft, wenn sie sich nicht für die vertraglich vorausgesetzte Verwendung eignet (Nr. 1), sonst, wenn sie sich nicht für die gewöhnliche Verwendung eignet und nicht eine Beschaffenheit aufweist, die bei Sachen gleicher Art üblich ist und die der Käufer erwarten kann (Nr. 2).

Über die Displayfunktion sprachen K und V nicht. Die Funktionsfähigkeit des Telefons wird durch den Kratzer auch nicht soweit beeinträchtigt, dass man annehmen kann, dass es nicht mehr vertragsgemäß benutzt werden kann. Doch stellt der Defekt einen Sachmangel nach § 434 I 2 Nr.2 dar, da ein unbeschädigtes Display bei Mobiltelefonen üblich ist und vom Kunden auch erwartet wird.

Dieser Mangel lag außerdem bei Übergabe und damit Gefahrübergang vor, § 446 S. 1 BGB. Somit kann ein Sachmangel bejaht werden.

Durch die Leistung eines mangelhaften Handytelefons hat der Schuldner seine Leistung nicht vertragsgemäß erbracht, § 323 I BGB. Denn zum Bestandteil der Leistungspflicht des Verkäufers gehört i.R.e. Kaufvertrages auch die Mangelfreiheit der Leistung. Dies ordnet § 433 I 2 BGB ausdrücklich an.

hemmer-Methode: Die untrennbare Verknüpfung zwischen allgemeinem und besonderem Schuldrecht, die in der Einführung angesprochen wurde, wird gerade durch den neu eingefügten § 433 I 2 BGB begründet. Zur ordnungsgemäßen Erfüllung seiner Leistungspflichten hat der Verkäufer dem Käufer die Sache frei von Mängeln zu verschaffen. § 433 I 2 BGB normiert auf diese Weise die sog. Erfüllungstheorie: Mit der Lieferung einer mangelhaften Sachen verletzt der Verkäufer seine vertraglichen Pflichten.

Eine mangelhafte Leistung hat grundsätzlich keine Erfüllungswirkung. Leistungsstörungsrecht findet Anwendung. Die Abgrenzung zwischen allgemeinem Leistungsstörungsrecht und Gewährleistungsrecht verläuft einzig über den Zeitpunkt des Gefahrübergangs, ohne dass es zu solch tiefgreifenden Brüchen im System kommt wie unter Geltung des alten Schuldrechts.

3. Kein Ausschluss des Rücktritts wegen Unerheblichkeit des Mangels

Gem. § 323 V 2 BGB ist der Rücktritt bei einer nicht vertragsgemäß erbrachten Leistung unzulässig, wenn die Pflichtverletzung unerheblich ist. Für die Beurteilung, ob der Mangel unerheblich ist, kommt es nicht darauf an, ob das Mobiltelefon zum gewöhnlichen Telefonieren taugt.

Ein neues technisches Gerät hat, gerade wenn für seinen Marktwert auch optische Gesichtspunkte maßgeblich sind, auch äußerlich einwandfrei zu sein. Ein Display eines neuen Geräts muss der Verkehrserwartung entsprechend einwandfrei sein. Das Rücktrittsrecht des K ist folglich nicht nach § 323 V 2 BGB ausgeschlossen.

4. Nachfristsetzung zur ordnungsgemäßen Erfüllung

Nach § 323 I BGB, auf den § 437 Nr.2 BGB in einer Rechtsgrundverweisung verweist, ist das Rücktrittsrecht grundsätzlich an den erfolglosen Ablauf einer angemessenen Nachfrist geknüpft. Dadurch soll der Schuldner in die Lage versetzt werden, die vertragsgemäße Leistung doch noch zu erbringen. K müsste dem V also mitteilen, dass ein Sachmangel vorliegt, und ihn zur Beseitigung durch Reparatur oder zum Austausch gegen ein anderes neues Handy auffordern.

Anmerkung: Die Pflicht zur Nachfristsetzung korrespondiert im Falle einer nicht vertragsgemäßen Leistung mit dem Vorrang der Nacherfüllung gem. § 439 BGB. Damit wird dem Verkäufer vor der endgültigen Abwicklung des Vertrages eine Chance zur mangelfreien Erfüllung gegeben („Recht der 2. Andienung").

K setzte V keine Frist.

Anmerkung: Zu den Anforderungen an den Begriff der Fristsetzung vgl. die Ausführungen zu Fall 30.

Zu untersuchen ist deshalb, ob die Fristsetzung vielleicht entbehrlich war.

a) Entbehrlichkeit gemäß § 323 II BGB

Eine Nachfristsetzung ist gemäß § 323 II BGB in drei Fällen entbehrlich: Wenn der Schuldner die Leistung ernsthaft und endgültig verweigert (Nr. 1), beim sog. relativen Fixgeschäft (Nr. 2) und unter ganz besonderen Umständen (Nr. 3). Alle Alternativen scheiden jedoch vorliegend aus. Insbesondere der Umstand, dass K ein Mobiltelefon des gleichen Modells bei einem anderen Händler günstiger erwerben könnte, rechtfertigt keinen sofortigen Rücktritt gem. § 323 II Nr.3 BGB.

b) Entbehrlichkeit gemäß § 440 S. 1 BGB

Für das Kaufrecht normiert § 440 S. 1 BGB weitere Ausnahmen vom Erfordernis der Setzung einer Nachfrist. § 440 S. 1 Alt.1 BGB setzt voraus, dass der Verkäufer beide Arten der Nacherfüllung nach § 439 III BGB verweigert. Auch dies trifft im Sachverhalt nicht zu. § 440 S. 1, 2. Alt, S. 2 BGB ist nicht denkbar, ohne dass zumindest ein Nacherfüllungsversuch bereits ohne die Setzung einer Frist vorgenommen wurde. Und nach § 440 S. 1, 3. Alt. BGB ist ein sofortiger Rücktritt zulässig, sofern dem Käufer eine Fristsetzung ausnahmsweise unzumutbar ist, wie etwa im Fall de arglistigen Verschweigens eines Mangels.

Hier ist festzustellen, dass keiner der Ausnahmetatbestände vorliegt.

5. Ergebnis

K muss dem V demnach eine angemessene Frist zur Nachbesserung oder Nachlieferung setzen. Vor deren erfolglosem Ablauf kann er keinesfalls vom Vertrag zurücktreten.

Anmerkung: Bei entsprechenden Hinweisen im Sachverhalt müssten dann noch die weiteren Voraussetzungen des Rücktritts gem. § 323 I BGB geprüft werden: eigene Vertragstreue des Gläubigers und kein Ausschluss des Rücktrittsrechts gem. § 323 VI BGB sowie nach § 218 I 1 BGB.

IV. Zusammenfassung

Sound: Bei der Schlechtleistung des Schuldners darf der Gläubiger vom Vertrag nur dann zurücktreten, wenn die Pflichtverletzung (Mangel) nicht nur unerheblich ist, § 323 V 2 BGB.

Die Fristsetzung i.R.d. Rücktritts wegen einer Schlechtleistung soll den Vorrang der Nacherfüllung, § 439 BGB, gewährleisten.

Beachten Sie, dass neben dem Rücktrittsgrund auch immer eine Rücktritts-*erklärung* erfolgen muss. Der Rücktritt ist ein Gestaltungsrecht, das durch eine einseitige empfangsbedürftige Willenserklärung ausgeübt wird. Diese muss eindeutig und klar den Willen des Zurücktretenden zum Ausdruck bringen (Bestimmtheitsgrundsatz) und darf nicht an eine Bedingung geknüpft werden.

hemmer-Methode: Aus dem grundsätzlichen Erfordernis der Nachfristsetzung ergibt sich der Vorrang des (Nach-)Erfüllungsanspruchs. Das Gesetz versucht also den einmal geschlossenen Vertrag auch bei Auftreten von Leistungsstörungen zunächst zu „retten". Erst wenn dies unsinnig erscheint, ist nach §§ 346 ff. rückabzuwickeln.

V. Zur Vertiefung

▪ Hemmer/Wüst, Schuldrecht AT, Rn. 507.

Fall 37: Rücktrittsrecht nach § 324 BGB

Sachverhalt:

Der Handwerker H hat bei A umfangreiche Arbeiten übernommen. Diese führt er zwar jeweils rechtzeitig und mangelfrei aus, doch stellt er sich bei der Arbeit dermaßen ungeschickt an, dass schon zahlreiche Einrichtungsgegenstände des A grob fahrlässig zerstört wurden. Nachdem zwei Abmahnungen des A keine Besserung brachten, möchte er am liebsten vom Vertrag loskommen.

Frage: *Kann er zurücktreten?*

I. Einordnung

I.R.d. Besprechung der Schadensersatzansprüche wurde festgestellt, dass der Gläubiger Schadensersatz statt der Leistung auch bei Verletzung der nicht leistungsbezogenen Pflichten unter den Voraussetzungen der §§ 280 I, III, 282 BGB verlangen kann.

Eine Parallelnorm für den Rücktritt findet sich in § 324 BGB.

Vergleichen Sie die Voraussetzungen beider Normen und versuchen Sie herauszuarbeiten, welche Unterschiede beide Normen auf der Tatbestandebene aufweisen.

II. Gliederung

1. Rücktrittsrecht des A gem. § 323 I BGB
Vor.: Nicht rechtzeitige/ nicht vertragsgemäße Erbringung einer fälligen Leistung
⇨ H arbeitete einwandfrei, er leistete weder zu spät noch mangelhaft
⇨kein Rücktrittsrecht aus § 323 I BGB
2. Rücktritt wegen Verletzung einer nicht leistungsbezogenen Pflicht gemäß § 324 BGB
a) Gegenseitiger Vertrag (+)

b) Verletzung einer Pflicht i.S.v. § 241 II BGB
Mehrfache Eigentumsverletzungen = Verletzung von Schutzpflichten gemäß § 241 II BGB

c) Unzumutbarkeit des weiteren Festhaltens am Vertrag
⇨ Umfassende Abwägung der wechselseitigen Interessen:

- Mehrere schwere Schäden
- Vorwurf grob fahrlässigen Verhaltens
- Zweimalige Abmahnung

d) Ergebnis
Rücktritt nach § 324 BGB (+)
Rücktrittserklärung gegenüber H gem. § 349 BGB erforderlich

III. Lösung

A kann vom Vertrag zurücktreten, wenn ihm ein Rücktrittsrecht zusteht und er wirksam eine Rücktrittserklärung abgibt, § 349 BGB.

Fraglich ist somit zunächst, ob A ein Rücktrittsrecht zusteht. Im vorliegenden Fall könnte sich ein solches nur aus dem Gesetz ergeben, da die Parteien ein vertragliches Rücktrittsrecht nicht vereinbart haben.

1. Rücktrittsrecht nach § 323 I BGB

Fraglich ist, ob sich ein Rücktrittsrecht aus § 323 I BGB ergeben könnte.

Ein Rücktritt nach dieser Vorschrift setzt die nicht rechtzeitige oder nicht vertragsgemäße Erbringung der fälligen Leistung voraus. Der Schuldner muss also eine Pflicht verletzen, auf deren Erfüllung der Gläubiger einen echten Primäranspruch hat.

H arbeitete aber an für sich einwandfrei, weder leistete er zu spät noch mangelhaft. Eine Pflichtverletzung liegt daher nicht vor.

Ein Rücktritt nach § 323 BGB ist demnach nicht möglich.

2. Rücktrittsrecht wegen Verletzung einer nicht leistungsbezogenen Pflicht gemäß § 324 BGB

Ein Rücktrittsrecht könnte sich aber aus § 324 BGB ergeben. Voraussetzung dafür ist, dass der Schuldner eine Pflicht i.S.v. § 241 II BGB aus einem gegenseitigen Vertrag verletzt.

Voraussetzungen des § 324 BGB
1. Gegenseitiger Vertrag
2. Verletzung einer Pflicht i.S.v. § 241 II BGB
3. Unzumutbarkeit des Festhaltens am Vertrag für den Gläubiger

a) Gegenseitiger Vertrag

§ 324 BGB gilt ausweislich seines Wortlauts nur für gegenseitige Verträge.

Zu prüfen ist demnach zunächst, ob zwischen A und H ein solcher Vertrag abgeschlossen wurde.

A und H haben einen Vertrag abgeschlossen, der H dazu verpflichtete, gegen Entgelt handwerkliche Arbeiten im Haus des A durchzuführen. Ob dieser Vertrag nun als Dienst-, Werk- oder Arbeitsvertrag zu qualifizieren ist oder vielleicht eine Mischform der genannten Vertragstypen anzunehmen ist, kann in diesem Zusammenhang offen gelassen werden. In jedem Fall handelt es sich um einen gegenseitigen Vertrag, ein auf Parteivereinbarung gründendes Schuldverhältnis, in dem sich Leistungspflichten zweier Parteien wechselseitig i.S.d. „do-ut-des-Grundsatzes" gegenüberstehen.

b) Verletzung einer Pflicht i.S.v. § 241 II BGB

A wollte die Lösung vom Vertrag nicht etwa, weil H schlechte Arbeit leistete. Grund war vielmehr, dass H durch seine Tölpelhaftigkeit mehrfach Sachen aus dem Eigentum des A zerstörte.

§ 241 II BGB verpflichtet beide Parteien zur Rücksichtnahme auf die Rechte, Rechtsgüter und Interessen der jeweils anderen Seite. Das Eigentum als absolutes Recht wird durch § 241 II BGB unzweifelhaft geschützt. H verletzte folglich Schutzpflichten gemäß § 241 II BGB.

c) Unzumutbarkeit, weiter am Vertrag festzuhalten

Ein Rücktrittsrecht nach § 324 BGB besteht aber nur dann, wenn dem Gläubiger ein weiteres Festhalten am Vertrag nicht zuzumuten ist.

Wann ein Festhalten am Vertrag unzumutbar ist, ist durch umfassende Abwägung der wechselseitigen Interessen zu ermitteln.

Bedeutsam sind dabei v.a. die Art der Pflichtverletzung, die Schwere der beim Gläubiger hervorgerufenen Beeinträchtigung und ob der Gläubiger zuvor eine Abmahnung oder eine ähnliche Warnung ausgesprochen hat. Schließlich ist es auch nicht ohne Belang, ob und wenn ja, von welcher Seite die Pflichtverletzung zu vertreten ist. Zwar macht § 324 BGB das Verschulden der anderen Partei nicht zum unverzichtbaren Tatbestandsmerkmal. Jedoch ist i.R.d. Zumutbarkeitsprüfung ein etwaiges Verschulden des pflichtverletzenden Schuldners ebenso wie eine Mitverantwortlichkeit des Gläubigers zu berücksichtigen.

H hat bereits mehrere schwere Schäden bei A verursacht. Dabei traf ihn jeweils der Vorwurf grob fahrlässigen Verhaltens. Auch die zweimalige Abmahnung führte nicht dazu, dass H sorgfältiger mit dem Eigentum des A umging. Daraus ergibt sich die Unzumutbarkeit für A, noch länger an den Vertrag mit H gebunden zu sein.

3. Ergebnis

A kann nach § 324 BGB vom Vertrag mit H zurücktreten, wenn er gegenüber H seinen Rücktritt erklärt, § 349 BGB.

IV. Zusammenfassung

Sound: Bei gegenseitigen Verträgen kann der Gläubiger wegen Verletzung von Schutz- und Rücksichtnahmepflichten gem. § 324 BGB vom Vertrag zurücktreten, wenn ihm das weitere Festhalten am Vertrag nicht mehr zuzumuten ist.

Wie Sie sehen, ist § 324 BGB ähnlich aufgebaut wie die Parallelnorm im Schadensersatzrecht, § 282 BGB. § 324 BGB setzt aber nicht voraus, dass der Schuldner die Pflichtverletzung zu vertreten hat (beachte aber hemmer-Methode unten!).

hemmer-Methode: Wann ein Festhalten am Vertrag trotz der Pflichtverletzung seitens des Schuldners für den Gläubiger <u>unzumutbar</u> ist, stellt eine Wertungsfrage dar. Nehmen Sie in der Klausur eine umfassende Abwägung der wechselseitigen Interessen vor. Dabei ist insbesondere zu berücksichtigen:
a) Vertretenmüssen der Pflichtverletzung durch den Schuldner
b) Grad der Mitverantwortlichkeit des Gläubigers
c) Schwere der Beeinträchtigung für den Gläubiger
d) Vorherige Abmahnung durch den Gläubiger. Eine Abmahnung wird in der Regel nur bei besonders schweren Pflichtverletzungen nach dem Gedanken der §§ 323 II Nr.3, 281 II Alt.2 BGB entbehrlich sein.

V. Zur Vertiefung

- Hemmer/Wüst, Schuldrecht AT, Rn. 515 ff.
- Hemmer/Wüst, Basics Zivilrecht, Bd. 1, Rn. 256 f.

Fall 38: Unverschuldete Unmöglichkeit der Rückgabe bei vertraglichem Rücktrittsrecht

Sachverhalt:

K hat bei Kunsthändler V einen Gobelin erworben. Da K sich nicht sicher war, ob der Wandteppich mit dem sonstigen Inventar seiner Wohnung harmonieren würde, hat ihm V eine umfassende „Rückgabegarantie" eingeräumt: K habe danach während einer Dauer von vier Wochen das Recht, den Kaufvertrag jederzeit und ohne Angabe von Gründen rückgängig zu machen. Eine Woche später wird der Gobelin in der ordnungsgemäß gesicherten Wohnung des K gestohlen.

Frage: Kann K den an V gezahlten Kaufpreis zurückverlangen?

I. Einordnung

Die Rechtsfolgen eines wirksamen Rücktritts sind in den §§ 346 ff. BGB geregelt. Diese Vorschriften gelten für gesetzliche und vertragliche Rücktrittsrechte in gleicher Weise.

Die wirksame Ausübung eines Rücktrittsrechts bewirkt im Wesentlichen zweierlei: Erlöschen der noch nicht erfüllten Leistungspflichten sowie Rückgewähr der bereits erfolgten Leistungen.

Im ersten Fall hat der Rücktritt die Wirkung einer rechtsvernichtenden Einwendung, im zweiten Fall wandelt sich das Schuldverhältnis in ein Rückgewährschuldverhältnis um (Gestaltungswirkung des Rücktritts).

Es wäre also ein grober Fehler, wenn in der Klausur nach erfolgtem Rücktritt der Anspruch auf Rückgewähr aus § 812 I 2, 1. Alt BGB geprüft werden würde. Denn das Schuldverhältnis fällt insoweit nicht später weg, sondern wandelt sich in ein Rückgewährschuldverhältnis um.

II. Gliederung

Anspruch des K gegen V auf Rückzahlung des Kaufpreises aus § 346 I BGB

1. **Rücktrittsrecht**
   a) Rückgabegarantie als vertraglich vereinbartes Rücktrittsrecht auszulegen, §§ 133, 157 BGB:
   b) Ausschluss wegen Unmöglichkeit der Rückgabe? (-)
   § 346 II BGB zeigt, dass Rücktrittsrecht bei Unmöglichkeit nicht erlischt
2. **Rücktrittserklärung**, § 349 BGB noch erforderlich
3. **Zwischenergebnis**: nach Rücktrittserklärung Rücktritt wirksam
4. **Aufrechenbarer Gegenanspruch** (+)
   a) Anspruchsvoraussetzungen
   aa) Wertersatz nach § 346 II 1 Nr.3 BGB
   - erfasst auch subjektive Unmöglichkeit
   bb) Höhe des Wertersatzes: § 346 II 2 BGB
   cc) Kein Ausschluss der Wertersatzpflicht, § 346 III BGB

b) Aufrechnungsvoraussetzungen (+)

aa) Ansprüche dem Gegenstande nach gleichartig (Zahlung)

bb) Aufrechnungserklärung § 388 BGB (noch nicht erfolgt, aber möglich)

cc) Aufrechnungsausschlussgrund (-)

5. Ergebnis
K hat keinen Rückzahlungsanspruch gegen V.

III. Lösung

Anspruch des K gegen V auf Rückzahlung des Kaufpreises aus § 346 I BGB

K könnte einen Anspruch auf Rückzahlung des Kaufpreises aus § 346 I BGB haben. Voraussetzung dafür ist, dass er ein ihm zustehendes Rücktrittsrecht wirksam ausgeübt hat.

1. Rücktrittsrecht

Ein Recht des Gläubigers zum Rücktritt kann durch Gesetz normiert oder vertraglich vereinbart werden. Im Sachverhalt kommt ein Rücktrittsrecht auf Grund der Parteivereinbarung in Frage. Insofern ist die „Rückgabegarantie" nach den für Willenserklärungen geltenden Grundsätzen, §§ 133, 157 BGB, auszulegen. Ein objektiver Erklärungsempfänger wird der Aussage des V, den Kauf jederzeit rückgängig machen zu können, den Inhalt eines dem K zustehenden Rücktrittsrechts entnehmen. Dieses war auf vier Wochen ab Kauf befristet, sollte sonst aber keine weiteren Entstehungsvoraussetzungen haben.

Fraglich ist, ob es sich auf das Rücktrittsrecht auswirkt, dass der Gobelin von K nicht mehr zurückgegeben werden kann.

Insoweit trifft das Gesetz aber eine klare Aussage: § 346 II BGB ist zu entnehmen, dass im Falle von Rückgewährproblemen der Rücktritt gerade nicht ausgeschlossen sein soll, es erfolgt dann vielmehr eine Lösung auf der Rechtsfolgenseite bei der Abwicklung des Rücktritts. Der Diebstahl und die (zumindest subjektive) Unmöglichkeit der Rückgabe beeinflusst also nicht das **Ob**, sondern höchstens das **Wie** des Rücktritts.

hemmer-Methode: Im Bereich des Rücktrittsrechts ist es für die Klausur am wichtigsten, Rücktrittsvoraussetzungen und Rücktrittsfolgen prüfungstechnisch exakt zu unterscheiden.
Wenn Sie diese Grundregel, gegen die leider immer wieder verstoßen wird, einhalten, ist das bereits „die halbe Miete"!

2. Rücktrittserklärung

K müsste den Rücktritt wirksam erklärt haben. Die Rücktrittserklärung ist eine einseitige Willenserklärung, die gegenüber dem anderen Teil abzugeben ist, vgl. § 349 BGB. Diese Erklärung müsste K dem V gegenüber also zumindest konkludent noch abgeben. Die Rücktrittserklärung wird mit deren Zugang wirksam, § 130 I 1 BGB.

3. Zwischenergebnis: Rücktritt wirksam

Soweit K seine Rücktrittserklärung noch rechtzeitig abgibt, entsteht also ein Rückzahlungsanspruch hinsichtlich des Kaufpreises gemäß § 346 I BGB.

4. Aufrechenbarer Gegenanspruch, §§ 387 ff. BGB

Dieser Anspruch könnte aber wieder erlöschen, wenn V wirksam die Aufrechnung mit einem ihm gegen K zustehenden Anspruch erklärt.

a) Anspruchsvoraussetzungen

Zwar kommt als Gegenanspruch § 346 I BGB nicht in Frage, da die Rückgabe des Teppichs dem K subjektiv unmöglich geworden ist. Als Gegenanspruch kommt aber ein Wertersatzanspruch aus § 346 II 1 Nr.3 BGB in Betracht.

aa) Wertersatz nach § 346 II 1 Nr.3 BGB

Voraussetzung dafür ist, dass der zurückzugewährende Gegenstand sich verschlechtert hat oder untergegangen ist. Durch den Diebstahl des Gobelins wurde es K unmöglich, V den Gobelin auszuhändigen und rück zu übereignen. Der Dieb hingegen wäre zur Verschaffung des Besitzes in der Lage. Es liegt also ein Fall der subjektiven Unmöglichkeit vor.

Fraglich ist, ob auch diese Art der Unmöglichkeit unter § 346 II Nr.3 BGB zu subsumieren ist.

Nach der Gesetzesbegründung erfasst § 346 II Nr.3 BGB alle Fälle, die bisher unter §§ 347, 350, 351 BGB a.F. fielen. I.R.v. §§ 350, 351 BGB a.F. war die Einbeziehung des Unvermögens unumstritten.

Auch teleologische Erwägungen führen zum gleichen Ergebnis. Bei § 346 II 1 Nr.3 BGB geht darum, dem Rücktrittsgegner, der seinen Leistungsgegenstand nicht oder nur beschädigt zurückerhält, wenigstens einen Ersatzanspruch dafür zu geben.

Dann kann es aber nicht darauf ankommen, ob die Rückgewähr objektiv unmöglich ist oder nur vom Rückgewährschuldner nicht erfüllt werden kann; entscheidend ist, dass der Rücktrittsgegner seine Sache nicht mehr zurück erhält.

bb) Höhe des Wertersatzes

Die Höhe des Wertersatzes bestimmt sich nach der Höhe der im Vertrag bestimmten Gegenleistung, § 346 II 2 BGB. Hier ist der Wert des Gobelins mit dem von V und K ausgehandelten Kaufpreis gleichzusetzen.

Anmerkung: Die Regelung des § 346 II S. 2 BGB findet auch bei Rücktritt wegen Zahlungsverzugs Anwendung. Verkauft V ein Pferd, dessen Wert sich auf 5.000 € beläuft, für 1.500 € an K und zahlt dieser nicht, kommt es bei einem Rücktritt zu folgender Lösung: K ist verpflichtet, das Pferd herauszugeben. Ist ihm dies nicht möglich (weil er es z.B. mittlerweile verschenkt hat), tritt an die Stelle die Wertersatzpflicht gem. § 346 II S. 1 Nr.2 BGB. Gem. § 346 II S. 2 BGB ist die Gegenleistung, d.h. der Betrag von 1.500 € zugrunde zu legen. Hier erscheint es auf den ersten Blick unbillig zu sein, nur 1.500 € anzusetzen. Aber diese „Unbilligkeit" ist bereits im Vertrag selbst angelegt, wo diese Äquivalenz vereinbart wurde. Daher können nur 1.500 € verlangt werden, BGH Life&Law 2009, Heft 4.

cc) Kein Ausschluss der Wertersatzpflicht

Ausnahmsweise keinen Wertersatz muss der Rückgewährschuldner leisten, wenn die Verschlechterung bzw. der Untergang bei dem Rückgewährgläubiger gleichfalls eingetreten wäre, § 346 III 1 Nr.2 Alt.2 BGB.

Abzustellen ist also auf die Lage, die bestünde wenn die Leistung gar nicht erbracht worden wäre.

Mangels darauf hindeutender expliziter Hinweise im Sachverhalt ist davon auszugehen, dass der Gobelin bei V nicht gestohlen worden wäre. Sein Wertersatzanspruch wird demzufolge nicht nach § 346 III 1 Nr.2 BGB ausgeschlossen.

Schließlich könnte noch der Ausschlusstatbestand des § 346 III 1 Nr.3 BGB einschlägig sein.

Zwar hat der Rücktrittsberechtigte, der seine Wohnung ordnungsgemäß sicherte, die Sorgfalt in eigenen Angelegenheiten beobachtet. Dies befreit ihn jedoch nach dem Wortlaut des § 346 III 1 Nr.3 BGB nur im Fall des gesetzlichen Rücktrittsrechts von der Wertersatzpflicht. § 346 III 1 Nr.3 BGB ist auf das vertraglich eingeräumte Rücktrittsrecht nur anwendbar, wenn neben den Voraussetzungen des vertraglichen Rücktritts auch die des gesetzlichen Rücktritts vorliegen.

Somit greift kein Ausschlusstatbestand ein. Es besteht ein wirksamer Gegenanspruch des V gegen K.

b) Aufrechnungsvoraussetzungen

Beide Ansprüche, der Kaufpreisrückgewähranspruch und der Wertersatzanspruch, sind auf Zahlung einer bestimmten Geldsumme gerichtet, sie sind dem Gegenstande nach gleichartig. Ein Aufrechnungsausschlussgrund greift nicht ein. Erforderlich ist aber noch, dass V eine Aufrechnungserklärung nach § 388 BGB abgibt.

5. Ergebnis

Der Rückgewähranspruch des K hinsichtlich des für den Gobelin gezahlten Kaufpreises ist zwar zunächst wirksam entstanden, erklärt V jedoch die Aufrechnung, erlischt er in voller Höhe.

Im Ergebnis hat K dann keinen Anspruch gegen V.

IV. Zusammenfassung

Sound: Nach § 346 BGB sind nach wirksamer Erklärung des Rücktritts die empfangenen Leistungen zurückzugeben.

hemmer-Methode: Bei § 346 II Nr.1-3 BGB handelt es sich um Fälle anfänglicher Unmöglichkeit des Naturalherausgabeanspruchs gem. § 346 I BGB. Die Unmöglichkeit der Rückgabe in Natur ist daher Voraussetzung für die Anwendbarkeit des § 346 II BGB, vgl. BGH Life&Law 2009, 75 ff.

Tritt die Verschlechterung oder der Untergang des zurückzugewährenden Gegenstandes jedoch _nach_ Eintritt der Rücktrittsfolgen, also _nach dem Zeitpunkt der Rücktrittserklärung_ ein, ist § 346 II BGB nicht anwendbar. In diesem Falle bestimmen sich die Rechtfolgen nach Unmöglichkeitsrecht. Die Pflicht zur Rückgewähr erlischt nach § 275 I BGB. Der Rückgewährgläubiger erhält nicht Wertersatz i.S.v. § 346 II BGB, sondern im Falle des Vertretenmüssens durch den Rückgewährschuldner Schadensersatz nach §§ 280 I, III, 283 S. 1, vgl. § 346 IV BGB.

Die Verweisung in § 346 IV BGB auf die Vorschriften der §§ 280 ff. BGB gilt nur für Pflichtverletzungen _nach_ Entstehung des Rückgewährschuldverhältnisses, also nach Rücktrittserklärung, und hat lediglich klarstellende Funktion. Denn das Rückgewährschuldverhältnis ist ein Schuldverhältnis mit echten Leistungspflichten, sodass die §§ 280 ff. BGB bereits unmittelbar anwendbar sind.

V. Zur Vertiefung

- Hemmer/Wüst, Schuldrecht AT, Rn. 545 ff.
- Hemmer/Wüst, Basics Zivilrecht, Bd. 1, Rn. 252.
- Zur Unmöglichkeit der Rückgabe vgl. BGH, Life&Law 2009, 75 ff.

Fall 39: Höhe des Wertersatzes bei Mangelhaftigkeit des Leistungsgegenstandes

Sachverhalt:

K kauft von V einen gebrauchten Pkw für 12.000 €. Der objektive Wert des Wagens hätte laut Preisliste 10.000 € betragen. Nach Übergabe und Übereignung verursacht K grob fahrlässig einen Unfall, bei dem der Pkw vollkommen zerstört wird. Die Untersuchung durch einen TÜV-Sachverständigen ergibt, dass der Pkw schon vor dem Unfall einen schweren und nicht mehr behebbaren Getriebeschaden hatte, der K zum Rücktritt nach §§ 437 Nr.2, 434, 323, 346 I BGB berechtigt hätte. Auf Grund des Getriebeschadens wäre der Wagen nur 8.000 € wert gewesen. Der Unfall beruhte indes nicht auf dem Getriebeschaden.

K fordert den gezahlten Kaufpreis zurück. V meint, wenn K überhaupt zurücktreten könne, rechne er mit seinem Wertersatzanspruch auf. In keinem Fall müsse er K irgendetwas zahlen.

Frage: Wer hat Recht?

I. Einordnung

Die Folgen des Rücktritts erstrecken sich nicht nur auf die Naturalherausgabe der erhaltenen Leistungen. In Klausuren wird nicht der Grundfall geprüft. Sie werden vielmehr häufig mit der Problematik des Untergangs der zurückzugewährenden Sache (ist der Rücktritt dann überhaupt noch möglich?) und des Wertersatzes hierfür konfrontiert. Dazu sollten Sie wissen, nach welchen Grundsätzen die Ermittlung der Höhe des Wertersatzes erfolgt.

II. Gliederung

Rückzahlungsanspruch des K gegen V gemäß §§ 437 Nr.2, 434, 326 V, 346 I BGB

1. **Rücktrittsvoraussetzungen** gem. §§ 437 Nr.2, 434, 326 V BGB
a) Wirksamer Kaufvertrag, § 433 BGB (+)

b) Mangel, § 434 BGB gem. § 434 I 2 Nr.2 BGB (+)

c) Möglichkeit der Nacherfüllung, § 439 BGB (-) da der Mangel unbehebbar ist ⇨ somit entfällt Vorauss. der Fristsetzung gem. § 323 I BGB, § 326 V 2.Hs. BGB

d) Rücktrittserklärung, § 349 BGB konkludent im Herausgabeverlangen

2. **Gegenanspruch** des V gegen K **auf Wertersatz** aus § 346 II 1 Nr. 3 BGB

a) Unmöglichkeit der Naturalherausgabe (+)

b) Ausschluss gem. § 346 III 1 Nr.3 BGB (-), § 277 BGB befreit nicht von der Verantwortlichkeit wg. grober Fahrlässigkeit; kein Ausschluss nach § 346 III Nr.2 BGB

c) Höhe des Wertersatzes, § 346 II 2 BGB

grds. ist der Wert der Gegenleistung zugrunde zu legen, hier der Kaufpreis: 12.000 €

(P): Der objektive wahre Wert des Wagens im mangelfreien Zustand (10.000) € ist tatsächlich 20% geringer wg. Mangel (10.000 € zu 8.000 €)

⇨ Kürzung des Wertersatzes (12.000) um 20% zwingend; § 441 III BGB analog

3. Ergebnis

Nach erfolgter Aufrechnung Anspruch des K gegen V auf Rückzahlung von (nur noch) 2.400 €

III. Lösung

Rückzahlungsanspruch des K gegen V gem. §§ 437 Nr.2, 434, 326 V, 346 I BGB

K könnte einen Anspruch auf Rückzahlung des geleisteten Kaufpreises aus §§ 437 Nr.2, 434, 326 V, 346 I BGB haben.

1. Rücktrittsvoraussetzungen

Dazu müsste K zunächst wirksam vom Kaufvertrag zurücktreten können. Ein Recht zum Rücktritt kann hier aus einem gesetzlichen Rücktrittsrecht begründet sein, wenn dessen gesetzlicher Tatbestand erfüllt ist.

Vorliegend kommt das Rücktrittsrecht des K gem. §§ 437 Nr.2, 434, 326 V BGB in Betracht.

a) Wirksamer Kaufvertrag

K und V schlossen einen Kaufvertrag über einen gebrauchten Pkw zum Preis von 12.000 €. Unwirksamkeitsgründe sind nicht ersichtlich.

b) Mangel, § 434 BGB

Der von V übereignete Wagen war infolge des Getriebeschadens nicht für die gewöhnliche Verwendung geeignet. Er war somit mangelhaft i.S.v. § 434 I 2 Nr.2 BGB.

c) Möglichkeit der Nacherfüllung

Der Getriebeschaden lässt sich laut Sachverhalt nicht reparieren. Es liegt ein sog. unbehebbarer Mangel vor. Es handelt sich zudem um einen gebrauchten Pkw, sodass auch eine Nacherfüllung durch Lieferung einer mangelfreien Sache unmöglich ist. Deswegen entfällt die Voraussetzung der Fristsetzung gem. § 323 I BGB, vgl. § 326 V HS. 2 BGB.

d) Rücktrittserklärung

Die Rücktrittserklärung gem. § 349 BGB gab K konkludent durch sein Rückzahlungsbegehren ab.

Ausschlussgründe, die einem Rücktritt entgegenstehen könnten, sind nicht ersichtlich.

Es entstand also ein Rückzahlungsanspruch gem. § 346 I BGB in Höhe des Kaufpreises von 12.000 €.

2. Gegenanspruch des V auf Wertersatz aus § 346 II 1 Nr.3 BGB

Dieser Anspruch könnte aber nach einer Aufrechnung mit einem Anspruch des V gegen K wieder erloschen sein, § 389 BGB. Als Gegenanspruch im Sinne des § 387 BGB kommt ein Wertersatzanspruch aus § 346 II 1 Nr.3 BGB in Betracht.

a) Unmöglichkeit der Naturalherausgabe

Nach erklärtem Rücktritt wandelt sich der Kaufvertrag in ein Rückgewährschuldverhältnis um, die einander gewährten Leistungen sind daher zurückzugewähren, § 346 I BGB. Danach war K dem V gegenüber verpflichtet, den Wagen zurückzugeben. V hat somit einen entsprechenden Anspruch gegen K.

Ist die Naturalherausgabe nicht möglich, greift der Grundsatz des Wertersatzes, § 346 II BGB.

Wertersatz nach dieser Norm wird gewährt, wenn die Rückgabe nicht möglich ist.

Das ist hier der Fall. Der PKW wurde bei dem Unfall vollkommen zerstört und kann von K nicht mehr herausgegeben werden.

b) Ausschluss nach § 346 III 1 Nr.3 BGB

Der Anspruch auf Wertersatz könnte jedoch nach der Maßgabe des § 346 III BGB ausgeschlossen sein. Als Ausschlusstatbestand kommt vorliegend § 346 III 1 Nr.3 BGB in Betracht. Danach entfällt die Pflicht zum Wertersatz, wenn im Fall des gesetzlichen Rücktrittsrechts der Untergang der zurückzugewährenden Sache eingetreten ist, obwohl der Rücktrittsberechtigte die notwendige Sorgfalt in eigenen Angelegenheiten beobachtet hat. Die Grenzen des Begriffs der Sorgfalt in eigenen Angelegenheiten definiert § 277 BGB. Danach kann K von der Haftung wegen grober Fahrlässigkeit nicht befreit werden. Vorliegend hat K den Unfall jedoch gerade grob fahrlässig verursacht. Der Ausschlusstatbestand des § 346 III 1 Nr.3 BGB ist daher nicht verwirklicht. Der Anspruch auf Wertersatz besteht dem Grunde nach.

Der Anspruch ist auch nicht gem. § 346 III Nr.2 BGB ausgeschlossen, denn insbesondere beruhte der Unfall nicht auf dem gegebenen Mangel.

c) Höhe des Wertersatzes

Unklar ist aber, in welcher Höhe Wertersatz zu zahlen ist. Prinzipiell ist dafür die vertraglich vereinbarte Gegenleistung maßgeblich, d.h. der Kaufpreis, § 346 II 2 BGB. Demnach stünde V ein Wertersatzanspruch i.h.v. 12.000 € zu; nach wirksamer Aufrechnung wäre der Rückzahlungsanspruch des K gänzlich erloschen.

Dabei bleibt aber unberücksichtigt, dass es sich eben um einen *Wert*ersatzanspruch handelt. Der Wert des PKW war aber, wie der Gutachter erst später herausfand, durch den Mangel gemindert. Auch § 346 II 2 BGB spricht ja nicht davon, dass der Wertersatzanspruch des Rücktrittsgegners gleich dem vereinbarten Preis ist, er ist lediglich bei der Bemessung zugrunde zu legen.

Letztlich heißt das, dass beide Faktoren, das vertraglich vereinbarte Verhältnis von Leistung und Gegenleistung *und* der objektive Wert der Sache den Ersatzanspruch des Rücktrittsgegners beeinflussen. Anhaltspunkt für die Berechnung könnten die zur Minderung entwickelten Grundsätze sein (Rechtsgedanke des § 441 III BGB). Da der PKW infolge des Mangels nicht 10.000 €, sondern nur 8.000 € wert ist, erscheint ein Wertersatzanspruch in Höhe von 80% der 12.000 €, also in Höhe von 9.600 € angemessen.

Diesem Ansatz folgt auch der BGH, wobei er in seiner Urteilsbegründung gar nicht tief einsteigt, sondern wie selbstverständlich von der analogen Anwendung des § 441 III BGB analog ausgeht, weil dies letztlich einhellig in der Literatur vertreten wird (BGH, Life&Law 2011, Novemberheft – Entscheidung kompakt).

Rechnet V mit diesem Anspruch gegen den Kaufpreisrückerstattungsanspruch des K auf, so erlischt dieser teilweise und reduziert sich auf 2.400 €.

K hat gegen V einen Rückzahlungsanspruch i.H.v. 2.400 €.

Anmerkung: Für die Berechnung der Höhe des Wertersatzes gelten, wie gerade gesagt, dieselben Grundsätze wie bei der Minderung, § 441 III BGB: Das Verhältnis des Kaufpreises zum geminderten Preis verhält sich so wie das Verhältnis des Wertes der Sache in mangelfreiem Zustand zum Wert im mangelhaften Zustand.

Löst man diese mathematische Gleichung auf, so erhält man diese Formel: Die Höhe des Wertersatzes gem. § 346 II BGB = (Wert mangelhaft x Kaufpreis) ÷ Wert mangelfrei. Diese Formel sollten Sie sich entweder merken oder herleiten können.

IV. Zusammenfassung

Sound: Bei der Bemessung der Höhe des Wertersatzes gem. § 346 II 2 BGB ist der Betrag der Gegenleistung zugrunde zu legen.

Die Wertminderung infolge der Mangelhaftigkeit der Sache ist zu berücksichtigen.

hemmer-Methode: Bei der Ermittlung der Höhe des Wertersatzes richten Sie sich grundsätzlich nach der vereinbarten Gegenleistung, § 346 II 2 BGB. Entsprach der vereinbarte Kaufpreis jedoch nicht dem objektiven Wert der untergegangenen Sache, so wäre das Festhalten am vereinbarten Preis als Wertersatzhöhe unbillig. Es ist dann eine Kürzung vorzunehmen, durch die der objektive wahre Wert des Wagens im mangelfreien Zustand zur Geltung kommt. Der Betrag der Gegenleistung ist nämlich bei der Wertersatzbemessung lediglich zugrunde zu legen. Hier können und müssen Wertungsgesichtspunkte berücksichtigt werden.

V. Zur Vertiefung

- Hemmer/Wüst, Schuldrecht AT, Rn. 560.

- Zur Anwendbarkeit des § 346 II S. 2 BGB im Falle des Rücktritts wegen Zahlungsverzugs vgl. BGH, Life&Law 2009, 226 ff.

- § 346 II S.2 BGB soll bei einem Haustürgeschäft trotz der Verweisung in § 357 III S.1 BGB keine Geltung erlangen. Von einer privatautonom vereinbarten Gegenleistung kann bei einer Haustürsituation (Überrumpelung) nach Ansicht des BGH nicht ausgegangen werden, Life&Law 2010, 575 ff., vgl. auch BGH, Life&Law 2012, 788 ff. für einen Widerruf gem. § 506 I BGB.

Fall 40: Unmöglichkeit der Rückgewähr nach Kenntnis des Rücktrittgrundes

Sachverhalt:

Sachverhalt wie im Fall 39. Der Schaden am Getriebe wurde von K kurz nach Übergabe bemerkt. Er benutzt den Wagen dennoch weiter und gerät unverschuldet in einen Unfall, bei dem der Pkw vollkommen zerstört wird.

Frage: Kann er jetzt noch Rückzahlung des Kaufpreises verlangen?

I. Einordnung

Sehr examensrelevant ist § 346 III 1 Nr.3 BGB. Daraus ergibt sich, dass der Rücktrittsberechtigte beim gesetzlichen Rücktrittsrecht privilegiert ist.

Kennen Sie den Grund für diese Privilegierung? Eine Antwort dazu finden Sie im Fall sowie in der **hemmer-Methode** unten.

II. Gliederung

Anspruch des K gegen V auf Rückzahlung des Kaufpreises nach §§ 437 Nr.2, 434, 326 V, 346 I BGB

1. Anspruch entstanden (+)
   Durch Weiternutzung des Pkws nach Kenntniserlangung vom Mangel nicht erloschen

2. Anspruch untergegangen, u.U. aufrechenbarer Gegenanspruch

a) Anspruch des V gegen K **auf Wertersatz** nach § 346 II 1 Nr.3 BGB (+)
   Pkw zerstört, Herausgabe unmöglich

aa) Ausschluss der Wertersatzpflicht nach § 346 III 1 Nr.2 BGB? (-)

bb) Ausschluss der Wertersatzpflicht nach § 346 III 1 Nr.3 BGB?
   Gesetzliches Rücktrittsrecht (+)
   keine grobe Fahrlässigkeit, § 277 BGB (+)

(P): Anwendungsbereich eröffnet?
   ⇨ § 346 III 1 Nr.3 BGB auch anwendbar bei Kenntnis des Rücktrittsberechtigten vom Rücktrittsgrund? Kenntnis jedenfalls egal bei Zufall

cc) Zwischenergebnis
   Kein Gegenanspruch aus § 346 II BGB

b) Gegenanspruch auf Schadensersatz aus 346 IV BGB

(P): Pflichtverletzung?
   ⇨ Keine Rückgabepflicht vor Rücktrittserklärung

   ⇨ Schutz- bzw. Erhaltungspflichtverletzung?
   Schon fraglich, ob überhaupt derartige Pflicht vor Kenntnis von Rücktrittsberechtigung beim gesetzlichen Rücktrittsrecht besteht

   ⇨ In jedem Fall Verschulden (-)
   Um Wertungswidersprüche zu vermeiden: Verschuldensmaßstab des § 346 III 1 Nr.3 BGB

⇨ Kein Schadensersatzanspruch

⇨ Kein Gegenanspruch zur Aufrechnung

3. Ergebnis: K gegen V auf Rückzahlung des Kaufpreises aus §§ 437 Nr.2, 434, 326 V, 346 I BGB (+)

III. Lösung

Anspruch des K gegen V auf Rückzahlung des Kaufpreises nach §§ 437 Nr.2, 434, 326 V, 346 I BGB

K könnte gegen V einen Anspruch auf Rückzahlung des Kaufpreises aus §§ 346 I, 437 Nr.2, 434, 326 V BGB haben.

1. Anspruch entstanden

K stand ein Rücktrittsrecht nach §§ 437 Nr.2, 434, 326 V BGB zu. Insoweit wird auf die Ausführungen zum Rücktritt im Fall 39 verwiesen.

Dieses Rücktrittsrecht ist durch die Weiternutzung des Pkws nach Kenntniserlangung vom Mangel nicht erloschen. K trat somit wirksam vom Vertrag zurück. Sein Anspruch auf Rückzahlung des Kaufpreises ist daher zunächst entstanden.

2. Aufrechenbarer Gegenanspruch?

Diesem Anspruch könnte aber ein Gegenanspruch entgegenstehen, mit dem V aufrechnen könnte.

a) Anspruch des V gegen K auf Wertersatz nach § 346 II 1 Nr.3 BGB

Als Gegenanspruch könnte V einen Wertersatzanspruch nach § 346 II 1 Nr.3 BGB gegen K geltend machen.

Der Pkw wurde vollkommen zerstört und kann von K nicht mehr herausgegeben werden.

Allerdings besteht der Wertersatzanspruch nicht, wenn eine *Verschlechterung* des Rückgewährgegenstandes durch seine bestimmungsgemäße Ingebrauchnahme verursacht wurde.

Vom Ausschluss des Wertersatzanspruchs durch den beim bestimmungsgemäßen Gebrauch eintretenden *Untergang* der Sache spricht die Norm nicht explizit, doch sollten diese Fälle unter sonst gleichen Bedingungen auch gleich behandelt werden.

Anmerkung: <u>Verschlechterung</u> ist jede nachteilige Veränderung der Substanz oder der Funktionstüchtigkeit der zurückzugewährenden Sache. <u>Untergang</u> ist die vollständige Vernichtung der Sachsubstanz. Die Wertersatzpflicht entsteht – vorbehaltlich Abs. 3 – wenn und soweit der objektive Tatbestand der Nr.3 vorliegt. Sie setzt kein Verschulden des Schuldners voraus. Auch wenn Verschlechterung und Untergang auf Zufall oder höherer Gewalt beruhen, muss der Schuldner grds. Wertersatz leisten.

Das ist sachgerecht, weil die Gefahr des zufälligen Untergangs mit Vollzug des Vertrages auf ihn übergegangen ist.

Ein Untergang *durch* die bestimmungsgemäße Ingebrauchnahme liegt allerdings nicht vor, wenn der Gegenstand beim bestimmungsgemäßen Gebrauch *durch Zufall* untergeht. Der Wagen wurde durch einen Unfall bei einer „normalen" Fahrt zerstört.

Anmerkung: Beachten Sie bei der Subsumtion, auf welche „Normalfälle" die gesetzliche Regelung abzielt: Musterfall für § 346 II 1 Nr.3 HS. 2 BGB ist der Pkw oder das Kleidungsstück. Bereits durch die bloße Zulassung eines Kraftfahrzeugs tritt eine Wertminderung von ca. 20% ein, da ein Kfz danach nur noch als „Gebrauchtwagen" verkauft werden kann, selbst wenn kein einziger Kilometer mit ihm gefahren wurde. Ähnliches gilt für Kleidungsstücke, die bereits nach dem ersten Tragen lediglich „Second-Hand" Ware darstellen. § 346 II 1 Nr.3 HS. 2 BGB meint also die Wertminderung der Sache gerade durch den Akt der Ingebrauchnahme. Die weitere Benutzung begründet hingegen grundsätzlich einen Wertersatzanspruch.

Ein Anspruch auf Wertersatz entstand damit nach § 346 II 1 Nr.3 BGB. Seine Höhe ist nach Maßgabe von § 346 II 2 BGB zu bemessen. Insoweit gelten die Ausführungen zum Fall 39.

aa) Ausschluss der Wertersatzpflicht nach § 346 III 1 Nr.2 BGB?

Fraglich ist, ob die Wertersatzpflicht des K nach § 346 III 1 Nr.2 BGB ausgeschlossen ist. Das wäre dann der Fall, wenn V den Untergang zu vertreten hätte oder dieser gleichfalls bei ihm eingetreten wäre. Der Untergang der Sache war vorliegend jedoch von keiner Seite verschuldet. Zudem beruhte er auch nicht unmittelbar auf dem Schaden am Getriebe. Daher kann auch nicht davon ausgegangen werden, dass der Untergang gleichfalls bei V eingetreten wäre. Somit sind die Tatbestände beider Alternativen vorliegend nicht verwirklicht.

bb) Ausschluss der Wertersatzpflicht nach § 346 III 1 Nr.3 BGB?

Anwendbar könnte aber § 346 III 1 Nr.3 BGB sein. Hiernach ist die Pflicht zum Wertersatz ausgeschlossen, wenn der Rücktrittsberechtigte beim gesetzlichen Rücktrittsrecht die eigenübliche Sorgfalt angewendet hat, § 277 BGB (sog. diligentia quam in suis).

Hier stellt sich nun die Frage des zeitlichen Anwendungsbereichs der Vorschrift: Gilt sie nur vor Kenntnis des Rücktrittsgrundes, weil der Rücktrittsberechtigte dann mit der eigenen Sache nach Belieben verfahren kann, oder ist sie auch noch später anwendbar, wenn er sich eigentlich schon auf die Rückgewähr einstellen muss?

Um die Frage beantworten zu können, hilft eine Betrachtung von Sinn und Zweck der Vorschrift. Beim vertraglichen Rücktrittsrecht ist jederzeit mit der Rückabwicklung des Vertrages zu rechnen. Eine Haftungsprivilegierung ist daher nicht gerechtfertigt. Beim gesetzlichen Rücktrittsrecht ist dies anders. Hier geht man bei Vertragsschluss zunächst davon aus, die Sache für immer behalten zu dürfen. Man verleibt sie dem eigenen Vermögen ein und geht „eigenüblich" mit ihr um. Erlangt der Rücktrittsberechtigte indes Kenntnis vom gesetzlichen Rücktrittsrecht, muss er genauso mit einer Rückabwicklung rechnen wie im Falle eines vertraglichen Rücktrittsrechts. Daher geht die überzeugende Ansicht davon aus (vgl. Lorenz, NJW 2005, 1889, 1893), dass die Privilegierung nur bis zur Kenntniserlangung gilt. Dieses Ergebnis wird gestützt von der Vorschrift des § 357 III S. 3.

§ 357 I S. 1 BGB erklärt die Vorschriften über den gesetzlichen Rücktritt für die Rückabwicklung eines widerrufenen Vertrages für entsprechend anwendbar. § 357 III S. 3 BGB nimmt nun die hier relevante Vorschrift des § 346 III Nr.3 BGB von der Anwendung aus, wenn der Verbraucher „ … hiervon anderweitig Kenntnis erlangt hat."

Wenn schon einem Verbraucher nach Kenntniserlangung von der Widerrufsmöglichkeit die Privilegierung nicht zur Seite steht, dann sollte das für einen „normalen" Rücktrittsberechtigten erst recht gelten.

Anmerkung: Dies wird z.T. auch anders gesehen. So spricht sich bspw. Palandt/ Grüneberg, § 346, Rn. 13b für eine uneingeschränkte Anwendung auch nach Kenntniserlangung aus. Der Gesetzeswortlaut ist insoweit eindeutig und wenn in § 357 III BGB eine abweichende Regelung enthalten ist, spricht viel dafür, dass die Differenzierung vom Gesetzgeber gewollt war. Dafür ließe sich anführen, dass man dem Rücktrittsgegner (Verkäufer) ja einen Vorwurf machen kann, mangelhaft geliefert zu haben. Das ist beim Widerruf anders, denn hier kann sich der Käufer grundlos vom Vertrag lösen. Beachten Sie bitte ferner, dass § 277 BGB nicht in jedem Fall von der <u>leichten</u> Fahrlässigkeit befreit. Das ist davon abhängig, welche Sorgfalt der Betroffene in eigenen Angelegenheiten anwendet. Ist er besonders sorgfältig und achtsam, ist dieses strenge Sorgfaltsmaß im Falle des § 346 III 1 Nr.3 BGB anzuwenden. Handelt der Berechtigte dagegen sonst eher nachlässig, so entfällt die Haftung für leichte Fahrlässigkeit. Schützen Sie sich jedenfalls vor der pauschalen Behauptung, § 277 BGB befreie von der leichten Fahrlässigkeit.

Damit ist aber noch nicht gesagt, dass der Anspruch besteht. Denn der § 346 III Nr.3 BGB erfasst ja nur den Fall, in dem der eigenüblichen Sorgfalt entsprechend leicht fahrlässig gehandelt wurde.

Sofern der Untergang indes auf Zufall beruht, muss es dabei bleiben, dass der gesetzlich Rücktrittsberechtigte nicht haftet. Denn der unterschiedliche Haftungsmaßstab wird dann gar nicht relevant. Anders: bei zufälligem Untergang ist es völlig irrelevant, ob Kenntnis vom Rücktrittsgrund bestand oder nicht. Eine Haftung ist dann nicht gerechtfertigt. § 346 III Nr.3 BGB bleibt für diesen Fall anwendbar.

cc) Zwischenergebnis

Aus § 346 II BGB ergibt sich kein zur Aufrechnung fähiger Gegenanspruch für V, da die Wertersatzpflicht des K wegen des § 346 III Nr.3 BGB entfallen ist.

b) Anspruch des V gegen K auf Schadensersatz?

aa) Prinzipielle Anwendbarkeit

Fraglich ist, ob V einen Schadensersatzanspruch wegen verschuldeter Unmöglichkeit der Rückgewähr gegen K geltend machen kann.

§ 346 IV BGB zeigt, dass die Verletzung von Pflichten beim Rücktritt zumindest prinzipiell eine Schadensersatzhaftung begründet.

bb) Pflichtverletzung

K müsste eine Pflicht i.S.v. § 280 I BGB verletzt haben.

Man könnte zunächst an die Verletzung der Rückgabepflicht als solche denken.

Vor Erklärung des Rücktritts war K aber noch nicht zur Rückgabe verpflichtet, die Pflicht entsteht nach § 346 I BGB ja erst durch die Ausübung des Rücktrittsrechts.

Nach diesem Zeitpunkt war die Rückgabe aber schon unmöglich geworden, ein Schadensersatzanspruch nach § 280 I, III, 283 BGB, der nur die Fälle nachträglicher Unmöglichkeit i.S.v. § 275 BGB erfasst, konnte zu diesem Zeitpunkt nicht mehr entstehen.

Möglich wäre es höchstens, an die Verletzung einer Schutz- und Erhaltungspflicht hinsichtlich des Rückgewährgegenstandes vor Rücktrittserklärung anzuknüpfen. Fraglich ist aber, ob dem K eine solche Pflicht überhaupt obliegt. Beim gesetzlichen Rücktrittsrecht können die Parteien nämlich davon ausgehen, dass der ihnen übertragene Gegenstand endgültig Bestandteil ihres Vermögens geworden ist. Eine Rechtspflicht zur sorgsamen Behandlung kann demzufolge auch erst dann bestehen, wenn die Partei weiß oder wissen muss, dass die Rücktrittsvoraussetzungen vorliegen.

Als sich der Unfall ereignete, hatte K zwar Kenntnis sowohl von der Mangelhaftigkeit des Wagens als auch von seinem Rücktrittsrecht. Ob er eine Rechtspflicht verletzte, ist damit aber noch nicht entschieden.

Der Unfall selbst war von ihm nicht verschuldet, seine Pflichtverletzung könnte also nur darin zu sehen sein, dass er den Wagen überhaupt benutzte.

Diese Frage war schon zur alten Rechtslage höchst umstritten.

cc) Verschulden

Sie müsste aber hier gar nicht entschieden werden, wenn K jedenfalls kein Verschulden träfe.

Prinzipiell haftet der Schuldner für Vorsatz und Fahrlässigkeit, ausnahmsweise kann aber ein strengerer oder milderer Verschuldensmaßstab gelten, § 276 I 1 BGB.

Wie oben gezeigt, hat der Schuldner nur dann Wertersatz zu leisten, wenn er diejenige Sorgfalt, die er in eigenen Angelegenheiten anwendet, verletzt hat. Das war hier aber gerade nicht der Fall.

Um Wertungswidersprüche zu vermeiden, die unweigerlich entstünden, wenn der Schuldner zwar wegen § 346 III 1 Nr.3 BGB keinen Wertersatz leisten müsste, aber dennoch auf Schadensersatz in gleicher Höhe haften müsste, sollte der Verschuldensmaßstab des § 276 I 1 BGB hier gleichfalls auf die *diligentia quam in suis* beschränkt werden. Somit hätte K seine Pflichtverletzung nicht zu vertreten.

Ein Anspruch des V auf Schadensersatz besteht folglich nicht.

3. Ergebnis

V hat keinen Gegenanspruch, mit dem er aufrechnen kann. Der Rückzahlungsanspruch des K besteht somit in Höhe des gezahlten Kaufpreises von 12.000 €.

IV. Zusammenfassung

Sound: Die Wertersatzpflicht nach § 346 II 1 Nr.3 BGB entfällt, wenn im Falle des gesetzlichen Rücktritts die Sache untergeht und der Berechtigte hinsichtlich des Untergangs diejenige Sorgfalt beobachtet hat, die er in eigenen Angelegenheiten anzuwenden pflegt (Maßstab des § 277 BGB), § 346 III 1 Nr.3 BGB.

Die Privilegierung gilt nach überzeu-
gender Ansicht jedoch nicht mehr ab
Kenntniserlangung, wenn der Untergang eigenüblich leicht fahrlässig verursacht wurde.

Anders wiederum bei einem durch Zufall eingetretenen Untergang.

hemmer-Methode: Noch einmal: Die Privilegierung des <u>gesetzlichen</u> Rücktrittsrechts ergibt sich daraus, dass in solchen Fällen der Berechtigte regelmäßig zunächst gar keine Kenntnis von seinem Rücktrittsrecht hat. Er behandelt die empfangene Sache also so, als ob sie ihm auf Dauer gehören würde. Daher soll er auch
nur für eigenübliche Sorgfalt haften. Behandelt er die empfangene Sache übermä-
ßig schlecht (im Vergleich zu anderen ihm gehörenden Sachen), so bleibt die Wertersatzpflicht nach § 346 II Nr.3 BGB erhalten. Beim <u>vertraglichen</u> Rücktritt weiß der
Berechtigte dagegen immer, dass er die empfangene Sache später möglicherweise
zurückgeben muss. Dieses Risiko hat er durch die Vereinbarung des Rücktrittsrechts bewusst in Kauf genommen.

V. Zur Vertiefung

- Hemmer/Wüst, Schuldrecht AT, Rn. 565 ff.

Fall 41: Haftung des Rücktrittsgegners

Sachverhalt:

M hat seinen Opel Manta gegen den Golf GTI des G getauscht.

G hat mit dem Manta großen Spaß. Dummerweise wird er bei einem Tempo von 160 km/h in einer verkehrsberuhigten Zone aus der Kurve getragen. Er überlebt wie durch ein Wunder unverletzt, der Manta wird vollkommen zerstört.

Der Golf weist (beiden Seiten bei Vertragsschluss unbekannte) schwere Mängel auf. Eine Reparatur ist nicht möglich. Deshalb erklärt M gegenüber dem G den Rücktritt.

Frage: Ansprüche des M?

I. Einordnung

Die Rechtsfolgen eines ordnungsgemäß ausgeübten Rücktritts treffen nicht nur den Rücktrittserklärenden. Die Pflicht zum Wertersatz trifft – genauso wie die Rückgewährpflicht – auch den Rücktrittsgegner.

Beachten Sie aber, dass die Folgen je nachdem, wer zum Wertersatz verpflichtet ist, anders ausfallen können. Hier spielt insbesondere § 346 III 1 Nr.3 BGB eine Rolle. Diese Privilegierung betrifft nur den Rücktrittsberechtigten, nicht auch den Rücktrittsgegner. Dagegen kann die Bezeichnung „Gläubiger" in § 346 III Nr.2, IV BGB sowohl den Rücktrittsberechtigten als auch den Rücktrittsgegner umfassen. Gemeint ist nämlich der Gläubiger des Rückgewähranspruches. Dieser Anspruch steht auf Grund von § 346 I BGB beiden Parteien zu. Die Parteien dürfen die gewährten Leistungen zurückfordern – insoweit sind sie beide Rückgewährgläubiger. Sie müssen aber dann die Leistung, die sie erhalten haben, ebenfalls zurückgeben (Rückgewährschuldner).

Versuchen Sie, diese Differenzierung zu verstehen und in der Klausur zu beachten. So zeigen Sie Ihrem Korrektor, dass Sie die Systematik des Rücktritts verstanden haben.

II. Gliederung

I.   Anspruch des M gegen G auf Rückgabe des Mantas aus § 346 I BGB
Wirksamer Rücktritt?
1.   Rücktrittsrecht aus §§ 480, 437 Nr.2, 326 V, 323 BGB ⇒ wirksamer Tauschvertrag, § 480 BGB ⇒ Fristsetzung entbehrlich, § 326 V HS. 2 BGB ⇒ erhebliche Pflichtverletzung, § 323 V 2 BGB
2.   Rücktrittserklärung, § 349 BGB
3.   Anspruch aber (-) wegen anfänglicher Unmöglichkeit der Rückgewähr
II. Anspruch des M gegen G auf Wertersatz gemäß § 346 II 1 Nr.3 BGB

1. **Anwendbarkeit** (+)
   Pflicht zum Wertersatz gilt für beide Seiten, auch für den Rücktrittsgegner

2. **Wertersatz statt Rückgabe wegen Untergangs**, § 346 II 1 Nr.3 BGB
   ⇨Anspruch auf Wertersatz (+)
   Höhe: § 346 II 2 BGB, maßgeblich der Wert, den M und G dem (mangelfrei!) Golf zubilligten

III. **Schadensersatz nach §§ 280, 346 IV BGB**

1. **Anwendbarkeit** § 346 IV BGB (+)

2. **Pflichtverletzung** (-)

a) Rückgewährverpflichtung (-) erst nach dem Unfall

b) Schutz- und Erhaltungspflicht

(P): **Pflichtenbindung**
   Beim gesetzlichen Rücktrittsrecht kann der Rücktrittsberechtigte darauf vertrauen, den Leistungsgegenstand nicht mehr herausgeben zu müssen
   ⇨ keine Erhaltungspflicht
   ⇨ G war Rücktrittsgegner
   ⇨ **Gutgläubiger Rücktrittsgegner** ist
   ebenso schutzwürdig wie der Rücktrittsberechtigte.
   ⇨ Bösgläubiger Rücktrittsgegner unterliegt einer echten Pflicht, deren Verletzung Ansprüche aus §§ 280 ff. erzeugen kann.
   G war gutgläubig
   ⇨ Schadensersatzanspruch (-)

III. Lösung

I. Anspruch des M gegen G auf Rückgabe des Mantas aus § 346 I BGB

M könnte gegen G einen Anspruch auf Rückübereignung und Übergabe des Mantas aus § 346 I BGB haben. Dazu müsste der Rückgewähranspruch wirksam entstanden und dürfte nicht untergegangen sein.

Wirksamer Rücktritt

M ist nur dann wirksam zurückgetreten, wenn ihm ein Rücktrittsrecht zu stand und er den Rücktritt dem G gegenüber wirksam erklärt hat, § 349 BGB.

1. Rücktrittsrecht gem. §§ 480, 437 Nr.2, 326 V, 323 BGB

Ein Rücktrittsrecht könnte sich aus §§ 480, 437 Nr.2, 326 V, 323 BGB ergeben.

M und K tauschten den Opel Manta gegen den Golf GTI. Damit haben sie einen Tauschvertrag geschlossen. Auf einen Tauschvertrag finden gem. § 480 BGB die Vorschriften über den Kaufvertrag entsprechende Anwendung. Damit findet auch das kaufrechtliche Gewährleistungsrecht der § 434 ff. BGB Anwendung.

Dieses ist vorliegend auch schon anwendbar, da gem. § 446 BGB der Gefahrübergang mit der Übergabe der Autos stattgefunden hat.

G verletzte seine Pflicht zur mangelfreien Lieferung aus §§ 480, 433 I 2 BGB. Eine – an sich grundsätzlich wegen Vorrangs der Nacherfüllung, §§ 480, 439 BGB, – erforderliche Fristsetzung zur Nacherfüllung war vorliegend entbehrlich, da eine Reparatur des Golfs unmöglich war und beim Gebrauchtwagenkauf auch eine Neulieferung den gewünschten Erfolg nicht herbeiführen kann (str.). Damit war die Nacherfüllung nicht mehr möglich. Eine Fristsetzung wäre bloße Förmelei, § 326 V 2.Hs. BGB.

Der Rücktritt ist auch nicht gem. § 323 V 2, VI BGB ausgeschlossen.

Insbesondere stellt die Pflichtverletzung eines mit schweren und nicht mehr reparablen Mängeln behafteten Wagens eine erhebliche Pflichtverletzung i.S.v. § 323 V 2 BGB dar.

2. Rücktrittserklärung, § 349 BGB

Die nach § 349 BGB erforderliche Rücktrittserklärung hat M gegenüber dem G wirksam abgegeben.

3. Unmöglichkeit der Rückübertragung gem. § 275 I BGB

Ein Anspruch des M auf Rückübertragung und Übergabe des Manta ist aber infolge tatsächlicher Unmöglichkeit, § 275 I BGB, ausgeschlossen, da der Wagen beim Unfall vollständig zerstört wurde. Durch den Rücktritt konnte daher bereits kein Anspruch auf Rückgewähr entstehen.

II. Anspruch des M gegen G auf Wertersatz gemäß § 346 II 1 Nr.3 BGB

M könnte aber ein Anspruch auf Wertersatz für den zerstörten Wagen nach § 346 II 1 Nr.3 BGB gegen G zustehen. Wie bereits oben dargelegt, ist M wirksam vom Vertrag zurückgetreten. Die Rückgabe des Mantas ist zudem unmöglich geworden. Damit ist grundsätzlich der Wertersatzanspruch des M begründet.

hemmer-Methode: § 346 II BGB spricht davon, dass der Schuldner in näher bestimmten Fällen Wertersatz zu leisten hat. Dabei bezieht sich die Norm auf § 346 I BGB, wonach die empfangenen Leistungen (Plural!) zurückzugewähren sind.

Die Pflicht zum Wertersatz gilt also für beide Seiten, sowohl für den Rücktrittsberechtigten als auch für den Rücktrittsgegner.

Dieser Anspruch ist auch nicht gem. § 346 II 1 Nr.3 2.Hs. BGB ausgeschlossen, da die Zerstörung des Pkw nicht durch die bestimmungsgemäße Ingebrauchnahme entstand.

3. Ausschluss der Pflicht zum Wertersatz nach § 346 III BGB

Der Anspruch auf Wertersatz könnte aber gem. § 346 III BGB ausgeschlossen sein.

Nach § 346 III 1 Nr.2 BGB entfällt die Pflicht zum Wertersatz, wenn der Rückgewährgläubiger die Verschlechterung oder den Untergang des empfangenen Gegenstandes zu vertreten hat.

Rückgewährgläubiger im Hinblick auf die Rückgabe des Mantas ist vorliegend M. Er hatte mit dem Untergang des Mantas aber nichts zu tun.

Anmerkung: Der Grundgedanke des § 346 II BGB, wonach der Rückgewährschuldner wegen des Gefahrübergangs auf ihn bei Unmöglichkeit der Rückgewähr Wertersatz zu leisten hat, gleichgültig worauf die Unmöglichkeit beruht, wird durch § 346 III 1 Nr.2 BGB sachgerecht eingeschränkt. Das „Vertreten" in der ersten Alternative der Nr.2 BGB muss jedoch als Vertretenmüssen im untechnischen Sinne verstanden werden. § 276 BGB kann allenfalls analog Anwendung finden, da sich diese Norm vom Wortlaut her nur auf den Schuldner bezieht.

§ 346 III 1 Nr.1 Alt.1 BGB erfasst vor allem die Fälle, in denen der Untergang der Sache auf dem zum Rücktritt berechtigenden Mangel beruht. Das war hier nicht der Fall, da sich der Unfall unabhängig von Mängeln des Wagens ereignet hat.

Ebenfalls keinen Wertersatz erhält der Gläubiger, wenn der Untergang beim Rücktrittsberechtigten eingetreten ist, obwohl dieser die eigenübliche Sorgfalt angewendet hat, § 346 III 1 Nr.3 BGB. Auch diese Alternative setzt voraus, dass die Sache beim Rücktrittsberechtigten untergegangen ist. Rücktrittsberechtigt ist hier aber nur M. Damit ist § 346 III 1 Nr.3 BGB ebenfalls unanwendbar.

4. Zwischenergebnis

M hat demnach einen Anspruch auf Wertersatz für seinen zerstörten Manta. Bei der Bestimmung der Höhe dieses Anspruchs ist § 346 II 2 BGB heranzuziehen. Maßgeblich ist also der Wert, den M und G dem (mangelfreien!) Golf zugebilligt hatten.

III. Anspruch des M gegen G auf Schadensersatz nach §§ 280 ff., 346 IV BGB

M könnte auch ein Anspruch auf Schadensersatz nach § 280 I BGB zustehen. Wie § 346 IV BGB klarstellt, ist die Anwendung der §§ 280 ff. BGB auch für das Rückgewährschuldverhältnis zulässig.

hemmer-Methode: Für die Zeit nach Rücktrittserklärung ist dies selbstverständlich. Das Rückgewährschuldverhältnis ist ein Schuldverhältnis mit echten Leistungspflichten, die §§ 280 ff.

BGB sind deshalb schon aus sich heraus anwendbar. Doch auch <u>vor</u> Rücktrittserklärung ergibt sich nichts anderes:

Die Schuldrechtsreform wollte explizit unnötige und oft zu unbilligen Ergebnissen führende Unterschiede, die darauf beruhten, wann die Rücktrittserklärung abgegeben wurde, beseitigen. Das Problem ist hier ein ganz anderes: Unterliegen die Parteien vor Rücktrittserklärung schuldvertraglicher Pflichten oder dürfen sie mit den ausgetauschten Gegenständen frei verfügen? Hier ist (ähnlich wie bei der alten Rechtslage) eine Unterscheidung zwischen gesetzlichen und vertraglichen Rücktrittsrechten angebracht.

Beim <u>gesetzlichen</u> Rücktrittsrecht dürfen beide Seiten zunächst darauf vertrauen, dass der ihnen übertragene Gegenstand endgültig Bestandteil ihres Vermögens geworden ist. Die Rechtspflicht zur sorgsamen Behandlung kann demnach auch erst dann entstehen, wenn die Partei weiß oder wissen muss, dass die Rücktrittsvoraussetzungen vorliegen. Beim <u>vertraglichen</u> Rücktrittsvorbehalt muss die zum Rücktritt berechtigte Seite hingegen davon ausgehen, dass sie den Leistungsgegenstand u.U. zurückzugewähren hat. Deshalb ist sie dem anderen Teil gegenüber verpflichtet, sorgfältig mit der Sache umzugehen.

hemmer-Methode heißt auch, die Probleme richtig zu verorten. Belasten Sie Ihr Gedächtnis nicht mit auswendig gelernten Merksätzen à la „§§ 280 ff. vor Rücktrittserklärung nicht anwendbar". Sehen Sie in das Gesetz und argumentieren Sie.

1. Pflichtverletzung

G müsste eine Pflicht aus einem Schuldverhältnis verletzt haben.

Da die Rückgewährverpflichtung erst nach dem Unfall entstand, kommt sie als Grundlage einer Haftung hier nicht in Betracht. G könnte aber vorzuwerfen sein, dass er nicht sorgfältig und gewissenhaft mit dem Pkw umgegangen ist, also eine Schutz- und Erhaltungspflicht nicht beachtet hat.

Fraglich ist aber, ob er einer solchen Pflicht überhaupt unterlag. Beim gesetzlichen Rücktrittsrecht kann der *Rücktrittsberechtigte* darauf vertrauen, den Leistungsgegenstand nicht mehr herausgeben zu müssen. Ihn trifft keine Erhaltungspflicht.

Beim *Rücktrittsgegner* ist zu differenzieren. War er gutgläubig und kannte den Rücktrittsgrund nicht, so ist er ebenso schutzwürdig wie der Rücktrittsberechtigte. Kannte er ihn aber, so musste er sich von Anfang an auf die Rückgewähr einstellen. In diesem Fall hat er also den Leistungsgegenstand im Interesse der anderen Partei zu erhalten; er unterliegt dann einer echten Pflicht, deren Verletzung Ansprüche aus §§ 280 ff. BGB erzeugen kann. G war Rücktrittsgegner. Vom Mangel des Golfs hatte er ebenso wenig Kenntnis wie M.

Es kann ihm auch nicht einfach unterstellt werden, dass er ihn hätte kennen müssen. Zu dem Zeitpunkt, in dem der Manta unterging, traf G also keine Rechtspflicht zum sorgfältigen Umgang mit dem Wagen.

2. Ergebnis

Deshalb scheidet ein Schadensersatzanspruch aus § 280 I aus.

IV. Endergebnis

M hat einen Anspruch auf Wertersatz für den zerstörten Manta. Ein Gegenanspruch des G besteht nicht.

IV. Zusammenfassung

Sound: Der Rücktrittsgegner haftet bei Untergang der zurückzugewährenden Sache dem Rücktrittsberechtigten auf Wertersatz.

hemmer-Methode: Nicht möglich ist ein Rücktritt vom Rückgewährschuldverhältnis nach den §§ 323 ff BGB. Denn beim Rückgewährschuldverhältnis handelt es sich nicht um einen Vertrag, zum anderen kann ein Rücktritt vom Rücktritt nicht möglich sein: Wer den Rücktritt einmal erklärt hat, muss sich daran festhalten lassen (ansonsten besteht die Gefahr widersprüchlichen Verhaltens).

V. Zur Vertiefung

- Hemmer/Wüst, Schuldrecht AT, Rn. 551 ff. BGB.

Fall 42: Verwendungen auf den Leistungsgegenstand

Sachverhalt:

K kauft von V einen Gebrauchtwagen. Nach Übergabe lässt er den Wagen tiefer legen, bringt diverse Spoiler an und „verziert" ihn mit auflackierten goldenen Flammen. Außerdem lässt er die dringend nötige Erneuerung des Unterbodenschutzes vornehmen.

Nach einem Monat erfährt K durch Zufall, dass der Pkw nicht, wie von V garantiert, 50.000 km, sondern schon 150.000 km gelaufen ist. Er erklärt daraufhin den Rücktritt vom Vertrag und verlangt Ersatz seiner Aufwendungen.

I. Einordnung

Neben der Rückgewährung der erhaltenen Leistung regeln die §§ 346 ff. BGB auch die Frage des Ersatzes von Nutzungen und Verwendungen, die der Rückgewährschuldner in der Zwischenzeit auf die Sache gemacht hat.

II. Gliederung

I.	**Anspruch des K gegen V auf Verwendungsersatz nach § 347 II BGB**

1. Wirksamer Rücktritt
Rücktrittsrecht aus §§ 437 Nr.2, 434,
326 V BGB (+)

a) wirksamer KV (+)

b) Anwendbarkeit §§ 434 ff. BGB (+)
⇨ Gefahrübergang, § 446 BGB, mit Übergabe des Wagens (+)

c) Sachmangel, § 434 I 1 BGB
150.000 km statt 50.000 km Fahrleistung

d) Fristsetzung entbehrlich, § 326 V HS. 2 BGB ⇨ unbehebbarer Mangel

e) Erheblichkeit der Pflichtverletzung, § 323 V 2 BGB
⇨ immer (+) bei Zusicherung

f) Rücktrittserklärung, § 349 BGB (+)

2. Ersatzfähigkeit der Verwendungen

a) **Notwendige Verwendungen**, § 347 II 1 BGB

Verwendungen
⇨ freiwillige Vermögensopfer, die der Sache zugutekommen, indem sie ihrer Wiederherstellung, Erhaltung oder Verbesserung dienen
⇨ *Umbauten des K am Wagen* (+)

Notwendig
⇨ wenn nach objektiven Maßstäben zum Erhalt oder zur ordnungsgemäßen Bewirtschaftung der Sache erforderlich
⇨ *Erneuerung des Unterbodenschutzes* (+)
⇨ *Tuning-Maßnahmen* (-)

b) **Sonstige Aufwendungen**, § 347 II 2 BGB
Nur wenn Bereicherung (Erlangen eines vermögenswerten Vorteils)
Beurteilung nach subjektiven Kriterien, bei sog. **aufgedrängter Bereicherung** (-)

⇨ Ersatz für Unterbodenschutz (+)

⇨ Tuning nur (+) wenn konkrete Bereicherung (subj. Perspektive des Gläubigers)

II. Anspruch des K gegen V auf Ersatz vergeblicher Aufwendungen gem. §§ 437 Nr.3, 311a II, 284 BGB

1. Vor. für Schadensersatz statt der Leistung, §§ 437 Nr.3, 311a II BGB:

a) Sachmangel bei Gefahrübergang (+)

b) Vertretenmüssen der mangelhaften Lieferung, § 276 I 1 HS. 2 BGB, Übernahme einer Garantie durch Zusicherung.

2. Ersatz der Aufwendungen aus § 284 BGB nicht auf notwendige Verwendungen (= Aufwendungen auf eine Sache) begrenzt.

⇨ Anspruch auch hinsichtlich Aufwendungen für das Tuning (+)

III. Lösung

I. Anspruch des K gegen V auf Verwendungsersatz nach § 347 II BGB

K könnte gegen V einen Anspruch auf Verwendungsersatz aus § 347 II BGB haben. Dann müsste K wirksam vom Vertrag zurückgetreten sein.

1. Wirksamer Rücktritt

Das Rücktrittsrecht des K folgt aus §§ 437 Nr.2, 1. Alt, 434, 326 V BGB. K und V schlossen einen wirksamen Kaufvertrag. § 437 BGB ist anwendbar, da der Gefahrübergang mit der Über-

gabe des Wagens stattgefunden hat, § 446 BGB.

Der von V übereignete Wagen war mangelhaft i.S.v. § 434 I 1 BGB, da er nicht die Beschaffenheit hatte, die die Parteien vereinbart haben. Statt 50.000 km, wie dies V dem K zugesichert hat, ist er nämlich schon 150.000 km gelaufen.

Der Rücktritt richtet sich nach § 326 V BGB i.V.m. § 323 BGB, da es sich um einen nicht behebbaren Mangel handelt. Beim Gebrauchtwagenkauf kommt eine Nacherfüllung durch Neulieferung nicht in Betracht (str.) und der Mangel (Kilometerlaufleistung) kann auch durch eine Nachbesserung nicht behoben werden. Die Nacherfüllung war damit nach § 275 I BGB ausgeschlossen. K war demnach zum sofortigen Rücktritt gem. § 326 V BGB berechtigt.

Eine Fristsetzung war entbehrlich, § 326 V HS. 2 BGB.

Es handelte sich auch um eine erhebliche Verletzung der Pflicht aus § 433 I 2 BGB, sodass auch kein Ausschlussgrund gem. §§ 326 V, 323 V 2 BGB gegeben ist.

Anmerkung: Sichert der Verkäufer eine Beschaffenheit der Sache zu, so stellt die Nichterfüllung dieser Zusicherung immer eine erhebliche Pflichtverletzung i.S.v. § 323 V 2 BGB. Das ergibt sich aus einem Vergleich mit der mietrechtlichen Parallelproblematik in § 536 II BGB. Dort wird für den Fall der Zusicherung nicht auf § 536 I S. 3 BGB verwiesen, der im Mietrecht die Erheblichkeitsschwelle normiert.

Die erforderliche Rücktrittserklärung gem. § 349 BGB gab K gegenüber V ab.

Damit entstand zunächst ein Anspruch auf Rückgewähr der empfangenen Leistungen: K muss also den Wagen, V den Kaufpreis zurückgeben und zurückübereignen.

2. Ersatzfähigkeit der Verwendungen

Damit K die gemachten Aufwendungen verlangen kann, müssen aber noch weitere Tatbestandsmerkmale erfüllt sein.

a) Notwendige Verwendungen, § 347 II 1 BGB

Nach § 347 II 1 BGB kann der Rückgewährschuldner Ersatz für die notwendigen Verwendungen verlangen.

Verwendungen sind freiwillige Vermögensopfer die der Sache zugutekommen, indem sie ihrer Wiederherstellung, Erhaltung oder Verbesserung dienen. Nach dieser Definition sind die Umbauten, die K an dem Wagen vornahm, genau wie die Erneuerung des Unterbodenschutzes allesamt Verwendungen. Sie dienen der Verbesserung und hinsichtlich des Boden sogar der Erhaltung des Wagens.

Ersatzfähig nach § 347 II 1 BGB sind sie aber nur, wenn sie auch notwendig waren.

Notwendig ist eine Verwendung, wenn sie nach objektiven Maßstäben zum Erhalt oder zur ordnungsgemäßen Bewirtschaftung der Sache erforderlich ist.

Hier ist für den vorliegenden Sachverhalt zu unterscheiden. Die Erneuerung des Unterbodenschutzes war für den Erhalt des Pkws erforderlich, die dafür aufgewendeten Kosten sind folglich ersatzfähig nach § 347 II 1 BGB. Anders verhält es sich mit den Tuning-Maßnahmen.

Weder waren sie zum Erhalt des Wagens noch zu seiner ordnungsgemäßen Nutzung objektiv erforderlich. Gem. § 347 II 1 BGB kann demnach kein Ersatz für diese Kosten verlangt werden.

b) Sonstige Aufwendungen, § 347 II 2 BGB

Zu prüfen ist aber noch, ob die Kosten für das Tuning nach § 347 II 2 BGB ersetzt werden können. Danach muss der Rückgewährgläubiger auch für sonstige Aufwendungen einstehen, soweit er durch diese bereichert ist.

Bereicherung ist als Erlangen eines vermögenswerten Vorteils zu verstehen. Ob V durch die Umbaumaßnahmen seitens des K bereichert wurde, ist Tatfrage: Entscheidend wäre zu ermitteln, ob der Wert des Pkws für V gestiegen ist, sei es, dass er ihn nun zu einem höheren Preis verkaufen kann oder die Umbauten selbst durchgeführt hätte und nun die Kosten dafür spart. In jedem Fall ist auf die konkrete Situation des V abzustellen – entscheidend ist, ob ihm die Veränderung einen vermögenswerten Vorteil bringt (subjektive Sicht des Gläubigers).

Die Kosten der Tuningarbeiten sind also nach § 347 II 2 BGB nur dann ersatzfähig, wenn sie den V konkret bereichern.

3. Ergebnis

Neben dem Anspruch auf Rückzahlung des Kaufpreises aus § 346 I 1.Alt. BGB hat K also einen Anspruch auf Erstattung der Kosten für die Erneuerung des Unterbodenschutzes. Ob er außerdem die Kosten der Tuning Arbeiten gem. § 347 II BGB verlangen kann, hängt davon ab, ob V dadurch einen vermögenswerten Vorteil erlangt.

II. Anspruch des K gegen V auf Ersatz vergeblicher Aufwendungen gem. §§ 437 Nr.3, 311a II, 284 BGB

K könnte allerdings einen Anspruch auf Ersatz der Aufwendungen für das Tuning gem. §§ 437 Nr.3, 311a II, 284 BGB haben. Es handelt sich dabei um einen Anspruch wegen schuldhafter Pflichtverletzung. Daher wird er auch nicht dadurch ausgeschlossen, dass § 347 II BGB für Verwendungen (=Aufwendungen auf eine Sache) grundsätzlich abschließend ist.

1. Voraussetzungen des Schadensersatzes statt der Leistung, §§ 437 Nr.3, 311a II BGB

Der Ersatz vergeblicher Aufwendungen kann gem. § 284 BGB statt eines Schadensersatzes statt der Leistung verlangt werden. Daher müssten die Voraussetzungen des Schadensersatzes statt der Leistung vorliegen. § 284 BGB ist dabei auch im Bereich des Gewährleistungsrechts anwendbar, vgl. § 437 Nr.3.

Anmerkung: Eine Geltendmachung der Aufwendungen direkt über den Anspruch auf Schadensersatz statt der Leistung kommt vorliegend nicht in Betracht. Denn beim SE statt der Leistung wird der Gläubiger so gestellt, wie er bei ordnungsgemäßer Erfüllung stehen würde. Dann aber hätte der Käufer die Aufwendungen auch getätigt. Sie wären so oder so angefallen. Zwar gilt nach der Rechtsprechung des BGH i.R.d. Schadensersatzes statt der Leistung grundsätzlich die sog. Rentabilitätsvermutung. Diese greift vorliegend aber nicht ein, weil es sich nicht um sog. erwerbswirtschaftliche Aufwendungen handelt. Außerdem handelt es sich nicht um Aufwendungen, die un-

mittelbar mit dem Erwerb der Sache in Zusammenhang stehen. Wenn Sie den vorliegenden Fall verinnerlicht haben, können Sie zur Vertiefung eine vergleichbare Konstellation in BGH Life&Law 2005, 719 ff. nachlesen.

a) Sachmangel bei Gefahrübergang

Wie bereits oben dargelegt, lag bei Gefahrübergang ein Sachmangel im Sinne des § 434 I 1 BGB vor. Die Beseitigung des Mangels war von Anfang an unmöglich, so dass § 311a II BGB einschlägig ist.

b) Kenntnis oder Kennenmüssen

Gem. § 311a II BGB haftet nur auf Schadensersatz, wer sich zu einer Leistung verpflichtet hat, obwohl er wusste, dass er die Leistung nicht wird erbringen können bzw. er seine Unkenntnis nicht zu vertreten hat.

Vorliegend kann nicht mit Sicherheit gesagt werden, ob V den Kilometerstand kannte. Also ist zu prüfen, ob er die daher zu unterstellende Unkenntnis zu vertreten hat.

Grundsätzlich hat der Schuldner Vorsatz und Fahrlässigkeit zu vertreten, § 276 I S. 1 BGB. Nach dem Wortlaut der Vorschrift kann sich eine strengere Haftung aber aus der Übernahme einer Garantie ergeben. Vorliegend hat V den Kilometerstand laut Sachverhalt garantiert. Mit dem Begriff der Garantie ist die Aussage des Verkäufers verbunden, verschuldensunabhängig für das Vorhandensein bestimmter Mängel einstehen zu wollen.

Anmerkung: Die Begriffe „Verschulden" und „Vertretenmüssen" sind nicht synonym zu verwenden.

An diesem Fall sehen Sie sehr deutlich: auch wenn der Verkäufer nicht schuldhaft gehandelt hat (vorsätzlich oder fahrlässig), hat er gleichwohl seine Unkenntnis zu vertreten. Es gibt aber auch Fälle, in denen jemand schuldhaft handelt, die entsprechende Pflichtverletzung gleichwohl nicht zu vertreten hat. Das ist immer dann der Fall, wenn eine Haftungsprivilegierung eingreift, vgl. z.B. § 521 BGB.

Die Voraussetzungen des § 311a II BGB liegen demnach vor, so dass der Weg für die Prüfung des § 284 BGB eröffnet ist.

Anmerkung: Im Sachverhalt ist eindeutig die Garantie erwähnt. Es kann in der Klausur aber auch einfach eine Äußerung des Verkäufers im Sachverhalt geschildert sein, wie z.B. „Sie können sich darauf verlassen, dass der Kilometerstand zutrifft". Dann ist es Ihre Aufgabe in der Klausur, durch Auslegung zu ermitteln, wie der Käufer diese Erklärung verstehen konnte (Auslegung nach dem obj. Empfängerhorizont). Im Gebrauchtwagenhandel ist die Rechtsprechung sehr großzügig mit der Annahme einer Garantieerklärung. So hat z.B. das OLG Koblenz in einem Fall, in dem der Käufer gefragt hat, ob denn die Laufleistung auf dem Tacho tatsächlich zutreffend sei, und der Verkäufer dann erwidert hat, die Tacholeistung stimme mit der tatsächlichen Laufleistung überein, eine Garantieerklärung gesehen (NJW 2004, 1670, Life&Law 2004, 509 ff.). Gerechtfertigt wird diese Großzügigkeit mit dem besonderen Vertrauen, was der Kunde den Aussagen des Verkäufers entgegenbringt.

2. Ersatz vergeblicher Aufwendungen, § 284 BGB

K kann die Aufwendungen ersetzt verlangen, die er im Vertrauen auf den Erhalt der Leistung gemacht hat und billigerweise machen durfte.

K veränderte den erworbenen Gebrauchtwagen nach seinen subjektiven Vorstellungen. Die dafür anfallenden Kosten stellen Aufwendungen dar.

Diese müsste K auch billigerweise gemacht haben dürfen. Dabei können Aufwendungen nicht bereits deshalb ausgeschlossen werden, weil sie nicht notwendig waren und auch nicht objektiv den Wert der Sache erhöhten. Vielmehr sind Aufwendungen regelmäßig nur dann unbillig, wenn sie in einem offensichtlichen Missverhältnis zum Wert der Sache stehen oder wenn der Käufer mit dem Nichterhalt der Leistung rechnen musste. Die vorgenommenen Tuningarbeiten stehen zum Wert des Pkw nicht außer Verhältnis.

Der besondere Geschmack des K hinsichtlich der Optik seines Pkw macht die damit verbundenen Aufwendungen nicht zu unbilligen Aufwendungen im Sinne des § 284 BGB.

3. Ergebnis

K kann die Kosten für das Tuning, auch wenn sie keine Bereicherung für V darstellen, gem. § 284 BGB von V ersetzt verlangen.

IV. Zusammenfassung

Sound: Innerhalb des § 347 II BGB wird Ersatz für Aufwendungskosten nur bei <u>notwendigen</u> Verwendungen gewährt, Ersatz sonstiger Aufwendungen nur bei vorhandener Bereicherung des Gläubigers des Rückgewähranspruchs.

Für die Frage der Bereicherung ist auf die subjektive Perspektive des Gläubigers abzustellen.

hemmer-Methode: Ein Anspruch aus § 994 oder § 996 BGB scheidet vorliegend aus, da K im Zeitpunkt der Vornahme der Verwendungen selbst Eigentümer war. § 994 BGB setzt aber ein E-B-V im Zeitpunkt der Verwendungsvornahme vor (str., a.A. z.T. der BGH). D.h. es muss gerade der nach § 985 BGB herausgabepflichtige Besitzer Verwendungen tätigen.

Beachten Sie, dass die Bewertung der Bereicherung nach subjektiven Gesichtspunkten aus der Perspektive des Gläubigers auch i.R.d. § 818 BGB von Bedeutung ist. Die Figur der aufgedrängten Bereicherung spielt also in beiden Konstellationen eine Rolle.

V. Zur Vertiefung

- Hemmer/Wüst, Schuldrecht AT, Rn. 576 f.
- BGH Life&Law 2005, 719 ff.
- Zu § 284 BGB: Tyroller, Life&Law 2005, 790 ff.

Fall 43: Nutzungen

Sachverhalt:

Bauer K kauft von der Geflügelfarm V 100 Legehühner der Rasse Gloria. Er ist noch unerfahren im Eiergeschäft und versäumt es des Öfteren, die Eier rechtzeitig einzusammeln. In regelmäßiger Konsequenz verdirbt deshalb etwa die Hälfte der Eier. Die andere Hälfte verkauft er auf dem Wochenmarkt.

Nach zwei Monaten stellt K fest, dass V ihm gar keine Gloria-Hühner, sondern solche der Rasse Thurn geliefert hat. Er erklärt den Rücktritt vom Vertrag und erhält auch prompt seinen Kaufpreis zurück. Im Gegenzug verlangt V neben den bereits zurückgewährten Hühnern auch Wertersatz.

Frage: Zu Recht?

I. Einordnung

Neben den empfangenen Leistungen und zu ersetzenden notwendigen Verwendungen regeln die Rücktrittsvorschriften auch das Schicksal der Nutzungen.

Soweit es in Ihrer Klausur um Rückgewähr oder Wertersatz für Nutzungen geht, müssen Sie zwischen gezogenen und nicht gezogenen Nutzungen unterscheiden. Im Fall gezogener Nutzungen überlegen Sie sich, ob die Herausgabe noch möglich ist (§ 346 I BGB) oder ob Wertersatz zu leisten ist (§ 346 II BGB). Im letzten Fall müssen Sie an eventuelle Wertersatzausschlusstatbestände denken (§ 346 III BGB).

Bei nicht gezogenen Nutzungen denken Sie an die Privilegierung des auf Grund eines gesetzlichen Rücktrittsrechts Zurücktretenden gem. § 347 I S. 2 BGB.

Machen Sie sich diese Systematik der Rückgewähr der Nutzungen klar. So kommen Sie in Ihrer Klausurlösung nicht aus dem Konzept und zeigen dem Korrektor, dass Sie den Rücktritt in seiner weitreichenden Struktur verstanden zu haben.

II. Gliederung

Anspruch des V gegen K auf Wertersatz für die gezogenen Nutzungen nach den Vorschriften über den Rücktritt

1.   Wertersatz für die verkauften Eier aus § 346 II 1 Nr.2 BGB **nach ausgeübtem Rücktritt**

a)   Rücktrittsrecht des K aus §§ 433 I 2, 434, 437 Nr.2, 323 I BGB

aa)   gegenseitiger wirksamer Vertrag KV (+)

bb)   Anwendbarkeit der § 434 ff. BGB (+), da Gefahrübergang erfolgt, § 446 BGB

cc)   Aliud als Sachmangel, § 434 III BGB

dd)   Fristsetzungserfordernis, § 323 I BGB
(+), aber hier Verzicht ⇨ mgl., da Fristsetzungserfordernis abdingbar

ee)   Rücktrittserklärung, § 349 BGB (+)

⇨ wirksamer Rücktritt des K (+)

b) Rechtsfolgen des Rücktritts

Herausgabe verkaufter Eier nicht möglich

⇨ Wertersatz, § 346 II 1 Nr.2 BGB (+)

Anwendbar auch auf Nutzungen (trotz missverständlichen Wortlauts)

2. Wertersatz für die verdorbenen Eier

§ 346 II Nr.3 oder § 347 I 1 BGB

(P): gezogene Nutzungen

Hier (+), da sich die Eier im Herrschaftsbereich des K befanden, sie verdarben lediglich nachträglich

⇨ gezogene Nutzung

⇨ Wertersatz nach § 346 II Nr.3 BGB

Aber: Ausschluss des Wertersatzes nach § 346 III Nr.3 BGB (+)

3. Ergebnis

Wertersatz nur für die verkauften Eier

III. Lösung

Anspruch des V gegen K auf Wertersatz für die gezogenen Nutzungen nach den Vorschriften über den Rücktritt

V könnte gegen K einen Wertersatzanspruch nach den Vorschriften über den Rücktritt haben.

Nach einem wirksam ausgeübten Rücktrittsrecht sind die Parteien verpflichtet, neben den empfangenen Leistungen auch Nutzungen, soweit sie diese gezogen haben, herauszugeben, § 346 I BGB.

Unter Nutzungen versteht man Früchte und Gebrauchsvorteile einer Sache, § 100 BGB. Im vorliegenden Fall stellen die Hühnereier Früchte der Hühner dar,

sodass sie an sich zurückzugewähren sind.

Selbstverständlich ist die Rückgabe der Eier ihrer Natur nach nicht möglich. K hat die Eier – soweit er sie eingesammelt hat –auf dem Wochenmarkt verkauft.

Darüber hinaus ist die Herausgabe – jedenfalls der alten Eier - der Natur der Sache nach (Verderblichkeit) nicht möglich und entspricht nicht dem Verlangen des V.

Daher ist richtigerweise sein Verlangen auf Wertersatz gerichtet.

Dem Begehren des V entsprechend sind zwei unterschiedliche Positionen zu unterscheiden: Zum einen könnte V einen Anspruch auf den Erlös haben, den K mit seinen Eiern auf dem Wochenmarkt erzielt hat. Zum anderen wäre aber auch ein Ersatzanspruch hinsichtlich der verdorbenen Eier denkbar.

1. Wertersatz für die verkauften Eier aus § 346 II 1 Nr.2 BGB

Ein Anspruch nach § 346 II 1 Nr.2 BGB setzt zunächst einen wirksamen Rücktritt voraus.

a) Rücktrittsrecht des K

Das Rücktrittsrecht des K könnte sich aus §§ 433 I 2, 434, 437 Nr.2, 323 I BGB ergeben.

K und V schlossen einen wirksamen Kaufvertrag über die Hühner ab. Diese wurden dem K auch übergeben und übereignet. Der Gefahrübergang gem. § 446 BGB hat damit stattgefunden. Die Regeln des Gewährleistungsrechts, §§ 434 ff. BGB, sind anwendbar.

aa) Aliud als Sachmangel, § 434 III BGB

Fraglich ist, ob V vertragsgemäß geleistet hat. Gem. § 433 I 2 BGB war er verpflichtet, Gloria-Hühner zu leisten. Stattdessen hat er Hühner einer anderen Gattung geliefert.

Darin könnte ein Sachmangel gem. § 434 BGB liegen. Nach der Klarstellung in § 434 III BGB ist eine Lieferung einer anderen Sache als der vereinbarten einem Sachmangel gleichzustellen, sog. Aliud-Lieferung, und genauso wie ein Sachmangel zu behandeln.

Damit ist ein Mangel zu bejahen.

bb) Fristsetzungserfordernis, § 323 I BGB

Der Rücktritt des K könnte allerdings daran scheitern, dass er die gem. § 323 I BGB an sich erforderliche Frist zur Nacherfüllung nicht gesetzt hat. Eine solche war erforderlich, da es sich um einen behebbaren Mangel handelt. Der Mangel kann durch eine Neulieferung der Hühner der richtigen Gattung behoben werden. Den Vorrang der Nacherfüllung sieht auch § 439 BGB vor.

cc) Verzicht auf Fristsetzung

Die Fristsetzung ist aber dann entbehrlich, wenn die Parteien auf sie verzichtet haben, sei es, dass sie diese bereits im Vertrag abgedungen haben oder durch ihr Verhalten zum Ausdruck bringen, dass sie mit einem sofortigem Rücktritt einverstanden sind und weder der Gläubiger der mangelhaften Leistung noch der Schuldner auf einer Nacherfüllung bestehen.

Ein solcher Verzicht ist vorliegend in dem Verhalten der Parteien zu sehen. V erklärte sich konkludent mit dem sofortigen Rücktritt einverstanden, indem er den Kaufpreis rückerstattete.

dd) Rücktrittserklärung

Schließlich hat K dem V gegenüber seinen Rücktritt wirksam erklärt, § 349 BGB.

b) Rechtfolgen des Rücktritts

Rechtsfolge des Rücktritts ist, dass die empfangenen Leistungen und die gezogenen Nutzungen herauszugeben sind, § 346 I BGB. Da, wie bereits oben erwähnt, die Herausgabe der Eier nicht möglich ist, kommt nur Wertersatz aus § 346 II BGB in Betracht.

Einschlägig könnte § 346 II 1 Nr.2 BGB sein. Doch erfasst die Norm ihrem Wortlaut nach nur den Fall der Veräußerung der empfangenen Sache selbst. Von gezogenen Früchten, die veräußert wurden, spricht sie hingegen nicht. Um Wertungswidersprüche zu vermeiden, ist § 346 II 1 Nr.2 BGB aber auch auf diesen Fall anzuwenden. Es ist kein Grund ersichtlich, wieso für Nutzungen, die ihrer Natur zufolge nicht herausgegeben werden können, zwar nach § 346 II 1 Nr.1 BGB Wertersatz zu leisten ist, für Früchte, die (meist gegen eine Gegenleistung) veräußert wurden, dies aber nicht der Fall sein soll. V kann demzufolge Wertersatz für die von K auf dem Wochenmarkt verkauften Eier verlangen.

2. Wertersatz für die <u>verdorbenen</u> Eier, § 346 II 1 Nr.3 BGB

Fraglich ist, ob § 346 II BGB auch hinsichtlich der verdorbenen Eier gilt. Entscheidend dafür ist, ob sie *gezogene* Nutzungen darstellen, oder – da sie für K keinen Vermögenszuwachs mit sich brachten - als *nicht gezogene* anzusehen sind. In der zweiten Alternative wäre ausschließlich § 347 I BGB einschlägig, der ein Verschulden des Rückgewährschuldners voraussetzt.

Welche Norm anzuwenden ist, hängt entscheidend davon ab, ob man für den Begriff des „Gezogenseins" fordert, dass noch ein messbarer Zuwachs im Vermögen vorhanden ist, oder auch eine theoretische, kurzfristige Mehrung desselben ausreichen lässt.

Richtigerweise ist der zweiten Ansicht zu folgen.

Dass die Eier wieder verdorben sind, berührt nicht die Frage, ob K die Nutzungen gezogen hat oder nicht. Das Verderben der Eier betrifft vielmehr die Frage einer nachträglichen Entreicherung des K. Waren die Eier einmal in seinem Herrschaftsbereich gelegt, erwarb er nach § 953 BGB das Eigentum an ihnen. Damit zog er einen Vermögensvorteil aus ihnen. Folglich ist § 346 II BGB und nicht § 347 I BGB einschlägig.

Konkret geht es um § 346 II 1 Nr.3 BGB. Auch hier spricht das Gesetz explizit nur vom Untergang der empfangenen Gegenstandes, mit der gleichen Argumentation wie zu § 346 II 1 Nr.2 (s.o.) sind aber auch hier die untergegangenen Früchte mit einzubeziehen.

Demnach bestünde grundsätzlich eine Wertersatzpflicht auch für die verdorbenen Eier.

Die Ersatzpflicht des K könnte jedoch entfallen, wenn einer der Ausschlusstatbestände des § 346 III BGB einschlägig wäre. In Betracht kommen § 346 III 1 Nr.2 oder 3 BGB.

Der Gläubiger – hier der V – hat die Verschlechterung und folglich den Untergang der Eier nicht zu vertreten. Auch wäre der Schaden nicht gleichfalls bei ihm eingetreten, sodass § 346 III 1 Nr.2 BGB nicht einschlägig ist.

Es könnte aber § 346 III 1 Nr.3 BGB in Frage kommen. K war im Betreiben seiner Hühnerfarm noch unerfahren. Deswegen beging er öfters Fehler, die zum Verderben der Eier führten.

Es ist anzunehmen, dass er die Eier mit derselben Sorgfalt behandelt hat, die er auch in seinen sonstigen Angelegenheiten anzuwenden pflegt. Damit ist der Maßstab des § 277 BGB anzusetzen.

Für die Sorgfalt in eigenen Angelegenheiten ist ein subjektiver Maßstab anzulegen. Es ist daher zu berücksichtigen, dass K in der Hühnerzucht unerfahren war. Mangels näherer Umschreibung kann zudem nicht festgestellt werden, ob K sonst besonders sorgfältig war:

Dann könnte ihm nicht einmal die leichte Fahrlässigkeit erlassen werden.

Lebensnah ist aber anzunehmen, dass K auch sonst leichte Fehler unterlaufen, die die Haftung für leichte Fahrlässigkeit ausscheiden lassen. Die Anfängerfehler bei der Führung einer Hühnerfarm sind als leichte Fahrlässigkeit einzustufen. Es handelt sich auch um einen gesetzlichen Rücktritt, sodass insgesamt die Ausschlussnorm des § 346 III Nr.3 BGB anzuwenden ist.

3. Ergebnis

V hat gegen K einen Anspruch auf Wertersatz für die verkauften, nicht jedoch für die verdorbenen Eier.

IV. Zusammenfassung

Sound: Die gezogenen Nutzungen sind nach dem ausgeübten Rücktritt zurückzugewähren oder es ist hierfür Wertersatz zu leisten, § 346 I, II BGB. Für nicht gezogene Nutzungen ist Wertersatz dann zu leisten, wenn sie nach den Regeln der ordnungsgemäßen Wirtschaft hätten gezogen werden können, § 347 I 1 BGB.

Der Rücktrittsberechtigte ist aber im Fall des gesetzlichen Rücktritts privilegiert. Nach § 347 I 2 BGB hat er die nicht gezogenen Nutzungen nur dann zu ersetzen, wenn das Nicht-Ziehen der Nutzungen einen Verstoß gegen die eigenübliche Sorgfalt i.S.v. § 277 BGB darstellen würde.

hemmer-Methode: Sie merken, der Rücktrittsberechtigte ist beim gesetzlichen Rücktrittsrecht privilegiert. Der Maßstab des § 277 BGB und somit eine Haftung für eigenübliche Sorgfalt ist in den meisten Fällen für den Berechtigten von Vorteil, da er dann eventuell von der Haftung für die einfache Fahrlässigkeit befreit ist. Diese Haftungsprivilegierung nutzt lediglich demjenigen nichts, der auch in allen anderen Angelegenheiten äußerst sorgfältig und pedantisch vorgeht. Dann muss er auch für einfache Fahrlässigkeit einstehen.
Im Falle des gesetzlichen Rücktritts verweisen §§ 346 III 1 Nr.3 und 347 I 2 BGB auf § 277 BGB. Darin ist das Bestreben des Gesetzgebers erkennbar, denjenigen, der von seinem Rücktrittsrecht nichts weiß und mit der Sache so umgeht, als würde sie dauerhaft in seinem Vermögen bleiben, von der strengen Haftung des Rücktrittsrechts zu verschonen.

V. Zur Vertiefung

- Hemmer/Wüst, Schuldrecht AT, Rn. 571 ff.

Kapitel VII: Störung der Geschäftsgrundlage
und Kündigung aus wichtigem Grund

Fall 44: Kündigung aus wichtigem Grund nach § 314 BGB

Sachverhalt:

Kreisligakicker S leiht seinem Mannschaftskollegen und besten Freund E im Januar 2003 einen von Stefan Effenberg und Thomas Strunz handsignierten FC-Bayern Trainingsoverall. E wollte den Sportanzug während eines für Anfang Februar angesetzten zweiwöchigen Wintertrainingslagers auf Gran Canaria tragen. Noch vor Beginn des Trainingslagers erfährt S, dass E gerade dabei ist, ihm seine Frau „auszuspannen".

Er kündigt darauf dem S die Freundschaft auf und verlangt sofortige Rückgabe des Trainingsanzugs.

I. Einordnung

Bei den gesetzlich geregelten Dauerschuldverhältnissen sieht das Gesetz stets ein Recht beider Seiten zur Kündigung aus wichtigem Grund vor, vgl. §§ 543, 626, 723 BGB. Schon nach altem Recht war nach h.M. aus diesen speziellen Vorschriften für alle Dauerschuldverhältnisse das Recht zur Kündigung aus wichtigem Grund zu entnehmen.

Dieses Gewohnheitsrecht wurde mit der Schuldrechtsmodernisierungsreform im § 314 BGB geregelt.

Beachten Sie, dass, sofern spezielle Vorschriften ein Kündigungsrecht aus wichtigem Grund vorsehen, diese vorrangig zu prüfen sind. Erst wenn diese speziellen Vorschriften nicht einschlägig sind, kann § 314 BGB eingreifen.

II. Gliederung

1.   Rückgabeanspruch des S gegen E aus § 604 BGB

wirksamer Leihvertrag, § 598 BGB (+)

- § 604 I BGB (-),
  da Leihfrist noch nicht abgelaufen

- § 604 II, III BGB (-),
  da eine Leihfrist bestimmt

⇨ kein Rückgabeanspruch aus § 604 BGB

2. Rückgabeanspruch nach erfolgter Kündigung aus § 605 BGB

(-), keiner der in Nr.1-3 genannten Gründe einschlägig

3. Rückgabeanspruch nach außerordentlicher Kündigung gem. § 314 I 1 BGB

a) Konkurrenzverhältnis zu speziellen Kündigungsvorschriften
   § 605 BGB ist zwar spezieller, enthält aber keine abschließende Regelung

b) Konkurrenzverhältnis zu § 313 BGB
Grds. der Störung der Geschäftsgrundlage nur bei Möglichkeit der Anpassung vorrangig;
hier aber keine Zumutbarkeit mehr für S, den Vertrag fortzusetzen, Anpassung kommt nicht in Betracht

c) Vorliegen eines Dauerschuldverhältnisses (+), Leihe

d) Kündigung innerhalb angemessener Frist, § 314 III (+)

e) Wichtiger Grund (+)
Zerstörung der Vertrauensbasis, schwerwiegende Verfehlung

4. Ergebnis
sofortiger Rückgabeanspruch aus § 314 I 1 BGB (+)

III. Lösung

1. Rückgabeanspruch des S gegen E aus § 604 BGB

Ein Anspruch des S gegen E auf Rückgabe des Trainingsanzuges könnte sich aus § 604 BGB ergeben.

Voraussetzung ist zunächst, dass zwischen S und E ein wirksamer Leihvertrag abgeschlossen wurde.

Zwar haben S und E ausdrücklich keinen Vertrag geschossen. Der Leihvertrag könnte jedoch auch durch ihr schlüssiges Verhalten zustande gekommen sein. Das ist insbesondere bei Rechtsgeschäften des täglichen Lebens anzunehmen, bei denen bereits durch tatsächliche Handlungen wie die Übergabe zugleich schuldrechtliche Erklärungen und Rechtsfolgen herbeigeführt werden sollen.

Vorliegend hat S seinen Trainingsoverall unentgeltlich an E überlassen. S hat die Sache an sich genommen. Damit haben sie einen Leihvertrag vereinbart.

E war zur Benutzung des Overalls bis zum Ende des Trainingslagers berechtigt. Damit war für die Rückgabe eine bestimmte Zeit vereinbart. Vor ihrem Ablauf bestand jedenfalls kein Anspruch aus § 604 I BGB.

Auch Absatz 2 des § 604 BGB gewährt S keinen durchsetzbaren Anspruch zum fraglichen Zeitpunkt: Zweck der Leihe war es, E den Gebrauch des Overalls während des Trainingslagers zu ermöglichen. § 604 III BGB, nach dem der Entleiher jederzeit ein Rückforderungsrecht hat, greift nur dann ein, wenn für die Leihe weder eine konkrete Dauer bestimmt wurde noch eine solche aus dem Zweck der Leihe ermittelt werden kann.

Festzuhalten bleibt, dass S kein Rückforderungsrecht aus § 604 BGB zusteht.

2. Rückgabeanspruch nach erfolgter Kündigung aus § 605 BGB

S könnte von E die Rückgabe des Overalls verlangen, wenn er trotz laufender Leihfrist wirksam kündigen könnte.

In Betracht kommt eine außerordentliche Kündigung gem. § 605 BGB. Dieser ist auch anwendbar, da ein wirksamer Leihvertrag gegeben ist.

Da es sich jedoch um eine außerordentliche Kündigung handelt, bedarf sie eines Kündigungsgrundes. Die einschlägigen Kündigungsgründe werden in § 605 Nr.1-3 aufgezählt.

Vorliegend ist jedoch keiner der Gründe einschlägig. Weder bedarf S des Pullis selbst noch hat E vertragswidrig von der Sache Gebrauch gemacht. Vielmehr liegt der Grund für das Herausgabeverlangen des S in einem Verhalten des E, das zur Zerstörung der Vertrauensgrundlage führte.

Dieser Grund ist jedoch vom Kündigungsrecht nach § 605 BGB nicht erfasst.

3. Rückgabeanspruch nach außerordentlicher Kündigung gem. § 314 I 1 BGB

Wird der Leihvertrag durch Kündigung beendet, entsteht ein vertraglicher Rückgabeanspruch. Hier könnte A zur Kündigung aus wichtigem Grund gemäß § 314 I 1 BGB berechtigt gewesen sein.

Anmerkung: § 314 BGB gilt nur bei <u>vertraglichen</u>, nicht auch bei gesetzlichen Dauerschuldverhältnissen. Lesen Sie den § 314 I 1 BGB: „kann jeder <u>Vertragsteil</u>...". Beachten Sie die Überschrift des Untertitels 3: „Anpassung und Beendigung von <u>Verträgen</u>". Arbeiten Sie mit Wortlaut und Systematik des Gesetzes. Sie müssen gar nicht viel lernen, vieles steht im Gesetz.

a) Konkurrenzverhältnis zu speziellen Kündigungsvorschriften

Gegenüber eventuell anderweitig bestehenden Kündigungsvorschriften ist § 314 BGB subsidiär. Deshalb müsste zunächst untersucht werden, ob nicht spezielle Kündigungsnormen eingreifen.

Die Voraussetzungen des insoweit für die Leihe spezielleren § 605 BGB sind, wie gerade festgestellt, nicht gegeben. § 605 BGB stellt aber keine abschließende Regelung dar. Er regelt nur speziell auf den Leihvertrag zugeschnittene Kündigungsgründe.

Daneben besteht für alle Dauerschuldverhältnisse ein außerordentliches Kündigungsrecht aus anderen wichtigen Gründen, § 314 BGB.

b) Konkurrenzverhältnis zu § 313 BGB

Das Kündigungsrecht könnte aber wegen § 313 III, I BGB ausgeschlossen sein. Die Vorschrift zeigt, dass die erhaltende Anpassung des Vertrags nach den Grundsätzen der Störung der Geschäftsgrundlage der Endgültigkeit der Kündigung im Allgemeinen vorgeht. Ist eine Anpassung aber nicht möglich, so ist der Vertrag im Wege einer Kündigung nach § 313 III 2 BGB abzuwickeln.

Das bei Dauerschuldverhältnissen bestehende Kündigungsrecht aus wichtigen Grund, § 314 BGB, verdrängt jedoch grundsätzlich das Kündigungsrecht nach § 313 III 2 BGB.

Dies gilt wiederum nicht für § 313 I BGB: ist die Vertragsanpassung noch möglich, soll sie nach den Grundsätzen der Störung der Geschäftsgrundlage vorgehen.

Im vorliegenden Fall geht es aber zum einem nicht um eine Störung, die sich in die typischen Geschäftsgrundlagen-Fallgruppen (Äquivalenzstörung, Geldentwertung, Leistungserschwerungen) einordnen lässt.

Zum anderen ist auf Grund des schwerwiegenden Vertrauensbruches zwischen E und S ein Festhalten am Vertrag auch unter den angepassten Umständen nicht mehr zumutbar. Die Störung kann nicht mehr in dieser Weise beseitigt werden. Eine Fortsetzung des Vertrages ist nicht denkbar.

Damit ist § 314 I BGB von § 313 III, I BGB nicht gesperrt.

Voraussetzungen des Kündigungsrechts nach § 314 BGB

1. Bestehen eines Dauerschuldverhältnisses

2. Kündigung innerhalb einer angemessenen Frist, § 314 III BGB

3. Vorliegen eines wichtigen Grundes.

Anmerkung: Halten Sie sich an diese Prüfungsreihenfolge. Wenn bereits die angemessene Frist verstrichen ist, scheidet eine Kündigung nach § 314 BGB, gestützt auf diese Tatsache, aus. Erst wenn Sie also § 314 III BGB bejaht haben, dürfen Sie § 314 I, II BGB prüfen. Darüber hinaus bedarf die Kündigung auch einer Kündigungserklärung.

c) Vorliegen eines Dauerschuldverhältnisses

§ 314 BGB ist nur auf Dauerschuldverhältnisse anwendbar. Ein Dauerschuldverhältnis unterscheidet sich von einem auf einmalige Leistung gerichteten Schuldverhältnis dadurch, dass während seiner Laufzeit ständig neue Leistungs-, Neben- und Schutzpflichten entstehen. Es wird durch seine zeitliche Dimension gekennzeichnet.

Ein Leihvertrag ist ein auf gewisse Zeit angelegter Vertrag. Die Pflichten erschöpfen sich nicht wie beim Kaufvertrag in einer einmaligen Leistung, sondern bestehen bis zur Rückgabe der geliehenen Sache fort.

Anmerkung: Zu den bekanntesten gesetzlich geregelten Dauerschuldverhältnissen gehören, neben Leihe - Miete, Pacht und Darlehensvertrag auch der Arbeitsvertrag, der Dienstvertrag sowie der Gesellschaftsvertrag.

Bei den Sukzessivlieferungsverträgen stellt nur der Dauerbezugsvertrag (auch: unechter Sukzessivlieferungsvertrag) ein Dauerschuldverhältnis dar, nicht jedoch der Ratenlieferungsvertrag.

d) Kündigung innerhalb angemessener Frist

Gem. § 314 III BGB kann die Kündigung nur innerhalb einer angemessenen Frist nach Kenntnis vom Kündigungsgrund erfolgen.

Die Kündigungserklärung ist hier unmittelbar, nachdem S von dem Vorfall Kenntnis erlangte, erfolgt. Sie war fristgerecht im Sinne des § 314 III BGB.

Anmerkung: Fraglich ist, welche Frist angemessen ist. Der Gesetzgeber hat auf Grund einer Vielseitigkeit der möglichen Sachverhalte auf eine nähere Bestimmung dieses Begriffes verzichtet. Vielmehr ist die Angemessenheit der Kündigungsfrist im Einzelfall zu ermitteln. Es ist zu fragen, ob der Vertragspartner bereits darauf vertrauen durfte, dass auf Grund der fraglichen Tatsachen keine Kündigung mehr ausgesprochen wird.

e) Wichtiger Grund

Des Weiteren müsste A einen wichtigen Grund zur Kündigung gehabt haben. Von einem wichtigen Grund spricht man, wenn dem kündigenden Teil unter Berücksichtigung der konkreten Situation und der beiderseitigen Interessen die Fortsetzung des Vertragsverhältnisses bzw. ein Abwarten bis zum vorgesehenen Beendigungs-/Kündigungstermin nicht zugemutet werden kann, § 314 I 2 BGB.

Fraglich ist, ob vorliegend ein solcher wichtiger Grund angenommen werden kann.

Leihverträge werden durch ihre Unentgeltlichkeit gekennzeichnet. Motiv für den Verleiher, dem anderen die eigene Sache zu überlassen, ist meist Freundschaft oder ein ähnlicher altruistischer Grund.

Hintergeht jemand seinen besten Freund nun mit dessen Frau, so endet damit zumeist die Freundschaft, das tragende Motiv für die Leihe entfällt. Ein solches Vergehen ist jedenfalls generell geeignet, eine Kündigung nach § 314 BGB zu rechtfertigen

Fraglich ist noch, ob im konkret vorliegenden Fall dieses Verhalten zur Kündigung berechtigt oder ob nach einer umfassenden Abwägung der beiderseitigen Interessen dem S doch noch die Fortsetzung der Leihe zugemutet werden kann.

Auch im konkreten Sachverhalt gab S den Leihgegenstand auf Freundschaftsbasis an E. Da E eine schwerwiegende Verfehlung begangenen hat und die Vertrauensbasis zerstörte, hat S kein Interesse mehr, den Trainingsanzug weiter an E zu verleihen. Vielmehr möchte er den Anzug sofort zurückzuerhalten. Demgegenüber treten die Interessen des E, den Anzug während des Trainingslagers tragen zu dürfen, ganz eindeutig zurück.

Anmerkung: Sie merken, das Vorliegen eines wichtigen Kündigungsgrundes i.S.v. § 314 BGB erfolgt in einem Zweierschritt:
1. Vorliegen eines als Kündigungsgrund generell geeigneten Sachverhalts.
   Hier sollten vorab solche Sachverhalte ausgeschieden werden, die ersichtlich niemals eine Kündigung

rechtfertigen können. Es geht hier nur um evidente Fälle.
2. Umfassende Interessenabwägung im konkreten Fall.
   Hier sind insbesondere die Schwere der Verfehlung im konkreten Fall und die Länge der vertraglich vereinbarten Kündigungs- oder Leihfristen zu berücksichtigen. Sind diese relativ kurz, so müssen an die Unzumutbarkeit höhere Anforderungen gestellt werden.

Grundsätzlich hat der Kündigende, wenn der wichtige Grund in der Verletzung einer Vertragspflicht besteht, zunächst eine Abmahnung auszusprechen. Damit soll der andere angehalten werden, sich doch noch vertragsgemäß zu verhalten.

Fraglich ist aber, ob E überhaupt eine *Vertrags*pflicht verletzte oder ob es sich nicht vielmehr um eine moralische oder sittliche Pflicht handelte. Selbst wenn man annimmt, dass eine entsprechende vertragliche Pflicht des Entleihers besteht, ist eine Abmahnung in jedem Fall wegen §§ 314 II 2, 323 II Nr.3 BGB entbehrlich.

Das Vertrauensverhältnis ist vorliegend so schwerwiegend zerstört, dass eine sofortige Beendigung des Vertrages gerechtfertigt erscheint.

Anmerkung: Eine Abmahnung „verbraucht" den ihr zugrunde liegenden Sachverhalt. Eine Kündigung kann auf ihn nicht mehr gestützt werden. Erst wenn der Vertragspartner erneut eine vergleichbare Pflichtverletzung begeht, kommt eine Kündigung in Betracht. Bei einer erneuten, aber nicht vergleichbaren Pflichtverletzung bedarf es ebenfalls einer Abmahnung.

4. Ergebnis

S kann von E sofortige Rückgabe seines Trainingsoveralls verlangen.

IV. Zusammenfassung

Sound: Kündigung aus wichtigem Grund bei vertraglichen Dauerschuldverhältnissen.

hemmer-Methode: Bei Dauerschuldverhältnissen ist ein Rücktritt vom gesamten Vertrag nicht möglich. Die Parteien können nur kündigen, nicht zurücktreten. Im Falle eines Dauerbezugsvertrages sind §§ 323 ff. BGB jedoch hinsichtlich der Einzelleistungen (einzelnen Raten) anwendbar. Hier gilt das Gleiche wie beim Anspruch auf Schadensersatz statt der Leistung. Der Gläubiger kann hinsichtlich der einzelnen Rate zurücktreten. Ein Rücktritt vom gesamten Vertrag ist nicht möglich. Der Gläubiger kann allenfalls nach § 314 BGB kündigen. Beachten Sie, dass dies im Falle eines Ratenlieferungsvertrages anders ist. Hier ist die Leistung von Anfang an zahlenmäßig bestimmt. Sie erfolgt nur auf Raten. Ein Rücktritt vom gesamten Vertrag ist daher bei Vorliegen seiner Voraussetzungen möglich.

V. Zur Vertiefung

- Hemmer/Wüst, Schuldrecht AT, Rn. 578 ff.

- Der Inhaber eines DSL-Anschlusses hat kein Recht zur Kündigung gem. § 314 BGB des mit dem Telekommunikationsunternehmen geschlossenen Vertrages vor Ablauf der vereinbarten Laufzeit, wenn er an einen Ort umzieht, an dem keine Leitungen verlegt sind, die die Nutzung der DSL-Technik zulassen, BGH, Life&Law 2011, 164 ff.

Fall 45: Störung der Geschäftsgrundlage: Zweckstörung

Sachverhalt:

Für Mai 2003 hatte der amerikanische Präsident einen Besuch in Berlin angekündigt. Geplant war u.a. eine Rundfahrt im offenen Wagen durch die Stadt. M mietete für 100 € am betreffenden Tag von V einen an der Strecke liegenden Balkon, um die Parade besser beobachten zu können.

Da der regierende Oberbürgermeister Berlins den amerikanischen Präsidenten wegen dringender auswärtiger Geschäfte nicht empfangen konnte, wurde die Trasse der Rundfahrt kurzerhand geändert.

Frage: *Kann V von M Zahlung verlangen?*

I. Einordnung

Das bürgerliche Recht wird von dem Grundsatz beherrscht, dass geschlossene Verträge einzuhalten sind („pacta sunt servanda"). Wer sich vertraglich bindet, muss auch dann seinen Verpflichtungen daraus nachkommen, wenn sich nachträglich Umstände zu seinen Ungunsten geändert haben.

Eine Ausnahme davon bilden die Grundsätze über die Störung der Geschäftsgrundlage (SGG). Das jahrelang gewohnheitsrechtlich anerkannte und unter der Bezeichnung „Wegfall der Geschäftsgrundlage" bekannte Rechtsinstitut wurde mit der Schuldrechtsreform in § 313 BGB geregelt. Inhaltlich brachte die Neuregelung keine wesentlichen Änderungen gegenüber den zum Wegfall der Geschäftsgrundlage entwickelten Grundsätzen.

II. Gliederung

Anspruch des V gegen M auf Bezahlung von 100 € für den gemieteten Balkon aus § 535 II BGB
1. **Wirksamer Mietvertrag, § 535 BGB**
2. **Anspruch erloschen**

a)   wegen vertraglich vereinbarter auflösender Bedingung, § 158 II BGB (-)

b)   wegen Unmöglichkeit der Gegenleistung nach § 326 I BGB (-), da die Leistung des V (Vermietung des Balkons) nicht unmöglich geworden i.S.v. § 275 BGB)

c)   **Erlöschen nach § 313 III 1 BGB** (Rücktritt wegen Störung der Geschäftsgrundlage)

aa) **Begriff**
Geschäftsgrundlage: Alle den Vertrag prägenden Umstände (subjektiv und objektiv)
Störung: Beeinträchtigung bzw. Fehlen (Abs.2) der Umstände

bb) **Anwendbarkeit** (+)
keine Spezialregelung ersichtlich

cc) Reales und hypothetisches Element

•   **Reales Element**: Ein Umstand, den eine Partei als bestehend vorausgesetzt hat ⇨ Rundfahrt des Präsidenten auf der am Balkon gelegenen Strecke

- **Hypothetisches Element**: Bei Kenntnis ihrer Fehlvorstellung hätte/n die Partei/en den Vertrag nicht oder anders abgeschlossen
  ⇨ kein Mietvertrag (+)

dd) **Normatives Element**
Kann das weitere Festhalten am Vertrag der Partei zugemutet werden
⇨ umfassende Interessenabwägung, insbes. Berücksichtigung der vertraglichen oder gesetzlichen Risikoverteilung

ee) **Rechtfolgen**

(1) Vertragsanpassung, § 313 I BGB hier nicht möglich, da die Balkonmiete nach geänderten Umständen sinnlos geworden ist

(2) Rücktritt bzw. Kündigung, § 313 III BGB

3. **Rücktrittserklärung**, § 349 (+)

4. **Ergebnis**
Kein Mietzinsanspruch des V gegen M

III. Lösung

Anspruch des V gegen M auf Bezahlung von 100 € für den gemieteten Balkon aus § 535 II BGB

1. Wirksamer Mietvertrag, § 535 BGB

M schloss mit V einen Vertrag über die entgeltliche Überlassung des Balkons für eine bestimmte Zeit. Es handelt sich dabei um einen Mietvertrag i.S.v. § 535 BGB.

Damit ist der Anspruch auf Mietzahlung zunächst wirksam entstanden, § 535 II BGB.

2. Anspruch erloschen

Der Zahlungsanspruch des V könnte aber erloschen sein.

a) Vertraglich vereinbarte auflösende Bedingung, § 158 II BGB

Der Anspruch wäre untergegangen, wenn er gemäß § 158 II BGB durch eine Absage Bushs auflösend bedingt gewesen wäre.

Durch Vereinbarung einer aufschiebenden bzw. auflösenden Bedingung wird nämlich ein bestimmter Umstand zum Vertragsinhalt gemacht. Fällt dieser Umstand weg, wird auch der Vertrag nachträglich unwirksam.

Voraussetzung einer Bedingung ist aber, dass sie ausdrücklich oder zumindest konkludent zwischen den Parteien vereinbart wurde. Erforderlich sind somit darauf bezogene Willenserklärungen.

Ob solche Willenserklärungen vorliegen, ist nach dem objektiven Empfängerhorizont zu ermitteln, §§ 133, 157 BGB. Vorliegend war der Besuch des amerikanischen Präsidenten zwar (ggf. beiderseitiges) Motiv für den Vertragsschluss, jedoch fehlen für die Annahme der Vereinbarung einer auflösenden Bedingungen eindeutige Anhaltspunkte im Sachverhalt.

b) Erlöschen wegen Unmöglichkeit der Gegenleistung nach § 326 I BGB

Der Anspruch aus § 535 II BGB könnte gemäß § 326 I BGB entfallen sein. Dann müsste die Leistungspflicht des V nach § 275 I – III BGB erloschen sein.

V schuldete die Überlassung des Balkons zur vereinbarten Zeit, dies war auch nach Änderung des Verlaufs der Rundfahrt noch möglich. Deshalb erlosch der Anspruch auf Mietzinszahlung nicht nach § 326 I BGB.

Anmerkung: Zur Wiederholung: Ein Fall der Unmöglichkeit liegt bei Zweckerreichung (der Leistungserfolg tritt auf andere Weise ein und kann vom Schuldner nicht mehr erbracht werden) und beim Zweckfortfall (das Leistungsobjekt fällt weg) vor. Ebenfalls werden Unmöglichkeitsvorschriften (§ 275 II BGB) angewendet im Falle der praktischen Unmöglichkeit. Dagegen bildet eine sog. "wirtschaftliche" Unmöglichkeit keine Unmöglichkeit i.S.v. § 275 BGB. Wiederholen Sie in diesem Zusammenhang die Fälle zur Unmöglichkeit der Leistung.

c) Erlöschen nach § 313 III 1 BGB (Rücktritt wegen Störung der Geschäftsgrundlage)

Der Anspruch des V auf Mietzinszahlung könnte aber nach § 313 I, III 1 i.V.m. § 346 I BGB erloschen sein. Das Rücktrittsrecht nach § 313 III 1 BGB besteht dann, wenn eine so gravierende Störung der Geschäftsgrundlage eintritt, dass sie durch eine Vertragsanpassung nicht behoben werden kann.

aa) Begriff der Störung der Geschäftsgrundlage

Die Geschäftsgrundlage wird von den Umständen gebildet, die eine Partei bei der Schließung des Vertrages für wesentlich erachtet hat und die ihre Entscheidung über den Vertragsabschluss geprägt haben.

Gestört ist diese Geschäftsgrundlage, wenn die vorausgesetzten Umstände entweder von Anfang an fehlen,

§ 313 II BGB, oder sich später ändern bzw. wegfallen, § 313 I BGB.

Geschäftsgrundlage kann nur ein Umstand sein, dessen Bestehen bzw. Fortbestehen von mindestens einer Vertragspartei vorausgesetzt worden ist.

Anmerkung: Unbeachtlich ist, ob die andere Partei dieses „Voraussetzen" erkannt hat.

Beachten Sie, dass § 313 I BGB lediglich von Umständen, „die zur Grundlage des Vertrages geworden sind", spricht. Beachten Sie nochmals, dass dieser Umstand nicht zum Vertragsinhalt geworden sein darf. Dann käme u.U. eine Lösung des Falles über § 812 I 2 Alt.2 BGB in Betracht (Zweckverfehlungskondiktion).

Geschäftsgrundlage war hier die Fahrt des Präsidenten auf der entsprechenden Rute.

bb) Anwendbarkeit

Die Störung der Geschäftsgrundlage ist zwar seit der Schuldrechtsreform ausdrücklich gesetzlich geregelt, doch ist sie auch jetzt nur in Fällen anwendbar, die nicht durch spezielle Rechtsinstitute erfasst werden.

Während diese Subsidiarität früher aus dem Vorrang des geschrieben Rechts und dem Erfordernis einer gesetzlichen Regelungslücke begründet wurde, beruht sie nun auf dem lex specialis Grundsatz.

Anmerkung: Wegen der Subsidiarität sollte die Störung der Geschäftsgrundlage erst jetzt – nachdem andere Lösungsmöglichkeiten ausscheiden – geprüft werden.

Neben der hier angesprochenen Bedingung und Unmöglichkeit beachten Sie bitte auch den Vorrang der gesetzlichen Sonderregelungen der Störung der Geschäftsgrundlage: §§ 490, 530, 531, 651j BGB.

Vorliegend sind – wie bereits oben geprüft – keine Sonderregelungen einschlägig.

hemmer-Methode: Der Prüfungspunkt „Anwendbarkeit" ist bei der Störung der Geschäftsgrundlage wegen ihrer absoluten Subsidiarität eigentlich immer, also auch in scheinbar unproblematischen Fällen, anzusprechen.

cc) Reales und Hypothetisches Element

Die Geschäftsgrundlage hat sich vorliegend geändert, da die entsprechende Fahrt des Präsidenten nicht stattfindet (reales Element).

Des Weiteren muss der fragliche Umstand für die Partei, die ihn vorausgesetzt hat, so wesentlich sein, dass sie ohne diesen den Vertrag nicht oder zumindest nicht so geschlossen hätte (hypothetisches Element), vgl. § 313 I BGB.

Anmerkung: § 313 I BGB spricht von den Parteien (Plural). Es kommt aber vor allem auf die Partei an, die den Umstand als bestehend vorausgesetzt hat.

M ging davon aus, dass der amerikanische Präsident am betreffenden Tag unter dem Balkon vorbeifahren werde. Nur deswegen hatte er Interesse an der Anmietung des Balkons von V für die Zeit der Rundfahrt.

Hätte er bei Mietvertragsschluss gewusst, dass die Rundfahrt des Präsidenten über eine andere Strecke verlaufen würde, hätte er den Balkon überhaupt nicht angemietet (hypothetisches Element).

dd) Normatives Element

Nach § 313 I BGB a.E. ist es erforderlich, dass einer Partei das Festhalten am unveränderten Vertag nicht zugemutet werden kann.

Diese Wertungsfrage ist unter Berücksichtigung aller Umstände des Einzelfalls zu entscheiden.

Das Gesetz nennt selbst ein zu berücksichtigendes Kriterium: die vertragliche oder gesetzliche Risikoverteilung. Durch die Reihenfolge gibt das Gesetz zugleich die Rangfolge dieser beiden Kriterien vor: In erster Linie ist die Parteivereinbarung auf eine etwaige Risikozuweisung zu untersuchen.

In gegenseitigen Verträgen fällt die vorgesehene Verwendungsfähigkeit des Vertragsgegenstandes generell in den Risikobereich des Empfängers. Soweit sich aber auch die andere Partei den Verwendungszweck zu eigen macht, ist sie auch entsprechend am Risiko einer Zweckstörung zu beteiligen. Eine gemeinsame Zweckbasis ist insbesondere dann anzunehmen, wenn die beabsichtigte Verwendung die Preisgestaltung entscheidend beeinflusst hat.

Vorliegend wurde das vertraglich vereinbarte Entgelt von 100 € für die Gebrauchsüberlassung eines einfachen Balkons von nur wenigen Stunden Dauer nur durch den Präsidentenbesuch möglich. Es ist auch anzunehmen, dass V den Grund der Miete kannte. Er war sich bewusst, dass er eine solche Summe nur zu diesem Anlass und aus diesem Grund verlangen konnte.

Er machte sich damit den von M verfolgten Zweck zunutze und damit auch zu eigen.

ee) Rechtfolgen

(1) Vertragsanpassung, § 313 I BGB

Unmittelbare Rechtsfolge der Störung der Geschäftsgrundlage ist gemäß § 313 I BGB ein Anspruch der unzumutbar belasteten Partei auf Vertragsanpassung.

(2) Rücktritt bzw. Kündigung, § 313 III BGB

Ist eine Vertragsanpassung jedoch nicht möglich oder einem Vertragsteil nicht zumutbar, so tritt an die Stelle des Anspruchs auf Vertragsanpassung ein Recht zum Rücktritt, vgl. § 313 III 1 BGB.

Die Trasse der Stadtrundfahrt des amerikanischen Präsidenten wurde verlegt und führte nicht mehr an dem Balkon des V vorbei.

Damit ist der Vertragszweck endgültig gescheitert; es ist nicht ersichtlich, wie eine Vertragsanpassung durchgeführt werden könnte. Folglich hat M ein Rücktrittsrecht gemäß § 313 III 1 BGB.

3. Rücktrittserklärung

Erklärt M den Rücktritt nach § 349 BGB gegenüber V, so erlöschen die vertraglichen Primärpflichten. Der Anspruch aus § 535 II BGB geht dann unter.

4. Ergebnis

V kann von M nicht die Zahlung von 100 € verlangen.

IV. Zusammenfassung

Sound: Bei Zweckstörung gelten die Grundsätze über die Störung der Geschäftsgrundlage, § 313 BGB.

---

hemmer-Methode: Einige typische Gruppen der Störung der Geschäftsgrundlage:
1. Zweckstörung (Fall 45): der geschuldete Erfolg kann vom Schuldner noch herbeigeführt werden, der Gläubiger hat aber an ihm kein Interesse mehr.
2. wirtschaftliche Unmöglichkeit: Leistungserschwernisse aus wirtschaftlichen Gründen, wenn durch die Leistungserschwerung die Zumutbarkeitsgrenze für den Schuldner überschritten wurde.
3. Äquivalenzstörung: in seltenen Fällen bei gegenseitigen Verträgen, wenn Leistung und Gegenleistung durch die Entwertung von Geld- oder Sachleistung gestört werden (extreme Inflation wie z.B. im Jahr 1922/23).
4. Doppelter Motivirrtum (str.): nach e.A. sind die Fälle, in denen beide Parteien über ein dem Vertrag zugrunde liegendes Motiv irren, immer über § 313 BGB zu lösen, da es unbillig sei, denjenigen, der zufällig als erster seine Willenserklärung anficht, mit der Ersatzpflicht aus § 122 BGB zu belasten.

Eine a.A. möchte wegen genereller Subsidiarität der SGG die Anfechtungsregeln des § 119 II BGB anwenden. Auch bei einem Doppelirrtum wird nur derjenige das Geschäft anfechten, für den es nachteilig war. Es ist kein Zufall, welche Partei anfechten wird. Das wird nur diejenige tun, die an der Beseitigung des Vertrages nach § 142 BGB interessiert ist. Daher ist es auch nicht unbillig, dem Anfechtenden die Schadensersatzpflicht aus § 122 BGB aufzuerlegen. Ausführlich dazu siehe in „Fallsammlung BGB-AT" den sog. „Leibl-Fall".

V. Zur Vertiefung

- Hemmer/Wüst, Schuldrecht AT, Rn. 609 ff.

Kapitel VIII: Verbraucherschutzverträge

Fall 46: Widerruf von Fernabsatzverträgen - Überblick

Sachverhalt:

A aus Gelsenkirchen hat in einem Online-Shop des Kaufmanns B eine teure Computer-Grafikkarte für seine Hobbyfotografie bestellt. Während des automatisierten Bestellvorgangs wurde er ordnungsgemäß über sein Widerrufsrecht nach §§ 312d I, 355 II, 360 I BGB unterrichtet. Eine Woche nach Erhalt der Ware gibt es wegen des teuren Einkaufs Ärger mit seiner Frau. Um den Ehekrach zu beenden, will A die Karte zurückgeben.

Frage: *Ist dies möglich?*

Wenn ja, was muss A tun? Wie wäre rückabzuwickeln? Von Einhaltung der erforderlichen Informationspflichten durch B ist auszugehen (§ 312d II).

I. Einordnung

Angesichts der zunehmenden Massenkommunikation, Schnelligkeit und Einfachheit der Vertragsabwicklung wird das neue Medium Internet auch im rechtlichen Bereich zum Abschluss von Verträgen vielfach genutzt.

Ein solcher mittels E-Mails oder Online-Bestellung vorgenommener Vertragsschluss birgt für den Verbraucher zahlreiche Gefahren. Er sieht weder den Vertragspartner noch die bestellte Ware. Er kann die Qualität und die Mangelfreiheit der Leistung nicht vorab bewerten. Auch sind die übermittelten Informationen häufig nicht verkörpert und können vom Verbraucher daher nicht zuverlässig gespeichert werden. Gegen diese Gefahren setzen die §§ 312b ff. BGB in Vollzug der Fernabsatzrichtlinie der EU die klassischen Mittel des gemeinschaftsrechtlichen Verbraucherschutzes ein: dem Unternehmer wird eine umfassende Informationspflicht auferlegt.

Diese wird durch die Verpflichtung ergänzt, dem Verbraucher die wesentlichen Informationen auf einem dauerhaften Datenträger zur Verfügung zu stellen. Daneben und vor allem begründet das Gesetz für den Verbraucher ein wichtiges Abwehrrecht: das Widerrufs- und Rückgaberecht.

II. Gliederung

Widerrufsrecht des A aus §§ 346, 357 I 1 BGB
1. **Widerrufsrecht** gemäß §§ 355, 312d I 1 BGB
a) Vorliegen eines Fernabsatzvertrages, § 312b I BGB (+)
• Ausschließlich mittels Fernkommunikationsmitteln, § 312b II BGB, abgeschlossener Vertrag zwischen Verbraucher und Unternehmer
• Gegenstand: Lieferung von Waren oder Erbringung von Dienstleistungen
• Ausschluss des § 312b III BGB beachten

**2. Form- und fristgemäße Wider-
rufserklärung**, § 355 I, II BGB (+)

a) Form
In Textform, § 126b BGB, (Begründung nicht erforderlich) oder
durch Rücksendung der Sache

b) Frist

- 2 Wochen

- Fristbeginn, § 312d II BGB

3. Rückabwicklung, §§ 357 I, 346
ff. BGB

a) Rücksendung

b) Gefahrtragung, § 357 III 3 BGB

c) Wertersatz für den Gebrauch,
§ 357 III 1 BGB

III. Lösung

**Widerrufsrecht des A aus §§ 312d I,
355, 357 I 1, 346 BGB**

A könnte den Vertrag rückgängig machen, wenn ihm ein Widerrufsrecht
nach §§ 312d I, 355 I 1 BGB zustehen.

1. Widerrufsrecht gemäß § 355

Ein Recht des A zum Widerruf nach
§ 355 I 1 BGB könnte sich aus § 312d I
1 BGB ergeben. Dann müsste die Bestellung des A einen Fernabsatzvertrag
eines Verbrauchers mit einem Unternehmer darstellen.

a) Vorliegen eines Fernabsatzvertra-
ges, § 312b I BGB

Der Begriff des Fernabsatzvertrages
wird in § 312b I BGB legaldefiniert.
Maßgebliches Kriterium ist, dass der
Vertrag unter <u>ausschließlicher</u> Zuhilfenahme eines zur Überbrückung räumli-

cher Distanzen geeigneten Fernkommunikationsmittels geschlossen wird.
Was ein Fernkommunikationsmittel ist,
wird in Abs. 2 derselben Norm anhand
von Beispielen erläutert.

Neben den modernen Kommunikati-
onstechniken wie Telekopien, E-Mails,
Rundfunk, Tele- und Mediendienste fal-
len unter Abs. 2 auch die traditionellen
Fernkommunikationsmittel wie Briefe,
Kataloge und Telefonate.

Der Kaufvertrag zwischen A und B
wurde ohne unmittelbaren Parteikon-
takt über das Internet geschlossen. Es
handelt sich auch um einen Vertrag
über die Lieferung einer Ware, nämlich
um die Lieferung einer Grafikkarte. Der
Kaufvertrag kam auch ausschließlich
unter Zuhilfenahme des Kommunikati-
onsmittels Internet zustande, denn sowohl das Angebot wie auch die Annahme erfolgten online.

Schließlich war A Verbraucher i.S.v.
§ 13 BGB, da er den Vertrag zu einem
privaten Zweck abgeschlossen hat.

B hat dagegen als Unternehmer in
Ausübung seiner gewerblichen Tätigkeit gehandelt, § 14 BGB.

Es handelt sich demnach um einen
Fernabsatzvertrag. Ein Ausnahmetat-
bestand nach § 312b III BGB liegt nicht
vor.

A hatte folglich ein Widerrufsrecht nach
§ 312d I 1 BGB. Das Widerrufsrecht ist
auch nicht gem. § 312d IV, V BGB
ausgeschlossen.

2. Form- und fristgemäße Widerrufs-
erklärung

Will sich A vom Vertrag lösen, muss er
den Widerruf form- und fristgerecht erklären. Die Anforderungen, die an die
Form und die Frist des Widerrufs gestellt werden, finden sich in §§ 312d II,
III und 355 I 2, II, 360 I BGB.

a) Form

Nach § 355 I 2 BGB muss der Widerruf in Textform, § 126b BGB, oder durch Rücksendung der Sache erfolgen. Die Textform ist gewahrt, wenn der Inhalt der Erklärung dauerhaft in Form von Schriftzeichen verkörpert ist, wenn also der Text dem Empfänger so zur Verfügung steht, dass er ihn jederzeit unverändert abrufen kann, ohne dass der Erklärende die Möglichkeit hat, ihn nachträglich abzuändern. Darüber hinaus muss die Person des Erklärenden genannt werden und der Abschluss der Erklärung durch eine Nachbildung der Namensunterschrift oder anders erkennbar gemacht werden.

A kann die Widerrufserklärung z.B. per Brief oder per E-Mail abgeben. Nicht ausreichend wäre ein telefonisches Rücknahmeverlangen. Alternativ kann er die Grafikkarte auch einfach an B zurückschicken. Eine Begründung ist in beiden Fällen nicht nötig, § 355 I S. 2 BGB.

b) Frist

Wurde der Verbraucher über sein Widerrufsrecht gem. § 360 I BGB ordnungsgemäß belehrt, hat er gem. § 355 II S. 1 BGB für die Erklärung des Widerrufs eine Frist von 14 Tagen. Die Anforderungen des § 360 I BGB gelten als gewahrt, wenn das Muster der Anlage 1 zum EGBG in Textform verwendet wird, § 360 III S. 1 BGB (zu möglichen Abweichungen vgl. § 360 III S. 3 BGB).

Anmerkung: Früher fand sich die Musterbelehrung als Anlage zur BGB-InfoV. Die dortige Belehrung hielt nach Ansicht vieler Gerichte den europarechtlichen Vorgaben nicht stand, was häufig zu Verwerfungen durch die Gerichte führte.

Die Belehrung war dann nicht ordnungsgemäß, obwohl sich die Unternehmer an dem orientierten, was der Gesetzgeber ihnen vorgegeben hatte! Jetzt hat die Belehrung Gesetzesrang und § 360 III BGB stellt klar, dass die Belehrung bei Verwendung als gewahrt gilt. Damit ist gewährleistet, dass die Gerichte die Belehrung nicht mehr als unwirksam ansehen können, wenn sich die Unternehmer des Musters bedienen.

Die Frist von 14 Tagen beginnt grundsätzlich mit Erhalt der Belehrung, § 355 III S. 1 BGB. Für die Fernabsatzverträge wurde der Beginn dieser Frist durch die Bestimmung des § 312d II BGB modifiziert. Die Widerrufsfrist beginnt somit erst dann, wenn der Unternehmer gegenüber dem Verbraucher die in Art 246 § 2 i.V.m. § 1 I, II EGBGB genannten Informationspflichten erfüllt hat.

Anmerkung: Erfolgt also die Belehrung nach §§ 355 II 1, 360 I BGB spätestens bei Vertragsschluss, läuft die Frist trotzdem erst ab dem Zeitpunkt, zu dem die Anforderungen des § 312d II BGB erfüllt sind. Gerade bei Verträgen im Internet ist häufig eine Belehrung vor Vertragsschluss kaum möglich, weil der Vertrag bei Internetauktionen mit Ablauf der Zeit zustande kommt, der Unternehmer also vorher seinen Vertragspartner nicht kennt. Das führte bislang dazu, dass zwingend die Monatsfrist des § 355 II 2 BGB a.F. lief (§ 355 II S. 3 BGB n.F.).

Der Gesetzgeber hat hier reagiert, und dem Unternehmer dadurch geholfen, dass er die Belehrung unverzüglich nach Vertragsschluss vornehmen kann und gleichwohl noch eine 14-tägige Frist läuft, § 355 II S. 2 BGB.

Das setzt aber wiederum voraus, dass der Unternehmer den Verbraucher **vor** Vertragsschluss gem. Art 246 § 1 I Nr. 10 EGBG unterrichtet hat. Hat der Unternehmer dies versäumt, läuft die Monatsfrist gem. § 355 II S. 3 BGB. **Achtung Falle:** Wenn der Unternehmer *in diesem Fall* darüber belehrt, dass der Verbraucher nur ein 14 Tage-Widerrufsrecht hat, hat er nicht ordnungsgemäß i.S.d. § 360 I BGB belehrt. Konsequenz: das Widerrufsrecht besteht grenzenlos, § 355 IV 2 BGB!!!

Nach dem Sachverhalt hat B diese Anforderungen erfüllt und die notwendigen Informationen erteilt.

Die Widerrufsfrist von 14 Tagen beginnt vorliegend daher ab Erhalt der Ware, vgl. § 312d II BGB. Daher kann der Widerruf noch wirksam erklärt werden.

3. Rückabwicklung

Das Widerrufsrecht ist ein Gestaltungsrecht, das einen zunächst wirksamen Vertrag in ein Rückgewährschuldverhältnis umgestaltet. Die Rückabwicklung des Kaufvertrags erfolgt dann nach §§ 357 I, 346 ff. BGB.

Gemäß § 346 I BGB sind die empfangenen Leistungen herauszugeben. A hat folglich gegen B einen Anspruch auf Rückerstattung des Kaufpreises. Im Gegenzug muss A dem B die Grafikkarte zurückgeben.

a) Rücksendung

Nach § 357 II BGB muss A die Grafikkarte als Paket an B senden. Die Kosten für die Rücksendung fallen aber grundsätzlich, d.h. soweit nicht nach § 357 II 3 BGB vertraglich etwas anderes vereinbart wurde, dem Unternehmer zur Last. B hat also die Portogebühren zu tragen.

Abweichend von der Konzeption beim Rücktritt (Holschuld) ist die Pflicht zur Rückgewähr nach ausgeübtem Verbraucherwiderruf also eine Schickschuld.

Anmerkung: Ist die Rücksendung des Pakets nicht möglich, genügt das Rücknahmeverlangen des Verbrauchers. Aus der Schickschuld wird dann eine Holschuld.

b) Gefahrtragung

Gehen die Sachen unter, muss A nach § 346 II 1 Nr.3 Alt.2 BGB grundsätzlich Wertersatz leisten. Trotz der Gleichstellung des gesetzlichen Rücktritts mit dem Widerruf findet von den in § 346 III 1 BGB angeführten Ausschlussgründen Nr.3 auf den Widerrufsberechtigten keine Anwendung, § 357 III 3 BGB. Dies gilt auch dann, wenn sich der Untergang erst während des Rücktransports ereignet. Voraussetzung ist aber, dass A über sein Widerrufsrecht ordnungsgemäß belehrt worden ist oder hiervon auf eine andere Weise Kenntnis erlangt hat. Da A ordnungsgemäß über sein Widerrufsrecht aufgeklärt wurde, hat er auch dann den Wert der Karte zu ersetzen, wenn er bei deren Behandlung die eigenübliche Sorgfalt angewendet hat.

Anmerkung: Die Wertersatzpflicht trifft den Verbraucher in diesen Fällen auch, wenn die Sache zufällig untergeht. Das Risiko kann nicht den Verkäufer treffen, der ordnungsgemäß geleistet hat, vgl. Palandt, § 357, Rn. 13 (a.A. Schinkels, ZGS 2005, 179, 183).

c) Wertersatz für Verschlechterung

Gemäß § 357 III 1 BGB hat der Verbraucher auch für Verschlechterungen des Rückgewährgegenstandes Ersatz zu leisten. Dies gilt aber nur dann, wenn die Verschlechterung auf einen Umgang mit der Sache zurückzuführen ist, der über die Prüfung der Eigenschaften und der Funktionsweise hinausgeht (Nr.1) und er auf diese Rechtsfolge bei Vertragsschluss in Textform hingewiesen wurde (Nr.2).

In Analogie zur Erweiterung in § 355 II S. 2 BGB wurde auch hier bei Fernabsatzverträgen die Möglichkeit eingeräumt, den Hinweis unverzüglich nach Vertragsschluss nachzuholen, § 357 III S. 2 BGB.

Ob diese besondere Belehrung vorliegend stattfand, lässt der Sachverhalt offen. Demnach ist der Beweislastverteilung, die § 357 III BGB aufstellt, zu folgen: jede Partei hat die für sie günstigen Tatsachen darzulegen und unter Beweis zu stellen. Die Haftung auch für die durch die bestimmungsgemäße Ingebrauchnahme der Sache eingetretene Verschlechterung begünstigt den Verkäufer, sodass er das Vorliegen eines entsprechenden Hinweises in Textform bei Vertragsschluss zu beweisen hat.

Einen solchen Beweis kann B im vorliegenden Fall nicht antreten. Es ist zu unterstellen, dass eine Belehrung nicht erfolgte und § 357 III 1 BGB nicht eingreift. Im Übrigen schildert der Sachverhalt keine Verschlechterung der Sache, die über das in 357 III S.1 Nr.1 BGB beschriebene Maß hinausgeht.

Andere Ansprüche zwischen A und B bestehen nach Ausübung des Rücktrittsrechts in keinem Fall - § 357 IV BGB schließt alle anderen gesetzlichen und vertraglichen Ansprüche aus.

Anmerkung: § 312e I BGB regelt die Thematik in vergleichbarer Weise für die Frage des Nutzungsersatzes. Das Urteil EuGH, Life&Law 2010, 10 ff. ist damit jetzt „Gesetz" geworden. Darüber hinausgehend darf dem Verbraucher im Falle der Ausübung des Widerrufs keine Kostenpauschale für die *Hin*sendekosten auferlegt werden, vgl. BGH, Life&Law 2010, 653 ff. Zu den Rücksendekosten vgl. § 357 II S.3 BGB.

IV. Zusammenfassung

Sound: Die Ausübung des Widerrufsrechts bei Fernabsatzverträgen beseitigt den zunächst wirksam abgeschlossenen Vertrag und begründet ein Rückgewährschuldverhältnis.

hemmer-Methode: Ein Vertragsschluss über das Internet richtet sich trotz der Anwendung des vermeintlich ungewöhnlichen Mittels nach den BGB-AT Regeln. Die zum Vertragsschluss erforderlichen Willenserklärungen können per E-Mail oder per Mausklick abgegeben werden. Die auf zahlreichen Internetseiten dargestellten „Angebote" des Unternehmers bilden mangels Rechtsbindungswillens lediglich eine invitatio ad offerendum. Die Webseite ist somit einem Schaufenster mit ausgestellten Waren vergleichbar. Sie kann aber ausnahmsweise dann ein Angebot darstellen, wenn die Angebotsseite entsprechend gestaltet wurde, zum Beispiel bei Internetauktionen.

In der Regel stellt aber erst die Bestellung des Kunden durch Ausfüllung des Bestellformulars oder das Absenden einer E-Mail ein Angebot dar. Für die Annahme durch den Unternehmer gelten §§ 146 ff., insbes. § 151 BGB, wenn unmittelbar eine Zusendung der bestellten Ware erfolgt. Für den Zugang der Willenserklärungen gilt wie auch sonst § 130 BGB.

Wichtig: Sog. Ebay-Versteigerungen sind nach h.M. keine Versteigerung i.S.d. § 156 BGB. Daher gilt auch nicht der Ausschlusstatbestand des § 312d IV Nr.5 BGB, vgl. BGH Life&Law 2005, 93 ff. Vgl. zum Zustandekommen eines Vertrages beim Handeln „unter fremdem Namen" BGH, Life&Law 2011, 615 ff.; zur Beurteilung der Sittenwidrigkeit bei „Versteigerung" eines wertvollen Gegenstandes mit dem Startpreis von 1 € vgl. BGH, Life&Law 2012, 469 ff.

V. Zur Vertiefung

- Hemmer/Wüst, BGB AT III, Rn. 540 ff.

- Zur Vertiefung zu den am 11.06.2010 in Kraft getretenen Änderungen vgl. Life&Law 2010, 559 ff.

- Zur Vertiefung zu den am 04.08.2011 in Kraft getretenen Änderungen vgl. Life&Law 2011, 590 ff.

- Wird dem Verbraucher im Vertrag ein vertragliches Widerrufsrecht eingeräumt (Auslegungsfrage), stellt sich die Frage, ob die Widerrufsfrist unter den gesetzlichen Voraussetzungen in Gang gesetzt werden soll oder ob keine Orientierung an den Regelungen für ein gesetzliches Widerrufsrecht erfolgen soll. Hier hat der BGH entschieden, dass besondere Anhaltspunkte erforderlich sind, damit der Verbraucher davon ausgehen kann, von dem Mechanismus des Gesetzes geschützt zu werden, vgl. BGH, Life&Law 2012, 713 ff.

Fall 47: Widerruf von Fernabsatzverträgen - Anspruch auf Wertersatz nach §§ 346 II 1 Nr.3, 357 III S.1 BGB

Sachverhalt:

A möchte seiner Frau zum 25. Hochzeitstag eine besondere Freude bereiten. Er bestellt bei H, der EU-Neuwagen über das Internet vertreibt, einen Kleinwagen vom Typ „Smart". Bei Vertragsschluss wird A ordnungsgemäß über sein Widerrufsrecht nach §§ 312 d, 355 BGB belehrt. Zudem macht ihn H in Textform darauf aufmerksam, dass er bei einem Widerruf den durch die Zulassung des Kfz eintretenden Wertverlust zu tragen habe. Um den Wagen dennoch zu testen, könne er ihn nach Anlieferung beim Vertragshändler vor Ort auf dessen Privatgelände ausgiebig Probefahren.

Am Tage des Jubiläums präsentiert A der Gattin sein Präsent. Diese ist aber mit dem Geschenk nicht zufrieden. A erklärt daraufhin form- und fristgerecht den Widerruf vom Vertrag mit H.

Gegen den Widerruf hat H keinerlei Einwände, er verlangt aber Ersatz für den durch die Zulassung eingetretenen Wertverlust.

Frage: *Hat H einen Anspruch, der sein Begehren trägt?*

Anmerkung: *A hatte den Wagen zwar schon bei der örtlichen Zulassungsstelle gemeldet, ihn aber noch keinen Meter bewegt.*

I. Einordnung

Die Vorschriften über Verbraucherverträge verfolgen das Ziel, den Schutz des Verbrauchers zu erweitern.

Grundsätzlich gelten nach ausgeübtem Widerruf die Regelungen über den Rücktritt. Geht es um Wertersatz nach § 346 II BGB, so ist die Abweichung des § 357 III 1 BGB zu beachten. Die Haftung wird aber unter strenge Voraussetzungen gestellt: So muss spätestens bei Vertragsschluss in Textform auf diese Rechtsfolge hingewiesen werden (§ 357 III S. 1 Nr.2 BGB). Zudem muss die Verschlechterung auf einen Umgang mit der Sache zurückzuführen sein, der über die Prüfung der Eigenschaften und der Funktionsweise hinausgeht (Nr.1).

II. Gliederung

1. **Anspruch des H gegen A auf Wertersatz nach §§ 346 II 1 Nr.3, 357 I 1 BGB**

a) Vorliegen eines Fernabsatzvertrages (+)
Da Vertragsschluss ausschließlich über Internet erfolgt; Widerruf erfolgt

b) Wertersatz gem. § 346 II 1 Nr.3 BGB
(-), da in der Zulassung des Pkw bestimmungsgemäße Ingebrauchnahme liegt
⇨ diese gem. § 346 II 1 Nr.3 HS. 2 BGB nicht wertersatzpflichtig

c) **Anderes Ergebnis wegen § 357 III S. 1 BGB?**
Hinweis auf Rechtsfolge, § 357 III S.1 Nr.2

> Aber: kein Umgang, der über Prüfung hinausgeht
> **2. Ergebnis**
> Anspruch aus § 346 II Nr.3 HS. 1 BGB (-)

III. Lösung

1. Anspruch des H gegen A auf Wertersatz nach §§ 346 II 1 Nr.3, 357 I 1 BGB

Einen Anspruch auf Ersatz für den entstandenen Wertverlust könnte H gegen A aus § 346 II 1 Nr.3 i.V.m. § 357 I 1 BGB haben.

Dann müsste A ein Widerrufsrecht bei einem Verbrauchervertrag wirksam ausgeübt haben. Zudem müsste sich der „Smart" verschlechtert haben und diese Verschlechterung dürfte nicht durch die bestimmungsgemäße Ingebrauchnahme verursacht worden sein.

a) Wirksamer Widerruf nach § 355 BGB

Vorliegend handelte es sich um einen über das Internet abgeschlossenen Kaufvertrag zwischen dem Unternehmer H und dem Verbraucher A, auf den die Vorschriften über Fernabsatzverträge der §§ 312b–d BGB Anwendung finden. Das ihm zustehende Widerrufsrecht übte A form- und fristgemäß aus.

b) § 346 II 1 Nr.3 BGB

Nach § 346 II 1 Nr.3 BGB ist der Rückgewährschuldner wertersatzpflichtig, wenn der empfangene Gegenstand sich verschlechtert hat oder untergegangen ist. Der Wiederverkaufswert eines PKW verringert sich allein durch seine Erstzulassung.

Die bloße Tatsache, dass im Kfz-Brief ein Vorbesitzer eingetragen ist, schmälert den Wert auch dann, wenn der Wagen noch gar nicht gefahren wurde. Insofern rief die Zulassung eine Verschlechterung i.S.v. § 346 II 1 Nr.3 HS. 1 BGB hervor.

Ersetzt wird dieser Wertverlust aber nur dann, wenn er nicht auf die bestimmungsgemäße Ingebrauchnahme zurückzuführen ist, § 346 II 1 Nr.3 HS. 2 BGB. KFZ müssen aber nun einmal vor ihrem Einsatz im Straßenverkehr der Zulassungsstelle gemeldet werden. Die Zulassung ist conditio sine qua non für die bestimmungsgemäße Benutzung eines Straßenwagens.

Also ist sie auch selbst Bestandteil der bestimmungsgemäßen Ingebrauchnahme.

Ein Anspruch aus §§ 346 II 1 Nr.3, 357 I 1 BGB bestünde mithin nicht.

Anmerkung: Genau die Wertminderung, die durch die Erstzulassung eines PKW verursacht wird, hatte der Gesetzgeber bei der Regelung im Auge.

c) Anderes Ergebnis wegen § 357 III S. 1 BGB?

Der Wertverlust könnte aber nach § 357 III 1 BGB ersatzfähig sein. Diese Vorschrift modifiziert die Wertersatzpflicht beim Verbraucher.

Anders als i.R.v. § 346 II 1 Nr.3 BGB muss der Verbraucher den Wertverlust aber nur ersetzen, wenn die Verschlechterung auf einen Umgang mit der Sache zurückzuführen ist, der über die Prüfung der Eigenschaften und der Funktionsweise hinausgeht. Das wird man indes von der Zulassung eines PKW nicht behaupten können, denn die Zulassung dient gerade dazu, die Funktionsweise testen zu können.

Insoweit sind die Anforderungen für eine Wertersatzpflicht beim Widerruf sogar strenger als beim Rücktritt.

Anmerkung: Das war bis zur Gesetzesänderung im Juli 2011 anders. Nach alter Rechtslage konnte vom Verbraucher unter bestimmten Voraussetzungen Ersatz für die auf der bestimmungsgemäßen Ingebrauchnahme beruhende Verschlechterung verlangt werden.

H wies A zwar rechtzeitig und formgerecht auf die Pflicht zum Wertersatz hin. Allerdings liegt kein Fall des § 357 III S.1 Nr.1 BGB vor, so dass eine Haftung nicht in Betracht kommt.

2. Ergebnis

H hat gegen A keinen Anspruch auf Ersatz des durch die Erstzulassung hervorgerufenen Wertverlustes gemäß § 357 I S. 1 i.V.m. § 346 II Nr.3 HS 1 BGB.

IV. Zusammenfassung

Sound: § 357 III 1 BGB modifiziert § 346 II 1 Nr.3 BGB im Bereich der Verbraucherverträge nach erfolgtem Widerruf.

Sie müssen also in der Klausur aufmerksam sein und den durchaus lang geratenen § 355 ff. BGB nach einer Ausnahme zu den Rücktrittsvorschriften durchforsten. Kommentieren Sie sich – soweit dies nach Ihrer Prüfungsordnung erlaubt ist – jeweils die durch § 357 BGB bedingten Modifikationen bei § 346 BGB an den Rand.

V. Zur Vertiefung

- Hemmer/Wüst, Schuldrecht AT, Rn. 545 ff.

- Zu einem Beispiel hinsichtlich der Wertersatzpflicht für eine Verschlechterung der Sache vor Inkrafttreten der letzten Änderungen vgl. Life&Law 2011, 73 ff. Die Lösung stimmt mit der seit August 2011 geltenden Rechtslage zu § 357 III S.1 BGB überein.

Fall 48: Verletzung von Informationspflichten bei Fernabsatzverträgen

Sachverhalt:

Rechtsanwalt R recherchiert auf den Web-Seiten des Online-Buchhändlers B. Er sucht für ein neues Mandat nach zuverlässigen Quellen zur Rechtslage nach der Schuldrechtsmodernisierung. Zuerst legt er das Skript des Repetitors A in seinen Warenkorb. Dann wird er aber darauf aufmerksam, dass auch Repetitor H ein entsprechendes Werk in seinem Verlagsprogramm führt. Er möchte Skript A durch Skript H ersetzen. Die Menüführung der von B verwendeten Software ist aber so verwirrend, dass R versehentlich beide Skripten ordert. Seinen Fehler bemerkt er erst, als er 3 Tage später die Bestellungsbestätigung erhält, in der beide Positionen in Rechnung gestellt werden.

Obwohl ihm eine innere Stimme rät, den Irrtum „unverzüglich" aufzuklären, beschließt er zunächst, das verlängerte Wochenende zur Entspannung zu nutzen. Erst zwei Wochen später kontaktiert er den Telefonservice von B und verlangt nur die Lieferung von Skript H. B meint, jede „Reklamation" komme zu spät und verlangt Bezahlung beider Skripten.

Frage: Wie ist die Rechtslage?

I. Einordnung

Geben Sie in Ihren Klausuren darauf Acht, mit wem die Verträge zustande kommen und zu welchen Zwecken der Käufer die Sache kauft. Die besonderen Vorschriften über das Widerrufs- und Rückgaberecht der § 355 ff. BGB gelten nämlich nur für den Verbraucher. Wer ein Verbraucher ist, definiert § 13 BGB. Hier kann Ihnen der Klausursteller leicht eine Falle basteln, die Sie auf eine völlig falsche Bahn leitet und so um Ihre Punkte bringt. Mit genügend Aufmerksamkeit bei der Analyse des Sachverhaltes können Sie diese Fehler aber leicht vermeiden.

II. Gliederung

Anspruch des B gegen R auf Kaufpreiszahlung gemäß § 433 II BGB

1. Anspruch entstanden
(+), wirksamer Kaufvertrag über beide Skripten: §§ 145, 151 BGB

2. Anspruch erloschen

a) durch den Verbraucherwiderruf, §§ 355 I 1, § 312 d I 1 BGB

aa) Fernabsatzvertrag, § 312 b I BGB (+), da ausschließlich unter Einsatz des Fernkommunikationsmittels Internet

bb) Verbrauchereigenschaft des R (-), § 13 BGB ⇨ R brauchte das Fachbuch für seine selbstständige berufliche Tätigkeit

b)   **durch Anfechtung**, § 142 BGB
Anfechtungsgrund: § 119 I 2. Alt.
BGB
Anfechtungsfrist: § 121 BGB
(-), da nicht mehr „unverzüglich"

c)   **Anspruch auf Vertragsauflösung**
aus §§ 280 I, 311 II Nr.1, 241 II
i.V.m. §§ 249 ff. BGB (c.i.c)
(+) Verletzung von Informationspflichten aus § 312 g I 1 Nr.1 BGB
Vertretenmüssen vermutet,
§ 280 I 2 BGB
Schaden: Kaufpreisforderung
bzgl. des Skripts A

3.   **Ergebnis**
Kein Anspruch auf Zahlung des
Kaufpreises für Buch A

III. Lösung

Anspruch des B gegen R auf Kaufpreiszahlung gemäß § 433 II BGB

1. Anspruch entstanden

B könnte gegen R einen Kaufpreiszahlungsanspruch haben, wenn ein wirksamer Kaufvertrag über beide Skripten zustande gekommen ist.

Der Abschluss eines Kaufvertrages über das Internet richtet sich nach den Regeln des BGB-AT. Modifikationen hinsichtlich der Wirksamkeit des Vertragsabschlusses sind nicht vorhanden.

a) Hinsichtlich des Skriptes H

Hinsichtlich des Skriptes H lässt sich ein solcher Kaufvertrag unproblematisch bejahen. R gab mit Rechtsbindungswillen ein Angebot ab, indem er das Skript per Mausklick in seinen virtuellen Warenkorb legte, § 145 BGB.

Dieses Angebot wurde von B konkludent durch Ausführung der Bestellung angenommen. Dabei war der Zugang der Annahmeerklärung gem. § 151 S. 1 BGB entbehrlich, da eine Benachrichtigung im Versandhandel nach der Verkehrssitte nicht üblich ist. Damit kam ein Kaufvertrag durch übereinstimmende Willenserklärungen hinsichtlich des Skriptes H zustande.

b) Hinsichtlich des Skriptes A

Unklar ist die Rechtslage aber hinsichtlich des Skriptes A. Ein Vertrag kommt durch Angebot, § 145 BGB und Annahme, § 147 I BGB zustande. Mit seiner Web-Seite gab B noch kein verbindliches Angebot ab, er hatte für Dritte ersichtlich nicht den Willen, an jeden potenziellen Kunden zu erfüllen. Mangels Rechtsbindungswillens handelte es sich hier also lediglich um eine invitatio ad offerendum. Das Angebot tätigte R, als er seine Bestellung absendete.

Für einen objektiven Dritten in der Rolle des Erklärungsempfängers ergibt die Auslegung gemäß §§ 133, 157 BGB, dass R Skript H und Skript A erwerben wollte. Dieses Angebot nahm B spätestens durch die Auslieferung der Ware konkludent an, wobei der Zugang der Annahmeerklärung gem. § 151 S. 1 BGB entbehrlich war (s.o.). Ein Anspruch auf Kaufpreiszahlung ist demnach zunächst wirksam entstanden.

2. Anspruch erloschen

a) Verbraucherwiderruf

Der Anspruch aus § 433 II BGB könnte aber erloschen sein.

In Betracht kommt insoweit der Widerruf der Willenserklärung des R nach § 355 I 1 BGB.

Dann müsste R ein auf diese Vorschrift verweisendes Widerrufsrecht wirksam ausgeübt haben. In Frage kommt nur ein solches aus § 312 d I 1 BGB. Fraglich ist, ob dessen Voraussetzungen gegeben sind.

Die Bestellung des R müsste ein Fernabsatzvertrag eines Verbrauchers mit einem Unternehmer gewesen sein.

aa) Fernabsatzvertrag

Ein Fernabsatzvertrag liegt gem. § 312b I BGB dann vor, wenn ein Vertrag, der die Lieferung von Waren oder die Erbringung von Leistungen zum Gegenstand hat, unter ausschließlicher Verwendung von Fernkommunikationsmitteln abgeschlossen wurde.

Ein solches Fernkommunikationsmittel stellt das Internet dar. Zu einem persönlichen Kontakt der Parteien kam es nicht. Die Anbahnung und der Abschluss des Vertrages erfolgten ausschließlich über die www-Seite des B. Auch handelte es sich um einen tauglichen Vertragsgegenstand, nämlich die Lieferung eines Buches. Der Vertragsschluss erfolgte i.R.e. für den Fernabsatz organisierten Vertriebssystems. Eine Ausnahme nach § 312b III BGB ist nicht gegeben.

bb) Verbrauchereigenschaft des R

Fernabsatzverträge fallen aber nur unter die Vorschriften der §§ 312 b ff. BGB, wenn sie zwischen einem Unternehmer und einem Verbraucher geschlossen werden. Rechtsanwalt R kaufte das Buch vorliegend jedoch nicht zu seinen privaten Zwecken, sondern benötigte das Fachbuch für die Bearbeitung eines Mandates. Somit ist das Rechtsgeschäft seiner selbstständigen beruflichen Tätigkeit zuzurechnen.

Er ist damit kein Verbraucher i.S.v. § 13 BGB.

cc) Zwischenergebnis

R kann den Vertrag nicht gem. § 355 I 1 BGB widerrufen.

b) Anfechtung, § 142 BGB

Könnte er seine auf Abschluss des Vertrages gerichtete Willenserklärung aber anfechten, so wäre sie ex-tunc nichtig und der Anspruch des B auf Kaufpreiszahlung ausgeschlossen. Eine Anfechtung setzt einen Anfechtungsgrund und eine fristgemäße Anfechtungserklärung voraus. Als Anfechtungsgrund käme § 119 I 2. Alt. BGB (Erklärungsirrtum) in Betracht. Doch muss dieser Aspekt gar nicht abschließend beantwortet werden, wenn die (konkludente) Anfechtungserklärung verspätet erfolgte: Die Anfechtung muss in den Fällen des § 119 BGB unverzüglich erfolgen. Nach der Legaldefinition des Begriffes „unverzüglich" in § 121 I 1 BGB hätte R seinen Irrtum „ohne schuldhaftes Zögern" aufklären müssen. R hat jedoch trotz Kenntnis des ihm unterlaufenen Irrtums und der Möglichkeit einer schnellen Erledigung dieser Angelegenheit erst nach 2 Wochen die erforderlichen Schritte unternommen. Eine Anfechtung ist demnach gem. § 121 I BGB ausgeschlossen.

c) Anspruch auf Vertragsauflösung aus §§ 280 I, 311 II Nr.1, 241 II i.V.m. §§ 249 ff. BGB

Zu prüfen ist, ob R nach §§ 280 I, 311 II Nr.1, 241 II i.V.m. §§ 249 ff. BGB eine Vertragsauflösung verlangen kann.

B müsste eine Pflicht aus einem Schuldverhältnis verletzt haben.

§ 312g BGB normiert Pflichten für im elektronischen Geschäftsverkehr tätige Unternehmer. Nach § 312g I 1 Nr.1 BGB hat B wirksame und angemessene Möglichkeiten für seine Kunden bereitzustellen, damit diese Eingabefehler rechtzeitig erkennen und korrigieren können. Das von B verwendete Bestellsystem genügte diesen Anforderungen nicht. Es war verwirrend gestaltet und führte so zur Fehlbestellung des R. Damit verletzte B eine vorvertragliche Pflicht i.S.v. §§ 311 II Nr.1, 241 II BGB. Diese Pflichtverletzung war kausal für die Bestellung von Skript A.

Das Verschulden des B wird gem. § 280 I 2 BGB vermutet.

Die Forderung des B, den Kaufpreis auch für das Skript A zu bezahlen, stellt den kausalen Vermögensschaden auf Seiten von R dar.

Der Tatbestand von §§ 280 I, 311 II Nr.1, 241 II BGB ist vorliegend erfüllt. Nach §§ 249 ff. kann R verlangen, so gestellt zu werden, wie er ohne das zum Schaden führende Ereignis stünde. Dann hätte er nur Skript H bestellt.

3. Ergebnis

R kann von B die teilweise Vertragsaufhebung gemäß §§ 280 I, 311 II Nr.1, 241 II i.V.m. §§ 249 ff. BGB verlangen.

Diesen Anspruch kann er dem Verlangen des B auf Kaufpreiszahlung im Wege des Missbrauchseinwandes (unzulässige Rechtsausübung, § 242 BGB) entgegenhalten.

IV. Zusammenfassung

Sound: Anspruch aus §§ 280 I, 311 II Nr.1, 241 II BGB bei Verletzung der Informationspflichten aus § 312g BGB.

Beachten Sie: Während der Begriff des Fernabsatzvertrages jede Form des Vertragsschlusses unter physisch abwesenden Personen umfasst, fallen unter § 312g BGB nur Verträge, die unter Einsatz von *elektronischen* Kommunikationsmitteln zustande kommen.

Nicht erfasst werden Verträge, die brieflich oder telefonisch abgeschlossen werden.

§ 312g BGB gilt zwischen einem Unternehmer und einem Kunden. Ob der Kunde Verbraucher oder Unternehmer ist, ist gleichgültig (Umkehrschluss aus § 311g II S. 2 BGB).

hemmer-Methode: Beachten Sie, dass die c.i.c. nicht immer so problemlos neben dem Anfechtungsrecht stehen kann. Ein Konkurrenzverhältnis ergibt sich zu § 123 I BGB bei Anfechtung wegen arglistiger Täuschung. Rechtsfolge der Anfechtung ist die Nichtigkeit des Vertrages gem. § 142 I BGB. Eine vergleichbare Rechtsfolge ergibt sich bei der c.i.c., wenn diese auf Vertragsaufhebung gerichtet ist (siehe dieser Fall). Die Anforderungen für die Beseitigung des Vertrages sind indes bei der Anfechtung viel höher. So ist für § 123 I BGB Arglist erforderlich, bei der c.i.c. reicht die fahrlässige Erregung einer Fehlvorstellung aus. Zudem kann die Anfechtung nur ein Jahr ab Kenntnis vom Anfechtungsgrund erfolgen, § 124 I BGB. Der Anspruch auf Vertragsaufhebung kann demgegenüber i.R.d. 3-jährigen Regelverjährung geltend gemacht werden.

Gleichwohl geht die h.M. davon aus, dass die c.i.c. nicht von § 123 I BGB verdrängt wird. Nach der Rechtsprechung des BGH sind jeweils unterschiedliche Rechtsgüter tangiert. Die c.i.c. schütze das Vermögen (und verlange daher auch – anders als § 123 I BGB – das Vorliegen eines Vermögensschadens), während § 123 I BGB die frei Willensbildung schütze.

Machen Sie sich klar: wenn die Anfechtung nach § 123 I BGB erfolgt, ist die Anwendung der c.i.c. nicht so wichtig. Relevant wird der Streit erst dann, wenn in einem Fall einmal die Frist des § 124 I BGB abgelaufen ist oder die Arglist bei § 123 BGB nicht nachgewiesen werden kann. Dann kommt es entscheidend darauf an, ob die „Beseitigung des Vertrages" noch über die c.i.c. erreicht werden kann oder nicht.

Zusammenfassend: das Problem muss immer dann diskutiert werden, wenn die Fehlvorstellung schuldhaft durch die andere Seite verursacht wurde.

V. Zur Vertiefung

- Hemmer/Wüst, Schuldrecht AT, Rn. 223 ff.

- Zur Irrtumsproblematik bei falscher Kaufpreisauszeichnung im Internet vgl. BGH Life&Law 2005, 221 ff.

Fall 49: Widerruf bei Haustürgeschäften

Sachverhalt:

Rentnerin R nimmt an einer von Unternehmer U organisierten Kaffeefahrt teil. Angeheizt von den Anpreisungen des U glaubt sie ein „Schnäppchen" zu machen und erwirbt eine Rheumakatzenfelldecke zu 200 € und zwei Packungen Stützstrümpfe zu je 19 €. Sie bezahlt sofort in bar.

Drei Wochen nach ihrem Ausflug entdeckt R das gleiche Stützstrumpfmodell für 9,90 € bei einem Orthopädiefachgeschäft. Sie erklärt formgerecht den Widerruf des Vertrages gegenüber U und verlangt den für die Stützstrümpfe gezahlten Kaufpreis zurück. U weigert sich.

Frage: *Wie ist die Rechtslage?*

I. Einordnung

Einen weiteren Typ des Verbraucher-vertrages stellt neben dem Fernabsatz-vertrag das sog. Haustürgeschäft dar. Wie ein Fernabsatzvertrag wird auch ein Haustürgeschäft zwischen einem Unternehmer und einem Verbraucher abgeschlossen. Beide Verträge stim-men auch darin überein, dass sie au-ßerhalb des Ladengeschäfts des Un-ternehmers angebahnt und abge-schlossen werden und dass der Ver-braucher wegen der besonderen Um-stände des Vertragsschlusses schutz-bedürftig ist.

§ 312 BGB dient dem Schutz gegen-über den mit Haustürgeschäften ver-bundenen Gefahren. Die Verbraucher sollen sich von Verträgen lösen kön-nen, die infolge von Überrumpelung auf einem übereilten Entschluss beruhen, die ihnen Leistungen verschaffen, für die oft kein Bedarf besteht, die ihre fi-nanzielle Leistungsfähigkeit übersteigen und deren Entgelte häufig zu hoch angesetzt sind.

II. Gliederung

Anspruch der R gegen U auf Rückzahlung des Kaufpreises aus §§ 346 I, 357 I, 355 I 1, 312 I 1 BGB

1. **Widerrufsrecht** nach § 312 I 1 BGB
    ⇨ (+), wenn ein Hautürgeschäft vorliegt

a) Entgeltlicher Vertrag zwischen Unternehmer und Verbraucher (+)

b) Situationsbedingte Voraussetzungen
    § 312 I 1 Nr.2 BGB: Kaffeefahrt als Freizeitveranstaltung
    ⇨ Haustürgeschäft (+)

3. Aber Ausschluss des Widerruf-rechts nach § 312 III Nr.2 BGB (+), da eine an sich selbstständige teil-bare Leistung unter 40 € und sofor-tige Barzahlung

4. **Ergebnis**
    Kein Widerrufsrecht gem. §§ 312 I 1 BGB, 355 I 1, kein An-spruch auf Rückzahlung des Kaufpreises

III. Lösung

Anspruch der R gegen U auf Rückzahlung des Kaufpreises aus §§ 346 I, 357 I, 355 I 1, 312 I 1 BGB

Ein Anspruch der R auf Rückzahlung des Kaufpreises könnte sich aus § 346 I i.V.m. § 357 I 1 BGB ergeben. Dann müsste R ein Widerrufsrecht nach § 355 I 1 BGB zustehen und form- und fristgerecht ausgeübt worden sein.

1. Widerrufsrecht nach § 312 I 1 BGB

Ein Widerrufsrecht könnte sich aus § 312 I 1 BGB ergeben, wenn der zwischen R und U abgeschlossene Kaufvertrag über die Stützstrümpfe ein Haustürgeschäft i.S.d. § 312 I 1 BGB darstellt.

a) Entgeltlicher Vertrag zwischen Unternehmer und Verbraucher

Erste Voraussetzung ist, dass ein entgeltlicher Vertrag zwischen einem Unternehmer und einem Verbraucher zustande kam.

R ist Verbraucherin im Sinne von § 13 BGB, da sie die Ware für ihren Privatgebrauch gekauft hat. U ist Unternehmer nach § 14 I BGB, da er bei Abschluss des Vertrages in Ausübung seiner gewerblichen Tätigkeit gehandelt hat.

Beide schlossen einen Kaufvertrag, also einen gegenseitigen entgeltlichen Vertrag.

b) Situationsbedingte Voraussetzungen

Maßgeblich für die Anwendbarkeit von § 312 BGB ist, dass der Verbraucher zum Abschluss des Vertrages an bestimmten Orten oder in bestimmten Situationen bestimmt wurde. Dazu zählt § 312 I 1 BGB verschiedene Varianten auf, die alle durch eine spezifische situationsbedingte Überrumpelungssituation gekennzeichnet sind. Die Aufzählung in Nr.1-3 ist enumerativ. Eine entsprechende Anwendung ist ausgeschlossen.

Vorliegend könnte § 312 I 1 Nr.2 BGB einschlägig sein. Danach besteht ein Widerrufsrecht, wenn der Verbraucher anlässlich einer vom Unternehmer oder zumindest im Interesse des Unternehmers durchgeführten Freizeitveranstaltung zum Vertragsschluss bestimmt wurde.

Vorliegend veranstaltete U eine Kaffeefahrt, also die Kombination von Freizeitvergnügen" und Verkaufsveranstaltung schlechthin. Bestimmt wurde der Kunde, wenn er im entscheidenden Beweggrund für den Vertragsschluss durch die besonderen äußeren Umstände motiviert ist. Es genügt, wenn der Vertrag sonst nicht oder nicht so zustande gekommen wäre. Dabei spricht bei engem Bezug zwischen Veranstaltung und Vertrag ein Anscheinsbeweis für das Bestimmtsein.

R wollte sich das „günstige" Angebot nicht entgehen lassen. Angeheizt durch die Stimmungsmache der U schloss sie den Kaufvertrag ab. Sie wurde damit nach § 312 I 1 Nr.2 BGB zum Vertragsschluss bestimmt.

Damit liegt ein Haustürgeschäft vor, das grundsätzlich dem Verbraucher ein Widerrufsrecht einräumt.

3. Ausschluss des Widerrufrechts nach § 312 III Nr.2 BGB

Kein Widerrufsrecht besteht in den Fällen des § 312 III BGB.

Die Nr. 2 dieser Norm greift ein, wenn der Leistungsaustausch bei Abschluss der Verhandlungen sofort erfolgt und das Entgelt 40 € nicht übersteigt.

Der Kaufvertrag wurde von beiden Vertragsparteien sofort erfüllt. Fraglich ist, wie es um die Höhe der Gegenleistung steht. R zahlte 200 € für das Katzenfell und zweimal 19 € für die Strümpfe. Man könnte nun sowohl auf den Gesamtkaufpreis von 238 € abstellen, aber auch daran denken, die für die Strümpfe gezahlten 38 € getrennt zu behandeln. Maßgeblich muss der Rechtsgedanke des § 139 BGB sein: Wurden „eigentlich" zwei getrennte Kaufverträge abgeschlossen oder handelte es sich um nur einen Vertrag, der in Teilleistungen zu erfüllen war?

Vorliegend spricht alles für die Variante der getrennten Kaufverträge. Die beiden Artikel stehen in keinem Sinnzusammenhang und ein solcher wurde auch nicht durch vertragliche Vereinbarung der Parteien hergestellt. Zudem möchte R ja auch gerne die Rheumadecke behalten; trennen möchte sie sich nur von den überteuerten Strümpfen.

Da das Entgelt für die Strümpfe aber nur 38 € beträgt, greift der Ausschlusstatbestand des § 312 III Nr.2 BGB ein. Ein Widerruf des Kaufvertrags nach §§ 312 I 1, 355 I 1 BGB ist demnach nicht möglich.

4. Ergebnis

R kann den Vertrag nicht wirksam widerrufen, ihr Rückzahlungsverlangen ist mithin unbegründet.

IV. Zusammenfassung

Sound: Bei Abschluss eines Haustürgeschäftes steht dem Verbraucher grundsätzlich ein Widerrufsrecht nach §§ 312 I 1, 355 I 1, 357 I, 346 ff. BGB zu.

Beim Vorliegen einer der Tatbestände des § 312 III BGB scheidet ein Widerrufsrecht trotz Vorliegens eines Haustürgeschäftes aus.

hemmer-Methode: Sinn und Zweck von § 312 III Nr.2 BGB ist es in Fällen, in denen dem Verbraucher ein nur geringfügiger Nachteil durch das Geschäft entstehen kann, wegen der Rechtssicherheit und des oft unverhältnismäßig hohen Aufwands bei der Abwicklung, den Widerruf auszuschließen. Beachten Sie aber unbedingt § 312i S. 2 BGB: Versucht der Unternehmer, bei natürlicher Betrachtung zusammenhängende Geschäfte so aufzuspalten, dass jedes einzelne unter die Geringfügigkeitsgrenze des § 312 III Nr.2 BGB fällt, bleibt ein Verbraucherwiderruf natürlich möglich.
Der Gesetzgeber hat zum 11.06.2010 § 312 II BGB umformuliert und damit eine echte Verpflichtung des Unternehmers geschaffen, eine Belehrung vorzunehmen. Bislang handelte es sich nur um eine Obliegenheit, d.h. die unterbliebene Belehrung führte nur zu eigenen Nachteilen beim Unternehmer (Nichtbeginn der Widerrufsfrist). Durch die Ausgestaltung als Pflicht ist nun grundsätzlich auch die Anwendung des § 280 I BGB denkbar (vgl. zur vergleichbaren Situation bei § 312g BGB Fall 48).

Neu ist weiterhin, dass auf die Rechtsfolgen der §§ 357 I, III BGB nicht hingewiesen werden muss, wenn diese Rechtsfolgen nicht eintreten können, vgl. § 312 II 3 BGB. Sollte die Widerrufsfrist schon abgelaufen sein, bevor die Ware überhaupt geliefert wurde (was – anders als beim Fernabsatz, vgl. § 312d II BGB – hier möglich ist), kann es nicht mehr zu einer relevanten Verschlechterung kommen, weil der Widerruf gar nicht mehr wirksam erklärt werden kann.

V. Zur Vertiefung

- Hemmer/Wüst, BGB AT III, Rn. 544 ff.

- EuGH Life&Law 2006, 33 ff.

- Zu der Möglichkeit, einen arbeitsrechtlichen Aufhebungsvertrag gem. § 312 BGB zu widerrufen vgl. Hemmer/Wüst, Arbeitsrecht, Rn. 353a.

- Zum Ausschluss nach § 312 III Nr.1 BGB vgl. BGH, Life&Law 2010, 575 ff. Wenn der Verbraucher den Unternehmer in seine Wohnung bestellt, diesem dann aber ein Angebot mit einer nicht unerheblichen Abweichung gemacht wird, ist für den dann geschlossenen Vertrag § 312 III Nr.1 BGB nicht einschlägig.

Fall 50: Haustürwiderruf: Verhältnis von § 312a BGB und § 510 BGB

Sachverhalt:

Drücker D sucht A in seinem Privathaushalt auf und schwatzt ihm „Die große Enzyklopädie der europäischen Geschichte" auf. Das auf 28 Bände angelegte Werk ist noch in Produktion und soll später in monatlich erscheinenden Teilbänden geliefert werden. Gemäß dem schriftlich fixierten Vertrag soll jeweils bei Lieferung der einzelnen Bände der Subskriptionspreis von 100 € je Band zu zahlen sein. Eine Kündigung ist frühestens nach 3 Monaten möglich.

Als ihn der Drücker verlassen hat, überlegt es sich A anders und beschließt deshalb den Vertrag rückgängig zu machen. Noch am selben Tag erklärt er dem Verlagshaus V, das laut Kaufvertrag sein Vertragspartner ist, den Widerruf in der Form des § 355 I 2 BGB. Einen Monat später liefert V dennoch Band 1 der Enzyklopädie aus und verlangt Zahlung.

Frage: *Kann V die Bezahlung des Kaufpreises für den ersten Band verlangen?*

I. Einordnung

Der Gesetzgeber hat die besondere Schutzbedürftigkeit und Schutzwürdigkeit des Verbrauchers gegenüber dem Unternehmer gesehen. Deshalb finden sich im BGB besondere Regelungen über Verbraucherverträge wie Haustürgeschäfte, Fernabsatzverträge, Verbraucherdarlehensverträge und Ratenlieferungsverträge. Für diese Verbraucherverträge sieht das Gesetz ein Widerrufsrecht des Verbrauchers vor.

Überschneiden sich zwei Formen von Verbraucherverträgen, so stellt sich die Frage nach dem Konkurrenzverhältnis der auf § 355 I 1 BGB verweisenden Normen und ihren Voraussetzungen. Im Bereich des Haustürgeschäftes liegt mit § 312a BGB eine ausdrückliche Regelung dieser Frage vor.

II. Gliederung

Anspruch des V gegen A auf Zahlung des Kaufpreises i.H.v. 100 €

1. **Wirksamer Kaufvertrag**, § 433 BGB (+) zwischen A und V, vertreten durch D, § 164 BGB

2. **Widerruf des A**

a) Widerrufsrecht gemäß § 312 I 1 BGB

aa) Vorliegen eines Haustürgeschäftes (+)

bb) Anwendbarkeit des § 312 BGB Ausschluss gem. § 312a BGB, wenn Widerrufsrecht nach anderen Vorschriften gegeben.

cc) Widerrufsrecht nach § 510 I 1 Nr.1 BGB

(1) Vorliegen eines Ratenlieferungsvertrages zwischen Verbraucher und Unternehmer (+)

(2) Kein Ausschluss des Widerrufsrechts gem. §§ 510 I 2, 491 II BGB

b) Widerrufserklärung (+)

3. Ergebnis
Kein Anspruch des V gegen A auf Bezahlung des Kaufpreises

III. Lösung

Anspruch des V gegen A auf Zahlung des Kaufpreises in Höhe von 100 €

V könnte gegen A einen Anspruch auf Bezahlung des Kaufpreises haben, wenn zwischen ihnen ein wirksamer Kaufvertrag zustande gekommen ist, der Anspruch nicht untergegangen und durchsetzbar ist.

1. Wirksamer Kaufvertrag

V ist nicht persönlich aufgetreten und hat mit A nicht verhandelt. In seinem Namen handelte aber der Drücker D. Zwar sind die näheren Umstände der Vertretung vorliegend nicht dargelegt, es ist jedoch davon auszugehen, dass D von V zum Verkauf von Büchern zu vereinbarten Preisen ermächtigt wurde und er die Verträge im Namen des V abgeschlossen hat, § 164 I 1 BGB. Die Offenkundigkeit ergab sich entweder direkt aus der mündlichen Erklärung des D, soweit dieser auf V hingewiesen hat, oder aber aus dem schriftlichen Kaufvertrag, § 164 I 2 BGB.

Damit ist der Zahlungsanspruch des V zunächst wirksam entstanden.

2. Widerruf des A

Der Anspruch des V könnte aber untergegangen sein. In Betracht kommt ein von A erklärter Widerruf.

Dafür müsste ein Widerrufsrecht bestanden haben und der Widerruf wirksam erklärt werden.

a) Widerrufsrecht gemäß § 312 I 1 BGB

Dem A könnte ein Widerrufsrecht nach § 355 I 1 i.V.m. § 312 I 1 BGB zustehen. Dann müsste es sich bei dem zwischen A und V abgeschlossenen Kaufvertrag um ein Haustürgeschäft handeln.

Fraglich ist, ob die Voraussetzungen des Haustürgeschäftes gegeben sind.

aa) Vorliegen eines Haustürgeschäftes

Der Vertrag über den Kauf einer Enzyklopädie wurde in der Wohnung des A abgeschlossen. Es handelte sich dabei um einen Vertrag, der eine entgeltliche Leistung - nämlich Lieferung von Enzyklopädiebänden gegen Zahlung von Kaufpreisraten – zum Gegenstand hatte.

A müsste weiterhin zum Abschluss des Vertrages, also zur Abgabe einer dahin gehenden Willenserklärung bestimmt worden sein.

Diese Voraussetzung ist dann zu bejahen, wenn ein Kausalzusammenhang zwischen der abgegebenen Willenserklärung und der speziellen Verhandlungssituation besteht. Insoweit ist auf die Auslegung des § 123 BGB zurückzugreifen, da sich die Formulierung „bestimmt worden ist" an diese Vorschrift anlehnt. Hier besteht an dieser Kausalität kein Zweifel, da der Vertragsschluss unmittelbar beim Besuch selbst erfolgte. Damit ist der sachliche Anwendungsbereich des § 312 I BGB eröffnet.

Anmerkung: Problematisch kann dieses Tatbestandsmerkmal werden, wenn zwischen dem Hausbesuch und der Abgabe der entscheidenden Willenserklärung etwas Zeit verstrichen ist. Hier hängt viel vom Einzelfall ab.

Der persönliche Anwendungsbereich ist ebenfalls einschlägig. A ist Verbraucher, der Vertragspartner V Unternehmer, §§ 312 I 1, 13, 14 BGB.

Ausnahmen nach § 312 III BGB sind nicht ersichtlich, sodass dem A eigentlich ein Widerrufsrecht gem. §§ 312 I 1, 355 I BGB zusteht.

bb) Anwendbarkeit des § 312 BGB

Fraglich ist aber, ob § 312 BGB hier überhaupt anzuwenden ist oder nicht vielmehr wegen § 312a BGB subsidiär zurücktritt.

Demnach ist trotz Vorliegens eines Hautürgeschäfts das Widerrufsrecht gem. § 312 BGB ausgeschlossen, wenn dem Verbraucher zugleich ein Widerrufsrecht nach anderen Vorschriften zusteht. Das ist dann der Fall, wenn das Haustürgeschäft zugleich ein Finanzierungsgeschäft ist, z.B.: Verbraucherdarlehensvertrag oder Ratenlieferungsvertrag.

Vorliegend kommt ein Ratenlieferungsvertrag zwischen Unternehmer und Verbraucher gem. § 510 BGB in Betracht.

cc) Widerrufsrecht nach § 510 I 1 Nr.1 BGB

(1) Vorliegen eines Ratenlieferungsvertrages gem. § 510 BGB

Wie festgestellt, handelt es sich um einen Vertrag eines Verbrauchers mit einem Unternehmer.

Des Weiteren verlangt § 510 I 1 Nr.1 BGB, dass mehrere als zusammengehörend verkaufte Gegenstände in Teilleistungen geliefert werden sollten und das Entgelt ebenfalls in Teilleistungen zu entrichten ist.

A erwarb ein vielbändiges Lexikon, dessen einzelne Bände ihm monatlich zugestellt werden sollten. Den Preis hätte er jeweils monatlich zu entrichten gehabt. Dieser sog. Subskriptionsvertrag erfüllt die Tatbestandsvoraussetzungen von § 510 I 1 Nr.1 BGB problemlos.

(2) Ausschluss des Widerrufsrechts gem. §§ 510 I 2, 3, 491 II BGB

Das Widerrufsrecht könnte aber nach § 510 I 2 BGB ausgeschlossen sein. Das ist dann der Fall, wenn der Verbraucher bis zur ersten Kündigungsmöglichkeit nicht mehr als 200 € zu zahlen hat, § 510 I 2, 3, 491 II BGB. Vorliegend bestand ein Kündigungsrecht erst nach Ablauf der ersten drei Monate ab Vertragsschluss. Die Ratenzahlungen für diese drei Monate betragen 300 €, übersteigen also die im § 510 I 2 BGB erforderliche Summe.

Rechtsfolge ist, dass A ein Widerrufsrecht nach §§ 510 I 1, 355 BGB zustand.

dd) Zwischenergebnis

Dem A steht zwar kein Widerrufsrecht gem. § 312 I 1 BGB zu. Er kann jedoch das Rechtsgeschäft gem. §§ 510 I 1, 355 I BGB widerrufen.

b) Widerrufserklärung

Von seinem Widerrufsrecht machte A form- und fristgerecht Gebrauch.

3. Ergebnis

Damit erlosch der Anspruch des V auf Kaufpreiszahlung nach § 355 I 1 BGB. V kann von A nicht Abnahme und Zahlung des Subskriptionspreises verlangen. V kann aber gem. § 357 I 1, II 1 BGB die Rücksendung des Buches auf seine Kosten und Gefahr verlangen.

IV. Zusammenfassung

Sound: Vorrang des Verbraucherwiderrufsrechts nach Sondervorschriften vor dem haustürrechtlichen Widerruf, § 312a BGB.

Kein Konkurrenzverhältnis besteht dagegen zwischen dem Haustürwiderruf und dem Widerruf nach dem Fernabsatzvertrag, da sich beide Verträge tatbestandlich ausschließen.

hemmer-Methode: §§ 312 ff. BGB wurden mit der Schuldrechtsreform eingeführt und ersetzen das alte Haustürwiderrufsgesetz. § 312a BGB wurde bereits einmal nach Inkrafttreten der Schuldrechtsreform geändert, denn seine ursprüngliche Fassung war europarechtswidrig und konnte nur durch richtlinienkonforme Auslegung aufrechterhalten werden (Stichwort: „Heininger-Rechtsprechung"). Nach der alten Fassung des § 312a BGB war das Widerrufsrecht nach § 312 BGB ausgeschlossen, wenn das Haustürgeschäft in den Anwendungsbereich der in § 312a BGB angeführten Sonderregelungen fiel, gleichgültig, ob nach diesen Vorschriften ein Widerrufsrecht bestand oder nicht.
Das war das wesentliche Manko der ursprünglichen Regelung. Nach der neuen Fassung entfällt das Widerrufsrecht dagegen nur, wenn der Verbraucher nach den Sonderregelungen zu einem Widerruf berechtigt ist.

V. Zur Vertiefung

- Hemmer/Wüst, BGB AT III, Rn. 544 ff.

Fall 51: Verbraucherdarlehen – verbundene Verträge

Sachverhalt:

Um die Fußball-WM-Übertragung im großen Format sehen zu können, erwirbt A bei Elektronikhändler E einen Fernseher für 4.500 €. Da er eine solche Summe nicht flüssig hat, nimmt er auf Vorschlag von E bei dessen Hausbank (HB) einen Kredit in entsprechender Höhe auf. Vereinbart wird ein effektiver Jahreszins von 3,9%.

Der Kauf des Fernsehers stößt nicht auf ungeteilte Zustimmung im Hause A. Seine Gattin meint, ein finanzielles Desaster zu erkennen, droht mit Scheidung und verlangt ultimativ „Umtausch des Kastens". Derartig unter Druck gesetzt, sucht A eine Woche nach Vertragsschluss einen Weg, um Kauf- und Darlehensvertrag rückgängig zu machen.

Frage: *Wie ist die Rechtslage? Es ist davon auszugehen, dass sämtliche Belehrungen bzw. Informationen gem. § 495 II BGB im Darlehensvertrag erfolgt sind.*

I. Einordnung

Eine besondere Bedeutung für den Schutz des Verbrauchers kommt den §§ 358, 359 BGB zu. Gegenwärtig nimmt die Zahl der sog. *finanzierten Geschäfte* zu. Es handelt sich dabei um Rechtsgeschäfte, die trotz wirtschaftlicher Einheit in einen Kaufvertrag und einen damit verbundenen Kreditvertrag aufgespalten sind. Trotz der formellen Trennung in zwei Rechtsgeschäfte sind diese eng miteinander verbunden. Deshalb ist es gerechtfertigt und zum Schutz des Verbrauchers notwendig, die Wirksamkeit der beiden Rechtsgeschäfte miteinander zu verknüpfen.

§ 358 I, II BGB erstreckt die Rechtfolgen des Widerrufs des einen Geschäfts jeweils auch auf das andere. § 359 BGB regelt einen sog. Einwendungsdurchgriff. Sollte z.B. die gekaufte Sache mangelhaft sein, könnte über § 359 BGB die Darlehensrückzahlung verweigert werden, bis der Mangel behoben ist, § 320 I BGB.

II. Gliederung

1. Widerruf des <u>Darlehensvertrages</u>, §§ 495, 355, 357, 346 ff. BGB

a) Widerrufsrecht gemäß § 495 I BGB

(+), wenn ein Verbraucherdarlehensvertrag i.S.v. § 491 BGB vorliegt

⇨ entgeltlicher Darlehensvertrag zwischen einem Unternehmer als Darlehensgeber und einem Verbraucher als Darlehensnehmer (+)
⇨ keine Ausnahme gem. § 491 II, III BGB

b) Widerrufserklärung

- Form: 355 I 2, 126 b BGB

- Frist: § 355 I, II i.V.m. § 495 II BGB nach erfolgter Information,

c) Zwischenergebnis: Widerrufsrecht (+)

2. Abstandnahme vom Kaufvertrag, § 358 II BGB

a) **Rücktritt**, §§ 433, 434, 437 Nr.2 Alt.1, 323 ff., 346 BGB (-), da kein vertragliches Rücktrittsrecht; ebenso mangels Vorliegens eines Sachmangels kein gesetzliches Rücktrittsrecht

b) **Anfechtung**, Vertragsaufhebung (-)

c) **Wegfall der Bindung gem. § 358 II BGB**

3. Ergebnis

III. Lösung

A möchte sowohl den Kaufvertrag als auch den zu diesem Zwecke aufgenommenen Darlehensvertrag rückgängig machen.

1. Widerruf des Darlehensvertrages

A könnte den Darlehensvertrag rückgängig machen, wenn er ein Widerrufsrecht i.S.v. § 355 I 1 BGB ausüben würde.

a) Widerrufsrecht gemäß § 495 I BGB

Das Widerrufsrecht könnte sich aus § 495 I BGB ergeben. Zunächst ist der Anwendungsbereich der Norm zu klären. § 495 I BGB gilt für Verbraucherdarlehensverträge.

Ein Verbraucherdarlehensvertrag ist laut seiner Legaldefinition in § 491 I BGB ein entgeltlicher Darlehensvertrag zwischen einem Unternehmer als Darlehensgeber und einem Verbraucher als Darlehensnehmer.

Es muss sich somit zunächst um einen entgeltlichen Darlehensvertrag handeln. Die HB gewährte A einen Geldbetrag i.H.v. 4.500 €.

Als Gegenleistung verpflichtete sich A, einen Zins i.H.v. 3,9% zu entrichten. Der zwischen HB und A geschlossene Vertrag ist also ein entgeltlicher Darlehensvertrag.

Der Vertrag muss weiterhin zwischen einem Unternehmer, § 14 BGB, als Kreditgeber und einem Verbraucher, § 13 BGB, als Kreditnehmer zustande kommen. Die HB ist als Bank und Kreditinstitut unproblematisch Unternehmer. A nahm den Kredit auf, um den Kauf des Fernsehers zu finanzieren. Damit diente der Kredit einem privaten Zweck. Folglich liegt ein Verbraucherdarlehensvertrag gem. § 491 I BGB vor.

Da auch keine Ausnahme vom Anwendungsbereich gemäß § 491 II, III BGB einschlägig ist, ist der Anwendungsbereich des § 495 I BGB eröffnet. A steht demnach ein Widerrufsrecht nach § 495 I i.V.m. § 355 I BGB zu.

b) Widerrufserklärung

A kann sich vom Vertrag lösen, wenn er sein Widerrufsrecht ordnungsgemäß ausübt. Nach § 355 I 2 BGB muss er die Widerrufserklärung in Textform abgeben, § 126 b BGB. Eine Begründung ist nicht erforderlich.

Für die Frist, in der der Widerruf zu erklären ist, kommt es grundsätzlich darauf an, ob A über sein Widerrufsrecht belehrt wurde, § 355 II S. 1 BGB.

Fand eine ordnungsgemäße Belehrung statt, so bleiben A zwei Wochen, gerechnet ab dem Zeitpunkt, zu dem er eine Abschrift der Vertragsurkunde erhielt, vgl. § 355 I, II i.V.m. § 492 I 1 BGB.

Gem. § 495 II Nr.1 BGB tritt beim Verbraucherdarlehensvertrag an die Stelle der Widerrufsbelehrung die Pflichtangabe nach Artikel 247 § 6 II EGBGB.

Laut Sachverhalt sind diese Voraussetzungen gewahrt, so dass die Widerrufsfrist in Gang gesetzt wurde.

c) Zwischenergebnis

A könnte den Verbraucherdarlehensvertrag noch wirksam widerrufen, da die Widerrufsfrist noch nicht abgelaufen ist.

2. Abstandnahme vom Kaufvertrag

a) Rücktritt

Möglicherweise könnte A jedoch zurücktreten. Das Rücktrittsrecht steht dem A zu, wenn es entweder vertraglich vereinbart wurde oder gesetzlich geregelt ist. Das vertragliche Rücktrittsrecht wurde A nicht eingeräumt. Das gesetzliche Rücktrittsrecht würde dagegen im Falle eines Sachmangels nach §§ 433, 434, 437 Nr.2 Alt.1, 323 ff., 346 BGB bestehen.

Zwar liegt ein wirksamer Kaufvertrag vor und es hat bereits der Gefahrübergang nach § 446 S. 1 BGB stattgefunden. Jedoch kann ein Mangel nicht bejaht werden, da der Fernseher mangelfrei geliefert wurde. Damit scheidet auch das gesetzliche Rücktrittsrecht aus.

b) Anfechtung, Aufhebung des Vertrages

Anhaltspunkte für das Bestehen von weiteren Lösungsmöglichkeiten wie der Anfechtung, § 142 BGB, oder des Aufhebungsvertrags sind nicht ersichtlich.

c) Widerruf gem. § 358 II BGB

A könnte sich aber dann vom Vertrag mit E lösen, wenn er ihn widerrufen könnte.

Ein Widerruf des Kaufvertrags nach den §§ 312 - 312 f. oder den §§ 491 ff. BGB ist vorliegend nicht möglich, da es sich weder um ein Haustür-, Fernabsatz- noch um einen Verbraucherdarlehensvertrag handelt.

Die Bindung an den KV könnte indes nach § 358 II BGB wegfallen. Danach ist nach Widerruf eines Verbraucherdarlehensvertrages auch ein anderer mit ihm verbundener Vertrag unwirksam. Maßgeblich ist, ob beide Verträge miteinander verbunden sind.

Wann ein Kaufvertrag und ein Darlehensvertrag verbunden sind, definiert § 358 III BGB. Nach der Definition des § 358 III BGB sind ein Vertrag zur Erbringung einer anderen Leistung und ein Darlehensvertrag verbunden, wenn das Darlehen ganz oder teilweise der Finanzierung des anderen Vertrags dient und beide Verträge eine *wirtschaftliche Einheit* bilden.

Das bedeutet, dass der Kredit zum Zwecke der Begleichung des für den Fernseher geschuldeten Entgelts gewährt werden muss. Diese Verknüpfung beider Verträge liegt hier vor, da der Kredit zur Abzahlung des Fernsehers durch A aufgenommen wurde.

Die wirtschaftliche Einheit liegt insbesondere dann vor, „wenn der Unternehmer selbst die Gegenleistung des Verbrauchers finanziert oder im Falle der Finanzierung durch einen Dritten, wenn sich der Darlehensgeber bei der Vorbereitung oder dem Abschluss des Darlehensvertrags der Mitwirkung des Unternehmers bedient."

Erforderlich ist, dass aus der Sicht des Verbrauchers der Unternehmer und der Kreditgeber ihm gegenüber wie ein Vertragspartner auftreten.

Vorliegend wies E auf die Finanzierungsmöglichkeit durch die HB Bank hin.

E hat quasi die Kreditaufnahme bei der HB Bank vermittelt. HB bediente sich also zur Vorbereitung des Darlehensvertrages der Hilfe von E.

Damit bilden der Kaufvertrag des Fernsehers und das zu seiner Finanzierung aufgenommene Darlehen eine wirtschaftliche Einheit und sind daher als verbundene Verträge i.S.v. § 358 III BGB anzusehen. Folglich gilt § 358 II BGB.

3. Ergebnis

Wenn A den Widerruf des Verbraucherdarlehensvertrages erklärt, ist er gemäß § 358 II BGB auch nicht mehr an den Kaufvertrag mit E gebunden.

Die Rückabwicklung folgt nach § 358 IV grundsätzlich den §§ 357, 346 ff. BGB. Jedoch ist A hinsichtlich der Rückzahlungspflicht des Kaufpreises aus der Abwicklung herauszuhalten, wenn die Darlehenssumme dem E bereits zugeflossen ist. In seine Position tritt im Verhältnis zu E nun die HB, § 358 IV 3 BGB.

IV. Zusammenfassung

Der Gesetzgeber stellt über die § 358 II BGB eine Wirksamkeits-Akzessorietät her, wenn der Darlehnsvertrag wirksam widerrufen wurde. Damit trägt der Gesetzgeber der wirtschaftlichen Einheit, § 358 III BGB, der Verträge Rechnung.

hemmer-Methode:. Beachten Sie, dass auch eine umgekehrte Situation möglich ist. Widerruft der Verbraucher den Vertrag über die Lieferung einer Ware oder die Erbringung einer Dienstleistung, so ist er auch an einen Darlehensvertrag nicht mehr gebunden, wenn beide Verträge im Sinne einer wirtschaftlichen Einheit miteinander verknüpft sind und dem Verbraucher für den Lieferungsvertrag ein Widerrufsrecht nach § 312 (Haustürgeschäfte), § 312 d (Fernabsatzvertrag) oder § 485 (Teilzeit- Wohnrechtevertrag) besteht, § 358 I BGB. Mit Wirkung zum 04.08.2011 wurde der Absatz 1 vom Wortlaut her dahingehend geändert, dass aus dem Begriff „Verbraucherdarlehensvertrag" der Begriff „Darlehensvertrag" gemacht wurde. Hintergrund: Begrifflich handelt es sich in den Fällen des § 491 II BGB nicht um Verbraucherdarlehensverträge. Liegt also z.B. der Nettodarlehensbetrag unter der dortigen Grenze, hätte sich der Widerruf des Lieferungsvertrages nach dem Wortlaut nicht auch auf diesen „kleinen" Darlehensvertrag bezogen. Mit der Begriffsänderung ist dies nun klargestellt.

V. Zur Vertiefung

- Zum verbundenen Geschäft vgl. Hemmer/Wüst, BGB AT III, Rn. 563 ff.
- Zur Frage, ob eine Fristsetzung i.S.d. § 498 S. 1 Nr.2 BGB in den Fällen des § 323 II Nr.1 BGB entbehrlich sein kann, vgl. Life&Law 2007, 303 ff.

Kapitel IX: Schadensersatzrecht

Fall 52: Naturalrestitution

Sachverhalt:

S fährt dem G an einer roten Ampel aus Unachtsamkeit mit seinem Pkw auf dessen Pkw (Wiederbeschaffungswert 20.000 €) auf. Infolge des Unfalls wird die Nase des G gebrochen. Sein Pkw wird beschädigt (Restwert 15.000 €). In einem Sachverständigengutachten, das den Schaden begutachtet, wird die Höhe der Reparaturkosten auf 5.000 € festgesetzt.

G verlangt von S Schadensersatz für die Kosten einer Schönheitsoperation der Nase sowie die Reparaturkosten für den Wagen. Allerdings möchte er weder die Reparatur des Wagens noch die Schönheitsoperation durchführen lassen.

I. Einordnung

Die folgenden Fälle zum Schadensersatzrecht sollen Ihnen die Systematik der §§ 249 ff. BGB näher erläutern. Der Grundgedanke des Schadensersatzrechts ist ein Ausgleichsgedanke. Der Geschädigte soll durch die Ersatzleistung so gestellt werden, wie er ohne das schädigende Ereignis stünde, § 249 I BGB. Die Ersatzleistung soll in erster Linie die entstandenen Nachteile ausgleichen, ohne aber den Geschädigten darüber hinaus zu bereichern. Sog. *punitive damages*, Schadensersatzleistungen mit Strafcharakter, wie sie im anglo-amerikanischen Rechtskreis zu finden sind, sind dem deutschen Recht fremd.

Der Ausgleichsgedanke wird am besten durch das Prinzip der Naturalrestitution (Naturalherstellung, § 249 BGB) verwirklicht.

Dieser Einführungsfall ins Schadensersatzrecht soll Ihnen die Problemkreise um § 249 BGB und den Rechtsgedanken der Naturalrestitution näher bringen.

II. Gliederung

I.	**Anspruch des G gegen S auf Schadensersatz aus § 7 I StVG**
1.	Halter
2.	Rechtsgutverletzung
3.	Bei Betrieb eines Kraftfahrzeugs
4.	Kein Haftungsausschluss: § 7 II, 17 II, III S. 1 StVG
5.	Berücksichtigung der Verursachungsbeiträge, § 17 II StVG
6.	Umfang der Schadensersatzpflicht, §§ 249 ff. BGB
a)	Reparaturkosten des Pkw, § 249 II 1 BGB
aa)	Reparaturkosten ohne Reparatur? Geldersatz trotzdem möglich, ein Zwang zur Reparatur besteht nicht
bb)	„erforderlicher" Geldbetrag entweder „fiktive" Reparaturkosten oder Erstattung des Wiederbeschaffungsaufwandes (Wiederbeschaffungswert minus Restwert)

⇨ erforderlich ist grds. nur die jeweils günstigere der beiden Varianten

hier: „fiktive" Reparaturkosten: 5.000 €
Wiederbeschaffungsaufwand: 5.000 €
Im Ergebnis hier Wahlrecht des G **aber:** § 249 II S. 2 BGB beachten

b) Kosten einer Schönheitsoperation, § 249 II BGB

(P): Behandlungskosten ohne Behandlung? (-) ⇨ kein Ersatz „fiktiver" Behandlungskosten

7. Ergebnis
Schadensersatz für Krankenhauskosten und „fiktive" Reparaturkosten"

II. Anspruch des G gegen S auf Schadensersatz aus §§ 18 StVG, 823 I, 823 II BGB i.V.m. §§ 229 StGB (jeweils eigenständige Anspruchsgrundlagen!)

Tatbestand erfüllt, insbes. Verschulden wg. Fahrlässigkeit (+)

Schadensumfang wie bei § 7 StVG

III. Lösung

I. Anspruch des G gegen S auf Schadensersatz aus § 7 I StVG

G könnte gegen S einen Schadensersatzanspruch aus § 7 I StVG haben. Voraussetzung dafür ist, dass es während des Betriebes eines Kfz zu einer Körperverletzung oder Sachbeschädigung kam. Anspruchsteller ist der Verletzte, Anspruchsgegner der Halter des Unfall-Kfz.

1. Halter

S müsste Halter des unfallursächlichen Pkws sein. Halter ist, wer andauernd die tatsächliche Gewalt über das Fahrzeug ausübt. S ist mit seinem Pkw gefahren.

Mangels anderweitiger Anhaltspunkte ist er als Halter des Pkw anzusehen.

Anmerkung: Auf das Eigentum an dem Fahrzeug kommt es nicht an. Auch ein Leasingnehmer und ein Vorbehaltskäufer sind daher trotz mangelnden Eigentums Halter, vgl. BGH Life&Law 2007, 817 ff., 2011, 240 ff. Verursacht der Leasingnehmer Schäden am Leasingfahrzeug, resultiert daraus aber kein Anspruch des Leasinggebers gegen den Leasingnehmer aus § 7 I StVG. Das Leasingfahrzeug als Gefahrenquelle fällt selbst nicht in den Schutzbereich der Vorschrift, vgl. BGH, Life&Law 2011, a.a.O.

2. Verletzung des Köpers / der Gesundheit / Sachbeschädigung

Durch den Unfall erlitt G Kopfverletzungen, einen Nasenbruch und sein Auto wurde beschädigt. Damit liegt die erforderliche Rechtsgutverletzung unproblematisch vor.

3. Bei Betrieb eines Kfz

Die Verletzungen an Rechtsgütern des G passierten beim Betrieb eines Kfz, nämlich im fließenden Straßenverkehr.

Anmerkung: Dieses Merkmal ist – wie hier- sehr oft unproblematisch und daher nur bei entsprechendem Anlass länger anzusprechen. Hier wird letztlich die haftungsbegründende Kausalität geprüft.

Der Betrieb muss *conditio sine qua non* für die Rechtsgutsverletzung sein. Es muss sich im Unfall die typische Betriebsgefahr verwirklich haben.

4. Kein Haftungsausschluss

Die Ersatzpflicht kann durch „höhere Gewalt" ausgeschlossen sein, § 7 II StVG.

Anmerkung: „höhere Gewalt" bedeutet:

* Ein nicht zum Betriebsrisiko des Kfz gehörendes, von außen durch elementare Naturkräfte oder durch Handlungen dritter Personen herbeigeführtes Ereignis
* das nach menschlicher Einsicht und Erfahrung nicht vorhersehbar ist und
* mit wirtschaftlich erträglichen Mitteln auch durch die äußerste, nach der Sachlage vernünftigermaßen zu erwartende Sorgfalt nicht verhütet oder unschädlich gemacht werden kann und
* auch nicht wegen seiner Häufigkeit vom Betriebsunternehmer
* in Kauf zu nehmen ist.

Beachten Sie bitte die Änderung des § 7 II StVG durch die Schadensersatzrechtsreform vom Juli 2002. § 7 II StVG a.F. sprach noch von einem unabwendbaren Ereignis, also einem Umstand, den auch ein Idealfahrer bei Anwendung äußerster Sorgfalt nicht hätte vermeiden können. Das vor ein Auto laufende Kind war häufig ein unabwendbares Ereignis und führte früher zum Ausschluss der Ersatzpflicht aus § 7 I StVG. Durch die Ersetzung des unabwendbaren Ereignisses durch die höhere Gewalt haftet ein Halter (und – der entscheidende Gesichtspunkt – seine Kfz-Haftpflichtversicherung) in diesen Fällen definitiv.

Vorliegend kann jedoch von höherer Gewalt keine Rede sein, zumal S aus Unachtsamkeit, also fahrlässig, § 276 II BGB, den Unfall verursacht hat.

Wegen der fahrlässigen Verursachung muss auch der Ausschluss der Schadensersatzpflicht wegen eines unabwendbaren Ereignisses gem. § 17 III StVG verneint werden.

5. Keine Anrechnung von Mitverursachungsbeiträgen

Eine Schadensersatzminderung könnte sich aber möglicherweise aus § 17 III StVG ergeben. Sind an einem Unfall zwei Kfz beteiligt, so gilt für die Feststellung der Verursacherbeiträge nicht § 9 StVG, sondern § 17 StVG als lex specialis. Ist einem der beteiligten Fahrer ein zu ersetzender Schaden entstanden, so ist anspruchskürzend zu berücksichtigen, dass auch er durch den Betrieb eines Kfz eine sog. Betriebsgefahr geschaffen hat. Allein die Tatsache der Teilnahme am Straßenverkehr begründet eine sog. einfache Betriebsgefahr, die geeignet ist, den eigenen Schadensersatzanspruch um bis zu 50% zu kürzen.

Allerdings sind hier besondere Umstände des Falles zu berücksichtigen. G stand verkehrsgerecht an der roten Ampel. Er hat kein zusätzliches das Betriebsrisiko erhöhendes Gefahrenmoment verursacht. Dagegen missachtete S die rote Ampel und verhielt sich äußerst fahrlässig. Dadurch erhöhte er seine Betriebsgefahr. Trifft eine einfache Gefahr mit einer durch Verschulden erhöhten Betriebsgefahr aufeinander, so kann die nicht erhöhte Gefahr zurücktreten, sodass eine 100-zu-Null Haftung des S im Raum stehen bleibt.

Vorliegend fiel die einfache Betriebsgefahr gegenüber dem erheblichen Verursachungsbeitrag des S nicht ins Gewicht. Vielmehr hätte selbst ein Idealfahrer, der jede nach den Umständen gebotene Sorgfalt beobachtet, den Unfall nicht vermeiden können, § 17 III 1 StVG.

Daher liegt sogar ein unabwendbares Ereignis für G vor.

Zwischenergebnis: Damit haftet der S in voller Höhe für die entstandenen Schäden.

Anmerkung: Die Prüfung von § 17 StVG bereitet vielen Studenten Schwierigkeiten. Hier kann Ihnen vielleicht ein bildhafter Vergleich helfen: Wägen Sie die Mitverursachungsbeträge wie auf einer Waage ab. Die Waage befindet sich anfänglich im Gleichgewicht. Die beiderseitige einfache Betriebsgefahr hält die Haftungsquoten bei 50% : 50%. Kommt als Gewicht ein Verkehrsverstoß auf einer Seite hinzu, schlägt die Waage zu Lasten dieser Partei aus (z.B. 75% : 25%). Hat der Verursachungsbeitrag aber sehr großes Gewicht, so kann die Waage auch 100% : 0% anzeigen. Das ist zum einen dann der Fall, wenn für den Unfallgegner (den Anspruchssteller) der Unfall unabwendbar war, § 17 III 1 StVG. Zum anderen dann, wenn wegen des besonders schweren Verkehrsverstoßes die einfache Betriebsgefahr nicht mehr ins Gewicht fällt.

6. Umfang der Schadensersatzpflicht

Fraglich ist, ob S für alle Schäden des G einzustehen hat. Der Umfang der Schadensersatzpflicht ergibt sich aus §§ 249 - 253 BGB. Grundsätzlich muss S den G so stellen, wie er stünde, wenn der Unfall nicht passiert wäre, § 249 I BGB.

Dann hätte G keine Kopfverletzungen und keinen Nasenbruch sowie keine Sachbeschädigung am Auto erlitten. Im Einzelnen bedeutet das:

a) Reparaturkosten des Pkw

aa) Nach dem Grundsatz der Naturalrestitution wäre S verpflichtet, den beschädigten Wagen des G selbst oder durch einen geeigneten Dritten zu reparieren, § 249 I BGB. Um jedoch einen Schadensausgleich zu ermöglichen, ohne dass das verletzte Rechtsgut dem Schädiger zur Naturalherstellung (erneut) anvertraut werden muss, weicht § 249 II BGB von diesem Grundsatz ab und schafft für den Geschädigten die Möglichkeit, den zur Herstellung erforderlichen Geldersatz zu fordern. Somit steht fest, dass G einen Geldbetrag fordern kann.

bb) Fraglich ist jedoch, ob diese Zahlungspflicht des S auch dann besteht, wenn G die Reparatur tatsächlich nicht durchführen lassen möchte.

Dies wird für Sachschäden nach fast einhelliger Meinung bejaht. Der Geschädigte ist in der Verwendung des zur Herstellung erforderlichen Betrages frei. Er kann die Herstellung unterlassen und das Geld für andere Zwecke verwenden (Dispositionsfreiheit). Verzichtet er auf die Instandsetzung, kann er als Schaden die fiktiven Reparaturkosten verlangen.

cc) Der Ersatz der fiktiven Reparaturkosten könnte aber auf den Wiederbeschaffungsaufwand beschränkt sein. Das ergibt sich daraus, dass die Abwicklung eines Sachschadens bei unterlassener Reparatur entweder – wie hier von G beabsichtigt – durch Ersatz der fiktiven Reparaturkosten oder durch Erstattung des Wiederbeschaffungsaufwandes erfolgt.

Wiederbeschaffungsaufwand ist der Wert, der zur Wiederbeschaffung eines gleichwertigen Autos notwendig ist abzüglich des Restwerts des beschädigten Wagens. Erforderlich i.S.d. § 249 II 1 BGB ist grds. nur die jeweils günstigere der beiden Varianten.

Vorliegend betragen die fiktiven Reparaturkosten 5.000 €. Der Wiederbeschaffungsaufwand beträgt ebenfalls 5.000 € (Wiederbeschaffungswert: 20.0000 € – Restwert 15.000 €). Damit sind beide Positionen gleich hoch. G kann damit die fiktiven Reparaturkosten verlangen.

Anmerkung: Grundsätzlich muss sich der Geschädigte für die günstigere Variante der Naturalrestitution entscheiden. Wichtig in der Klausur ist zunächst, dass Sie erkennen, dass auch die Wiederbeschaffung eine Form der Naturalrestitution darstellt. Die Kosten der Ersatzbeschaffung werden also nach § 249 II S. 1 BGB ersetzt und nicht nach § 251 I BGB. Will der Geschädigte seinen Wagen reparieren lassen, kann er das auch dann tun, wenn die Wiederbeschaffung eigentlich günstiger wäre und die Kosten der Reparatur 130% des Wiederbeschaffungswertes nicht übersteigen. Der BGH rechtfertigt dies damit, dass das Erhaltungsinteresse am eigenen Fahrzeug stärker geschützt werden muss als das Wiederbeschaffungsinteresse. Denn eine vergleichbare Ersatzsache ist nie zu 100% identisch mit dem alten Fahrzeug, welches der Eigentümer besser kennt, insbesondere hinsichtlich des Abnutzungsgrades. Zur Frage, wie lange der Geschädigte den Wagen dann nutzen muss, um den erhöhten Reparaturkostenbetrag tatsächlich verlangen zu können, vgl. BGH NJW 2006, 2179 bzw. 2008, 2183.

Allerdings muss er sich gem. § 249 II S. 2 BGB die Umsatzsteuer abziehen lassen. Denn diese wird nur ersetzt, soweit sie anfällt, also dann, wenn die Reparatur tatsächlich durchgeführt wird.

Anmerkung: In der Einleitung zum vorliegenden Fall wurde beschrieben, dass das Schadensersatzrecht vom Ausgleichsgedanken getragen wird. Der Geschädigte soll alle Nachteile ersetzt bekommen, anderseits aber keinen Gewinn aus der Schädigung ziehen. Dies ist aber auch bei fiktiven Reparaturkosten nicht der Fall. Durch den Unfall hat sich der Wert des Vermögens des G, unabhängig davon, ob er den Schaden reparieren lässt oder nicht, vermindert.

Diesen Schaden muss der Schädiger dann aber auch unabhängig von einer Reparatur ersetzen. In den Reparaturkosten ist aber die Umsatzsteuer enthalten, die die Reparaturwerkstatt verlangen würde. Da diese aber bei einer fiktiven Betrachtung gar nicht anfällt, gibt es insoweit keinen Ersatz.

b) Kosten einer Schönheitsoperation, § 249 II BGB

Der Ersatz der Kosten für eine Schönheitsoperation richtet sich ebenfalls nach § 249 II 1 BGB. Wegen der Verletzung seiner Person kann G statt der Naturalherstellung die dazu erforderliche Summe verlangen. Insoweit gibt es keine Unterschiede zum Ersatz der Reparaturkosten.

Fraglich ist hier ebenso, ob der Ersatz der fiktiven Operationskosten möglich ist. Dafür könnte der Vergleich mit Reparaturkosten bei Sachschäden sprechen. Dort werden diese Kosten auch bei unterlassener Reparatur ersetzt.

Dagegen spricht aber, dass sich bei näherer Betrachtung beide Fälle miteinander nicht vergleichen lassen. Die Zahlung der fiktiven Reparaturkosten führt zur Mehrung des Geldvermögens. Das Sachvermögen bleibt zwar wegen der noch bestehenden Sachbeschädigung gemindert.

Insgesamt wurde jedoch der Schaden im Wege einer Vermögensumschichtung ausgeglichen. Diese Vermögensdisposition geht den Schädiger nichts an.

Diese Argumentation der Vermögensumschichtung lässt sich aber auf den Personenschaden nicht übertragen. Personenschäden sind – solange keine Behandlungskosten angefallen sind – Nichtvermögensschäden. Sie sind als Nichtvermögensschäden wegen § 253 I BGB nicht ersatzfähig, solange nicht tatsächlich eine Operation stattgefunden hat.

Damit kann G keinen Geldersatz für die Schönheitsoperation verlangen, wenn er sie tatsächlich nicht durchführen will.

7. Ergebnis

S ist dem G zum Ersatz der fiktiven Reparaturkosten verpflichtet. Dagegen besteht keine Ersatzpflicht für die unterlassene Operation an der Nase.

II. Anspruch des G gegen S auf Schadensersatz aus §§ 18 StVG, 823 I, 823 II BGB i.V.m. § 229 StGB (jeweils eigenständige Anspruchsgrundlagen!

G hat gegen S ebenfalls einen Anspruch aus § 18 I StVG. Diese Vorschrift begründet eine verschuldensabhängige Haftung des Fahrers des Kfz.

Da S den Unfallwagen gefahren hat und den Zusammenstoß fahrlässig, § 276 II BGB, verursacht hat, haftet er auch nach § 18 StVG.

Hinsichtlich des Umfangs der Schadensersatzpflicht gelten die Ausführungen zu § 7 StVG. Auch hier richtet sich der Schadensersatz nach § 249 ff. BGB.

Anmerkung: § 7 StVG begründet eine verschuldensunabhängige Gefährdungshaftung. Ein Verschulden des Halters gem. § 276 BGB ist hier somit nicht zu prüfen. Es kann allenfalls i.R.d. § 17 II StVG als ein das Betriebsrisiko erhöhender Umstand berücksichtigt werden. § 18 StVG begründet hingegen eine verschuldensabhängige Haftung, wobei § 18 S. 2 StVG eine Beweislastumkehr anordnet. Der Fahrer muss sein fehlendes Verschulden beweisen. Ist ein Verschulden des Schädigers unproblematisch gegeben, so bietet es sich an, in der Klausur zunächst den § 7 I StVG zu prüfen und dann § 18 StVG ergänzend kurz zu erörtern. Ähnlich verhält es sich mit der ebenfalls verschuldensabhängigen Haftung aus Delikt, § 823 BGB.

III. Anspruch des G gegen S auf Schadensersatz aus § 823 I BGB und § 823 II BGB i.V.m. §§ 229, 303 StGB

Zwei weitere Anspruchsgrundlagen bilden § 823 I und II BGB, deren Voraussetzungen hier unproblematisch erfüllt sind.

Anmerkung: Beachten Sie, dass bei § 823 BGB i.R.d. Mitverschuldens nicht § 254 BGB, sondern § 17 II StVG als lex specialis gilt.

IV. Zusammenfassung

Sound: Der Umfang der Schadensersatzpflicht richtet sich nach §§ 249 ff. BGB.

§ 249 I BGB ordnet den Vorrang der Naturalherstellung (Naturalrestitution) an.

§ 249 II BGB statuiert eine Ersetzungsbefugnis für Sach- und Personenschäden, ist aber ebenfalls ein Fall der Naturalrestitution. Der Geschädigte kann den erforderlichen Geldbetrag verlangen. Voraussetzung ist aber, dass die Naturalherstellung möglich ist.

Ersatz von „fiktiven" Kosten kann nur bei Sachschäden verlangt werden. Bei Körperverletzung ist notwendige Voraussetzung der Ersetzungsbefugnis, dass die Behandlung oder der Heileingriff tatsächlich vorgenommen wurde.

hemmer-Methode: Voraussetzung eines jeden Schadensersatzanspruchs ist das Vorliegen eines Schadens. Schaden ist jede unfreiwillige Vermögenseinbuße, die jemand an seinen Rechtsgütern erleidet. Der Schadensbegriff umfasst den (materiellen) Vermögensschaden sowie den (immateriellen) Nichtvermögensschaden. Diese Unterscheidung erlangt erst i.R.d. Kompensation (§ 251 BGB) Bedeutung. Denn bei Nichtvermögensschäden ist eine Entschädigung in Geld nur ausnahmsweise möglich, § 253 I BGB.
I.R.d. Naturalrestitution (§ 249 BGB) kommt der Unterscheidung hingegen keine Bedeutung zu. Ob ein Vermögensschaden vorliegt, wird im Wege der dynamischen Betrachtung nach der Differenzhypothese festgestellt. Es wird die Vermögenslage mit dem schädigenden Ereignis mit derjenigen verglichen, die ohne das schädigende Ereignis bestünde. Hüten Sie sich daher vor Sätzen wie: Schaden ist der Vergleich der Vermögenslage vor und nach dem schädigenden Ereignis.

V. Zur Vertiefung

- Hemmer/Wüst/d'Alquen Schadensersatzrecht III, Rn. 28 ff., 104 ff., 108.
- Hemmer/Wüst Deliktsrecht II, Rn. 314 ff.

Fall 53: Vorteilsanrechnung und Schockschäden

Sachverhalt:

Infolge einer Unachtsamkeit stößt A fahrlässig mit dem achtjährigen B frontal zusammen. Beide waren mit ihren Fahrrädern unterwegs. Die Wucht des Aufpralls schleudert B vom Fahrrad. Er erleidet schwere Verletzungen und Knochenbrüche und muss in eine Unfallklinik gebracht werden. Als seine Mutter M die Nachricht vom Unfall ihres Sohnes bekommt, wird sie ohnmächtig und muss durch einen herbeigerufenen Arzt versorgt werden. Das vor vier Wochen für 600 € gekaufte Fahrrad des B wird total zerstört. Es können nur noch einzelne Teile wie Sattel und Reifen für 50 € an einen Fahrradhändler verkauft werden.

M verlangt Schmerzensgeld für den erlittenen Schock.

B verlangt Ersatz der Krankenhauskosten sowie 600 € für das zerstörte Fahrrad.

A wendet ein, die Krankenhauskosten übernehme die Krankenkasse, ein Schaden bestehe daher insoweit nicht. Er sieht auch nicht ein, warum er für ein vier Wochen altes Fahrrad den Neupreis zahlen soll. M könne schon deswegen gar nichts verlangen, weil sie am Unfall nicht beteiligt war. Es ginge zu weit, wenn er auch noch für mittelbar Betroffene zahlen müsste. Außerdem kann bei der Ohnmacht von einer Gesundheitsverletzung wohl noch keine Rede sein.

Außerdem treffe den B ein Mitverschulden. Der Anspruch sei entsprechend zu kürzen.

Frage: Muss A zahlen?

I. Einordnung

Für eine gute Schadensersatzrechtsklausur ist nicht nur das abstrakte Wissen um die Probleme des Deliktsrechts wichtig. Punkte werden vor allem für die richtige Verortung innerhalb des Prüfungsaufbaus und die Schwerpunktsetzung vergeben.

So sind Schockschäden bereits am Anfang der Tatbestandsprüfung des § 823 BGB bei der Rechtsgutverletzung und dann gleich wieder bei der haftungsbegründenden Kausalität zu prüfen.

Die Vorteilsanrechnungsproblematik gehört zur Frage, ob ein Schaden tatsächlich vorliegt (normativer Schaden).

Schließlich ist die Berechnung des Wertersatzes auf der Neupreisbasis eine Frage des Schadensumfangs. Sie brauchen dies nicht auswendig zu lernen. Haben Sie nämlich die Problematik verstanden, wird sich Ihnen der richtige Prüfungsstandort von alleine erschließen.

II. Gliederung

I.	**Anspruch des B gegen A auf Schadensersatz aus StVG (-)**
	(-), da kein Kfz am Unfall beteiligt
II.	**Anspruch des B gegen A auf Schadensersatz aus § 823 I BGB**
1.	**Rechtsgutverletzung** (+) Verletzung am Körper und Gesundheit

2. **Verletzungshandlung** (+)
Zusammenstoß

3. **Haftungsbegründende Kausalität** (+)

4. **Verschulden** (+)
Fahrlässigkeit, § 276 II BGB

5. **Rechtswidrigkeit**
wird nach h.M. indiziert
a.A: Verstoß gegen eine Verhaltenspflicht
hier nach beiden Ansichten (+)

6. **Schaden**

7. **Haftungsausfüllende Kausalität**

8. **Mitverschulden**, § 254 BGB

a) eigenes Mitverschulden, § 254 I,
828 II analog BGB (-) bei 8-jährigem Kind

b) § 254 II 2 BGB gilt nicht nur für
Abs. 2, sondern auch für Abs. 1

c) § 278 BGB (-), gilt mangels Sonderverbindung nicht bei deliktischen Handlungen

9. **Schadensumfang**

a) Krankenhauskosten, § 249 II BGB
(+)

(P): Vorteilsanrechnung, da die Krankenkasse die Kosten übernommen hat?
(-) da erkaufte Vorteile

b) 600 € für das zerstörte Fahrrad
§ 249 II S. 1 BGB, da Naturalrestitution auch durch Beschaffung einer vergleichbaren Ersatzsache möglich

(P): Schadensbemessung
bei neuwertigen Sachen ist der Neupreis anzusetzen
Neuwertigkeit des Fahrrads (+),
bei geringer Fahrleistung und kurzer Haltungsdauer
(4 Wochen für Fahrräder noch kurz)

III. **Anspruch des M gegen A auf Schadensersatz wg. erlittenen Schocks aus § 823 I BGB**

1. **Rechtsgutsverletzung**
(P): Gesundheitsverletzung

2. **Haftungsbegründende Kausalität**
(P): Kausalität zwischen Handlung und Rechtsgutsverletzung, insbes. Schutzzweck der Norm
Vorauss. für Ersatz der Schockschäden:

a) nahe Angehörige

b) verständlicher Anlass
Hier (+)

3. **Schadensersatzumfang**,
§ 253 II BGB
Schmerzensgeld (+): Behandlungskosten nach § 251 I BGB.

III. Lösung

I. Anspruch des B gegen A auf Schadensersatz aus StVG

Ein Anspruch des B gegen A könnte sich aus § 7 I StVG ergeben.

Voraussetzung ist aber, dass sich ein Unfall mit Beteiligung eines Kraftfahrzeuges ereignet hat. Ein Kraftfahrzeug ist aber nur ein solches Fahrzeug, das mittels maschineller Kraft in Bewegung gesetzt wird. Darunter fallen Fahrräder nicht.

Damit besteht kein verschuldensunabhängiger Anspruch aus StVG.

II. Anspruch des B gegen A auf Schadensersatz aus § 823 I BGB

Ein Anspruch des B gegen A könnte sich aber aus § 823 I BGB ergeben.

Voraussetzung ist, dass B schuldhaft und rechtswidrig eine deliktische Handlung begangen hat, die kausal zu einer Rechtsgutsverletzung und einem Schaden geführt hat.

Anmerkung: Um den Aufbau des § 823 I BGB vorzustellen, erfolgt hier eine etwas genauere Prüfung der einzelnen Tatbestandsmerkmale. Für Ihre Klausur gilt aber dann die richtige Schwerpunktsetzung. Problematisieren Sie nur das, was wirklich fraglich oder zweideutig ist. Sind – wie hier – alle Merkmale des § 823 I BGB zweifelsfrei erfüllt, reicht jeweils eine kurze Erörterung aus.

1. Rechtsgutsverletzung

B hat zahlreiche Verletzungen und Knochenbrüche erlitten. Damit liegt eine Körper- und Gesundheitsverletzung vor.

2. Verletzungshandlung

Die Verletzungshandlung liegt in dem frontalen Auffahren des A auf den auf seinem Fahrrad fahrenden B.

3. Haftungsbegründende Kausalität

Zwischen der Rechtsgutsverletzung und der Verletzungshandlung muss ein kausaler Zusammenhang bestehen.
Der Zusammenstoß beider Fahrräder muss also für die eingetretenen Verletzungen ursächlich sein. Das ist hier unproblematisch der Fall.

Anmerkung: Die Kausalität wird in drei Schritten geprüft:
Eine Handlung ist für den Verletzungserfolg nur dann kausal, wenn sie nicht hinweggedacht werden kann, ohne

dass der Erfolg entfiele, *conditio sine qua non* (Äquivalenztheorie).
Da eine so ermittelte Kausalität sehr weitreichend ist, wird sie durch die Adäquanztheorie insoweit eingeschränkt, als solche Ereignisse, die außerhalb jeglicher Wahrscheinlichkeit liegen, außer Acht gelassen werden.
Auf der dritten Stufe ist zu fragen, ob der geltend gemachte Schaden unter den Schutzzweck der verletzten Norm fällt. Es muss sich also um Nachteile handeln, die aus dem Bereich der Gefahren stammen, deretwegen die verletzte Norm erlassen wurde (Schutzzweck der Norm / Rechtswidrigkeitszusammenhang). Es handelt sich dabei um eine Wertungsebene. Das ist auch der richtige Ort für die Prüfung folgender besonderer Fallgruppen: Herausforderungsfälle, Verwirklichung des allgemeinen Risikos (Schockschäden), Folgeschäden (Dazwischentreten eines Dritten).

4. Verschulden, § 276 BGB

A handelte fahrlässig und somit schuldhaft, § 276 II BGB.

5. Rechtswidrigkeit

Nach h.M. wird die Rechtswidrigkeit durch die Rechtgutverletzung indiziert (Lehre vom Erfolgsunrecht), wenn keine Rechtfertigungsgründe eingreifen. Nach einer anderen Ansicht bedarf es bei Fahrlässigkeit eines Verstoßes gegen eine Verhaltenspflicht (Lehre vom Handlungsunrecht). Beide Ansichten kommen vorliegend zum selben Ergebnis, da A jedenfalls gegen die Sorgfaltspflichten der Teilnahme am Straßenverkehr verstoßen hat.

6. Schaden / Schadensausfüllende Kausalität

Der Schaden des B sind die entstandenen Krankenhauskosten sowie das zerstörte Fahrrad.

Diese Schadensposten sind kausal durch den Zusammenstoß mit A entstanden (Haftungsausfüllende Kausalität: zwischen Verletzungshandlung und Schaden).

Zwischenergebnis: Damit ist der Anspruch dem Grunde nach gegeben.

Fraglich ist aber, in welchem Umfang die Schadensersatzpflicht besteht.

7. Mitverschulden. § 254 BGB

Es könnte hier anspruchskürzend das Mitverschulden des B zu berücksichtigen sein, § 254 BGB.

In Betracht käme ein eigenes Verschulden des B, wenn er durch sein Verhalten den Schaden mit verursacht hat, § 254 I BGB. Der Verschuldensbegriff in § 254 BGB ist nicht technisch zu verstehen, sondern als „Verschulden gegen sich selbst". Gleichwohl gelten § 276 I 2 BGB und somit auch die §§ 827, 828 BGB entsprechend. Insbesondere ist zu berücksichtigen, dass das Mitverschulden Zurechnungsfähigkeit voraussetzt, also die Fähigkeit zur Einsicht, dass man sich selbst vor Schäden zu bewahren hat. Bei einem achtjährigen Kind muss diese Einsichtsfähigkeit verneint werden. Dies ergibt sich aus analoger Anwendung des § 828 II 1 BGB.

Damit kommt eine Zurechnung des eigenen Mitverschuldens des B nicht in Frage.

Eine Zurechnung des Mitverschuldens Dritter (der Eltern) über §§ 254 II 2, 278 BGB, der nicht nur für die Schadensminderungspflicht, sondern auch bei der Schadensentstehung Anwendung findet und wie ein eigener Absatz zu lesen ist, ist hier nicht denkbar. Für § 278 BGB ist eine Sonderverbindung erforderlich, an der es vorliegend fehlt, weil bis zur Vornahme einer deliktischen Handlung kein Schuldverhältnis gegeben ist.

Damit ist von einem ungekürzten Anspruch auszugehen.

Anmerkung: Wäre tatsächlich ein Mitverschulden der Eltern zu bejahen, könnte dies also nicht über § 278 BGB zugerechnet werden. Dann müssten Sie in der Klausur an die Grundsätze der gestörten Gesamtschuld denken. Vgl. vertiefend Hemmer/Wüst/ D'Alquen, Schadensersatzrecht III, Rn. 257 ff.

8. Schadensumfang

Der Schadensumfang richtet sich nach den § 249 ff. BGB.

a) Krankenhauskosten

Der Ersatz der Krankenhauskosten erfolgt über § 249 II BGB.

Fraglich ist aber, ob dieser Schadensposten zu ersetzen ist. Das könnte zweifelhaft sein, da die Krankenkasse des B die Kosten bereits bezahlt hat, sodass kein Anspruch des Krankenhauses gegen B mehr besteht und somit bereits ein Schaden möglicherweise zu verneinen ist.

Hat das zum Schadensersatz verpflichtende Ereignis neben Nachteilen zugleich auch Vorteile gebracht, so stellt sich die Frage der Anrechnung dieser Vorteile auf den entstandenen Schadensersatzanspruch.

Diese Vorteilsanrechnung kann aber nicht in jedem Fall erfolgen. Voraussetzung für eine Vorteilsanrechnung ist zunächst ein adäquater Zusammenhang zwischen Schaden und Vorteil. Die Anrechnung des Vorteils auf den entstandenen Schaden muss aber auch dem Zweck des Schadensersatzes entsprechen und darf den Schädiger nicht unbillig entlasten.

Anhand dieser Kriterien ist die Kostenübernahme durch die Krankenkasse nicht anrechnungsfähig. Zwar beruht die Übernahme auf demselben Ereignis wie die entstandenen Kosten, nämlich auf dem Unfall des B. Es würde jedoch eine unbillige Entlastung des A darstellen, wenn er durch Vorteile, die sich B durch eigene bzw. Leistungen der Eltern „erkauft" hat, profitieren würde. Die Krankenkasse zahlt auch nicht, um den Schädiger zu entlasten.

Darüber hinaus scheidet eine Vorteilsanrechnung schon wegen der cessio legis gem. § 86 I VVG aus.

Anmerkung: Ordnet das Gesetz einen Forderungsübergang vom Geschädigten auf einen Dritten (hier die Versicherung) an, so scheidet in aller Regel eine Vorteilsausgleichung aus. Der zugrunde liegende Gedanke lässt sich gut am vorliegenden Beispiel der Krankenversicherung darstellen:
Der Patient soll auf keinen Fall die Behandlungskosten tragen müssen. Damit er aber nicht seinem Geld – bei einem womöglich wenig solventen Schädiger – hinterher laufen muss, übernimmt die Krankenkasse die Kosten. Wenn der Unfall aber vom Schädiger zu vertreten war, ist es nur gerecht, wenn sich die Krankenkasse den Schaden von ihm ersetzen lässt. Dies geschieht am einfachsten, indem man der Krankenkasse den Anspruch (per Gesetz) überträgt.

Vor diesem Hintergrund leuchtet es aber ein, dass die Vorleistung der Krankenkasse den Schaden nicht entfallen lassen kann. Diese Wertung führt dann zur Aufrechterhaltung des Schadens, damit überhaupt ein Anspruch fortbesteht, der gem. § 86 I VVG übergehen kann, sog. normativer Schaden.

Damit kann B den vollen Ersatz der angefallenen Krankenhauskosten verlangen.

b) Ersatz für das zerstörten Fahrrad

Fraglich ist auch, ob B den Neupreis für das Fahrrad ersetzt verlangen kann. Durch den Unfall wurde das Rad total zerstört. Eine Naturalrestitution durch Reparatur ist nicht mehr möglich. Nach Ansicht des BGH und ihm folgend der h.L. ist eine Wiederherstellung des ursprünglichen Zustandes aber auch durch die Beschaffung einer vergleichbaren Ersatzsache möglich. Der Schadensersatz richtet sich dann nicht nach § 251 I, 1. Alt BGB, sondern nach § 249 II S. 1 BGB. Zu ersetzen ist der Betrag, der erforderlich wäre, um eine vergleichbare Ersatzsache wiederzubeschaffen. Problematisch daran ist, dass die 600 € der Neupreis des Fahrrades waren.

Da das Fahrrad aber schon vier Wochen lang benutzt wurde, könnte der Wiederbeschaffungswert geringer anzusetzen sein, sodass für die Schadensbemessung der Neupreis nicht mehr anzusetzen wäre.

Zu berücksichtigen ist jedoch, dass das Fahrrad erst vier Wochen alt ist und somit noch nicht so lange benutzt wurde. Bei nicht neuen, aber noch neuwertigen Sachen kann für die Schadensbemessung der Neupreis trotz einer geringen Abnutzung angesetzt werden.

Im vorliegenden Fall kann die Neuwertigkeit des Fahrrads noch bejaht werden, sodass als Bemessungsgrundlage der Neupreis von 600 € an- und damit zu ersetzen ist.

Anmerkung: Hier wäre eine andere Ansicht genauso gut vertretbar, zumal der Sachverhalt keine Anhaltspunkte dafür gibt, wie oft das Fahrrad bereits benutzt wurde. Bei täglichem Gebrauch könnte die Neuwertigkeit in Frage gestellt werden.
Diese Rspr. wurde ursprünglich für die neuwertigen Kfz entwickelt, ist aber auf Motorräder, Mofas und Fahrräder entsprechend übertragbar.

Von den 600 € ist aber der Restwert des Fahrrads i.H.v. 50 € abzuziehen. Der Geschädigte hat die Wahl, ob er volle 600 € verlangt und die zerstörte Sache zur Verwertung an den Schädiger herausgibt (er soll nicht das Verwertungsrisiko tragen) oder ob er – wie hier – selbst verwertet. Dann kann er aber nur den um den Restwert verminderten Kaufpreis verlangen.

III. Anspruch des M gegen A auf Schadensersatz wg. erlittenen Schocks aus § 823 I BGB

M könnte von A Schadensersatz für den erlittenen Schock aus § 823 I BGB verlangen.

1. Rechtgutverletzung

Als verletztes Rechtsgut kommt eine Körper- oder Gesundheitsverletzung in Betracht.

Eine solche Verletzung liegt vor, wenn der körperliche, seelische oder geistige Lebensvorgang gestört wird, also bei jedem Hervorrufen oder Steigern eines pathologischen (= krankhaften) Zustandes. Fraglich ist, ob ein Schock eine Körperverletzung darstellt.

Ein Schock ist nur dann eine Körper- oder Gesundheitsverletzung, wenn er nach Art und Schwere deutlich über das hinausgeht, was Nahestehende als mittelbar Betroffene in derartigen Fällen erfahrungsgemäß als Beeinträchtigungen erleiden. Das ist regelmäßig dann der Fall, wenn eine ärztliche Behandlung erforderlich ist.

Vorliegend musste ein Arzt herbeigerufen werden, der M ärztlich versorgt hat.

2. Haftungsbegründende Kausalität

Des Weiteren ist zu prüfen, ob zwischen der Rechtsgutsverletzung und der Verletzungshandlung ein kausaler Zusammenhang besteht. Hier ist der von A verursachte Unfall äquivalent und adäquat kausal für die Gesundheitsverletzungen bei M. Fraglich ist aber die Zurechnung i.R.d. Schutzzwecks der Norm. Die Verwirklichung des allgemeinen Lebensrisikos ist nämlich nicht zurechenbar. Nur ein gesteigertes Risiko ist vom Schutzzweck der Norm erfasst.

Fraglich ist, ob die Schäden infolge eines Schocks zum allgemeinen oder zum besonderen, gesteigerten Risiko gehören. Grundsätzlich gehören Schockschäden zum allgemeinen Lebensrisiko. Etwas anderes ist nur dann anzunehmen, wenn der Schock auf Grund der Nachricht von Tod oder Verletzung eines nahen Angehörigen eingetreten ist. Zu nahen Angehörigen gehören auch Verlobte oder Partner einer nichtehelichen Lebensgemeinschaft.

Darüber hinaus muss der Schock im Hinblick auf seinen Anlass verständlich sein. Bei Tod oder schwerer Verletzung eines nahen Angehörigen ist diese Voraussetzung auf jeden Fall erfüllt. Dabei braucht der Schock nicht durch Beobachtung des Unfalls ausgelöst worden sein. Es genügt bereits die Mitteilung des Todes oder der Verletzung.

Damit war der Schock der Mutter des B als seiner nahen Angehörigen verständlich.

Dass sie selbst am Unfallort nicht anwesend war, schadet nicht.

Anmerkung: Nicht ausreichend ist ein Schock durch die Nachricht von einem unbedeutenden Sachschaden oder dem Tod eines Hundes.

Auf der Rechtsfolgenseite ist sodann zwischen den Behandlungskosten als materiellem Schaden (§ 249 II S. 1) und dem Schmerzensgeld für die immaterielle Einbuße (§ 253 II BGB) zu differenzieren.

IV. Zusammenfassung

Sound: Keine Verschuldenszurechnung Minderjähriger bis zum 10. Lebensjahr, § 828 II 1 BGB
Keine Vorteilsanrechnung bei „erkauften Leistungen".
Schockschäden sind nur dann ersatzfähig, wenn eine Gesundheitsverletzung eingetreten ist und darin keine Verwirklichung des lediglich allgemeinen Lebensrisikos zu sehen ist (Schutzzweck der Norm).

hemmer-Methode: Die Problematik der Vorteilsanrechnung ergibt sich aus der Tatsache, dass nach der Differenzhypothese rechnerisch gerade kein Schaden feststellbar ist. Es geht hier um den sog. normativen Schaden, also einen Schaden, der erst durch wertende Betrachtung des Einzelfalls bejaht werden kann. In der Lit. und Rspr. haben sich folgende Fallgruppen herausgebildet, in denen die Vorteilsanrechnung zu diskutieren ist: Erbrechtlicher Erwerb, freiwillige Leistungen Dritter, erkaufte Vorteile und übermäßige Anstrengungen des Geschädigten. Ausführlich dazu: Schadensersatzrecht III, Rn. 200 ff.

V. Zur Vertiefung

Zur Kausalität:
- Hemmer/Wüst/d'Alquen Schadensersatzrecht III, Rn. 36 ff.

Zu Schockschäden:
- Hemmer/Wüst Deliktsrecht I, Rn. 75.

Zur Vorteilsanrechnung:
- Hemmer/Wüst/d'Alquen Schadensersatzrecht III, Rn. 200 ff.

Fall 54: Herausforderungsfälle / Anlagefälle

Sachverhalt:

Der Postbote A sieht, wie B der C ihre sehr exklusive Handtasche aus der Hand reißt und wegläuft. Er nimmt unverzüglich die Verfolgung auf, um B zu stellen. Dabei lässt er aber seine Aktentasche mit 300 € stehen. Während der Verfolgung stürzt A unglücklich und bricht sich sein Bein. Im Krankenhaus unterläuft dem behandelnden Arzt ein Kunstfehler, infolge dessen A dauerhaft gehbehindert ist. Er muss mit der Minderung seiner Erwerbsfähigkeit rechnen. Zudem nutzt ein Unbekannter die Situation aus, indem er den Aktenkoffer mit den 300 € entwendet.

C, die chronisch hohen Blutdruck hat, erregt sich infolge des Vorfalls dermaßen, dass sie einen Herzinfarkt erleidet. Die Ärzte stellen fest, dass C bei normalem Blutdruck den Herzinfarkt mit an Sicherheit grenzender Wahrscheinlichkeit nicht erlitten hätte.

A verlangt von B Ersatz der Heilungskosten, der entwendeten 300 € sowie die Feststellung, dass B für die künftigen noch nicht absehbaren Schäden des A infolge der fehlerhaften Behandlung einstehen muss.

C verlangt von B Ersatz der Heilungskosten.

I. Einordnung

Besondere Probleme bereiten vielen Studenten die Zuordnung und richtige Bearbeitung des Prüfungspunktes „Schutzzweck der Norm". Er ist die letzte Stufe der Kausalitätsprüfung und hat zum Ziel, solche Schadensposten auszuscheiden, die nicht in den Schutzzweck der verletzten Norm fallen. Es muss sich um Nachteile handeln, die aus dem Bereich der Gefahren stammen, zu deren Abwendung die verletzte Norm erlassen wurde.

Besondere Fallgruppen, die innerhalb dieses Prüfungspunktes zu diskutieren sind, sind u.a.:

Herausforderungsfälle (auch psychisch vermittelte Kausalität genannt, da der Schaden auf einem eigenen Entschluss des Verletzten selbst oder eines Dritten beruht),

Folgeschäden, u.a. Kunstfehler eines Arztes, und Schadensanlagen des Verletzten infolge Krankheit oder Schwäche.

Sprechen Sie diese Punkte bereits in der haftungsbegründenden Kausalität an, da es um den Zusammenhang zwischen Rechtsgutsverletzung und Verletzungshandlung geht.

II. Gliederung

I.	**Anspruch des A gegen B auf Schadensersatz aus § 823 I BGB**
1.	**Rechtsgutverletzung** Körper- und Eigentumsverletzung
2.	**Verletzungshandlung** Diebstahlsflucht
3.	**Haftungsbegründende Kausalität**
a)	Äquivalenz (+)
b)	Adäquanz (+)

c) Schutzzweck der Norm

aa) Beinbruch (+)
⇨ Herausforderungsfall

bb) zurückgelassene Aktentasche (+)
⇨ doppelte Herausforderung

cc) Kunstfehler (+)
Dazwischentreten eines Dritten
Unterbrechung des Kausalzu-
sammenhangs (-) bei Kunstfehler,
es sei denn, besonders grober
Fehler, hier (-)

**4. Rechtswidrigkeit, Schuld kau-
saler Schaden**
Schaden: Heilungskosten für den
Beinbruch, 300 € sowie Erwerbs-
minderungsrente

**II. Anspruch der C gegen B auf
Schadensersatz aus § 823 I
BGB**

(P): Haftungsbegründende Kausalität
⇨ Schutzzweck der Norm

Schadensanlagen:
Wer einen Kranken verletzt, kann
nicht verlangen, so gestellt zu
werden, als ob er einen Gesunden verletzt hätte
⇨ grds. Ersatzpflicht für entstandene Schäden

Ausnahme: ungewöhnliche, keinesfalls zu erwartende Kausalverläufe

Hier: Herzinfarkt infolge einer
durch den Diebstahl einer wertvollen Tasche hervorgerufenen Aufregung nicht ungewöhnlich bei einer Person mit chronisch hohem
Blutdruck
⇨ Ersatzpflicht des B (+)

III. Lösung

I. Anspruch des A gegen B auf Schadensersatz aus § 823 I BGB

B könnte sich dem A gegenüber schadensersatzpflichtig gemacht haben,
wenn er rechtswidrig und schuldhaft ein
Rechtsgut des A verletzt und dadurch
einen kausalen Schaden des A verursacht hat, § 823 I BGB.

1. Rechtsgutsverletzung

A hat sein Bein gebrochen und ist dauerhaft gehbehindert. Damit liegt eine
Körperverletzung vor. Darüber hinaus
wurde seine Aktentasche mit 300 €
entwendet, sodass zugleich eine Eigentumsverletzung gegeben ist.

2. Verletzungshandlung

Die Verletzungshandlung besteht in der
Flucht des B mit der Tasche der C.

3. Haftungsbegründende Kausalität

Fraglich ist, ob das Verhalten des B für
die Rechtsgutsverletzungen des A kausal war.
Problematisch könnte das deswegen
sein, weil A von sich aus auf B nicht
unmittelbar eingewirkt hat. Die Verfolgung beruhte auf der freien Entscheidung des A.

a) Äquivalenz

Würde man sich den Diebstahl und die
Flucht des B wegdenken, hätte A die
Verfolgung nicht aufgenommen und es
wäre nicht zu seinen Verletzungen am
Bein gekommen.

A wäre nicht ins Krankenhaus eingeliefert worden und der behandelnde Arzt hätte keinen Kunstfehler begangen. Schließlich hätte er seine Aktentasche nicht auf der Straße stehen lassen und sie wäre nicht geklaut worden. Die äquivalente Kausalität ist somit gegeben.

b) Adäquanz

Die adäquate Kausalität ist nur dann zu verneinen, wenn ein schädigendes Ereignis außerhalb jeglicher Wahrscheinlichkeit liegt.

Sowohl die Flucht des B als auch die Beinverletzung des A sind hier adäquat kausal. Es liegt außerdem nicht außerhalb jeder Wahrscheinlichkeit, dass eine einsam auf der Straße stehende Aktentasche entwendet wird.

Fraglich ist aber, ob auch die dauerhafte Gehbehinderung des A zum Verhalten des B adäquat kausal ist. Das ist deswegen fraglich, weil die Gehbehinderung des A auf eine andere Handlung, nämlich die des behandelnden Arztes, zurückzuführen ist. Jedoch ist zu beachten, dass die Entstehung weiterer Schäden, die durch Rettungshandlungen entstehen, jedenfalls nicht außerhalb jeglicher Wahrscheinlichkeit liegt. Sie mag zwar nicht üblich sein, ist jedoch nicht völlig unwahrscheinlich.

c) Schutzzweck der Norm

Fraglich ist, ob der Schutzzweck des § 823 I BGB auch vor solchen Nachteilen schützt, die auf einem Willensentschluss des Verletzten selbst oder eines Dritten beruhen.

Die Haftungstatbestände wollen regelmäßig nur vor Fremdschädigungen und nicht vor Selbstschädigungen schützen.

Vorliegend könnte die Kausalität unterbrochen sein, da die Beinverletzung und auch das Zurücklassen der Aktentasche auf einem eigenen Verfolgungsentschluss des A beruhen. Die Gehbehinderung verursachte zudem der im Krankenhaus behandelnde Arzt. Mit beiden Verletzungen hatte B unmittelbar „nichts zu tun".

Allerdings ist zu berücksichtigen, dass B durch sein Verhalten (Diebstahl der Tasche) eine Kausalkette in Gang gesetzt hat. Diese Kausalkette hat zur Folge, dass auch Verletzungshandlungen des Verletzten oder Dritter grundsätzlich dem Schädiger zuzurechnen sind.

Erst wenn ein eingreifender Dritter eine neue Kausalkette in Gang setzt, kann u.U. der Kausalzusammenhang unterbrochen werden mit der Folge, dass die Haftung des B eingeschränkt wird.

Der Beinbruch fällt damit nur dann unter den Schutzzweck des § 823 I BGB, wenn die Handlung des Verletzen B durch das haftungsbegründende Ereignis herausgefordert worden ist und keine ungewöhnliche Reaktion auf dieses darstellt. D.h. der Verletze müsste sich gerade zu diesem Verhalten herausgefordert fühlen dürfen. Schließlich muss der eingetretene Schaden die Realisierung des herausforderungstypischen Risikos darstellen.

Anmerkung: Es handelt sich um sog. Herausforderungsfälle. Prüfen Sie also immer die objektive und subjektive Herausforderung (wurde und durfte sich der Verletzte herausgefordert fühlen?) sowie die Verwirklichen des herausforderungstypischen Risikos. Die Verwirklichung des allgemeinen Lebensrisikos reicht nicht aus.

aa) Beinbruch

A nahm die Verfolgung des Diebes B auf, der auf frischer Tat ertappt wurde. Durch den Diebstahl durfte sich A zu Verfolgung herausgefordert fühlen, zumal er in Nothilfe, § 32 StGB, handelte und ihm sogar das Festnahmerecht des § 127 StPO zur Seite stand. Seine Verletzung ist auch die Realisierung eines verfolgungstypischen Risikos. Bei einer rasenden Verfolgung besteht stets die erhöhte Gefahr eines folgenschweren Sturzes. Hinsichtlich des während der Verfolgung erlittenen Beinbruch liegt somit eine erlaubte Herausforderung vor. A kann diesbezüglich Ersatz der Heilungskosten verlangen.

bb) zurückgelassene Aktentasche

Fraglich ist, ob auch die entwendeten 300 € von B zu ersetzen sind. Hier beruht der Schaden auf einem vorsätzlichen Eingreifen eines Vierten.

Die Ersatzpflicht des B wäre zu bejahen, wenn auch hier ein Fall der Herausforderung gegeben wäre. Voraussetzung ist eine doppelte bzw. gestaffelte Herausforderung.

Anknüpfungspunkt für die Zurechnung des Diebstahls an der Aktentasche des B muss also auch hier das Verhalten des Verletzten sein.

Das Zurücklassen der Aktentasche müsste als Folge dessen, dass sich A erlaubterweise zur Nothilfe herausgefordert fühlte (s.o.), auf einem vernünftigen Willensentschluss des A beruhen.

Hier durfte A davon ausgehen, dass der Wert der Handtasche den seiner Aktentasche übersteigt, sodass das Zurücklassen seiner Aktentasche zur Wiedererlangung der Handtasche nicht außer Verhältnis zum angestrebten Erfolg stand.

Daher durfte sich A auch zum Zurücklassen seiner Tasche herausgefordert fühlen. Der Diebstahl an der Handtasche kann dann nicht anders behandelt werden als der Beinbruch. Eine Verwirklichung des verfolgungstypischen Risikos liegt vor. Somit ist B auch zum Ersatz der 300 € wegen des Diebstahls der Aktentasche verpflichtet.

cc) Kunstfehler

Fraglich ist, ob der Kunstfehler des im Krankenhaus behandelnden Arztes dem B zugerechnet werden kann.

Wie oben bereits festgestellt, scheidet die Zurechnung nur dann aus, wenn die Kausalkette durch den Eingriff eines Dritten unterbrochen ist.

Jedoch führt nicht jeder Eingriff eines Dritten zur Unterbrechung der Kausalkette. Der Schädiger hat grds. auch für Folgeschäden einzustehen, die durch ungewollte Fehler dritter Personen entstehen, die an der Abwicklung und Beseitigung des Schadens beteiligt waren. Denn in solchen Folgeschäden realisiert sich nur das vom Erstschädiger gesetzte Risiko.

Eine Ausnahme ist nur dann zu machen, wenn die Fehler auf ungewöhnlich grobem Fehlverhalten des Dritten beruhen.

Vorliegend lag aber kein besonders grobes Fehlverhalten des Arztes vor. Ein „normaler" Kunstfehler unterbricht die Kausalität nicht. B muss auch für die Schäden einstehen, die A erst in der Zukunft infolge der Minderung der Erwerbsfähigkeit erleiden wird.

4. Rechtswidrigkeit, Schuld kausaler Schaden

B handelte rechtswidrig und schuldhaft, § 276 BGB.

Die Heilungskosten, das entwendete Geld i.h.v. 300 € und die geminderte Erwerbsfähigkeit stellen kausale Schadensposten dar.

II. Anspruch der C gegen B auf Schadensersatz aus § 823 I BGB

Auch hier ist die Kausalität zwischen der Verletzung der C und dem Verhalten des B fraglich.

Denn möglicherweise wird hier der Kausalverlauf durch eine zum Schaden neigende Konstitution unterbrochen, sodass bereits die Verletzungshandlung (Entwenden der Tasche) für die Rechtsgutsverletzung (Herzinfarkt) nicht mehr adäquat kausal ist.

Das ist jedoch nur dann der Fall, wenn es sich um ganz ungewöhnliche, keinesfalls zu erwartende Kausalverläufe handelt. Es liegt aber nicht außerhalb jeder Wahrscheinlichkeit, dass eine an hohem Blutdruck leidende Person infolge der Aufregung einen Herzinfarkt erleidet.

Auch kann eine Zurechnung i.R.d. Schutzzwecks der Norm erfolgen, wenn der Verletzungserfolg durch eine zum Schaden neigende Konstitution des Geschädigten ermöglicht oder wesentlich erhöht worden ist.

Wer einen Kranken oder Geschwächten verletzt, kann nicht verlangen, so gestellt zu werden, als hätte er einen Gesunden verletzt.

Damit ist B auch zum Ersatz der Heilungskosten der C verpflichtet.

IV. Zusammenfassung

Sound: Herausforderungsfälle, Schadensanlagen und Dazwischentreten eines Dritten sind Fallgruppen des Schutzzwecks der Norm i.R.d. haftungsbegründenden Kausalität.

hemmer-Methode: Da der Schutzzweck der Norm eine wertende Betrachtung gebietet, ist vor allem bei Schadensanlagefällen der Zurechnungszusammenhang fließend. Der Schädiger muss den vollen Schadensersatz leisten, wenn der Verletzte Bluter ist und sich die Behandlungskosten dadurch um das Vielfache erhöhen.

Die Ersatzpflicht wurde dagegen verneint, wenn eine geringfügige Ehrverletzung zu einer Gehirnblutung führt, ein Beinaheunfall zu einem 40 min. später eintretenden Herztod, Auseinandersetzung über einen Verkehrsunfall zu einem Schlaganfall, ein Tritt auf den Fuß zu einer Oberschenkelamputation, eine verbale Auseinandersetzung oder eine Rauferei zwischen Hunden zu einem Herzinfarkt führten. Es handelt sich dabei um von der Rspr. entschiedene Einzelfälle.

V. Zur Vertiefung

- Hemmer/Wüst/d'Alquen, Schadensersatzrecht III, Rn. 34, 76 ff.

- Hemmer/Wüst, Deliktsrecht I, Rn. 72, 76 ff.

- Exemplarisch zu den Herausforderungsfällen vgl. auch BGH, Life&Law 2012, 478 ff.

Fall 55: entgangene Gebrauchsvorteile / Kommerzialisierungsgedanke / Nichtvermögensschaden

Sachverhalt:

A und B stoßen mit ihren Pkws zusammen. B trifft die Alleinschuld, was er aber zunächst bestreitet. A nimmt deswegen für die 5-tägige Dauer der Reparatur seines Wagens kein Mietauto. Nachdem die Alleinschuld des B feststeht, verlangt A Ersatz für die entgangenen Gebrauchsvorteile der Wagennutzung für die Dauer der Reparatur. Darüber hinaus möchte er Ersatz für den Verlust von Freizeit. Der Unfall passierte nämlich während seines Urlaubs, den B zu Hause verbrachte.

Abwandlung: *Ändert sich etwas, wenn sich A während der Reparaturdauer im Krankenhaus zur stationären Behandlung befindet? Seine Frau, die sonst immer den Wagen mitbenutzt, ist für die Krankenhausbesuche und ihre Einkaufsfahrten auf öffentliche Verkehrsmittel angewiesen.*

Frage: *Kann A in diesem Fall Ersatz für die Fahrtkosten der Krankenhausbesuche verlangen?*

I. Einordnung

Unterscheiden Sie in der Klausur zwischen Vermögens- und Nichtvermögensschaden. Davon hängt vor allem die richtige Wahl der Norm für Art und Umfang der Ersatzpflicht ab. Solange Naturalrestitution möglich ist, hat die Unterscheidung keine gravierende Bedeutung. Geht es jedoch um Kompensation nach § 251 BGB, muss gleich von Anfang an feststehen, ob der begehrte Schadensposten ein materieller oder immaterieller Schaden ist. Denn für immaterielle Schäden gilt der einschränkende § 253 I BGB, wonach eine Kompensation nur in Ausnahmefällen möglich ist.

II. Gliederung

I. **Anspruch des A gegen B auf Schadensersatz aus § 823 I, 823 II i.V.m. § 229 StGB, 7 I, 18 StVG**

II. **Schadensfeststellung**

Gefragt nur Ersatz für entgangene Nutzungsvorteile des Pkws

1. **Naturalrestitution**, § 249 BGB (-) nach Ablauf der Reparaturdauer § 249 I BGB in Form der Zur-Verfügung-Stellung eines Mietautos nicht mehr möglich

⇨ A hat auch sonst kein Auto angemietet, § 249 II BGB (-)

2. **Kompensation**, § 251 BGB Vorauss.: Vermögensschaden

aa) **Differenzhypothese** Vergleich der tatsächlichen Vermögenslage mit der, die ohne den Unfall bestünde

⇨ kein rechnerischer Schaden

bb) Frustrationsgedanke

nutzlose Aufwendungen auf den Pkw als Schaden?

⇨ von h.M. abgelehnt, da Ausuferung der Ersatzpflicht, Leerlaufen von § 253 BGB

cc) Kommerzialisierungsgedanke (+)

Auto als kommerzialisiertes Gut:

- auf ständige Verfügbarkeit für eigenwirtschaftliche Lebensführung angewiesen

- spürbare Beeinträchtigung der Nutzungsmöglichkeit durch die Beschädigung (Nutzungswille und Nutzungsmöglichkeit)

3. Ergebnis

Ersatz für entgangene Gebrauchsvorteile (+)

III. Ersatz für den Freizeitverlust

Naturalherstellung von Freizeit nicht möglich, § 249 BGB (-)

⇨ Kompensation, § 251 I BGB

1. Vorliegen eines Vermögensschadens

a) Schadensfeststellung nach der Differenzhypothese (-)
kein rechnerisch feststellbarer Schaden

b) Schadensfeststellung nach dem Kommerzialisierungsgedanken (-)
Freizeit ist kein kommerzialisierbares Gut
auch keine Analogie zu § 651 f II BGB mgl.

2. Ergebnis

Anspruch auf Ersatz vertaner Freizeit (-)

Abwandlung:

§ 251 BGB. Vermögensschaden
⇨ Kommerzialisierungsgedanke

(P): fühlbare Beeinträchtigung der Nutzungsmöglichkeit:
erforderlicher Nutzungswille und Nutzungsmöglichkeit

Bei A Nutzungswille (+),
aber Nutzungsmöglichkeit (-)

Rspr.: fühlbare Beeinträchtigung auch dann zu bejahen, wenn nahe Familienangehörige, die sonst das Auto benutzen, in ihrer Nutzung beeinträchtigt sind.

Hier: Ehefrau des A (+)

Ergebnis: Nutzungsersatz (+)

III. Lösung

I. Anspruch des A gegen B auf Schadensersatz aus § 823 I, 823 II i.V.m. §§ 229 StGB, 7 I, 18 StVG

A ist nach § 823 I, 823 II i.V.m. §§ 229 StGB, 7, 18 StVG ersatzpflichtig.

Anmerkung: Es handelt sich um jeweils eigenständige Anspruchsgrundlagen. Da vorliegend die Tatbestandsmerkmale unproblematisch erfüllt sind und allein die Fragen der Schadensfeststellung und des Schadensumfangs auftauchen, wird hier auf die Prüfung der Anspruchsgrundlagen ausnahmsweise verzichtet, zumal diese eingehend in den Fällen 52, 53 besprochen werden.
In der Klausur sollten aber kurze Ausführungen zur Feststellung des Tatbestandes nicht fehlen.

II. Schadensfeststellung

Fraglich ist, ob A ein Schaden entstanden ist. A verlangt von B Ersatz für die entgangenen Gebrauchsvorteile seines Autos, sodass alleine diese als ein möglicher Schadensposten im Raum stehen.

Zweifelhaft könnte aber sein, ob diese entgangenen Gebrauchsvorteile einen ersatzfähigen Schaden darstellen.

1. Naturalrestitution, § 249 BGB

Hätte A einen Ersatzwagen tatsächlich angemietet, hätte er von B die Mietkosten über § 249 II 1 BGB verlangen können (Naturalherstellung).

A hat aber auf ein Mietauto verzichtet. Nach Ablauf der Reparaturdauer ist aber sowohl eine Naturalherstellung durch Stellung eines Ersatzwagens (§ 249 I BGB) als auch die Kostentragung (§ 249 II BGB) nicht mehr möglich.

2. Kompensation, § 251 BGB

In Betracht kommt aber eine Geldentschädigung gem. § 251 I BGB.

a) Vermögensschaden

Voraussetzung des § 251 BGB ist aber, dass es sich bei dem geltend gemachten Schaden um einen Vermögensschaden handelt. Nur dieser kann durch Geldentschädigung kompensiert werden.

Auf einen Nichtvermögensschaden (immateriellen Schaden) ist § 251 BGB dagegen nicht anwendbar. Das ergibt sich aus § 253 I BGB, wonach für einen Schaden, der nicht Vermögensschaden ist, eine Entschädigung im Geld nur in den gesetzlich bestimmten Ausnahmefällen denkbar ist.

Anmerkung: Hier zeigt sich der Unterschied zwischen Naturalrestitution (§ 249 BGB) und Kompensation (§ 251 BGB).
Die Naturalrestitution ist sowohl bei einem Vermögens- als auch bei einem Nichtvermögensschaden möglich (Bsp.: Widerruf einer beleidigenden Äußerung ist ein Fall der Naturalrestitution beim Nichtvermögensschaden „Beeinträchtigung der Ehre").
Die Kompensation ist uneingeschränkt nur bei Vermögensschäden möglich. Bei immateriellen Schäden schränkt § 253 I BGB diese Möglichkeit stark ein. Die Worte „Entschädigung in Geld" in § 253 I BGB beziehen sich auf die Kompensationsmöglichkeit des § 251 BGB.

Ob ein Vermögensschaden vorliegt, ist anhand der Differenzhypothese zu ermitteln.

aa) Differenzhypothese

Dabei ergibt sich rechnerisch kein Unterschied zwischen der Vermögenslage, die ohne das Schädigende Ereignis eingetreten wäre und der tatsächlich bestehenden Lage. Denn wäre der Unfall nicht passiert, hätte A keinen Ersatzwagen gemietet. Und auch nach dem Unfall hat A keinen Wagen gemietet. Eine bleibende messbare Vermögensminderung ist nicht entstanden.

bb) Frustrationsgedanke

Ein Vermögensschaden könnte sich allerdings daraus ergeben, dass der gebrauchsunabhängige Unterhaltsaufwand für den Pkw (Steuer, Versicherung) für die Dauer des Krankenhausaufenthaltes nutzlos war.

Nach der Frustrationstheorie bilden diese fehlgeschlagenen Aufwendungen einen ersatzfähigen Vermögensschaden.

Die Frustrationstheorie wird jedoch von der ganz h.M. abgelehnt. Sie hätte eine uferlose Ausweitung der Ersatzpflicht zur Folge. Denn frustriert sind nicht nur Aufwendungen auf das Auto, sondern auch vergeblichen Aufwendungen für die Wohnungsmiete mit allen Nebenkosten bis hin zur Rundfunkgebühr.

Bei aufwändigem Lebensstil würde somit die Summe der vergeblichen Aufwendungen ins Unermessliche steigen.

Damit wäre letztendlich § 253 BGB weitgehend ausgehöhlt. Somit ist die Frustrationstheorie abzulehnen.

cc) Kommerzialisierungsgedanke

Ein Vermögensschaden könnte sich aber unter dem Gesichtspunkt der Kommerzialisierung von Lebensgütern ergeben.

Bestimmte Lebensgüter, auf deren ständige Verfügbarkeit der Berechtigte für die eigenwirtschaftliche Lebensführung typischerweise angewiesen ist, sind kommerzialisiert, d.h. sie haben einen bestimmten Wert und können gegen Entgelt erworben werden. Die Entziehung oder Beeinträchtigung eines solchen vermögenswerten Guts stellt einen in Geld messbaren Nachteil und somit einen Vermögensschaden dar.

Anmerkung: Die Voraussetzungen für den Ersatz entgangener Gebrauchsvorteile sind daher:

- Ständige Verfügbarkeit des beschädigten Gebrauchsgegenstandes ist für die eigenwirtschaftliche Lebensführung von zentraler Bedeutung

- Es muss sich um einen Eingriff in den Gegenstand des Gebrauchs handeln
- Dieser Eingriff muss zu einer fühlbaren Beeinträchtigung geführt haben

Die Verfügbarkeit eines Pkws ist für die eigenständige und eigenwirtschaftliche Lebensführung von zentraler Bedeutung.

Anmerkung: Das Gleiche gilt für die Wohnung, den Blindenhund für einen Blinden, den Rollstuhl für einen Gehbehinderten. Nicht dazu gehören Pelzmantel, Motorboot oder das private Schwimmbad.

Eine fühlbare Beeinträchtigung liegt vor, da A in dieser Zeit seinen Wagen nicht nutzen konnte

3. Ergebnis

Damit kann A nach § 251 BGB Entschädigung für den Nutzungsausfall verlangen.

Die Höhe der Entschädigung richtet sich in der Praxis nach dem Betrag der Tabelle von Sanden/Danner/Küppersbusch.

III. Ersatz für den Verlust von Freizeit

Fraglich ist, ob A von B auch den Ersatz für verlorene Freizeit verlangen kann.

1. Vorliegen eines Vermögensschadens

Da die verlorene Zeit nicht zurückgeholt werden kann, kommt nur die Kompensation nach § 251 I BGB in Betracht.

Voraussetzung ist dafür wegen § 253 BGB ein Vermögensschaden.

a) Schadensfeststellung nach der Differenzhypothese

Nach der Differenzhypothese ist danach zu fragen, ob der Wert des Vermögens mit Freizeit ein anderer als ohne Freizeit ist. Das ist hier aber nicht der Fall, da bloße Freizeit gar keinen Vermögenswert hat.

b) Schadensfeststellung nach dem Kommerzialisierungsgedanken

Ein Vermögensschaden läge aber dann vor, wenn Freizeit kommerzialisierbar wäre. Das wird durch eine Mindermeinung angenommen: Freizeitverlust ist gleichzusetzen mit dem Verlust der Möglichkeit, in dieser Zeit Geld zu verdienen, und bedeutet daher einen Geldverlust (Zeit ist Geld).

Die h.M. verneint das mit dem Argument, dass es ansonsten zur Ausuferung des Schadensbegriffs käme. § 253 BGB würde sonst leer laufen. Außerdem wäre die Abgrenzung zwischen materiellen und immateriellen Schaden völlig verwischt. Freizeit ist unersetzbar und in Geld nicht messbar.

Damit ist die mit einem Schadensfall verbundene Einbuße an Freizeit ein immaterieller Schaden. Dieser ist aber wegen § 253 I BGB nicht ersatzfähig. Eine gesetzliche Ausnahme existiert ebenfalls nicht. § 651 f II BGB kann nicht eingreifen, da er nur im Reiserecht gilt.

A hat aber gerade keine Reise unternommen, sondern verbrachte seinen Urlaub zu Hause. Eine entsprechende Anwendung außerhalb des Reisevertragsrechts kommt nicht in Betracht. § 651f II BGB zeigt, dass es sich um eine Ausnahmevorschrift handelt, die

eine Geldentschädigung im Sinne des § 251 BGB für ein immaterielles Gut zubilligt. Ausnahmevorschriften dürfen aber nicht verallgemeinert werden, sie sind nicht analogiefähig. Ansonsten würde § 253 I BGB leer laufen.

2. Ergebnis

Damit kann A keinen Ersatz für seine Freizeit verlangen

Abwandlung

Auch hier könnte ein Vermögensschaden nach dem Kommerzialisierungsgedanken gegeben sein.

Fraglich könnte aber noch sein, ob der Eingriff in den Gebrauchsgegenstand (Unfall) zu einer fühlbaren Beeinträchtigung geführt hat. A hätte seinen Wagen während der Reparaturdauer gar nicht nutzen können, da er im Krankenhaus lag.

Damit der Berechtigte den Verlust der Gebrauchsvorteile nach dem Kommerzialisierungsgedanken entschädigt bekommt, muss, wie oben festgestellt, bei ihm eine Beeinträchtigung fühlbar sein. Die Entschädigung gibt es also nur dann, wenn beim Geschädigten ein Nutzungswille und eine hypothetische Nutzungsmöglichkeit bestanden.

Da A wegen dem unfallbedingten Krankenhausaufenthalt seinen Wagen nicht hätte nutzen können, fehlt es bei ihm selbst an einer fühlbaren Beeinträchtigung.

Damit müsste die Entschädigung verneint werden.

Zu berücksichtigen ist allerdings, dass der Wagen auch von seiner Ehefrau benutzt wurde, für die sich die Beschädigung und Reparatur des Wagens als eine fühlbare Beeinträchtigung darstellten.

Sie musste alle Erledigungen, die sie sonst mit dem Auto erledigt hat, zu Fuß oder mit öffentlichen Verkehrsmitteln besorgen.

Hätte zwar nicht der Geschädigte selbst, wohl aber ein Familienangehöriger den Wagen nutzen können und wollen, so ist eine fühlbare Beeinträchtigung ebenfalls zu bejahen.

A kann von B auch in diesem Fall die Nutzungsausfallentschädigung verlangen.

Anmerkung: Hier geht es also um eine Schadensposition als Rechtsfolge einer Sachbeschädigung. Davon abzugrenzen ist der Fall, in dem es um den Ersatz von Besuchskosten geht, weil die Besuche die Heilung des an der Gesundheit Verletzten fördern sollen.

Auch wenn hier dem Geschädigten selbst gar keine Kosten entstehen, sondern den Angehörigen, die ihn besuchen, geht die h.M. von einem eigenen wertungsmäßigen Schaden des Verletzten aus. Der Angehörige, dem die Kosten eigentlich entstanden sind, kann aber im Wege der GoA oder gem. § 812 BGB Ersatz verlangen, vgl. Palandt, § 249 BGB Rn. 9.

IV. Zusammenfassung

Sound: Ersatz für entgangene Gebrauchsvorteile nach dem Kommerzialisierungsgedanken.

hemmer-Methode: Der Kommerzialisierungsgedanke ist eine Ausnahme zur Differenzhypothese, wenn ansonsten der Ausschluss einer Geldentschädigung für Nichtvermögensschäden durch § 253 BGB zu unbefriedigenden Ergebnissen führen würde. Sie sehen aber, er betrifft nur einen engen Kreis von Gütern, die für die eigenständige Lebensführung unverzichtbar sind. Um den Anwendungsbereich des § 253 BGB nicht leer laufen lassen, muss es bei diesem engen Verständnis bleiben.

V. Zur Vertiefung

- Hemmer/Wüst/d'Alquen, Schadensersatzrecht III, Rn. 134 ff.

- Zur Anwendbarkeit des Kommerzialisierungsgedankens bei einem Freizeitmobil vgl. BGH Life&Law 2008, 600 ff.

- Zur Anwendbarkeit des Kommerzialisierungsgedankens auf den Ausfall des Internetanschlusses vgl. Life&Law 2013, Heft 4, S. 250 ff.

Die Zahlen beziehen sich auf die Nummern der Fälle.

Z

hemmer/wüst Verlag

DIE STUDENTENSKRIPTEN

■ DAS GRUNDWISSEN (A5)

Die Grundwissenskripten sind für den Studenten in den ersten Semestern gedacht. In den Theoriebänden Grundwissen werden leicht verständlich und kurz die wichtigsten Rechtsinstitute vorgestellt und das notwendige Grundwissen vermittelt. Die Skripten werden durch den jeweiligen Band unserer Reihe „Die wichtigsten Fälle" ergänzt.

■ DIE BASICS (16,5 x 24 cm)

Das Grundwerk für Studium und Examen. Es schafft schnell Einordnungswissen und mittels der hemmer-Methode richtiges Problembewusstsein für Klausur und Hausarbeit. Wichtig ist, wann und wie Wissen in der Klausur angewendet wird. Umfangreicher als die Grundwissenreihe und knapper als die Hauptskriptenreihe.

■ DIE HAUPTSKRIPTEN (A4)
DAS PRÜFUNGSWISSEN:

In den Hauptskripten werden die für die Prüfung nötigen Zusammenhänge umfassend aufgezeigt und wiederkehrende Argumentationsketten eingeübt. Die Hauptskripten sind die Bibliothek der Studenten - vom 1. Semester bis zum 2. Staatsexamen das ideale Nachschlagewerk. Die Hauptskripten ersetzen das Lehrbuch. Sie sind - anders als das typische Lehrbuch - klausurorientiert, Beispielsfälle erleichtern das Verständnis. So wird Prüfungswissen auf anspruchsvollem Niveau vermittelt. Die studentenfreundliche Preisgestaltung ermöglicht den Erwerb als Gesamtwerk.

■ DIE WICHTIGSTEN FÄLLE (A5)
VOM FALL ZUM WISSEN:

An Grundfällen werden die prüfungstypischen Probleme übersichtlich in Musterlösungen dargestellt. Eine Kurzgliederung erleichtert den Einstieg in die Lösung. Der jeweilige Fallschwerpunkt wird grafisch hervorgehoben. Die Reihe „Die wichtigsten Fälle" ist ideal geeignet, schnell in ein Themengebiet einzusteigen. So werden Zwischenprüfung und Scheine leicht. Die Fallsammlungen werden gerne auch von höheren Semestern zum Training für das Examen genutzt. Daneben sind „Die wichtigsten Fälle - Musterklausuren" zu nennen, in welchen Examensklausuren mit Sachverhalt und Lösung umfangreich dargestellt werden.

DIE KARTENSÄTZE

■ DIE BASICS KARTEIKARTEN (A6)

DAS PENDANT ZU DEN BASICS SKRIPTEN:

Mit dem Frage- und Antwortsystem zum notwendigen Wissen. Die Vorderseite der Karteikarte ist unterteilt in Einordnung und Frage. Der Einordnungstext erklärt den Problemkreis und führt zur Frage hin. Die Frage trifft dann den Kern der prüfungsrelevanten Thematik. Auf der Rückseite schafft der Antworttext Wissen. Die anschließende hemmer-Methode schärft das Problembewusstsein für die Klausur.

■ DIE ÜBERBLICKSKARTEIKARTEN (A6)

ÜBER PRÜFUNGSSCHEMATA ZUM WISSEN:

Ihr Begleiter vom 1. Semester bis zum 2. Staatsexamen! In den Überblickskarteikarten sind die wichtigsten Problemfelder im Zivil-, Straf- und Öffentlichen Recht knapp, präzise und übersichtlich dargestellt. Sie erfassen effektiv auf einen Blick das Wesentliche. Die grafische Aufbereitung der Prüfungsschemata auf der Vorderseite schafft Überblick über den Prüfungsaufbau. So lernen Sie Anspruchsgrundlagen, Straftatbestände und Klageschemata abzuhaken und Probleme zu verorten. Die Prüfungsschemata müssen sitzen! Der Inhalt der Karteikartenvorderseite gibt die nötige Sicherheit. Lernen mit dem Schema allein reicht aber für den Prüfungserfolg nicht aus! Die Kommentierung mit der hemmer-Methode auf der Rückseite schafft deshalb das nötige Einordnungswissen für die Klausur und erwähnt die wichtigsten Definitionen. Nutzen Sie die Überblickskarteikarten auch als Checkliste zur Kontrolle Ihres Wissens.

■ DIE HAUPTKARTEIKARTEN (A6)

DAS PENDANT ZU DEN HAUPTSKRIPTEN:

Das Prüfungswissen in Karteikartenform für den, der es bevorzugt, mit Karteikarten zu lernen. Im Frage- und Antwortsystem zum Wissen. Auf der Vorderseite der Karteikarte führt ein Einordnungsteil zur Frage hin. Die Frage trifft die Kernproblematik des zu Erlernenden. Auf der Rückseite schafft der Antworttext Wissen. Die anschließende hemmer-Methode schärft Ihr Problembewusstsein für die Klausur.

■ DIE SHORTIES – IN 20 STUNDEN ZUM ERFOLG
IN DER HEMMER LERNBOX (A7)

Die kleinen Karteikarten in der hemmer Lernbox enthalten auf der Vorderseite jeweils eine Frage, welche auf der Rückseite grafisch aufbereitet beantwortet wird. Die bildhafte Darstellung ist lernpädagogisch sinnvoll. Die wichtigsten Begriffe und Themenkreise werden anwendungsspezifisch erklärt. Knapper geht es nicht - die Sounds der Juristerei! In Kürze verhelfen die Shorties so zum Erfolg. Sie dienen als Checkliste zum Erfassen des jeweiligen Rechtsgebiets und zum Rekapitulieren. Mit den besonderen Gedächtnistrainingtipps in Form von Reitern gelangt Ihr Wissen durch häufige Wiederholung ins Langzeitgedächtnis.

hemmer/wüst Verlagsgesellschaft mbH

Mergentheimer Str. 44 / 97082 Würzburg
Tel.: 09 31 /7 97 82 38 / Fax: 09 31/7 97 82 40
Internet: www.hemmer-shop.de

Anzahl		Auflage/Jahr/Euro
	Grundwissen für Anfangssemester	
IV10 (111.10)	___BGB-AT Theorieband zu den wicht. Fällen	6.A/13 · 7,80
IV11 (111.11)	___SchuldR-AT Theorieband zu den wicht. Fällen	5.A/12 · 7,80
IV12 (111.12)	___SchuldR-BT I Theorieband zu den wicht. Fällen	5.A/12 · 7,80
IV13 (111.13)	___SchuldR-BT II Theoriebd. zu den wicht. Fällen	5.A/13 · 7,80
IV14 (111.14)	___MobiliarsachenR Theorieband zu den wicht. Fällen	5.A/12 · 7,80
IV15 (111.15)	___ImmobiliarsachenR Theoriebd. zu den wicht. Fällen	4.A/12 · 7,80
IV20 (112.20)	___Strafrecht AT Theorieband zu den wicht. Fällen	5.A/13 · 7,80
IV21 (112.21)	___Strafrecht BT Theorieband zu den wicht. Fällen	4.A/12 · 7,80
IV30 (113.30)	___StaatsR Theorieband zu den wicht. Fällen	5.A/12 · 7,80
IV31 (113.31)	___VerwaltungsR Theorieband zu den wicht. Fällen	5.A/12 · 7,80

	Die wichtigsten Fälle	
0 (115.20)	___Sonderband: Der Streit- und Meinungsstand im neuen Schuldrecht	5.A/13 · 14,80
1 (115.21)	___76 Fälle - BGB AT	7.A/13 · 12,80
2 (115.22)	___55 Fälle - Schuldrecht AT	7.A/12 · 12,80
3 (115.23)	___51 Fälle - Schuldrecht BT - Kauf/WerkV	7.A/12 · 12,80
4 (115.24)	___42 Fälle - GoA/Bereicherungsrecht	7.A/12 · 12,80
5 (115.25)	___45 Fälle - Deliktsrecht	6.A/12 · 12,80
6 (115.26)	___44 Fälle - Verwaltungsrecht	7.A/12 · 12,80
25 (115.45)	___30 Fälle - Verwaltungsrecht BT Bayern	3.A/13 · 12,80
7 (115.27)	___32 Fälle - Staatsrecht	8.A/12 · 12,80
8 (115.28)	___34 Fälle - Strafrecht AT	8.A/13 · 12,80
9 (115.29)	___44 Fälle Strafrecht BT I - Vermögensd.	8.A/13 · 12,80
10 (115.30)	___44 Fälle Strafrecht BT II - Nicht-Vermögensd.	7.A/12 · 12,80
11 (115.31)	___50 Fälle - Sachenrecht I	6.A/12 · 12,80
12 (115.32)	___43 Fälle - Sachenrecht II - ImmobiliarSR	7.A/13 · 12,80
13 (115.33)	___40 Fälle - ZPO I - Erkenntnisverfahren	6.A/13 · 12,80
14 (115.34)	___25 Fälle - ZPO II - Zwangsvollstreckungsverf.	5.A/12 · 12,80
15 (115.35)	___35 Fälle - Handelsrecht	6.A/13 · 12,80
16 (115.36)	___36 Fälle - Erbrecht	6.A/12 · 12,80
17 (115.37)	___26 Fälle - Familienrecht	6.A/12 · 12,80
18 (115.38)	___32 Fälle - Gesellschaftsrecht	5.A/12 · 12,80
19 (115.39)	___39 Fälle - Arbeitsrecht	5.A/13 · 12,80
20 (115.40)	___35 Fälle - Strafprozessrecht	4.A/12 · 12,80
21 (115.41)	___23 Fälle - Europarecht	4.A/12 · 12,80
22 (115.42)	___10 Fälle - Musterkl. Examen ZivilR	5.A/11 · 14,80
23 (115.43)	___10 Fälle - Musterkl. Examen StrafR	5.A/11 · 14,80
24 (115.44)	___8 Fälle - Musterkl. Examen SteuerR	7.A/12 · 14,80

	Skripten Basics (110)	
1 (0011)	___Zivilrecht I - BGB AT u.vertragl. SchuldV	9.A/12 · 15,80
2 (0012)	___Zivilrecht II - Sachenrecht/gesetzl. SV	6.A/10 · 15,80
3 (0013)	___Zivilrecht III - FamilienR/ErbR	6.A/12 · 15,80
4 (0014)	___Zivilrecht IV - ZivilprozessR	7.A/12 · 15,80
5 (0015)	___Zivilrecht V - Handels-/GesellschR	6.A/12 · 15,80
6 (0016)	___Zivilrecht VI - ArbeitsR	4.A/11 · 15,80
(0032)	___Strafrecht	6.A/12 · 15,80
1 (0035)	___Öffentliches Recht I -VerfassR/StaatsHR	5.A/12 · 15,80
2 (0036)	___Öffentliches Recht II - VerwaltungsR	6.A/12 · 15,80
(0004)	___Steuerrecht - EstG & AO	8.A/12 · 15,80
(0005)	___Europarecht	7.A/13 · 15,80

Anzahl		Auflage/Jahr/Euro
	Skripten Zivilrecht (120)	
1 (0001)	___BGB-AT I, Ensteh.d.Primäranspruchs	12.A/12 · 16,80
2 (0002)	___BGB-AT II, Scheitern des Primäranspr.	12.A/12 · 16,80
3 (0003)	___BGB-AT III, Erlösch.d. Primäranspruchs	12.A/13 · 16,80
4 (0004)	___Schadensersatzrecht I	7.A/10 · 16,80
5 (0005)	___Schadensersatzrecht II	6.A/12 · 16,80
6 (0006)	___Schadensersatzrecht III (§§ 249 ff.)	10.A/12 · 16,80
7 (0007)	___Verbraucherschutzrecht	3.A/12 · 16,80
51 (0051)	___Schuldrecht AT (ehemals SchuldR I)	8.A/12 · 16,80
52 (0052)	___Schuldrecht BT I (ehemals SchuldR II)	8.A/12 · 16,80
53 (0053)	___Schuldrecht III (BT II)	7.A/12 · 16,80
8 (0008)	___Bereicherungsrecht	13.A/12 · 16,80
9 (0009)	___Deliktsrecht I	11.A/11 · 16,80
10 (0010)	___Deliktsrecht II	9.A/13 · 16,80
11 (0011)	___Sachenrecht I	11.A/12 · 16,80
12 (0012)	___Sachenrecht II	9.A/11 · 16,80
12A (0012A)	___Sachenrecht III	11.A/13 · 16,80
13 (0013)	___Kreditsicherungsrecht	10.A/12 · 16,80
14 (0014)	___Familienrecht	11.A/11 · 16,80
15 (0015)	___Erbrecht	11.A/12 · 16,80
16 (0016)	___Zivilprozessrecht I	11.A/12 · 16,80
17 (0017)	___Zivilprozessrecht II	10.A/11 · 16,80
18 (0018)	___Arbeitsrecht	13.A/11 · 16,80
19A (0019A)	___Handelsrecht	10.A/12 · 16,80
19B (0019B)	___Gesellschaftsrecht	12.A/12 · 16,80
31 (0031)	___Herausgabeansprüche	6.A/12 · 16,80
32 (0032)	___Rückgriffsansprüche	6.A/09 · 16,80

	Skripten Strafrecht (120)	
20 (0020)	___Strafrecht AT I	11.A/12 · 16,80
21 (0021)	___Strafrecht AT II	11.A/13 · 16,80
22 (0022)	___Strafrecht BT I	11.A/12 · 16,80
23 (0023)	___Strafrecht BT II	11.A/13 · 16,80
30 (0030)	___Strafprozessordnung	10.A/12 · 16,80

	Skripten Öffentliches Recht (120/130)	
24 (0024)	___Verwaltungsrecht I	11.A/12 · 16,80
25 (0025)	___Verwaltungsrecht II	11.A/13 · 16,80
26 (0026)	___Verwaltungsrecht III	11.A/12 · 16,80
27 (0027)	___Staatsrecht I	10.A/11 · 16,80
28 (0028)	___Staatsrecht II	8.A/10 · 16,80
29 (0029)	___Europarecht	11.A/13 · 16,80
40 (0040)	___Staatshaftungsrecht	3.A/11 · 16,80
33 (01.0033)	___Baurecht/Bayern	10.A/12 · 16,80
33 (02.0033)	___Baurecht/Nordrhein-Westfalen	8.A/11 · 16,80
33 (03.0033)	___Baurecht/Baden-Württembg.	3.A/12 · 16,80
33 (04.0033)	___Baurecht/Hessen	1.A/09 · 16,80
33 (06.0033)	___Baurecht/Saarland	1.A/08 · 16,80
34 (01.0034)	___Polizei- u. Sicherheitsrecht/Bayern	9.A/11 · 16,80
34 (02.0034)	___Polizei- u. Ordnungsrecht/NRW	5.A/12 · 16,80
34 (03.0034)	___Polizeirecht/Baden-Württembg.	3.A/11 · 16,80
34 (04.0034)	___Polizei- u. Ordnungsrecht/Hessen	1.A/10 · 16,80
34 (05.0034)	___Polizei- u. Ordnungsrecht/Rheinl.-Pfalz	1.A/11 · 16,80
34 (06.0034)	___Polizei- u. Sicherheitsrecht/Saarland	1.A/09 · 16,80
35 (01.0035)	___Kommunalrecht/Bayern	9.A/11 · 16,80
35 (02.0035)	___Kommunalrecht/NRW	8.A/11 · 16,80
35 (03.0035)	___Kommunalrecht/Baden-Württembg.	3.A/09 · 16,80

hemmer/wüst Verlagsgesellschaft mbH

Mergentheimer Str. 44 / 97082 Würzbur
Tel.: 09 31 /7 97 82 38 / Fax: 09 31/7 97 82 4

Internet: www.hemmer-shop.de

REIHE INTELLIGENTES LERNEN

Anzahl		Auflage/Jahr/Euro
Lexikon/Definitionen	
D1 (0044) _____	Definitionen Strafrecht - schnell gemerkt	3.A/11 · 16,80
D1 (4002) _____	Legal terms für Juristen -	
Fachwörterbuch Englisch - Deutsch	1.A/11 · 19,80
Skripten Schwerpunkt (120)	
P1 (0039) _____	Kriminologie	6.A/13 · 19,80
P2 (0036) _____	Völkerrecht	7.A/08 · 19,80
P3 (0037) _____	Internationales Privatrecht	5.A/05 · 19,80
P4 (0055) _____	Kapitalgesellschaftsrecht	4.A/09 · 19,80
P7 (0058) _____	Rechtsgeschichte I	2.A/07 · 19,80
P8 (0059) _____	Rechtsgeschichte II	2.A/12 · 19,80
P11 (0062) _____	Rechts- und Staatsphilosophie sowie	2.A/11 · 19,80
Rechtssoziologie	
P12 (0063) _____	Insolvenzrecht	3.A/12 · 19,80
P13 (0064) _____	Wasser- und ImmissionsschutzR	1.A/08 · 19,80
Skripten Steuerrecht (120)	
38 (0038) _____	Steuererklärung leicht gemacht	4.A/04 · 14,80
42 (0042) _____	Abgabenordnung	8.A/12 · 16,80
43 (0043) _____	Einkommensteuerrecht	7.A/11 · 21,80
Skripten für BWL´er, WiWi & Steuerberater	
W1 (18.01) _____	PrivatR f. BWL'er, WiWi & Steuerberat	7.A/11 · 14,80
W2 (18.02) _____	Ö-Recht f. BWL'er, WiWi & Steuerberat	4.A/12 · 14,80
W3 (18.03) _____	Musterklausuren für´s Vordiplom PrivatR	2.A/04 · 14,80
W4 (18.04) _____	Musterklausuren für´s Vordiplom Ö-R	1.A/00 · 14,80
WF1 (118.01) ___	Die 74 wicht. Fälle (BGB AT, Schuld R AT/BT)	3.A/11 · 14,80
WF2 (118.02) ___	Die 44 wicht. Fälle (GoA, BerR, GesR, ...)	1.A/06 · 14,80
Skripten Fachbegriffe & Erläuterungen	
G1 (18.10) _____	Mikroökonomie & Makroökonomie	1.A/12 · 19,80
G2 (18.11) _____	Buchführung/Jahresabschl./Rechnungsw.	1.A/12 · 19,80
G6 (18.15) _____	HandelsR/GesellschaftsR/WirtschaftsR	1.A/12 · 19,80
G7 (18.16) _____	Öffentl. Recht/EuropaR/VölkerR	1.A/12 · 19,80
Basics Karteikarten	
BK1 (2001) ____	Basics - Zivilrecht	5.A/10 · 13,80
BK2 (2002) ____	Basics - Strafrecht	3.A/09 · 13,80
BK3 (2003) ____	Basics - Öffentliches Recht	3.A/07 · 13,80
Karteikarten Zivilrecht	
KK1 (2201) _____	BGB-AT I	7.A/11 · 15,80
KK2 (2202) _____	BGB-AT II	6.A/11 · 15,80
KK3 (22031) _____	Schuldrecht AT I	8.A/12 · 15,80
KK4 (22032) _____	Schuldrecht AT II	6.A/11 · 15,80
KK5 (2240) _____	Schuldrecht BT I (Kauf-u.WerkVR)	6.A/11 · 15,80
KK6 (2241) _____	Schuldrecht BT II	6.A/13 · 15,80
KK7 (2218) _____	Arbeitsrecht	4.A/13 · 15,80
KK8 (2208) _____	Bereicherungsrecht	6.A/12 · 15,80
KK9 (2209) _____	Deliktsrecht	5.A/11 · 15,80
KK11 (2211) _____	Sachenrecht I	7.A/12 · 15,80
KK12 (2212) _____	Sachenrecht II	6.A/11 · 15,80
KK13 (2213) _____	Kreditsicherungsrecht	3.A/10 · 15,80
KK14 (2214) _____	Familienrecht	3.A/08 · 15,80
KK15 (2215) _____	Erbrecht	4.A/13 · 15,80
KK16 (2216) ____	ZPO I	6.A/13 · 15,80
KK17 (2217) _____	ZPO II	5.A/12 · 15,80
KK18 (22191) __	Handelsrecht	4.A/11 · 15,80
KK19 (22192) ___	Gesellschaftsrecht	5.A/11 · 15,80

Anzahl		Auflage/Jah
Die Shorties (Minikarteikarten) inkl. Box	
SH1 (50.10) _____	**Box 1:** BGB AT, Schuldrecht AT	6.A/11 · 21
SH2/I (50.21) _____	**Box 2/1:** vertragliches Schuldrecht	4.A/11 · 21
SH2/II (50.22) _____	**Box 2/2:** gesetzliches Schuldrecht	4.A/11 · 21
SH3 (50.30) _____	**Box 3:** Sachenrecht, ErbR, FamR	5.A/11 · 21
SH4 (50.40) _____	**Box 4:** ZPO I/II, GesellschaftsR, HGB	5.A/12 · 21
SH5 (50.50) _____	**Box 5:** Strafrecht	7.A/13 · 21
SH6 (50.60) _____	**Box 6:** Grundrecht, StaatsOrgR, BauR, ...	5.A/11 · 21
Karteikarten Strafrecht	
KK20 (2220) _____	Strafrecht AT I	7.A/12 · 15
KK21 (2221) _____	Strafrecht-AT II	7.A/12 · 15
KK22 (2222) _____	Strafrecht-BT I	7.A/12 · 15
KK23 (2223) _____	Strafrecht-BT II	7.A/13 · 15
KK24 (2230) ___	StPO	5.A/12 · 15
Karteikarten Öffentliches Recht	
KK25 (2224) _____	Verwaltungsrecht I	7.A/12 · 15
KK26 (2225) _____	Verwaltungsrecht II	5.A/12 · 15
KK27 (2226) _____	Verwaltungsrecht III	5.A/11 · 15
KK28 (2227) _____	Staats- u. Verfassungsrecht	8.A/12 · 15
KK29 (2229) _____	Europarecht	3.A/12 · 15
Überblickskarteikarten	
ÜK I (2501) _____	BGB im Überblick I	10.A/13 · 3
ÜK II (25011) _____	BGB im Überblick II (Nebengebiete)	6.A/11 · 3
ÜK III (2502) _____	StrafR im Überblick	7.A/13 · 3
ÜK IV (2503) _____	Öffentl.-R im Überblick	8.A/12 · 1
ÜK V (25031) _____	Öffentl.-R im Überblick II Bayern	6.A/11 · 1
ÜK VI (25032) _____	Öffentl.-R im Überblick II NRW	2.A/08 · 1
ÜK VII (2504) _____	Europarecht	4.A/12 · 1
Assessor-Basics/Theoriebände (410)	
A IV (0004) _____	Die zivilrechtl. Anwaltsklausur/Teil 1	10.A/13 · 1
A VII (0007) _____	Das Zivilurteil	10.A/13 · 1
A VIII (0008) _____	Die Strafrechtskl. im Assessorexamen	6.A/11 · 1
A IX (0009) _____	Die Assessorklausur Öffentl. Recht	5.A/12 · 1
Assessor-Basics/Klausurentraining	
A I (0001) _____	Zivilurteile	15.A/12 · 1
A II (0003) _____	Arbeitsrecht	13.A/12 · 1
A III (0002) _____	Strafrecht	11.A/13 · 1
A V (0005) _____	Zivilrechtl. Anwaltsklausuren/Teil 2	10.A/13 · 1
A VI (0006) _____	Öff.rechtl. u. strafrechtl.Anwaltskl.	5.A/10 · 1
Assessorkarteikarten	
AK I (41.10) _____	Zivilprozessrecht im Überblick	5.A/12 · 1
AK II (41.20) _____	Strafprozessrecht im Überblick	6.A/12 · 1
AK III (41.30) _____	Öffentliches Recht im Überblick	4.A/12 · 1
AK IV (41.40) _____	Familien- und Erbrecht im Überblick	2.A/13 · 1

hemmer/wüst
Verlagsgesellschaft mbH

Mergentheimer Str. 44 / 97082 Würzburg
Tel.: 09 31 /7 97 82 38 / Fax: 09 31/7 97 82 40

Internet: www.hemmer-shop.de

EIHE INTELLIGENTES LERNEN

Sonderprodukte   Euro

Lernkarteikartenbox (28.01)
B _____ Die praktische Lernbox für die Karteikarten   1,99

L 1 _____ **Orig. Klausurenblock** Din A4, 100 Blatt einzeln   1,95

810 _____ Din A4, 80 Blatt 10er Pack   17,50

1 _____ **Der Referendar (70.01)** 1. Aufl. 2003
Meine größten Rein-) Fälle (Format A6)   9,80

2 _____ **Der Rechtsanwalt (70.02)** 1. Aufl. 2006
24 Monate zwischen Genie und Wahnsinn (Format A6)   9,80

3 _____ **Der Jurist (70.03)** 1. Aufl. November 2009
Ein Lehrbuch für Leader (Format A6)   9,80

5 _____ **Coach dich! (70.05)**
Psychologischer Ratgeber, 1. Auflage, 2004   19,80

6 _____ **Lebendiges Reden (70.06)**
Psychologischer Ratgeber inkl. Audio-CD, 2. Auflage, 2008   21,80

7 _____ **NLP für Einsteiger (71.01)**
Psychologischer Ratgeber, 12. neugestaltete Auflage, 2008   12,80

8 _____ **Prüfungen als Herausforderung (70.08)**
Psychologischer Ratgeber, 1. Auflage 2011   14,80

_____ **Wiederholungsmappe (75.01)**   9,90
Intelligentes Lernen
inkl. Übungsbuch, Mind Mapps und Kurzskript

_____ **Ordner hemmer.group (88.20)**   2,50
Ringbuchmappe für Einlagen, DIN A4

00.201) _____ **AudioCards auf CD: BGB AT I - III**   59,95
Das Frage-Antwort-System der hemmer-Skripten zum Hören

Neuerscheinungen

Skripten Fachbegriffe & Erläuterungen

(18.10) ____ Mikroökonomie & Makroökonomie   1.A/12 · 19,80

(18.11) ____ Buchführung / Jahresabschl./Rechnungsw.   1.A/12 · 19,80

(18.15) ____ HandelsR/GesellschaftsR/WirtschaftsR   1.A/12 · 19,80

(18.16) ____ Öffentl. Recht/EuropaR/VölkerR   1.A/12 · 19,80

e Begriffssammlungen sind der
kte Begleiter:

Bachelor- und Master-Studium

**llen Universitäten und Fach-
hschulen**

Oliver Michaelis

Michaelis studierte Betriebswirtschaftslehre
n, Bonn und Potsdam sowie Rechtswissen-
en in Leipzig, Halle, Frankfurt a.M. und Köln
michaelis.me).

tet auf dem Gebiet des Bank- und Kapitalmarkt-
und ist Autor verschiedener Bücher speziell zum
werbsrecht und zur Finanzkrise.
er auch die Fachzeitschrift „EuBWR – Europäische Börsendaten, Währungs- und
ffindizes" (www.EuBWR.com), die dazugehörigen Jahrbücher sowie „Die Chronik der
krise 2007 – 2010" und „Die Chronik der Finanzkrise 2011" heraus und leitet den Mi-
Verlag – den Fachverlag für wissenschaftliche Publikationen.

Life&Law

_____ Einzelheft der Life&LAW   6,80

AboLL____ Abonnement der Life&LAW
Life&Law 3 Monate kostenfrei,
danach erhalten Sie die Life&Law zum Preis von   5,80

LLJ _____ Life&LAW Jahrgangsband 1999 - 2011
_____ bitte Jahrgang eintragen   je 50,00

LLJ11 ____ Life&LAW Jahrgangsband 2012   80,00

LLE _____ Einband für Life&LAW Jahrgang   je 6,00

Die AnwaltsBasics

Herausgeber: hemmerVerlag für Anwälte GmbH

10.10____ Die AnwaltsBasics Erbrecht
1. Auflage, November 2010, 429 S.   39,90

10.20____ Die AnwaltsBasics Mediation
1. Auflage, Mai 2012, 187 S.   23,80

Endsumme: _____

Lieferung erfolgt in aktueller Auflage

Kundennummer   **D** [   ][   ][   ][   ][   ]

Name: _____

Vorname: _____

Straße, Nr.:_____

PLZ/Ort:_____

Telefon: _____

e-mail Adresse:_____

Buchen Sie die Endsumme von meinem Konto ab:

Kreditinstitut:_____

BLZ: _____

Konto-Nr.: _____

Ort, Datum: _____

Unterschrift:_____

Die wichtigsten Fälle

FALLSAMMLUNG

DIE 76 WICHTIGSTEN FÄLLE BGB-AT

Die klassischen BGB-AT Probleme anhand von Fällen für die Klausur und Hausarbeit systematisch aufbereitet. Die Fallsammlung ist einfach, verständlich und knapp gehalten. Die Einordnung erleichtert Ihnen den Zugang zu den jeweiligen Problemfeldern. Problem erkannt – Gefahr gebannt. Die Gliederung ermöglicht eine schnelle Übersicht. Die Musterlösungen dienen als Formulierungshilfen für Ihre Klausur. Bereichsübergreifende Hinweise dienen dem Verständnis. Nur so vernetzen Sie frühzeitig gelerntes Wissen. So können Sie in kürzester Zeit die wichtigsten BGB-AT Probleme anwendungsspezifisch erlernen. Denken Sie frühzeitig an Ihren Korrektor. Diesen erfreut, wenn Sie seine Gedankengänge erfassen. Wir wissen als Profis, was von Ihnen in Klausur und Hausarbeit erwartet wird.

- **Willenserklärung**

- **Zustandekommen von Verträgen**

- **Geschäftsfähigkeit**

- **Anfechtung**

- **Stellvertretung**

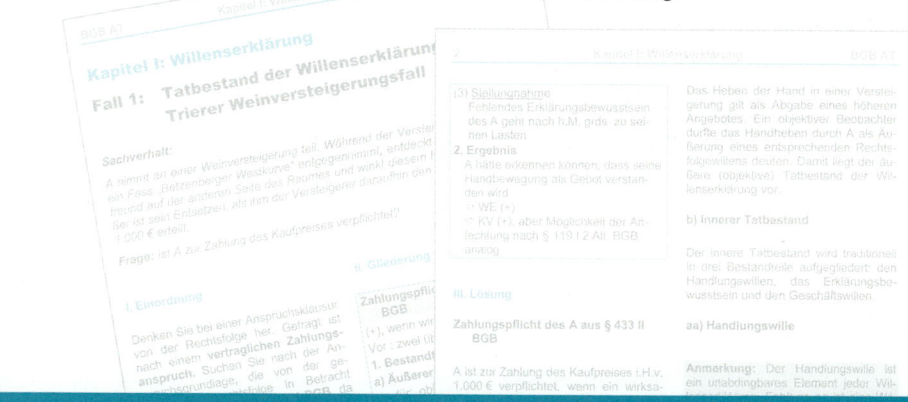

Das Erfolgsprogramm -
Ihr Training für Klausur und Hausarbeit

DIE 55 WICHTIGSTEN FÄLLE SCHULDRECHT AT

In 55 Fällen haben wir für Sie die klassischen und aktuellen Probleme des Schuldrecht AT für Klausur und Hausarbeit systematisch aufbereitet. Profitieren Sie von unserer über 35-jährigen Unterrichtserfahrung als Repetitoren! Wir kennen das Anforderungsprofil in der Prüfung ganz genau. Denken Sie frühzeitig an den Ersteller und Korrektor und überzeugen Sie ihn durch Ihre systematische Fallbearbeitung. Durch die ständige Diskussion mit unseren Kursteilnehmern wissen wir, worauf es ankommt und gehen auf typische Problemstellungen ein. Die Fallsammlung ist einfach, verständlich und knapp gehalten. Die Einordnung bietet einen Überblick über den jeweiligen Schwerpunkt des Falles. Die Gliederung ermöglicht die exakte Einordnung der Probleme in der Lösung. Die Lösung ist Formulierungsvorschlag für Ihre Klausur. Vereinfachen Sie sich auf diese Weise das Schuldrecht AT.

- **Pflichtverletzung**
- **Schadensersatz neben/statt der Leistung**
- **Rücktritt**
- **Störung der Geschäftsgrundlage**

Das Erfolgsprogramm -
Ihr Training für Klausur und Hausarbeit

Die wichtigsten Fälle

FALLSAMMLUNG

DIE 45 WICHTIGSTEN FÄLLE DELIKTSRECHT

Das Deliktsrecht spielt in den meisten Klausuren eine Rolle, auch wenn die Kernproblematik im Vertragsrecht liegt. Dann sind insbesondere die Bezüge des Vertrags- zum Deliktsrecht wichtig. Im Recht der unerlaubten Handlung gibt es Spezialprobleme, deren Kenntnis bis zum Examen und darüber hinaus unerläßlich ist. Anhand der wichtigsten Fallkonstellationen werden diese typischen Probleme dargestellt. So werden die theoretischen Grundlagen anhand der konkreten Sachverhalte gleich eingeübt. Auch die so wichtige Verortung im Klausuraufbau wird auf diese Weise mittrainiert.

- **Die Rechtsgüter des § 823 BGB**
- **Probleme der Kausalität**
- **Die Haftungstatbestände der §§ 823 ff. BGB**
- **Die Haftung nach dem StVG**

Das Erfolgsprogramm -
Ihr Training für Klausur und Hausarbeit

Die wichtigsten Fälle

FALLSAMMLUNG

DIE 50 WICHTIGSTEN FÄLLE SACHENRECHT I
MOBILIARSACHENRECHT

Das Sachenrecht von den Profis mit der Jahrzehnte langen Unterrichtserfahrung als Repetitoren! Die klassischen Fälle muss man kennen. So sind der Besitzschutz, §§ 858 ff. BGB und § 1007 BGB, die Übereignung nach §§ 929 ff. BGB (insbesondere die Sicherungsübereignung und der gutgläubige Erwerb) und das Eigentümer-Besitzververhältnis, § 985 ff. BGB, immer relevant für Klausur und Hausarbeit. Denken Sie frühzeitig an den Ersteller und Korrektor und überzeugen Sie ihn durch Ihre systematische Fallbearbeitung. Abstrakte Erörterungen bringen für Ihre Klausur und Hausarbeit wenig. Durch die ständige Diskussion mit unseren Kursteilnehmern wissen wir auch, wo es „hakt". Die Fallsammlung ist verständlich und knapp gehalten. Die Einordnung bietet einen Überblick über den jeweiligen Schwerpunkt des Falles. Die Gliederung ermöglicht die exakte Einordnung der Probleme in der Lösung. Die Lösung ist Formulierungsvorschlag für Ihre Klausur. Mit der Fallsammlung lernen Sie anwendungsspezifisch. Vereinfachen Sie sich auf diese Art das Sachenrecht.

- **Besitzschutz, §§ 1007, 858 ff. BGB**
- **Herausgabeanspruch, § 985 BGB**
- **Ansprüche aus §§ 987 ff. BGB**
- **Rechtsgeschäftlicher Eigentumserwerb, §§ 929 ff. BGB**
- **Anwartschaftsrecht**
- **Pfandrechte**
- **Gesetzlicher Eigentumserwerb**

Das Erfolgsprogramm - Ihr Training für Klausur und Hausarbeit

DIE 43 WICHTIGSTEN FÄLLE SACHENRECHT II
IMMOBILIARSACHENRECHT

Das Immobiliarsachenrecht wird in den ersten Semestern des Studiums häufig vernachlässigt. Gerade in dieser Phase sollte man sich aber einen Überblick über die Grundsystematik dieses recht komplizierten Rechtsgebietes verschaffen. Später kann man auf dieser Basis aufbauend leichter die Examensklausuren in diesem Bereich begreifen. Die Klausurrelevanz dieses Rechtsgebietes sollte man nicht unterschätzen. So bieten insbesondere die Grundpfandrechte und das Vormerkungsrecht hervorragende Verknüpfungsmöglichkeiten mit dem Schuldrecht.

Die Darstellung erfolgt wie gewohnt fallbezogen, damit wichtige Aufbaufragen nicht zu kurz kommen und eine systematische Gliederung der Probleme möglich ist.

- **Das Eigentum am Grundstück**
- **Die Eigentumsübertragung bei Grundstück**
- **Die Vormerkung**
- **Grundpfandrechte, ... u.a.**

Das Erfolgsprogramm -
Ihr Training für Klausur und Hausarbeit

Die wichtigsten Fälle

FALLSAMMLUNG

DIE 40 WICHTIGSTEN FÄLLE ZPO I
ERKENNTNISVERFAHREN

Grundkenntnisse im Verfahrensrecht sind für die Klausuren unerlässlich.

Gerade in diesem Bereich gibt es verschiedene klassische Einzelprobleme, die anhand kleiner Fälle sehr gut erlernbar sind. In gewohnter Manier wird die Falllösung klausurtypisch aufbereitet und das Thema in einen Gesamtzusammenhang gestellt. Vertiefungshinweise leisten wertvolle Hilfe für die intensivere Auseinandersetzung. Wichtige Aufbauhilfen und Tipps erleichtern die Einordnung des Erlernten. Richtig verstanden, macht auch Verfahrensrecht Spaß!

- **Rechtsweg**
- **Zuständigkeit des Gerichts**
- **Parteibezogene Prozessvoraussetzungen**
- **Streitgegenstandsbezogene Prozessvoraussetzungen**
- **Prozesshandlungen, u.a.**

Das Erfolgsprogramm -
Ihr Training für Klausur und Hausarbeit

Die wichtigsten Fälle

FALLSAMMLUNG

DIE 25 WICHTIGSTEN FÄLLE ZPO II
ZWANGSVOLLSTRECKUNGSVERFAHREN

Die meisten Studenten haben Berührungsängste beim Zwangsvollstreckungsverfahren. Die Ängste sind letztlich unbegründet, denn es gibt im Zivilrecht kaum ein Rechtsgebiet, welches aufgrund der guten Gesetzstruktur leichter erfassbar ist. Außerdem ist die Materie sehr wichtig, um das Erkenntnisverfahren zu verstehen. Denn schon hier muss man berücksichtigen, wie sich einzelne Verfahrenshandlungen später auswirken. Schließlich gehört das Zwangsvollstreckungsrecht zum unerlässlichen Handwerkszeug eines jeden Juristen.

Das Skript stellt die Materie in gewohnter Manier anhand kleiner Fälle dar. Das erleichtert den Einstieg auch für Studenten, die sich bislang nicht mit dem Zwangsvollstreckungsverfahren befasst haben.

- **Allgemeine Vollstreckungsvoraussetzunge**
- **Vollstreckung wegen Geldforderung**
  - **Vollstreckung in bewegliche Sachen**
  - **Vollstreckung in Grundstücke**
  - **Vollstreckung in Forderungen**
- **Vollstreckung in sonstigen Fällen**

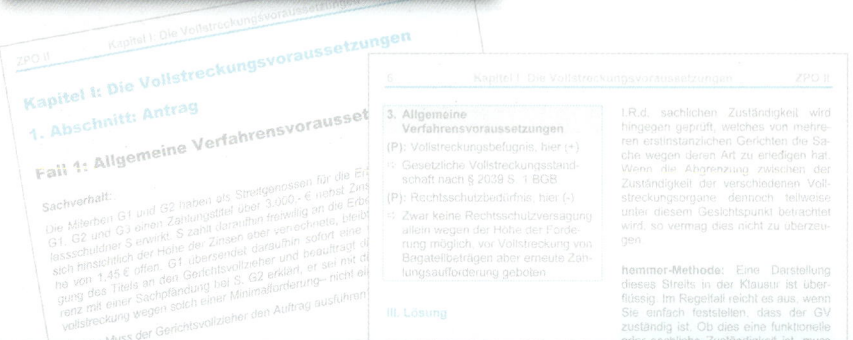

Das Erfolgsprogramm -
Ihr Training für Klausur und Hausarbeit